이렇게만 **공**부하면 **자**격증딴다!

DIAT 디지털정보활용능력
스프레드시트
(엑셀 2021)

발 행 일 : 2025년 11월 03일(1판 1쇄)
I S B N : 979-11-92695-85-3(13000)
정   가 : 17,000원

집   필 : KIE기획연구실
진   행 : 김동주
본문디자인 : 앤미디어

발 행 처 : (주)아카데미소프트
발 행 인 : 유성천
주   소 : 경기도 파주시 정문로 588번길 24
홈페이지 : www.aso.co.kr

※ 이 책은 저작권법에 따라 보호를 받는 저작물이므로 무단 전재와 무단 복제를 금지하며,
  이 책 내용의 전부 또는 일부를 이용하려면 반드시 (주)아카데미소프트의 서면동의를 받아야 합니다.

CONTENTS

PART 01 DIAT 시험 안내 및 자료 사용 방법

시험안내 01	DIAT 시험 안내	4
시험안내 02	DIAT 자료 사용 방법	6
시험안내 03	DIAT 교재 사용 방법	13

PART 02 출제유형 완전정복

출제유형 01	행의 높이를 변경한 후 도형으로 제목 작성하기	16
출제유형 02	셀 서식 및 조건부 서식 지정하기	28
출제유형 03	함수식 작성하기	42
출제유형 04	데이터 정렬과 부분합	66
출제유형 05	고급 필터	76
출제유형 06	시나리오 작성	84
부록	매크로	88
출제유형 07	피벗 테이블	96
출제유형 08	차트 작성	108

PART 03 출제예상 모의고사

모의고사 01	제 01 회 출제예상 모의고사	124
모의고사 02	제 02 회 출제예상 모의고사	131
모의고사 03	제 03 회 출제예상 모의고사	138
모의고사 04	제 04 회 출제예상 모의고사	145
모의고사 05	제 05 회 출제예상 모의고사	152
모의고사 06	제 06 회 출제예상 모의고사	159
모의고사 07	제 07 회 출제예상 모의고사	166
모의고사 08	제 08 회 출제예상 모의고사	173
모의고사 09	제 09 회 출제예상 모의고사	180
모의고사 10	제 10 회 출제예상 모의고사	187

PART 04 최신유형 기출문제

기출문제 01	제 01 회 최신유형 기출문제	196
기출문제 02	제 02 회 최신유형 기출문제	203
기출문제 03	제 03 회 최신유형 기출문제	210
기출문제 04	제 04 회 최신유형 기출문제	217
기출문제 05	제 05 회 최신유형 기출문제	224
기출문제 06	제 06 회 최신유형 기출문제	231
기출문제 07	제 07 회 최신유형 기출문제	238
기출문제 08	제 08 회 최신유형 기출문제	245

※ 부록 : 시험직전 모의고사 3회분 수록

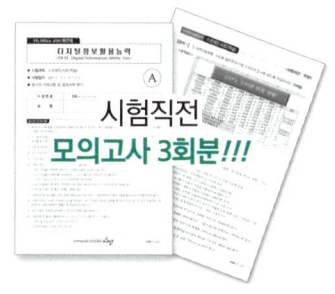

PART 01
DIAT 시험 안내 및 자료·교재 사용 방법

- ☑ **시험안내 01** DIAT 시험 안내
  - ☑ 디지털정보활용능력(DIAT) 시험 과목 및 합격 기준
  - ☑ 디지털정보활용능력(DIAT) 검정 기준

- ☑ **시험안내 02** DIAT 자료 사용 방법
  - ☑ 자료 다운로드 방법
  - ☑ 아카데미소프트의 코딩아지트에서 개발한 '온라인 답안 시스템'
  - ☑ 아카데미소프트의 코딩아지트에서 개발한 '개인용 채점 프로그램(MAG_Personal)'

- ☑ **시험안내 03** DIAT 교재 사용 방법
  - ☑ 출제유형 완전정복 사용 방법
  - ☑ 출제예상 모의고사/최신유형 기출문제 사용 방법

PART 01 DIAT 시험 안내 및 자료·교재 사용 방법

DIAT 시험 안내

☑ 디지털정보활용능력(DIAT) 시험 과목 및 합격 기준
☑ 디지털정보활용능력(DIAT) 검정 기준

1. 디지털정보활용능력(DIAT / Digital Information Ability Test)

- 컴퓨터와 인터넷을 이용한 정보가 넘쳐나고 사물과 사물 간에도 컴퓨터와 인터넷이 연결된 디지털정보시대에 기본적인 정보통신기술, 정보처리기술의 활용분야에 대해 학습이나 사무업무를 수행할 수 있도록 종합적으로 묶어 효과적으로 구성한 자격종목
- 총6개 과목으로 구성(작업식 5개 과목, 객관식 1개 과목)되어 1개 과목만으로도 자격취득이 가능하며 합격점수에 따라 초·중·고급자격이 부여
- 과목별로 시험을 응시하며 시험 당일 한 회차에 최대 3개 과목까지 응시 가능

2. 필요성

- 사무업무에 즉시 활용 가능한 작업식 위주의 실기시험
- 정보통신·OA·멀티미디어·인터넷 등 분야별 등급화를 통한 실무능력 인증

3. 자격 종류

- 자격구분 : 공인민간자격
- 등록번호 : 2008-0265
- 공인번호 : 과학기술정보통신부 제2020-2호

4. 시험 과목

검정과목	사용프로그램	검정방법	문항수	시험시간	배점
프리젠테이션	- MS 파워포인트 2021 - 한컴오피스 한쇼 2022	작업식	4문항	40분	200점
스프레드시트	- MS 엑셀 2021 - 한컴오피스 한셀 2022		5문항	40분	200점
워드프로세서	- 한컴오피스 한글 2022		2문항	40분	200점
멀티미디어제작	- 포토샵/곰믹스 for DIAT - 곰픽/곰믹스 for DIAT		3문항	40분	200점
인터넷정보검색	- 인터넷		8문항	40분	100점
정보통신상식	- CBT 프로그램	객관식	40문항	40분	100점

합격기준
- 고급 : 해당과제의 80% ~ 100% 해결능력
- 중급 : 해당과제의 60% ~ 79% 해결능력
- 초급 : 해당과제의 40% ~ 59% 해결능력

※ 검정 수수료 및 시험 일정은 www.ihd.or.kr 홈페이지 하단의 [자격안내]에서 확인할 수 있습니다.

5. DIAT 스프레드시트 검정 기준

과목	대분류	중분류	소분류	문제수
스프레드시트		데이터 입력과 셀 선택	1-1. 데이터 입력과 셀 선택	3
			1-2. 통합문서에서 이동과 선택	
			1-3. 머리글/바닥글	
			1-4. 메모	
			1-5. 이름정의	
			1-6. 하이퍼링크	
		워크시트 데이터 삽입	2-1. 데이터 편집	
			2-2. 데이터 찾기나 바꾸기	
			2-3. 셀과 데이터 삽입	
			2-4. 셀과 데이터 복사와 이동	
		워크시트 서식 지정	3-1. 텍스트와 셀 서식 지정	
			3-2. 테두리 유형, 무늬 지정	
			3-3. 조건부 서식 지정	
			3-4. 셀과 셀 내의 텍스트 위치 지정	
			3-5. 숫자, 날짜, 시간 서식 지정	
		수식과 함수 이용	4-1. 수식 입력	
			4-2. 수식 편집	
			4-3. 참조 사용	
			4-4. 함수	
			4-5. 레이블과 이름으로 계산 작업	
			4-6. 계산 제어	
		차트 작성	5-1. 차트 작성	
			5-2. 차트내 데이터 추가와 변경	
			5-3. 차트 종류	
			5-4. 데이터 표식, 레이블 서식 지정	
		데이터 관리와 분석	6-1. 목록 관리	2
			6-2. 목록과 테이블에서 데이터 요약	
			6-3. 피벗테이블 보고서의 데이터의 분석	
			6-4. 시나리오	
			6-5. 해 찾기와 목표 값 찾기	
			6-6. 데이터 테이블을 이용한 값 예측	
			6-7. 매크로 사용	
			합 계	5

6. DIAT 회원 가입 및 시험 접수 안내

❶ 아카데미소프트(https://aso.co.kr) 홈페이지 자료실에 PDF로 제공합니다.
❷ [자료실]-[공지]-'DIAT 회원 가입 PDF 및 시험 접수 안내' 파일을 클릭

PART 01 DIAT 시험 안내 및 자료·교재 사용 방법

DIAT 자료 사용 방법

☑ 자료 다운로드 방법 ☑ 온라인 답안 시스템
☑ 개인용 채점 프로그램

1. 자료 다운로드 방법

❶ 웹 브라우저를 실행하여 아카데미소프트(https://aso.co.kr) 홈페이지에 접속합니다. 이어서, [교재소개]-[DIAT 자격증]-[26 DIAT 엑셀 2021(좌)] 교재를 클릭합니다.

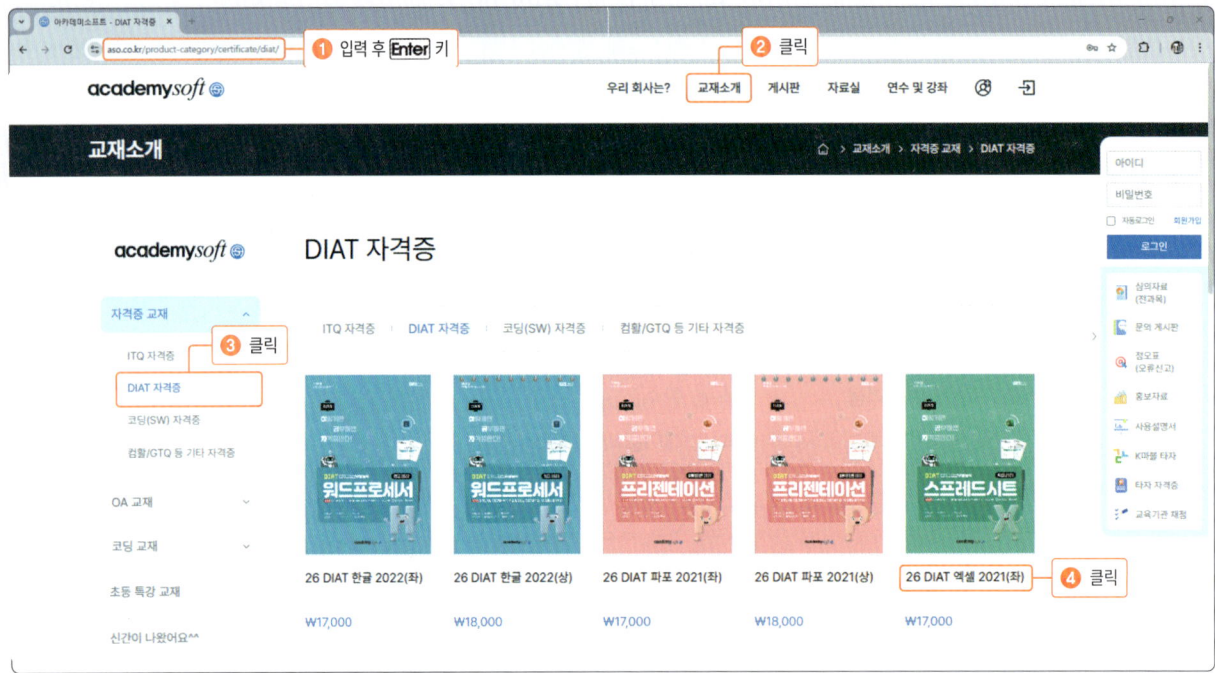

❷ 교재 이미지 오른쪽에 [교재 학습자료]를 클릭하면 [다운로드] 폴더에 저장됩니다.

2. 아카데미소프트의 코딩아지트에서 개발한 '온라인 답안 시스템'

❶ 온라인 답안 시스템

[MAG PER 개인용 채점 프로그램 · 답안 전송] 프로그램은 **수험자 연습용 답안 전송 프로그램**이기 때문에 **서버에서 제어가 되지 않는 개인용 버전**입니다. 실제 시험 환경을 미리 확인하는 차원에서 테스트하시기 바랍니다.

※ 해당 '온라인 답안 시스템'은 변경된 DIAT 시험 버전에 맞추어 수정된 최신 버전의 프로그램입니다.

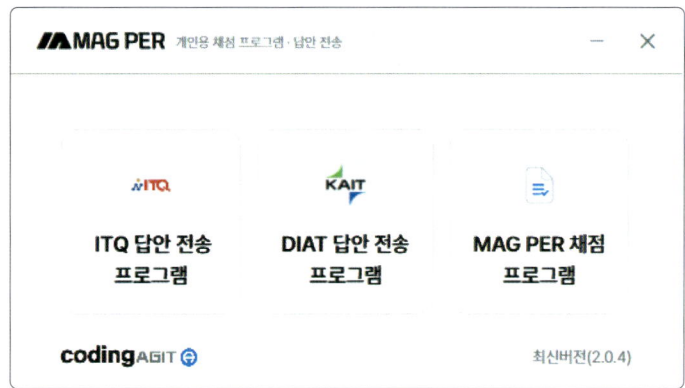

❷ [개인용 채점프로그램]을 클릭하여 다운로드한 다음 [ASO_MAG_PER_250912] 파일을 압축 해제합니다. 이어서, [ASO_MAG_PER_250912] 폴더에서 **'개인용 채점 프로그램(MAG_Personal)_실행 파일'**을 더블클릭하여 실행합니다.

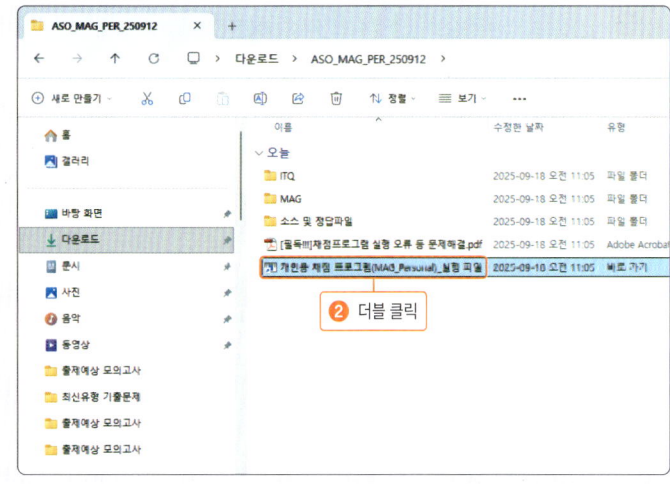

❸ 〈DIAT 답안 전송 프로그램〉 단추를 클릭합니다.

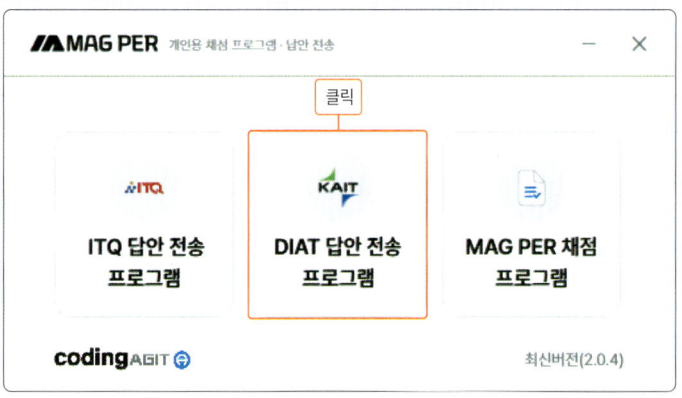

❹ 답안 전송 프로그램이 실행되면 '수검번호'에서 목록 단추를 클릭하여 해당 과목을 선택합니다.

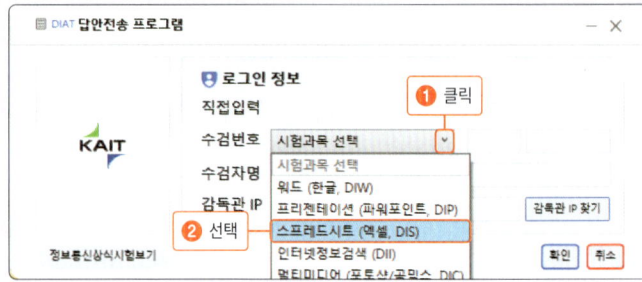

❺ 과목 선택이 끝나면 '수검번호' 및 '수검자명'을 입력한 다음 〈감독관 IP 찾기〉 단추 및 〈확인〉 단추를 클릭합니다.
※ 데모용 연습 프로그램이기 때문에 '수검번호' 및 '수검자명'은 본인이 원하는 내용을 입력하세요.

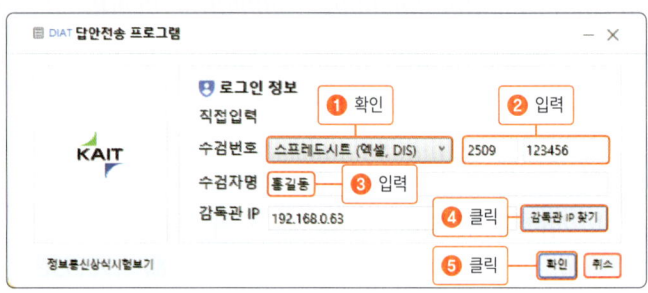

❻ 수검자 유의사항이 나오면 내용을 확인한 후 [마스터 키] 칸을 클릭하고 Enter 키를 누릅니다.

❼ 시험이 시작됨과 동시에 해당 프로그램이 자동으로 실행되면서 답안 파일이 자동으로 열립니다. 이어서, 남은 시간을 확인하면서 답안을 작성합니다.

※ 시험을 강제로 종료하고자 할 때는 〈강제종료〉 단추를 클릭한 후 '비밀번호(0000)'를 입력한 다음 〈확인〉 단추를 클릭합니다.

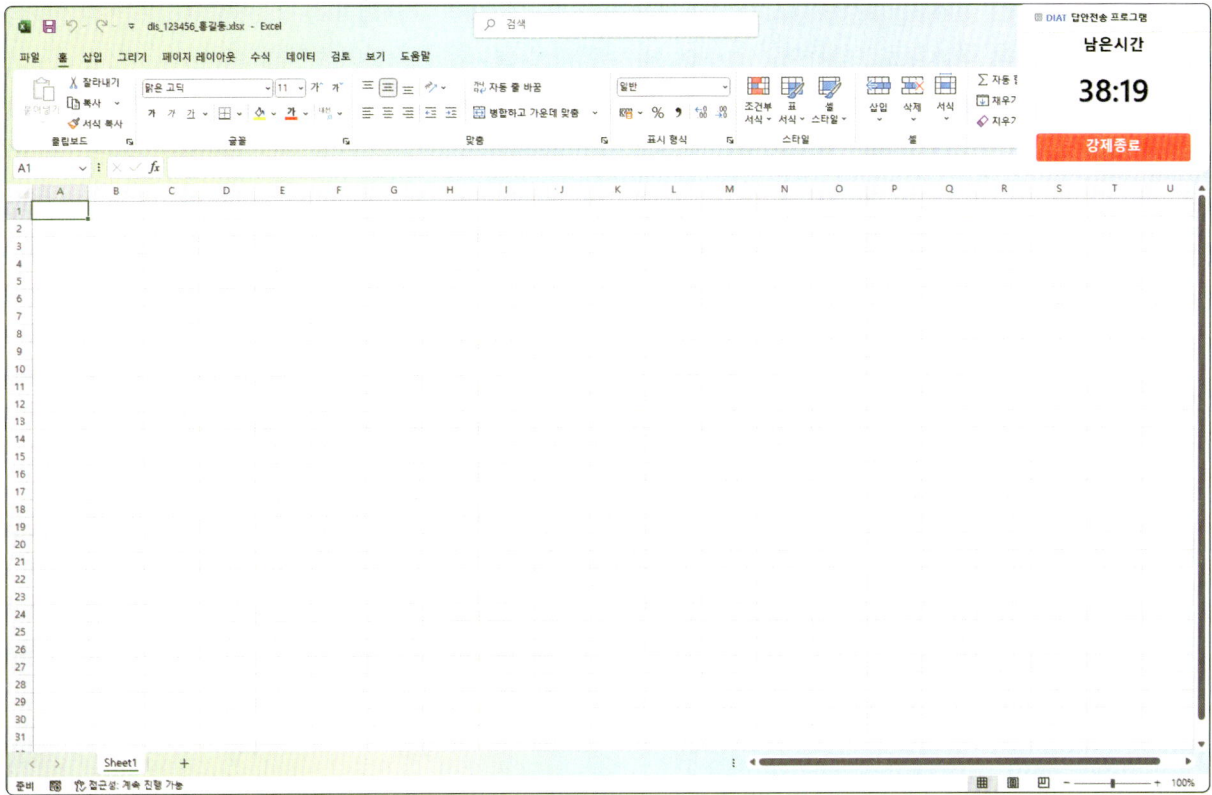

3. 아카데미소프트의 코딩아지트에서 개발한 '개인용 채점 프로그램(MAG_Personal)'

❶ 자동 채점 프로그램은 작성한 답안 파일을 정답 파일과 비교하여 틀린 부분을 찾아주는 프로그램입니다. 프로그램 상의 한계로 100% 정확한 채점은 어렵기 때문에 참고용으로 사용하시기 바랍니다.

❷ [아카데미소프트 홈페이지]-[자격증 교재]에서 해당 교재를 클릭하고 교재 이미지 오른쪽에 [개인용 채점프로그램] 클릭합니다. 이어서, [ASO_MAG_PER_250912] 파일의 압축을 해제한 후 [ASO_MAG_PER_250912] 폴더에서 '개인용 채점 프로그램(MAG_Personal)_실행 파일'을 더블클릭하여 실행합니다.

※ 채점 프로그램 폴더는 임의로 이름을 변경하거나 삭제하면 작동되지 않습니다.

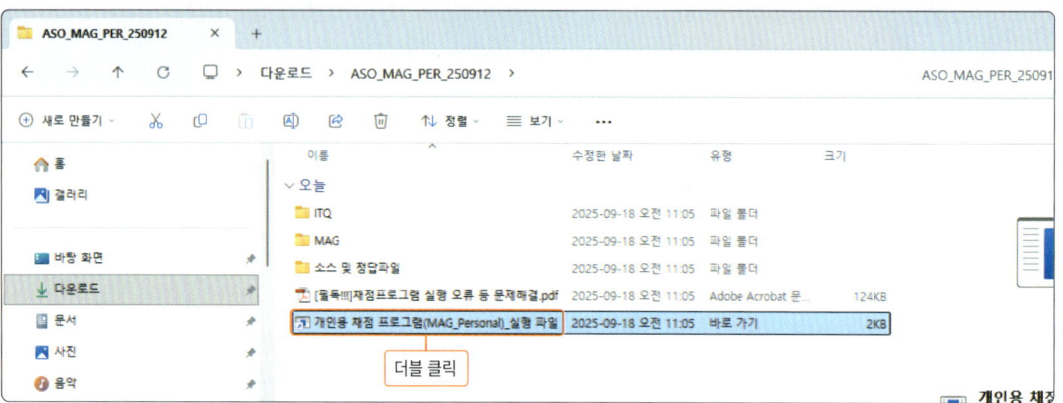

❸ 〈MAG PER 채점 프로그램〉 단추를 클릭합니다.

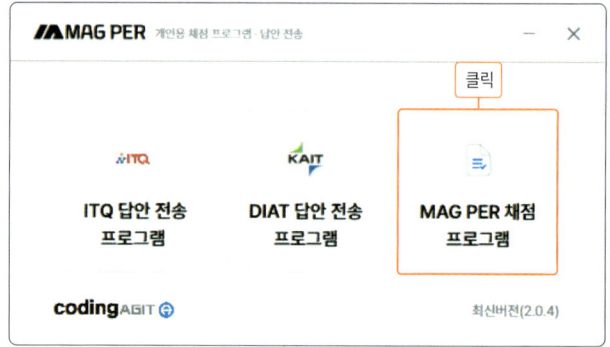

❹ [MAG PER_개인용 채점프로그램]이 실행되면 [DIAT 자격증]을 클릭한 후 채점하고자 하는 표지 아래 〈채점시작〉 단추를 클릭합니다.

❺ [MAG PER_개인용 채점프로그램] 대화상자가 나오면 [정답 파일]에서 〈불러오기〉 단추를 클릭합니다. 이어서, [열기] 대화상자가 나오면 채점에 사용할 정답 파일을 선택한 후 〈열기〉 단추를 클릭합니다.

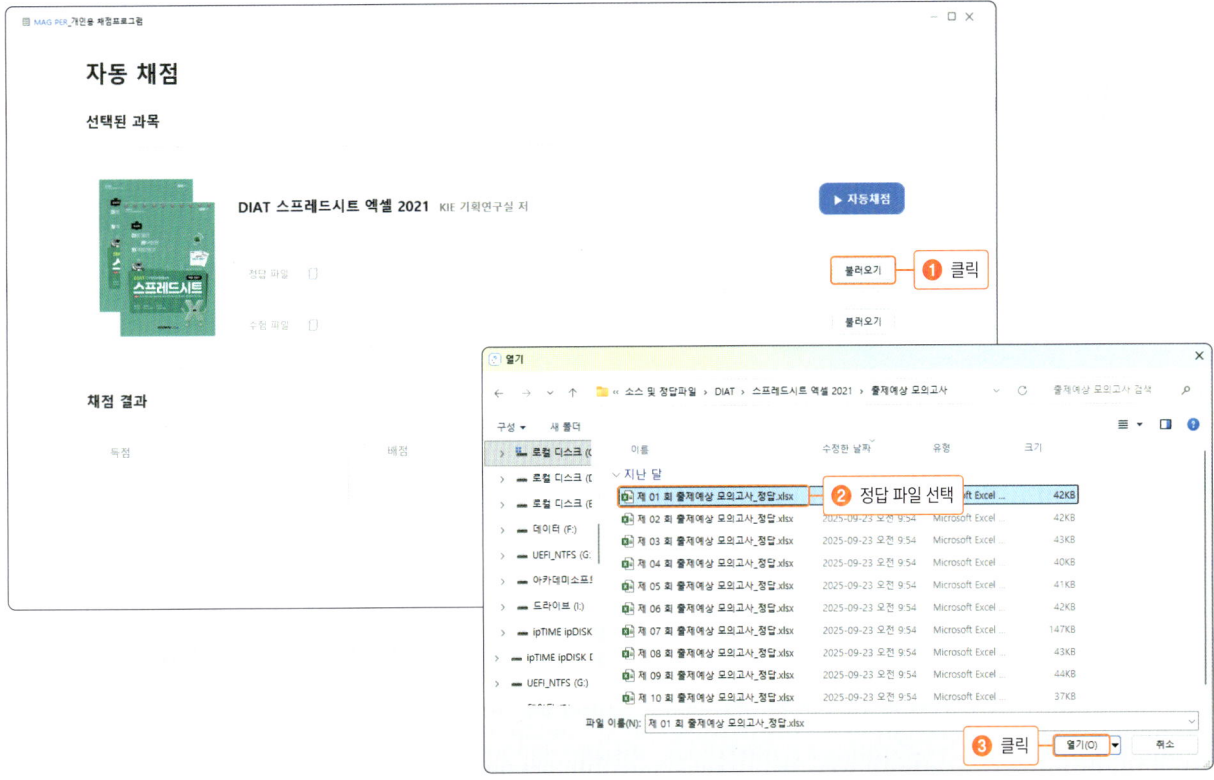

❻ 정답 파일이 열리면 [수험 파일]에서 〈불러오기〉 단추를 클릭합니다. 이어서, [열기] 대화상자가 나오면 정답 파일과 비교하여 채점할 학생 답안 파일을 선택한 후 〈열기〉 단추를 클릭한 다음 〈자동채점〉 단추를 클릭합니다.

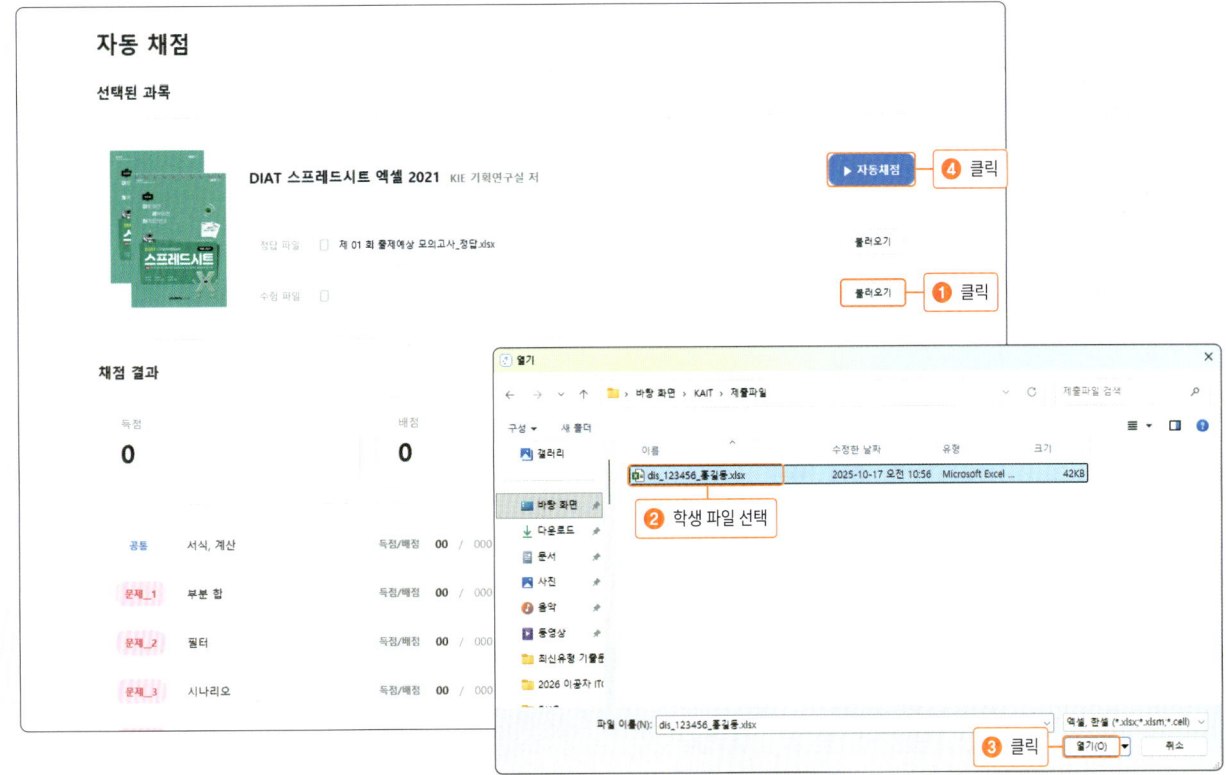

❼ 채점이 완료되면 문제별 전체 점수에서 맞은 점수를 확인하실 수 있습니다. 각 기능별로 자세하게 틀린 부분을 확인 할 때는 문제별 오른쪽에 〈상세결과〉 단추를 클릭하여 [정답] 항목과 비교하여 틀린 부분을 다시 확인합니다.

▲ 상세결과 페이지

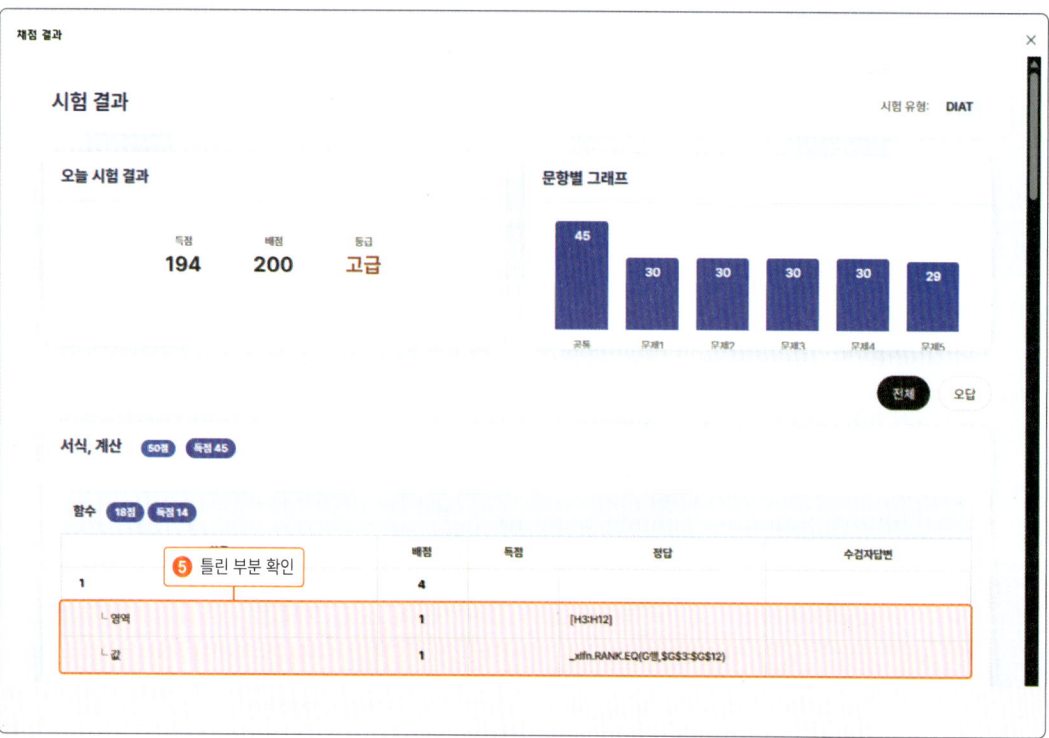

▲ 틀린 부분 확인

PART 01 DIAT 시험 안내 및 자료·교재 사용 방법

DIAT 교재 사용 방법

☑ 출제유형 완전정복 사용 방법
☑ 출제예상 모의고사/최신유형 기출문제 사용 방법

1. 출제유형 완전정복 사용 방법

❶ 출제유형 완전정복의 작성 시간과 권장 시간을 활용합니다.

  ※ **작성 시간** : 수험자가 문제를 해결하는데 걸린 시간을 기록합니다.
  ※ **권장 시간** : 전체 시간을 배분하여 해당 문제를 해결하는데 필요한 권장 소요 시간입니다.

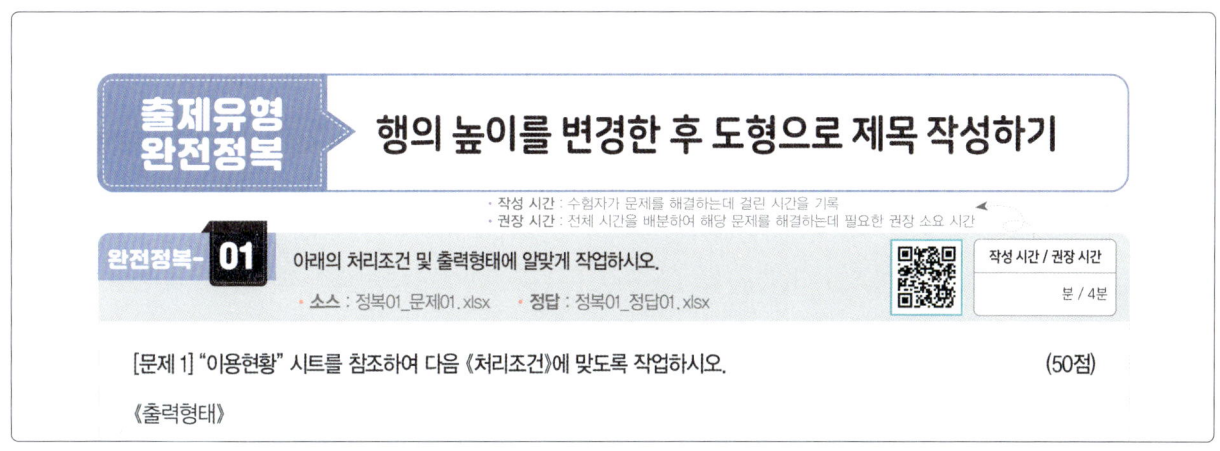

2. 출제예상 모의고사/최신유형 기출문제 사용 방법

❶ 출제예상 모의고사/최신유형 기출문제의 작성 시간과 채점 결과를 활용합니다.

  ※ **채점 결과** : [MAG PER_개인용 채점프로그램]을 활용하여 점수를 기록합니다.

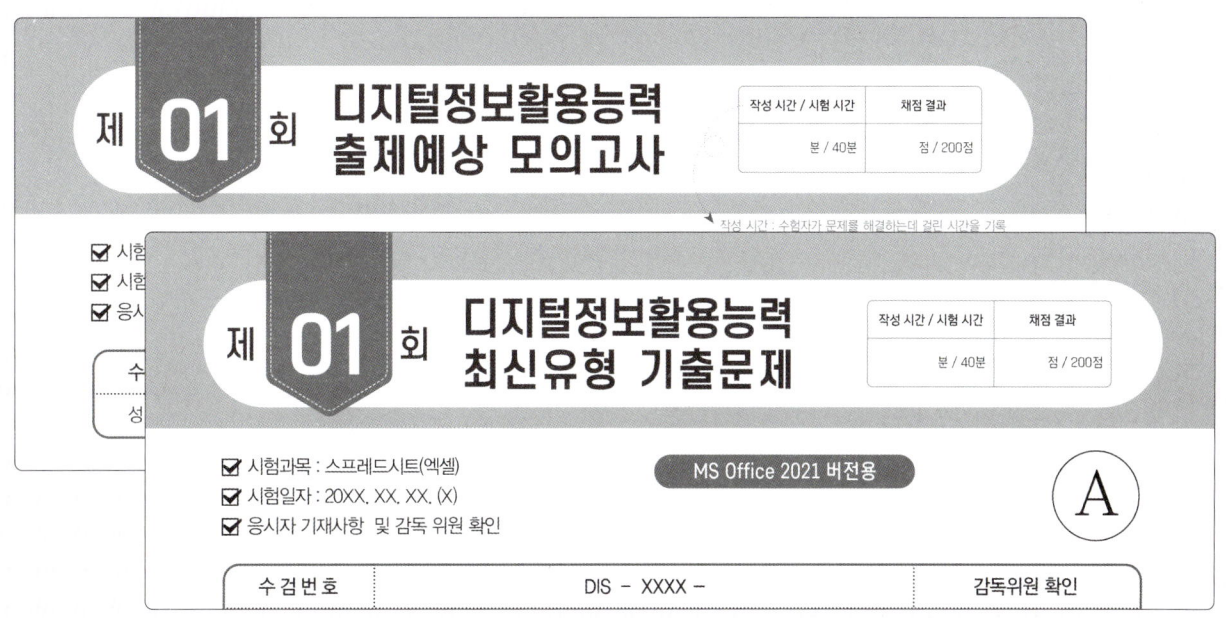

MEMO

PART 02
출제유형 완전정복

- ☑ 출제유형 **01** 행의 높이를 변경한 후 도형으로 제목 작성하기
- ☑ 출제유형 **02** 셀 서식 및 조건부 서식 지정하기 ─ (50점)
- ☑ 출제유형 **03** 함수식 작성하기
- ☑ 출제유형 **04** 데이터 정렬과 부분합 ─ (30점)
- ☑ 출제유형 **05** 고급 필터
- ☑ 출제유형 **06** 시나리오 작성 ─ (60점)
- ☑ 출제유형 **부록** 매크로
- ☑ 출제유형 **07** 피벗 테이블 ─ (30점)
- ☑ 출제유형 **08** 차트 작성 ─ (30점)

출제유형 01 행의 높이를 변경한 후 도형으로 제목 작성하기

- ☑ 행 높이 설정하기
- ☑ 제목으로 도형 작성하기

문제 미리보기

소스 : 유형01_문제.xlsx   정답 : 유형01_정답.xlsx

【문제 1】 "기부금현황" 시트를 참조하여 다음 《처리조건》에 맞도록 작업하시오.　　(50점)

《출력형태》

《처리조건》

▶ 1행의 행 높이를 '80'으로 설정하고, 2행~15행의 행 높이를 '18'로 설정하시오.

▶ 제목("단과대학별 기부금 현황") : 기본 도형의 '사각형: 빗면'을 이용하여 입력하시오.
  - 도형 : 위치([B1:H1]), 도형 스타일(테마 스타일 – '보통 효과 – 파랑, 강조 5')
  - 글꼴 : 궁서체, 28pt, 기울임꼴
  - 도형 서식 : 도형 옵션 – 크기 및 속성(텍스트 상자(세로 맞춤 : 정가운데, 텍스트 방향 : 가로))

Digital Information Ability Test

난이도	권장 시간 / 시험 시간	유형 점수 / 시험 점수
★★☆☆	4분 / 40분	50점 / 200점

▶ 출제유형 01~03까지 합쳐진 점수

➡ **주의 사항** : 실수가 많은 내용
- ☑ 자동으로 실행되는 프로그램이 [Excel 2021] 버전이 맞는지 확인합니다.
- ☑ 제목 표시줄 상단에 저장된 파일명(dis_123456_홍길동.xlsx)을 확인합니다.
- ☑ 도형은 지정된 셀 범위 안에 들어가도록 크기와 위치를 조절합니다.

➡ **주요 단축키** : 문서 작성시 시간 단축에 도움
- ☑ 저장 : Ctrl+S   도형 서식 : Ctrl+1

Skill 01 행 높이 설정하기

① Excel 2021을 실행한 후 [파일]-[열기](Ctrl+O)를 클릭한 다음 [찾아보기]를 클릭합니다. [열기] 대화상자가 나오면 '유형01_문제.xlsx' 파일을 불러와 [기부금현황] 시트를 클릭합니다.

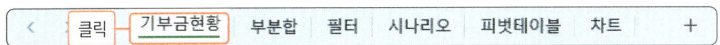

② **1행 머리글** 위에서 마우스 오른쪽 단추를 눌러 바로 가기 메뉴가 나오면 [**행 높이**]를 클릭합니다.

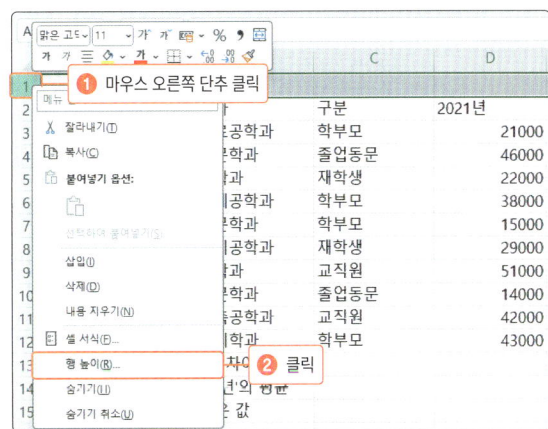

TIP 시험장 오피스 프로그램 환경
실제 시험장에서는 시험이 시작됨과 동시에 답안 파일(엑셀 2021)이 자동으로 열립니다. 답안 파일이 자동으로 실행되면 파일명(dis_123456_홍길동.xlsx)을 확인합니다.

③ [행 높이] 대화상자가 나오면 '**80**'을 입력한 후 〈확인〉 단추를 클릭합니다.

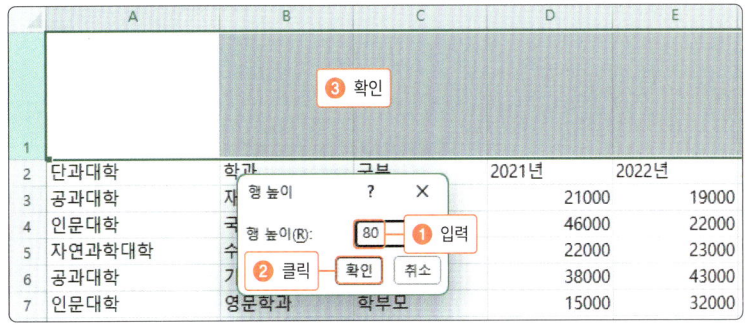

출제유형 01   **17**   행의 높이를 변경한 후 도형으로 제목 작성하기

④ **2행 머리글**에서 **15행 머리글**(2:15행)까지 드래그하여 범위를 지정한 후 행 머리글 위에서 마우스 오른쪽 단추를 눌러 바로 가기 메뉴가 나오면 **[행 높이]**를 클릭합니다.

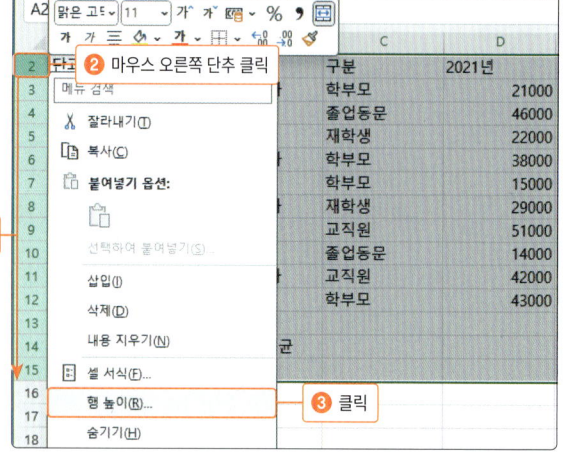

⑤ [행 높이] 대화상자가 나오면 '**18**'을 입력한 후 〈확인〉 단추를 클릭합니다.

※ 범위 지정 후 특정 셀을 클릭하면 범위 지정이 자동으로 해제됩니다.

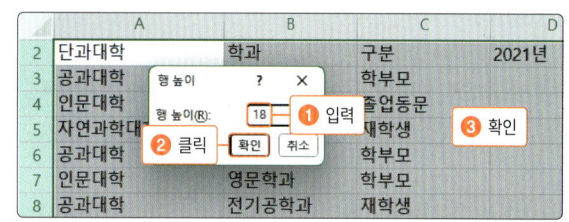

Skill 02 도형으로 제목 작성하기

① 도형을 삽입하기 위해 **[삽입]** 탭의 **[일러스트레이션]** 그룹에서 **[도형]-[기본 도형]-'사각형: 빗면(▱)'**을 선택합니다.

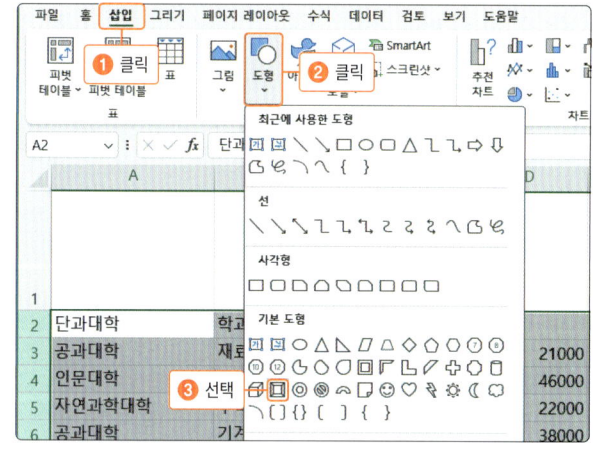

② **[B1]** 셀에서 **[H1]** 셀까지 드래그하여 '**사각형: 빗면**' 도형을 삽입합니다. 도형이 삽입되면 제목(**단과대학별 기부금 현황**)을 입력한 후 텍스트가 없는 부분의 도형을 클릭(마우스 포인터 모양 확인)합니다.

※ 도형을 삽입한 후 《출력형태》를 참고하여 [B1:H1] 셀 범위 안에 도형이 들어가도록 테두리 조절점(,)으로 크기를 조절하고 위치를 변경합니다.

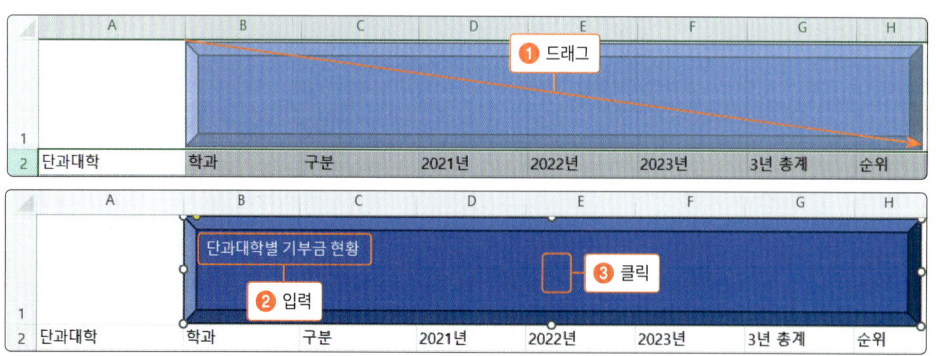

❸ [도형 서식] 탭의 [도형 스타일] 그룹에서 **자세히**(▽) 단추를 클릭합니다. 이어서, 도형 스타일 목록이 펼쳐지면 '**보통 효과 – 파랑, 강조 5**(Abc)'를 선택합니다.

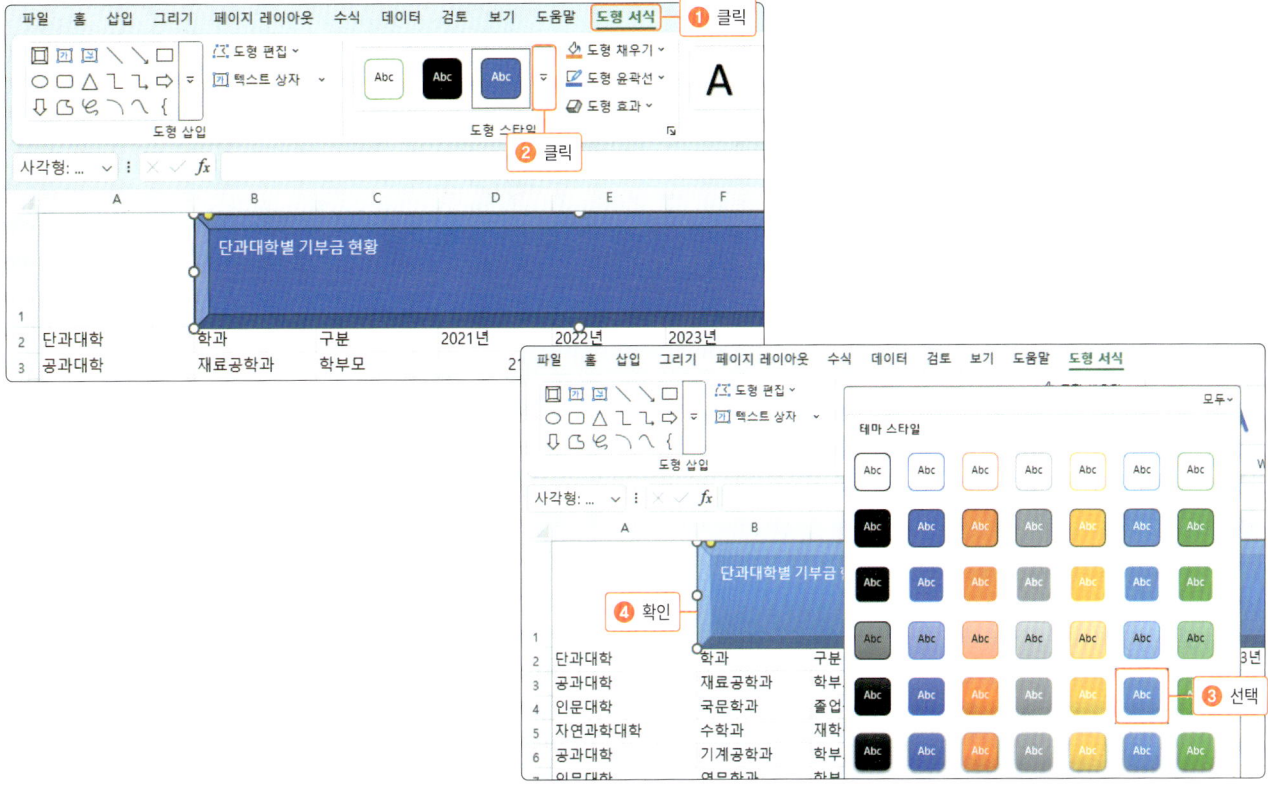

❹ 글꼴 서식을 지정하기 위해 [홈] 탭의 [글꼴] 그룹에서 '**글꼴(궁서체), 글꼴 크기(28pt), 기울임꼴(가)**'를 각각 지정합니다. 이어서, 도형 위에서 마우스 오른쪽 단추를 눌러 바로 가기 메뉴가 나오면 [**도형 서식**]을 클릭합니다. (도형 서식 바로 가기 키 : **Ctrl** + **1**)

※ 글꼴 서식을 지정할 때 도형이 선택되어 있어야 합니다. 만약, 도형 선택이 해제되었을 경우에는 텍스트가 없는 부분의 도형을 클릭하여 선택합니다.

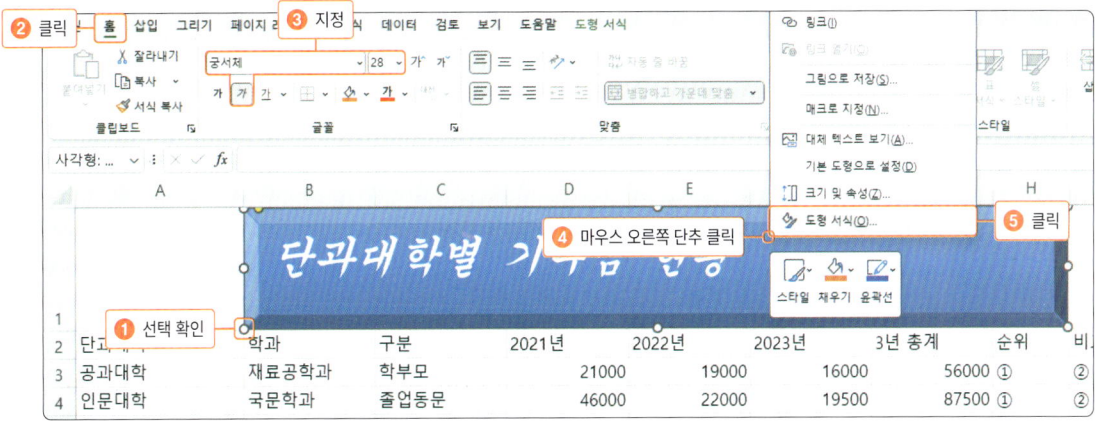

❺ 화면 오른쪽에 [도형 서식] 작업 창이 나오면 [크기 및 속성]을 클릭합니다. 이어서, [텍스트 상자]-[세로 맞춤]-'정가운데'를 선택하고, [텍스트 방향]-'가로'로 선택된 것을 확인합니다.

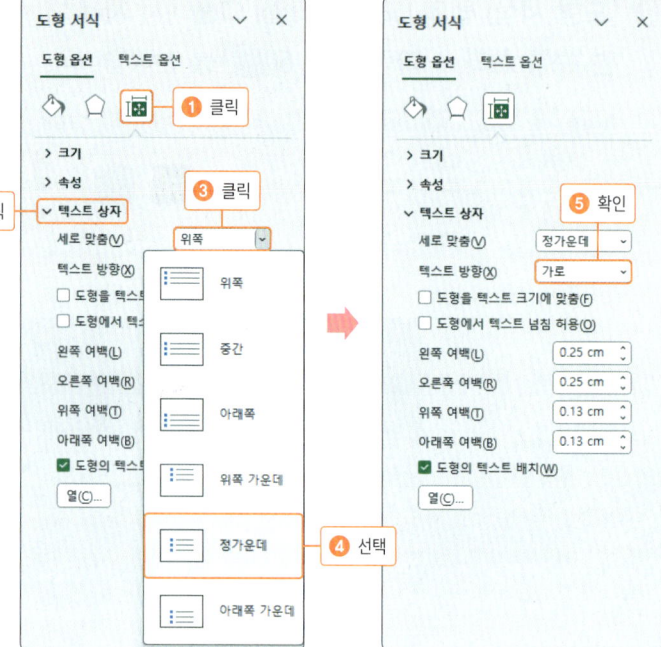

❻ 도형 서식이 지정된 제목을 확인합니다.

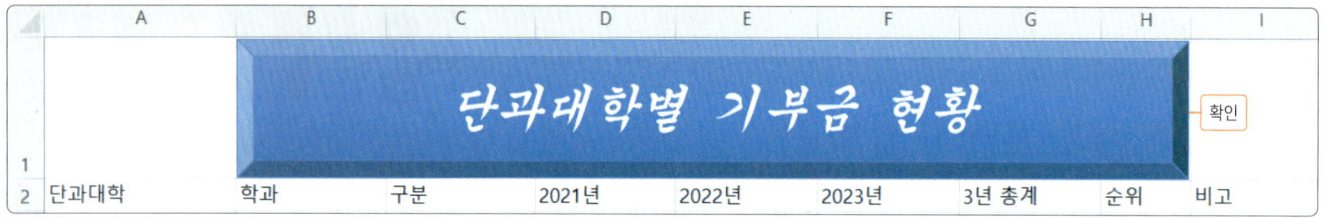

❼ [파일]-[저장](Ctrl + S) 또는 [빠른 실행 도구 모음]에서 '저장(💾)'을 클릭합니다.

※ 실제 시험을 볼 때 작업 도중에 수시로(10분에 한 번 정도) 저장을 하는 것이 좋습니다.

WordArt로 제목 작성하기

DIAT 스프레드시트 시험에서 제목을 작성하는 방법은 크게 '도형'을 이용하는 방법과 'WordArt'를 이용하는 방법이 있습니다. 현재 대부분 도형을 이용하여 제목을 작성하는 것으로 출제되고 있지만, WordArt를 이용하여 제목을 작성하는 방식도 출제될 수 있기 때문에 작성 방법은 알아두는 것이 좋습니다.

· 소스 : 유형01_워드아트_문제.xlsx   · 정답 : 유형01_워드아트_정답.xlsx

❶ [삽입] 탭-[텍스트] 그룹에서 [WordArt]-'채우기: 파랑, 강조색 1, 그림자(A)'를 선택합니다.

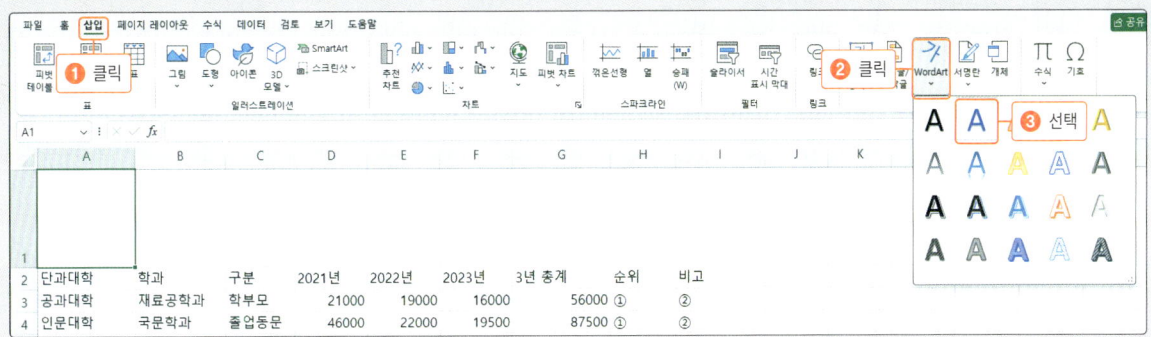

❷ 워드아트(필요한 내용을 적으십시오.)가 삽입되면 '단과대학별 기부금 현황'을 입력합니다.

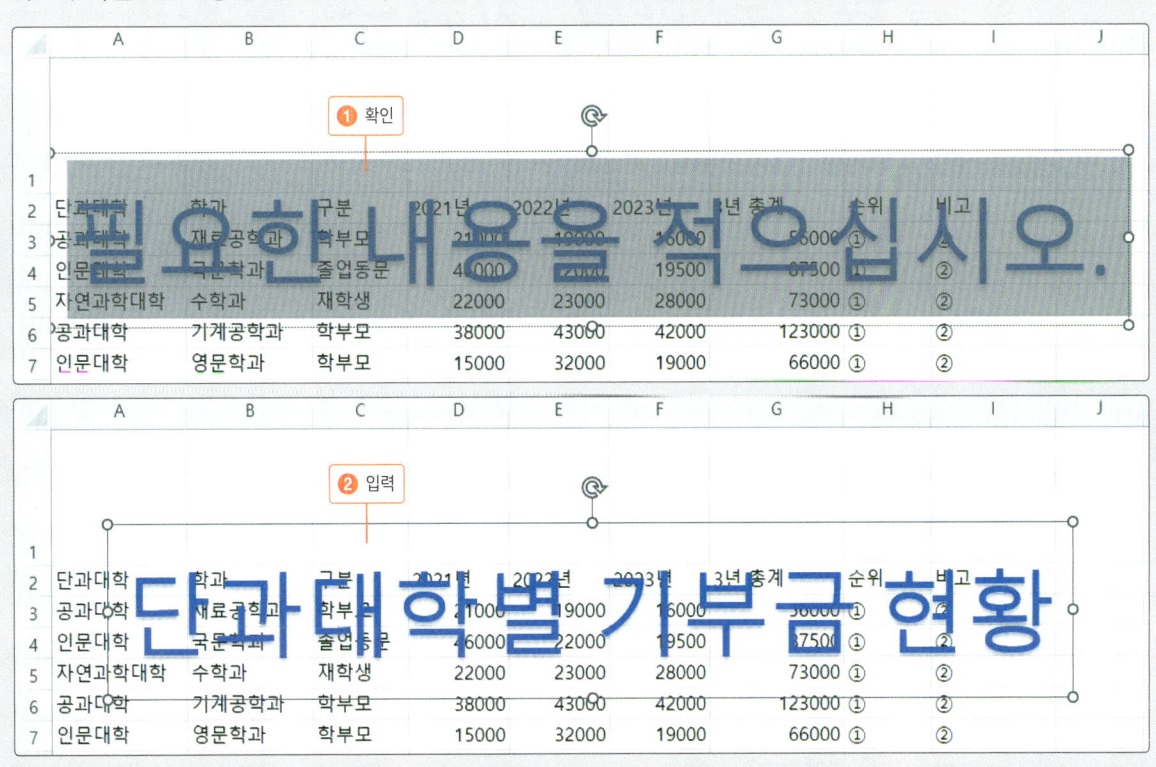

❸ 테두리 선(⊕)에 마우스 포인터를 위치시킨 후 [B1] 셀을 기준으로 드래그 합니다.

❹ [홈] 탭의 [글꼴] 그룹에서 '글꼴(궁서체), 글꼴 크기(45pt), 기울임꼴(가)'을 각각 지정합니다.

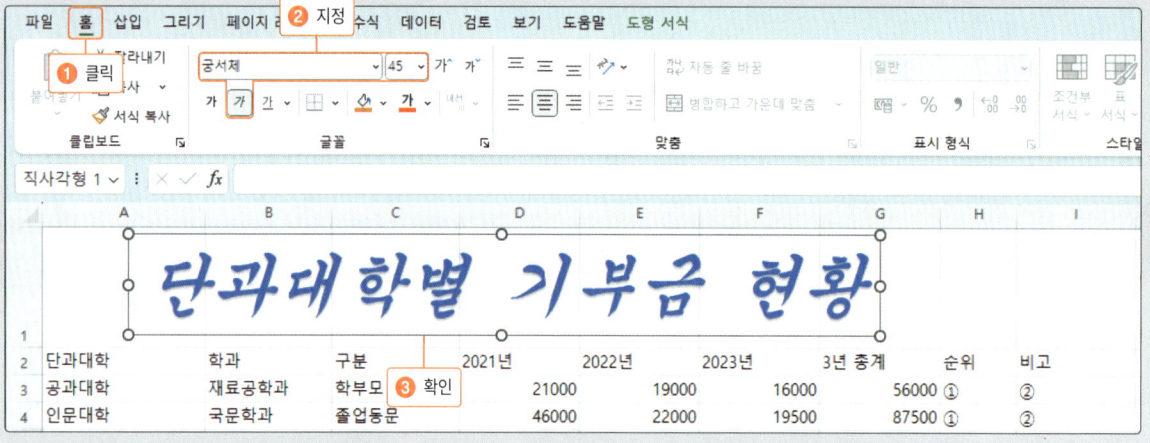

❺ 글꼴 서식이 적용되면 테두리를 드래그하여 [B1:H1] 영역에 맞게 위치를 변경합니다.

※ WordArt의 위치를 변경할 때 키보드 방향키(↑, ↓, ←, →)를 이용하면 세밀하게 위치를 변경할 수 있습니다.

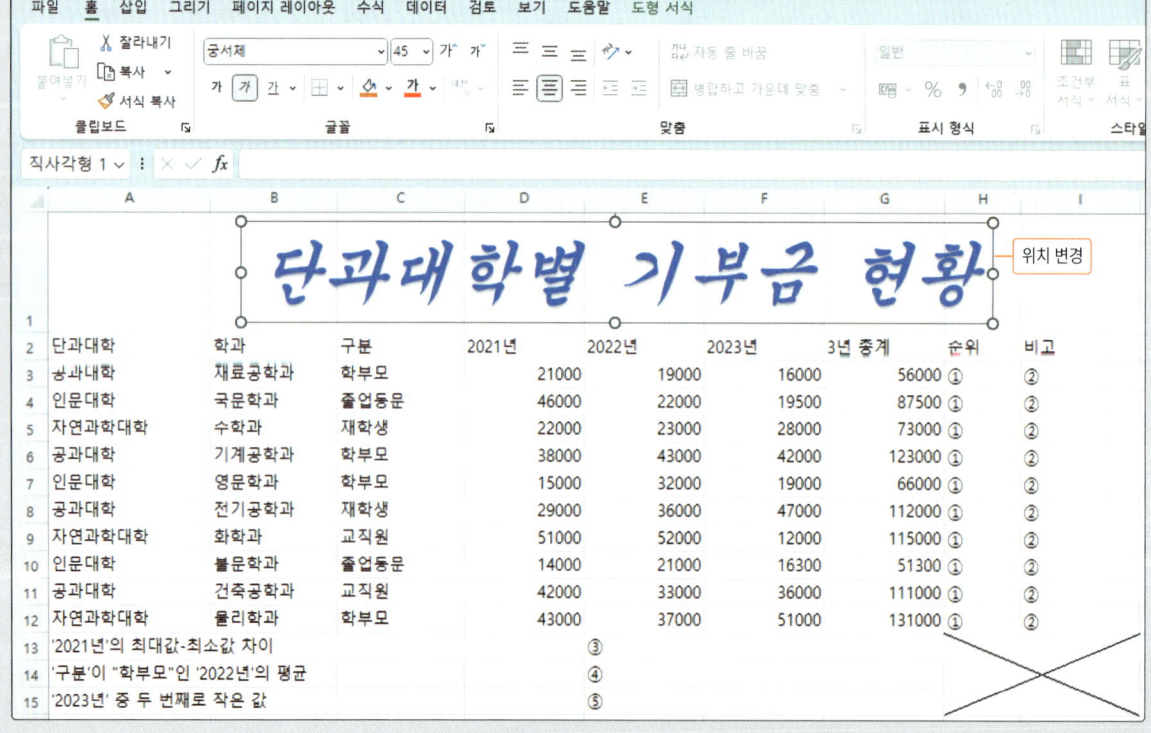

행의 높이를 변경한 후 도형으로 제목 작성하기

완전정복-01 아래의 처리조건 및 출력형태에 알맞게 작업하시오.

- 소스 : 정복01_문제01.xlsx
- 정답 : 정복01_정답01.xlsx

작성 시간 / 권장 시간
분 / 4분

[문제 1] "이용현황" 시트를 참조하여 다음《처리조건》에 맞도록 작업하시오. (50점)

《출력형태》

	A	B	C	D	E	F	G	H	I
1				3분기 권역별 공유 이동장치 이용현황					
2	모델명	종류	권역	7월	8월	9월	평균	순위	비고
3	P-KB-300	전동킥보드	중부권	23100	23590	24050	23580.0	①	②
4	P-CY-500	전기자전거	수도권	23120	23030	23570	23240.0	①	②
5	R-CY-100	대여자전거	중부권	22580	22890	23270	22913.3	①	②
6	P-KB-301	전동킥보드	남부권	22120	22390	22760	22423.3	①	②
7	R-CY-101	대여자전거	수도권	22720	22950	23850	23173.3	①	②
8	P-KB-303	전동킥보드	수도권	22290	22040	23160	22496.7	①	②
9	P-CY-501	전기자전거	남부권	23240	23170	23510	23306.7	①	②
10	R-CY-102	대여자전거	수도권	22250	22020	22920	22396.7	①	②
11	P-KB-305	전동킥보드	중부권	22530	22770	22920	22740.0	①	②
12	P-CY-503	전기자전거	수도권	22370	22620	22780	22590.0	①	②
13	'9월'의 최대값-최소값 차이			③					
14	'종류'가 "전동킥보드"인 '9월'의 합계			④					
15	'8월' 중 세 번째로 큰 값			⑤					

《처리조건》

▶ 1행의 행 높이를 '80'으로 설정하고, 2행~15행의 행 높이를 '18'로 설정하시오.

▶ 제목("3분기 권역별 공유 이동장치 이용현황") : 기본 도형의 '액자'를 이용하여 입력하시오.

- 도형 : 위치([B1:H1]), 도형 스타일(테마 스타일 – '강한 효과 – 황금색, 강조 4')
- 글꼴 : 굴림체, 26pt, 굵게
- 도형 서식 : 도형 옵션 – 크기 및 속성(텍스트 상자(세로 맞춤 : 정가운데, 텍스트 방향 : 가로))

완전정복-02

아래의 처리조건 및 출력형태에 알맞게 작업하시오.

- 소스 : 정복01_문제02.xlsx
- 정답 : 정복01_정답02.xlsx

작성 시간 / 권장 시간
분 / 4분

[문제 1] "매출현황" 시트를 참조하여 다음 《처리조건》에 맞도록 작업하시오. (50점)

《출력형태》

《처리조건》

▶ 1행의 행 높이를 '80'으로 설정하고, 2행~15행의 행 높이를 '18'로 설정하시오.

▶ 제목("수도권 지역별 골프채 매출현황") : 기본 도형의 '배지'를 이용하여 입력하시오.
 - 도형 : 위치([B1:H1]), 도형 스타일(테마 스타일 – '강한 효과 – 주황, 강조 2')
 - 글꼴 : 궁서체, 24pt, 굵게
 - 도형 서식 : 도형 옵션 – 크기 및 속성(텍스트 상자(세로 맞춤 : 정가운데, 텍스트 방향 : 가로))

완전정복-03 아래의 처리조건 및 출력형태에 알맞게 작업하시오.

· 소스 : 정복01_문제03.xlsx · 정답 : 정복01_정답03.xlsx

작성 시간 / 권장 시간

분 / 4분

[문제 1] "신청현황" 시트를 참조하여 다음 《처리조건》에 맞도록 작업하시오. (50점)

《출력형태》

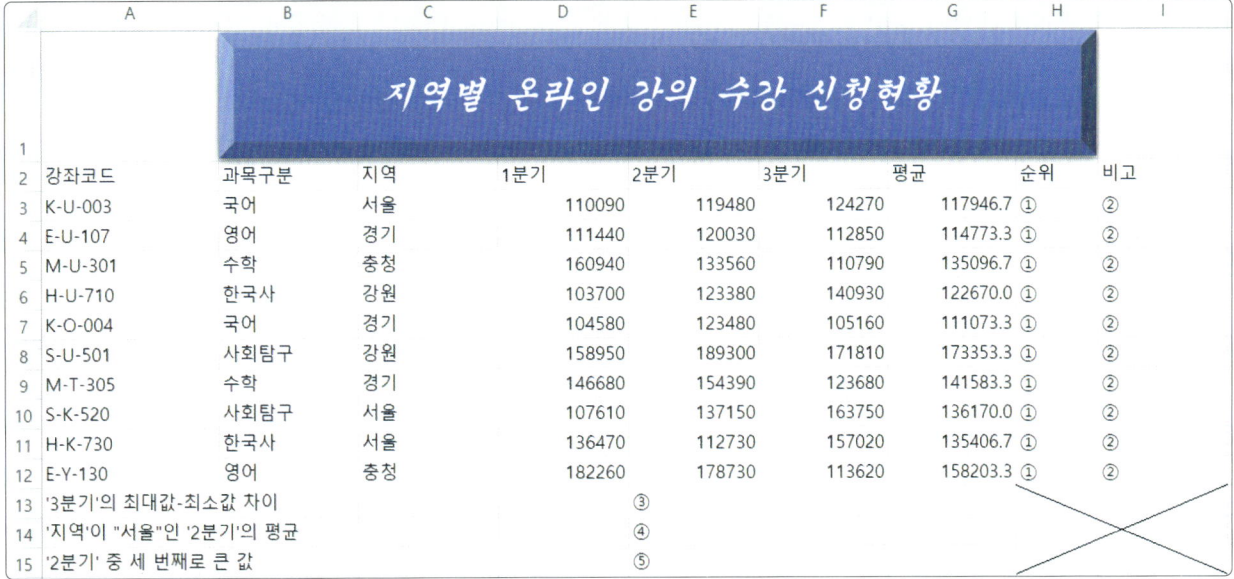

《처리조건》

▶ 1행의 행 높이를 '80'으로 설정하고, 2행~15행의 행 높이를 '18'로 설정하시오.
▶ 제목("지역별 온라인 강의 수강 신청현황") : 기본 도형의 '사각형: 빗면'을 이용하여 입력하시오.
  – 도형 : 위치([B1:H1]), 도형 스타일(테마 스타일 – '강한 효과 – 파랑, 강조 1')
  – 글꼴 : 궁서체, 22pt, 기울임꼴
  – 도형 서식 : 도형 옵션 – 크기 및 속성(텍스트 상자(세로 맞춤 : 정가운데, 텍스트 방향 : 가로))

[문제 1] "주문현황" 시트를 참조하여 다음《처리조건》에 맞도록 작업하시오. (50점)

《출력형태》

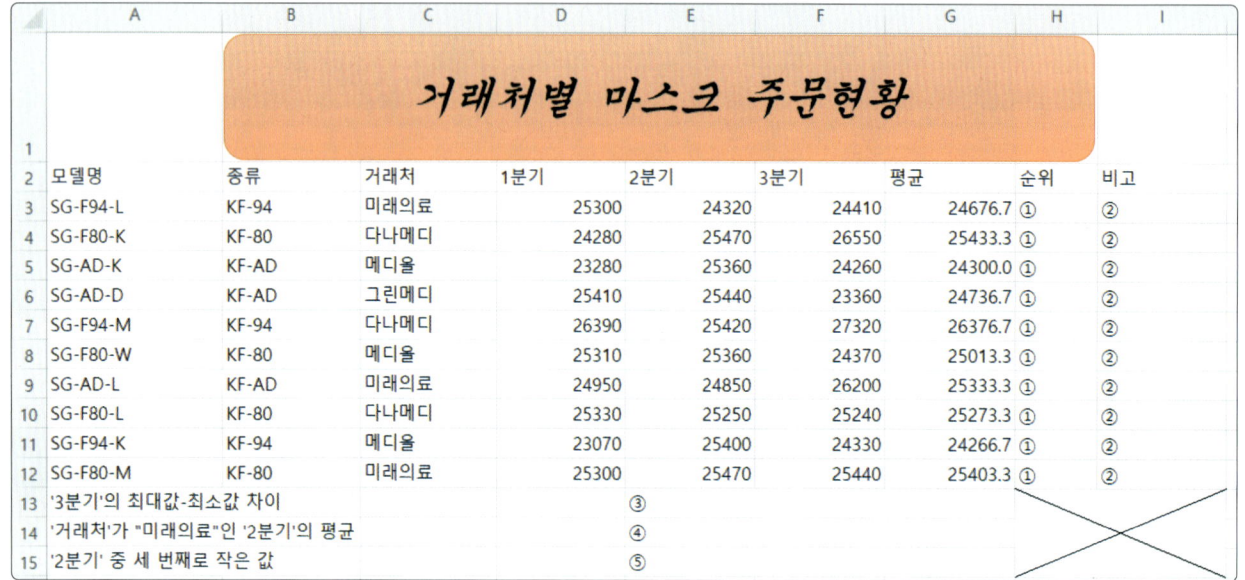

《처리조건》

▶ 1행의 행 높이를 '80'으로 설정하고, 2행~15행의 행 높이를 '18'로 설정하시오.

▶ 제목("거래처별 마스크 주문현황") : 사각형의 '사각형: 둥근 모서리'를 이용하여 입력하시오.

　- 도형([B1:H1]), 도형 스타일(테마 스타일 – '미세 효과 – 주황, 강조 2')

　- 글꼴 : 궁서체, 26pt, 기울임꼴

　- 도형 서식 : 도형 옵션 – 크기 및 속성(텍스트 상자(세로 맞춤 : 정가운데, 텍스트 방향 : 가로))

MEMO

PART 02 출제유형 완전정복

셀 서식 및 조건부 서식 지정하기

- ☑ 테두리 지정 및 병합하고 가운데 맞춤 지정하기
- ☑ 셀 채우기 및 [표시 형식] 지정하기
- ☑ 조건부 서식 지정하기

 **미리보기** 소스 파일 : 유형02_문제.xlsx   정답 파일 : 유형02_정답.xlsx

【문제 1】 "기부금현황" 시트를 참조하여 다음 《처리조건》에 맞도록 작업하시오.   (50점)

《출력형태》

단과대학	학과	구분	2021년	2022년	2023년	3년 총계	순위	비고
공과대학	재료공학과	학부모	21,000	19,000	16,000	56,000천원	①	②
인문대학	국문학과	졸업동문	46,000	22,000	19,500	87,500천원	①	②
자연과학대학	수학과	재학생	22,000	23,000	28,000	73,000천원	①	②
공과대학	기계공학과	학부모	38,000	43,000	42,000	123,000천원	①	②
인문대학	영문학과	학부모	15,000	32,000	19,000	66,000천원	①	②
공과대학	전기공학과	재학생	29,000	36,000	47,000	112,000천원	①	②
자연과학대학	화학과	교직원	51,000	52,000	12,000	115,000천원	①	②
인문대학	불문학과	졸업동문	14,000	21,000	16,300	51,300천원	①	②
공과대학	건축공학과	교직원	42,000	33,000	36,000	111,000천원	①	②
자연과학대학	물리학과	학부모	43,000	37,000	51,000	131,000천원	①	②
'2021년'의 최대값-최소값 차이				③				
'구분'이 "학부모"인 '2022년'의 평균				④				
'2023년' 중 두 번째로 작은 값				⑤				

《처리조건》

▶ 셀 서식을 아래 조건에 맞게 작성하시오.
  - [A2:I15] : 테두리(안쪽, 윤곽선 모두 실선, '검정, 텍스트 1'), 전체 가운데 맞춤
  - [A13:D13], [A14:D14], [A15:D15] : 각각 병합하고 가운데 맞춤
  - [A2:I2], [A13:D15] : 채우기 색('파랑, 강조 1, 60% 더 밝게'), 글꼴(굵게)
  - [D3:F12] : 셀 서식의 표시 형식-숫자를 이용하여 1000 단위 구분 기호 표시
  - [G3:G12], [E13:G15] : 셀 서식의 표시 형식-사용자 지정을 이용하여 #,##0"천원"자를 추가
  - [H3:H12] : 셀 서식의 표시 형식-사용자 지정을 이용하여 #"등"자를 추가
  - 조건부 서식[A3:I12] : '2022년'이 35000 이상인 경우 레코드 전체에 글꼴(파랑, 굵게) 적용
  - 지시사항이 없는 경우는 주어진 문제 파일의 서식을 그대로 사용하시오.

시험 분석

Digital Information Ability Test

난이도	권장 시간 / 시험 시간	유형 점수 / 시험 점수
★★★☆☆	6분 / 40분	50점 / 200점

◀ 출제유형 01~03까지 합쳐진 점수

➤ **주의 사항 : 실수가 많은 내용**
- ☑ 처리조건에 맞게 정확한 셀 범위를 지정합니다.
- ☑ 처리조건에 맞게 셀 채우기 색의 정확한 색상 명칭을 지정합니다.
- ☑ 많이 출제되는 비교 연산자를 알아둡니다. 이상은 '>='이며 이하는 '<='입니다.
- ☑ 조건부 서식에서 수식의 행은 3행부터 시작합니다. (예) $E3

➤ **주요 단축키 : 작업 시간 단축에 도움**
- ☑ 저장 : Ctrl + S   셀 서식 : Ctrl + 1

Skill 01 테두리 지정하기

 [파일]-[열기](Ctrl + O)를 클릭한 후, [찾아보기]를 클릭합니다. [열기] 대화상자가 나오면 '유형02_문제.xlsx' 파일을 불러와 [기부금현황] 시트를 클릭합니다.

❷ [A2:I15] 영역을 드래그한 후 영역으로 지정된 셀 범위 위에서 마우스 오른쪽 단추를 눌러 바로 가기 메뉴가 나오면 [셀 서식]을 클릭합니다.

※ 셀 서식 바로 가기 키 : Ctrl + 1

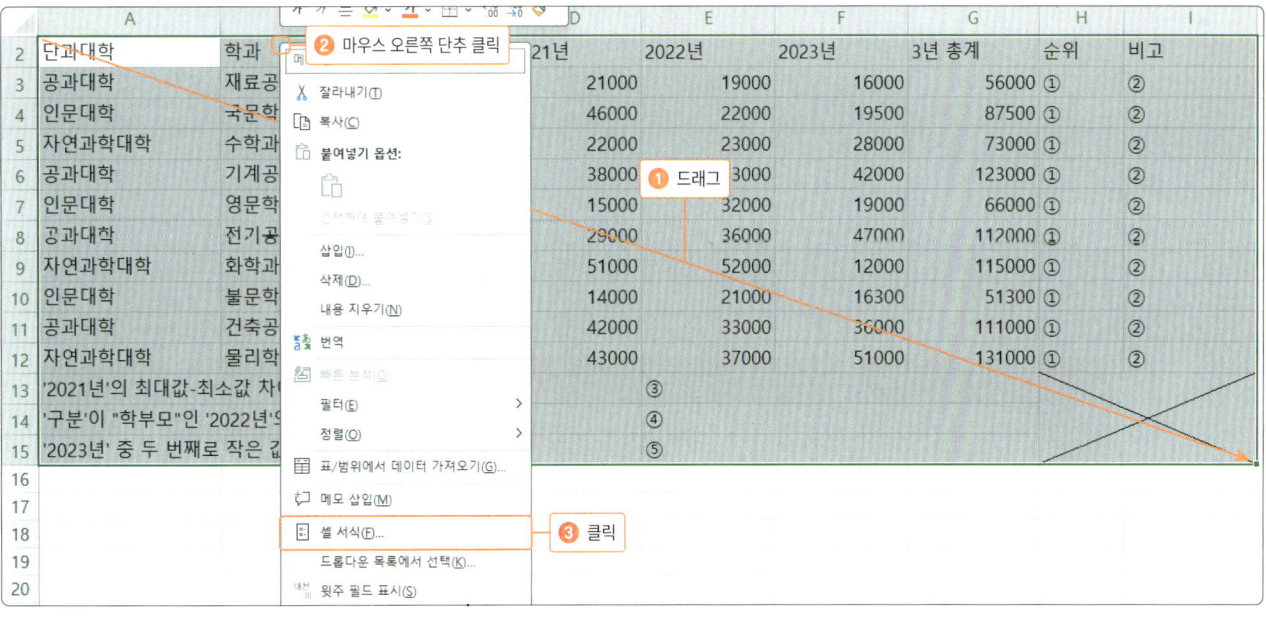

❸ [셀 서식] 대화상자가 나오면 [테두리] 탭을 클릭하여 선의 '스타일(실선(————)), 색(검정, 텍스트 1 (■)), 미리 설정(윤곽선 (田), 안쪽 (田))'을 지정한 후 〈확인〉 단추를 클릭합니다.

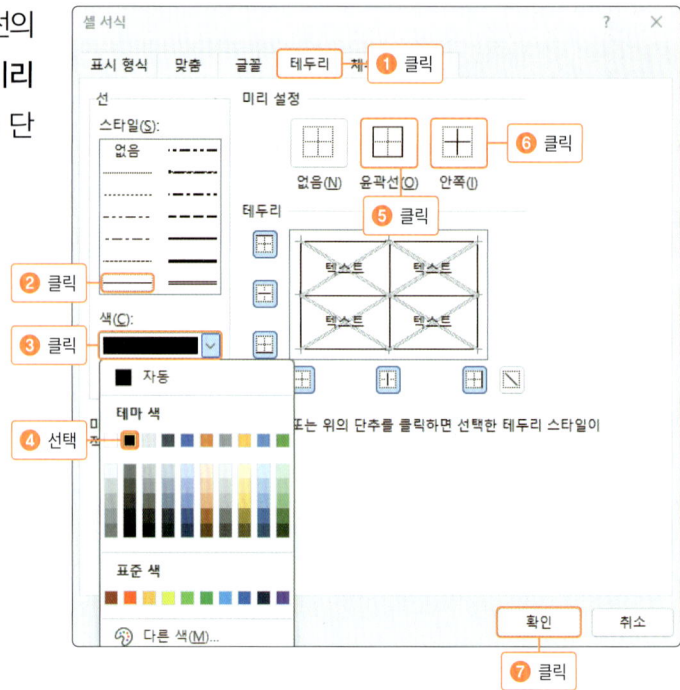

❹ 전체 가운데 맞춤을 지정하기 위해 [홈] 탭의 [맞춤] 그룹에서 '가운데 맞춤(≡)'을 클릭합니다.

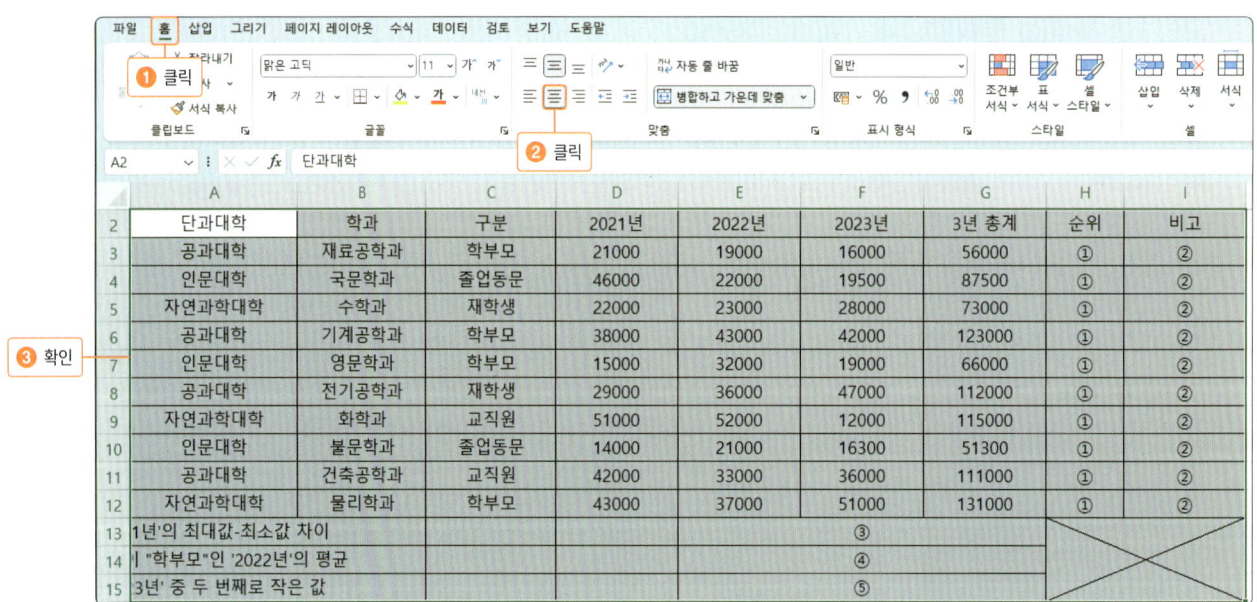

병합하고 가운데 맞춤 지정하기

① [A13:D13] 영역을 드래그한 후 **Ctrl** 키를 누른 상태에서 [A14:D14], [A15:D15] 영역도 드래그 합니다. 이어서, [홈] 탭의 [맞춤] 그룹에서 '병합하고 가운데 맞춤(⬌)'을 클릭합니다.

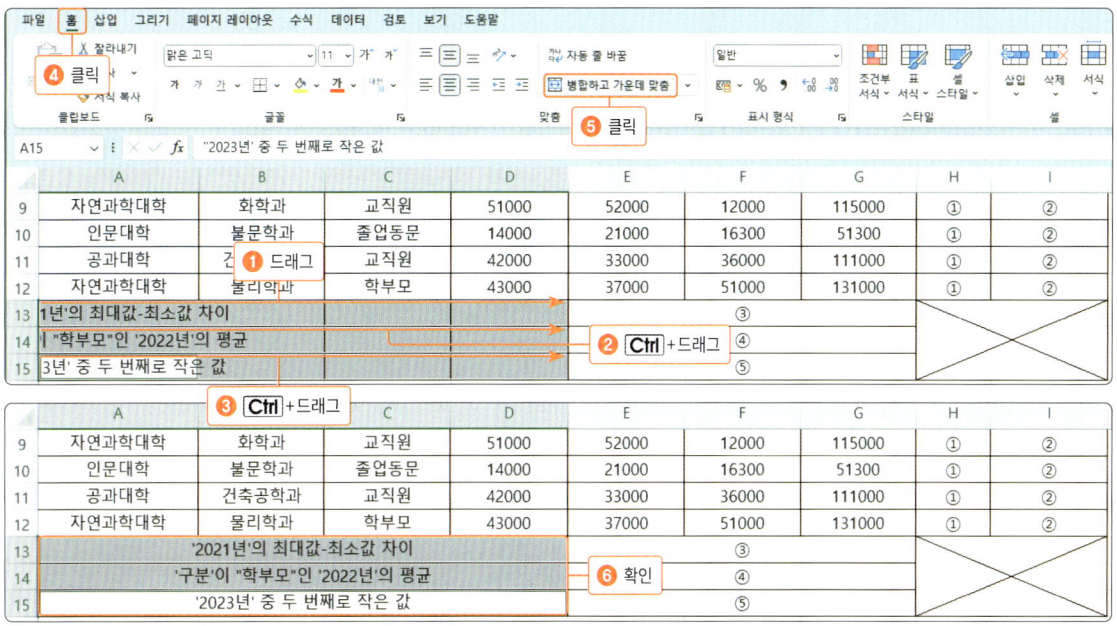

셀 채우기 색 지정하기

① [A2:I2] 영역을 드래그한 후 **Ctrl** 키를 누른 상태에서 [A13:D15] 영역도 드래그 합니다.

② [홈] 탭의 [글꼴] 그룹에서 '채우기 색(🎨)'의 목록 단추(▾)를 눌러 '파랑, 강조 1, 60% 더 밝게(⬜)'를 선택한 후 '굵게(가)'를 클릭합니다.

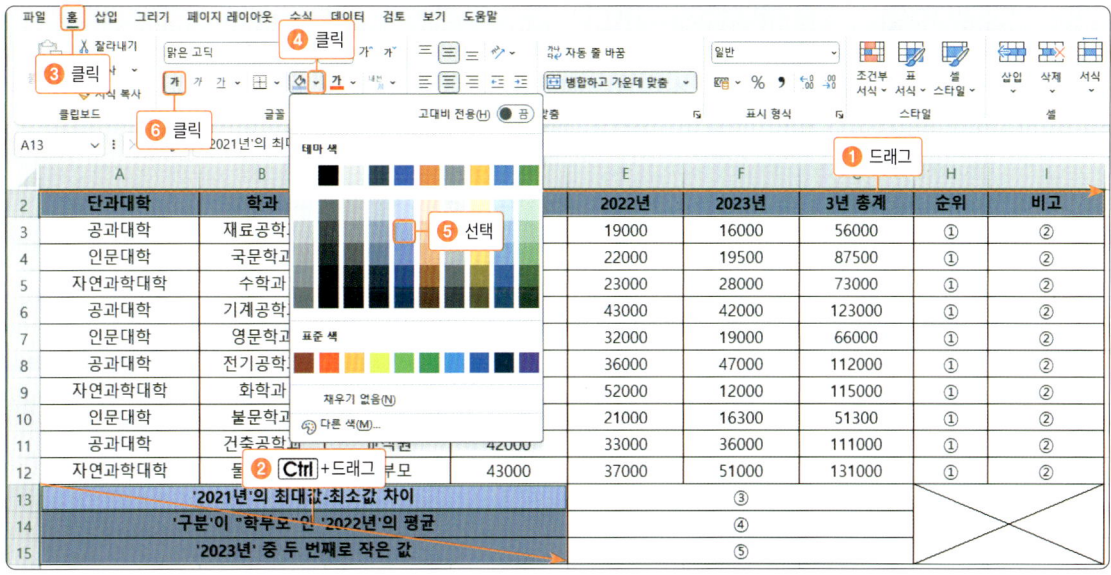

> **TIP 풍선 도움말(** 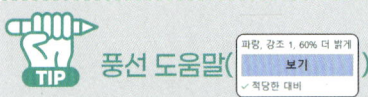 **)**
>
> 색 선택 시 마우스 포인터를 원하는 색상 위에 가져다 놓으면 풍선 도움말이 나와 해당 색상을 확인할 수 있습니다.
>
>

Skill 04 [표시 형식]-숫자 지정하기

① **[D3:F12] 영역**을 드래그한 후 영역으로 지정된 셀 범위 위에서 마우스 오른쪽 단추를 눌러 바로 가기 메뉴가 나오면 **[셀 서식]**을 클릭합니다.

※ 셀 서식 바로 가기 키 :

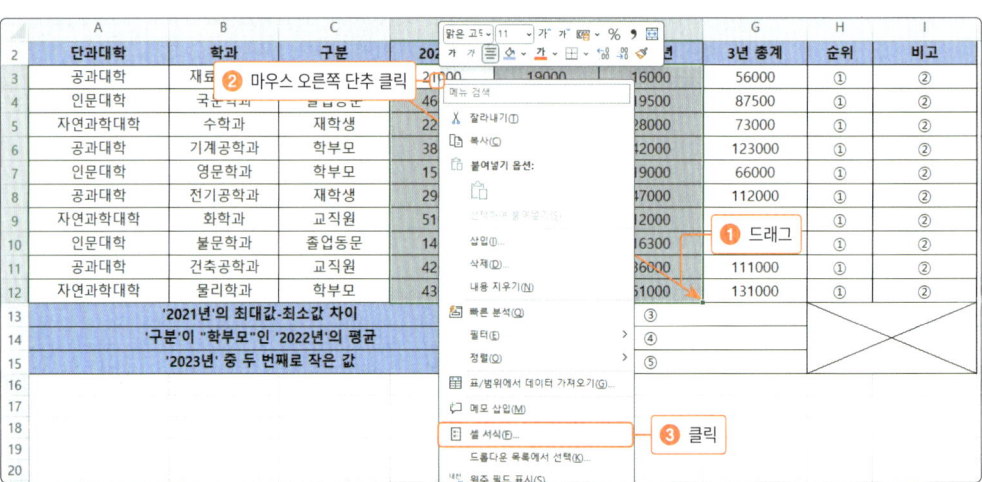

② **[셀 서식]** 대화상자가 나오면 **[표시 형식]** 탭의 '범주'에서 '**숫자**'를 선택합니다. 이어서, '**1000 단위 구분 기호(,) 사용**'에 **체크 표시(✓)**를 지정한 후 〈확인〉 단추를 클릭합니다.

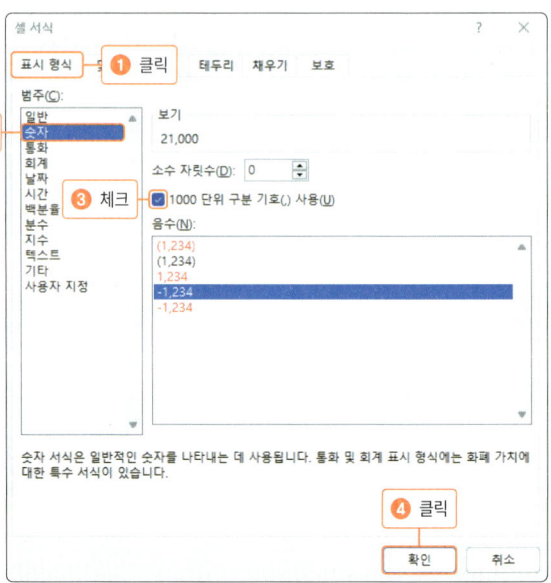

③ [D3:F12] 영역에 '숫자' 형식과 '1000 단위 구분 기호(,)'가 표시된 것을 확인합니다.

Skill 05 [표시 형식]-사용자 지정 지정하기

 [G3:G12] 영역을 드래그한 후 Ctrl 키를 누른 상태에서 [E13:G15] 영역도 드래그 합니다. 이어서, 영역으로 지정된 셀 범위 위에서 마우스 오른쪽 단추를 눌러 바로 가기 메뉴가 나오면 [셀 서식]을 클릭합니다.

※ 셀 서식 바로 가기 키 : Ctrl + 1

❷ [셀 서식] 대화상자가 나오면 [표시 형식] 탭의 '범주'에서 '사용자 지정'을 선택합니다. 이어서, '형식' 입력 칸에 #,##0"천원"을 입력한 후 〈확인〉 단추를 클릭합니다.

※ 목록에서 '#,##0'을 선택한 후 형식 입력 칸 맨 뒤에 "천원"(문자는 큰 따옴표로 묶음)을 입력하면 보다 쉽게 사용자 지정 서식을 적용할 수 있습니다.

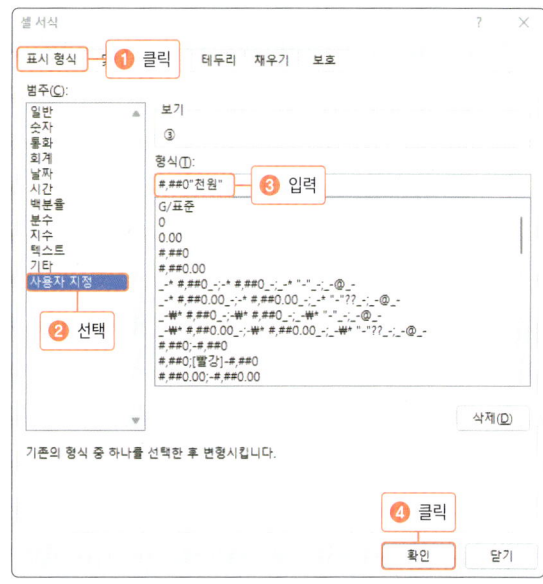

출제유형 02   33   셀 서식 및 조건부 서식 지정하기

❸ **[H3:H12] 영역**을 드래그한 후 영역으로 지정된 셀 범위 위에서 마우스 오른쪽 단추를 눌러 바로 가기 메뉴가 나오면 **[셀 서식]**을 클릭합니다.

※ 셀 서식 바로 가기 키 : Ctrl + 1

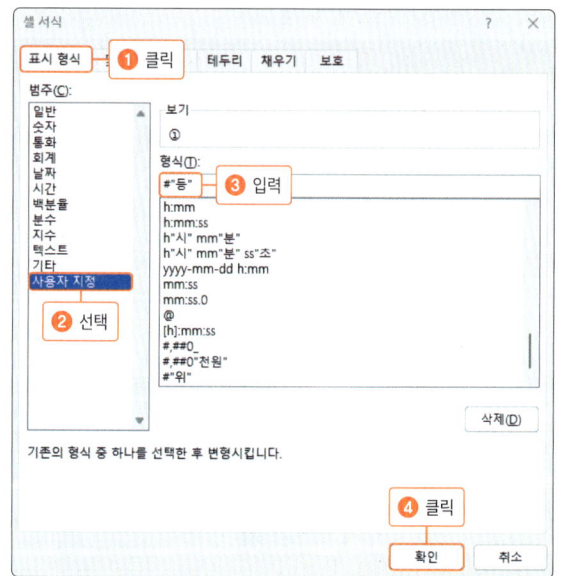

❹ **[셀 서식]** 대화상자가 나오면 **[표시 형식]** 탭의 '범주'에서 '사용자 지정'을 선택합니다. 이어서, '형식' 입력 칸에 #"등"을 입력한 후 〈확인〉 단추를 클릭합니다.

※ 사용자 지정 서식이 지정된 [H3] 셀(①)에 임의의 숫자(예 : 1)를 입력하면 적용된 서식(1등)을 확인할 수 있습니다. 확인이 끝나면 Ctrl + Z 키를 눌러 이전 상태로 되돌립니다.

TIP [표시 형식]을 이용한 각종 셀 서식 지정

- **#** : 숫자를 표시하는 기본 기호로 숫자가 없는 빈자리는 공백으로 처리합니다.
  - 입력 : 10.1 → 사용자 지정 서식 : ##.## → 결과 : 10.1
- **0** : 숫자를 표시하는 기호로 숫자가 없는 빈자리를 0으로 채웁니다.
  - 입력 : 10.1 → 사용자 지정 서식 : ##.#0 → 결과 : 10.10
- **,** : 천 단위 구분 기호를 표시합니다.
- **@** : 특정 문자를 붙여서 표기할 때 사용합니다.
- **"텍스트"** : 사용자 지정 서식에 문자열을 추가하여 보여줄 경우 큰 따옴표로 묶어주어야 합니다.

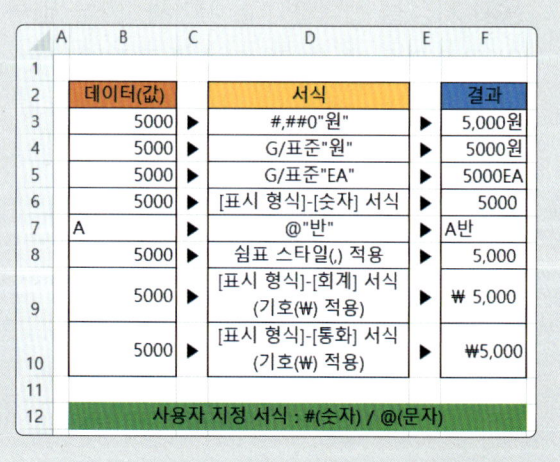

Skill 06 조건부 서식 지정하기

❶ 조건부 서식을 지정할 [A3:I12] 영역을 드래그한 후 [홈] 탭의 [스타일] 그룹에서 [조건부 서식]-'새 규칙'을 선택합니다.

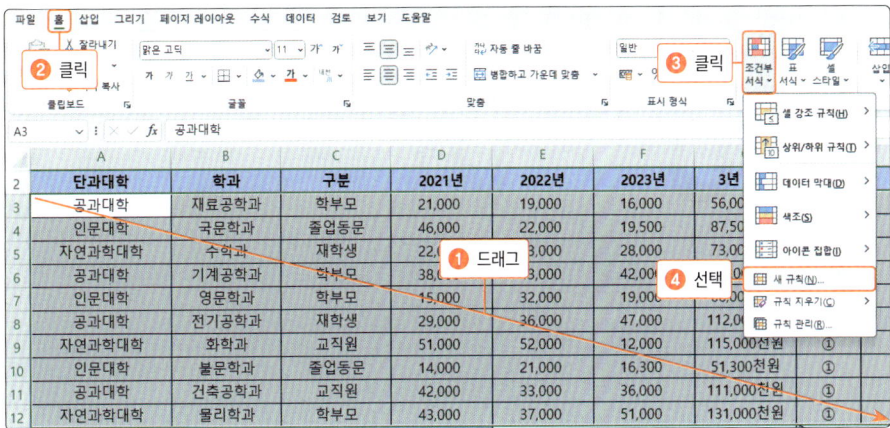

❷ [새 서식 규칙] 대화상자가 나오면 '▶ 수식을 사용하여 서식을 지정할 셀 결정'을 선택합니다. 이어서, '다음 수식이 참인 값의 서식 지정' 입력 칸에 《처리조건》을 참고('2022년'이 35000 이상인 경우)하여 =$E3>=35000을 입력한 후 〈서식〉 단추를 클릭합니다.

※ 수식을 입력할 때 [E3] 셀을 클릭한 후 F4 키를 2번 누르면 열 고정 혼합 참조 ($E3)로 변경됩니다.

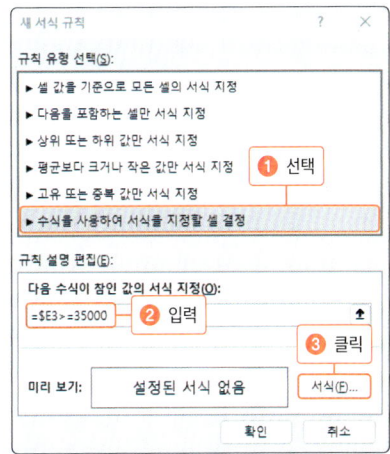

> **'수식'을 이용한 서식 지정**
> - '수식(=$E3>=35000)'을 이용하여 서식을 지정할 셀(E3)을 선택 또는 입력할 경우 반드시 **열 고정 혼합 참조(예 : $E3)**로 지정합니다. 열 고정 혼합 참조로 지정되면 E열을 고정한 채 행([3:12])만 상대적으로 변경됩니다.
> - E열에 있는 값 중에서 행을 차례대로 확인하여 35000 이상이면 설정된 서식을 지정하게 됩니다.

> **비교 연산자**
> 두 값을 비교하여 결과가 '참'이면 논리값 'TRUE'를 표시하고, '거짓'이면 논리값 'FALSE'를 표시합니다.
> 예) [A1] 셀에 입력된 값 : 10

연산자	기능	사용 예	결과	연산자	기능	사용 예	결과
=	같다	=A1=10	TRUE	<>	다르다 (같지 않다)	=A1<>10	FALSE
>	~크다 (~초과)	=A1>10	FALSE	<	~작다 (~미만)	=A1<10	FALSE
>=	~크거나 같다 (~이상)	=A1>=10	TRUE	<=	~작거나 같다 (~이하)	=A1<=10	TRUE

조건부 서식의 편집

❶ 조건부 서식이 지정된 셀을 범위로 지정합니다.
❷ [홈] 탭의 [스타일] 그룹에서 [조건부 서식]-'규칙 관리'를 클릭하면 조건부 서식의 내용을 수정할 수 있습니다.

❸ [조건부 서식 규칙 관리자] 대화상자가 나오면 〈규칙 편집〉 단추를 클릭하여 조건부 서식을 편집합니다.

※ 조건부 서식을 지우고자 할 때는 [규칙 삭제]을 클릭하여 지우면 됩니다.

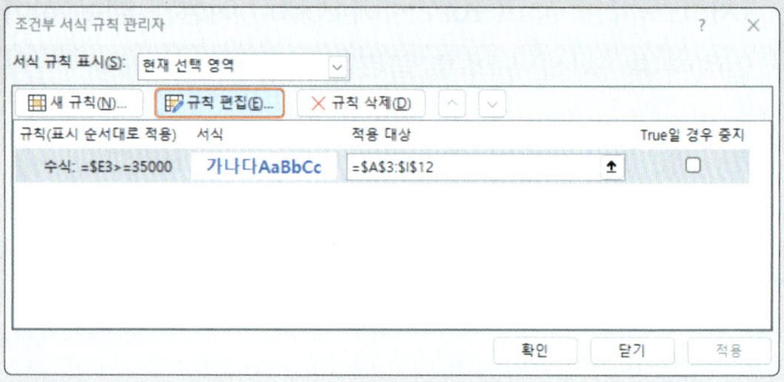

❸ [셀 서식] 대화상자가 나오면 [글꼴] 탭을 클릭한 후 '글꼴 스타일(굵게), 색(파랑 (■))'을 지정한 후 〈확인〉 단추를 클릭합니다.

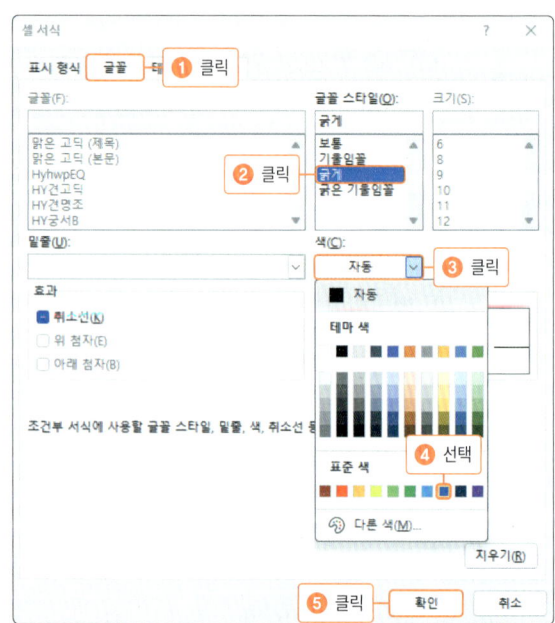

④ 다시 [새 서식 규칙] 대화상자가 나오면 입력한 수식(=$E3>=35000)과 글꼴 서식(**파랑, 굵게**)을 확인한 후 〈확인〉 단추를 클릭합니다.

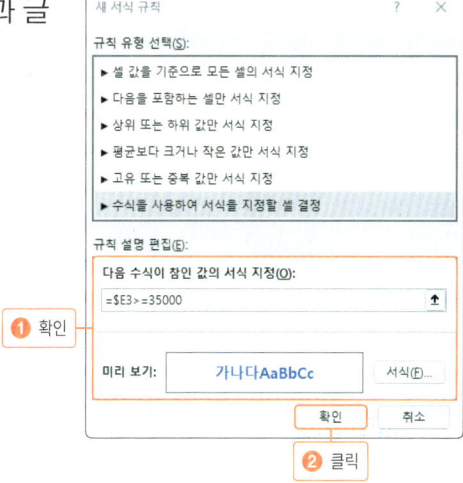

⑤ 임의의 셀을 클릭하여 범위 지정을 해제한 후 조건부 서식이 지정된 결과를 확인합니다.

단과대학	학과	구분	2021년	2022년	2023년	3년 총계	순위	비고
공과대학	재료공학과	학부모	21,000	19,000	16,000	56,000천원	①	②
인문대학	국문학과	졸업동문	46,000	22,000	19,500	87,500천원	①	②
자연과학대학	수학과	재학생	22,000	23,000	28,000	73,000천원	①	②
공과대학	기계공학과	학부모	38,000	43,000	42,000	123,000천원	①	②
인문대학	영문학과	학부모	15,000	32,000	19,000	66,000천원	①	②
공과대학	전기공학과	재학생	29,000	36,000	47,000	112,000천원	①	②
자연과학대학	화학과	교직원	51,000	52,000	12,000	115,000천원	①	②
인문대학	불문학과	졸업동문	14,000	21,000	16,300	51,300천원	①	②
공과대학	건축공학과	교직원	42,000	33,000	36,000	111,000천원	①	②
자연과학대학	물리학과	학부모	43,000	37,000	51,000	131,000천원	①	②
'2021년'의 최대값-최소값 차이						③		
'구분'이 "학부모"인 '2022년'의 평균						④		
'2023년' 중 두 번째로 작은 값						⑤		

⑥ 모든 작업이 끝나면 [파일]-[저장](Ctrl+S) 또는 [빠른 실행 도구 모음]에서 '저장(🖫)'을 클릭합니다.

※ 실제 시험을 볼 때 작업 도중에 수시로(10분에 한 번 정도) 저장을 하는 것이 좋습니다.

셀 서식 및 조건부 서식 지정하기

완전정복-01
아래의 처리조건 및 출력형태에 알맞게 작업하시오.

• 소스 : 정복02_문제01.xlsx   • 정답 : 정복02_정답01.xlsx

작성 시간 / 권장 시간
분 / 6분

[문제 1] "이용현황" 시트를 참조하여 다음 《처리조건》에 맞도록 작업하시오.   (50점)

《출력형태》

모델명	종류	권역	7월	8월	9월	평균	순위	비고
3분기 권역별 공유 이동장치 이용현황									
P-KB-300	**전동킥보드**	**중부권**	**23,100**	**23,590**	**24,050**	**23,580**	①	②
P-CY-500	전기자전거	수도권	23,120	23,030	23,570	23,240	①	②
R-CY-100	대여자전거	중부권	22,580	22,890	23,270	22,913	①	②
P-KB-301	**전동킥보드**	**남부권**	**22,120**	**22,390**	**22,760**	**22,423**	①	②
R-CY-101	대여자전거	수도권	22,720	22,950	23,850	23,173	①	②
P-KB-303	**전동킥보드**	**수도권**	**22,290**	**22,040**	**23,160**	**22,497**	①	②
P-CY-501	전기자전거	남부권	23,240	23,170	23,510	23,307	①	②
R-CY-102	대여자전거	수도권	22,250	22,020	22,920	22,397	①	②
P-KB-305	**전동킥보드**	**중부권**	**22,530**	**22,770**	**22,920**	**22,740**	①	②
P-CY-503	전기자전거	수도권	22,370	22,620	22,780	22,590	①	②
'9월'의 최대값-최소값 차이				③				
'종류'가 "전동킥보드"인 '9월'의 합계				④				
'8월' 중 세 번째로 큰 값				⑤				

《처리조건》

▶ 셀 서식을 아래 조건에 맞게 작성하시오.
 - [A2:I15] : 테두리(안쪽, 윤곽선 모두 실선, '검정, 텍스트 1'), 전체 가운데 맞춤
 - [A13:D13], [A14:D14], [A15:D15] : 각각 병합하고 가운데 맞춤
 - [A2:I2], [A13:D15] : 채우기 색('녹색, 강조 6, 40% 더 밝게'), 글꼴(굵게)
 - [H3:H12] : 셀 서식의 표시 형식-사용자 지정을 이용하여 0"위"자를 추가
 - [D3:G12] : 셀 서식의 표시 형식-숫자를 이용하여 1000 단위 구분 기호 표시
 - [E13:G15] : 셀 서식의 표시 형식-사용자 지정을 이용하여 #,##0"건"자를 추가
 - 조건부 서식[A3:I12] : '종류'가 "전동킥보드"인 경우 레코드 전체에 글꼴(진한 파랑, 굵게) 적용
 - 지시사항이 없는 경우는 주어진 문제 파일의 서식을 그대로 사용하시오.

완전정복-02

아래의 처리조건 및 출력형태에 알맞게 작업하시오.

- 소스 : 정복02_문제02.xlsx
- 정답 : 정복02_정답02.xlsx

작성 시간 / 권장 시간

분 / 6분

[문제 1] "매출현황" 시트를 참조하여 다음 《처리조건》에 맞도록 작업하시오. (50점)

《출력형태》

수도권 지역별 골프채 매출현황

제품 코드	종류	지역	2021년	2022년	2023년	평균	순위	비고
DR-001	드라이버	서울	16,610	16,790	17,020	16,807	①	②
WD-100	우드	경기	16,950	17,220	17,000	17,057	①	②
IR-200	아이언	서울	15,790	16,600	16,920	16,437	①	②
PT-500	퍼터	인천	16,700	16,800	16,830	16,777	①	②
DR-002	드라이버	경기	18,230	17,260	17,460	17,650	①	②
WD-101	우드	인천	17,140	17,180	17,390	17,237	①	②
IR-205	아이언	서울	17,410	17,800	17,700	17,637	①	②
DR-003	드라이버	인천	17,180	18,120	18,400	17,900	①	②
PT-505	퍼터	서울	16,890	16,240	16,770	16,633	①	②
IR-207	아이언	경기	15,810	16,460	17,190	16,487	①	②
'2023년'의 최대값-최소값 차이				③				
'지역'이 "서울"인 '2022년'의 평균				④				
'2022년' 중 세 번째로 작은 값				⑤				

《처리조건》

▶ 셀 서식을 아래 조건에 맞게 작성하시오.

- [A2:I15] : 테두리(안쪽, 윤곽선 모두 실선, '검정, 텍스트 1'), 전체 가운데 맞춤
- [A13:D13], [A14:D14], [A15:D15] : 각각 병합하고 가운데 맞춤
- [A2:I2], [A13:D15] : 채우기 색('주황, 강조 2, 40% 더 밝게'), 글꼴(굵게)
- [H3:H12] : 셀 서식의 표시 형식-사용자 지정을 이용하여 #"위"자를 추가
- [D3:G12] : 셀 서식의 표시 형식-숫자를 이용하여 1000 단위 구분 기호 표시
- [E13:G15] : 셀 서식의 표시 형식-사용자 지정을 이용하여 #,##0"천원"자를 추가
- 조건부 서식[A3:I12] : '지역'이 "서울"인 경우 레코드 전체에 글꼴(진한 빨강, 굵은 기울임꼴) 적용
- 지시사항이 없는 경우는 주어진 문제 파일의 서식을 그대로 사용하시오.

완전정복-03

아래의 처리조건 및 출력형태에 알맞게 작업하시오.

- 소스 : 정복02_문제03.xlsx • 정답 : 정복02_정답03.xlsx

작성 시간 / 권장 시간
분 / 6분

[문제 1] "신청현황" 시트를 참조하여 다음 《처리조건》에 맞도록 작업하시오. (50점)

《출력형태》

강좌코드	과목구분	지역	1분기	2분기	3분기	평균	순위	비고
K-U-003	국어	서울	110,090	119,480	124,270	117,947	①	②
E-U-107	영어	경기	111,440	120,030	112,850	114,773	①	②
M-U-301	수학	충청	160,940	133,560	110,790	135,097	①	②
H-U-710	한국사	강원	103,700	123,380	140,930	122,670	①	②
K-O-004	국어	경기	104,580	123,480	105,160	111,073	①	②
S-U-501	사회탐구	강원	158,950	189,300	171,810	173,353	①	②
M-T-305	수학	경기	146,680	154,390	123,680	141,583	①	②
S-K-520	사회탐구	서울	107,610	137,150	163,750	136,170	①	②
H-K-730	한국사	서울	136,470	112,730	157,020	135,407	①	②
E-Y-130	영어	충청	182,260	178,730	113,620	158,203	①	②
'3분기'의 최대값-최소값 차이				③				
'지역'이 "서울"인 '2분기'의 평균				④				
'2분기' 중 세 번째로 큰 값				⑤				

지역별 온라인 강의 수강 신청현황

《처리조건》

▶ 셀 서식을 아래 조건에 맞게 작성하시오.

- [A2:I15] : 테두리(안쪽, 윤곽선 모두 실선, '검정, 텍스트 1'), 전체 가운데 맞춤
- [A13:D13], [A14:D14], [A15:D15] : 각각 병합하고 가운데 맞춤
- [A2:I2], [A13:D15] : 채우기 색('파랑, 강조 1, 40% 더 밝게'), 글꼴(굵게)
- [H3:H12] : 셀 서식의 표시 형식-사용자 지정을 이용하여 #"위"자를 추가
- [D3:G12] : 셀 서식의 표시 형식-숫자를 이용하여 1000 단위 구분 기호 표시
- [E13:G15] : 셀 서식의 표시 형식-사용자 지정을 이용하여 #,###"건"자를 추가
- 조건부 서식[A3:I12] : '지역'이 "경기"인 경우 레코드 전체에 글꼴(파랑, 굵은 기울임꼴) 적용
- 지시사항이 없는 경우는 주어진 문제 파일의 서식을 그대로 사용하시오.

완전정복-04

아래의 처리조건 및 출력형태에 알맞게 작업하시오.

- 소스 : 정복02_문제04.xlsx
- 정답 : 정복02_정답04.xlsx

작성 시간 / 권장 시간

분 / 6분

[문제 1] "주문현황" 시트를 참조하여 다음 《처리조건》에 맞도록 작업하시오. (50점)

《출력형태》

모델명	종류	거래처	1분기	2분기	3분기	평균	순위	비고
SG-F94-L	KF-94	미래의료	25,300	24,320	24,410	24,677	①	②
SG-F80-K	KF-80	다나메디	24,280	25,470	26,550	25,433	①	②
SG-AD-K	KF-AD	메디올	23,280	25,360	24,260	24,300	①	②
SG-AD-D	KF-AD	그린메디	25,410	25,440	23,360	24,737	①	②
SG-F94-M	KF-94	다나메디	26,390	25,420	27,320	26,377	①	②
SG-F80-W	KF-80	메디올	25,310	25,360	24,370	25,013	①	②
SG-AD-L	KF-AD	미래의료	24,950	24,850	26,200	25,333	①	②
SG-F80-L	KF-80	다나메디	25,330	25,250	25,240	25,273	①	②
SG-F94-K	KF-94	메디올	23,070	25,400	24,330	24,267	①	②
SG-F80-M	KF-80	미래의료	25,300	25,470	25,440	25,403	①	②
'3분기'의 최대값-최소값 차이				③				
'거래처'가 "미래의료"인 '2분기'의 평균				④				
'2분기' 중 세 번째로 작은 값				⑤				

《처리조건》

▶ 셀 서식을 아래 조건에 맞게 작성하시오.

- [A2:I15] : 테두리(안쪽, 윤곽선 모두 실선, '검정, 텍스트 1'), 전체 가운데 맞춤
- [A13:D13], [A14:D14], [A15:D15] : 각각 병합하고 가운데 맞춤
- [A2:I2], [A13:D15] : 채우기 색('주황, 강조 2, 60% 더 밝게'), 글꼴(굵게)
- [H3:H12] : 셀 서식의 표시 형식–사용자 지정을 이용하여 #"위"자를 추가
- [D3:G12] : 셀 서식의 표시 형식–숫자를 이용하여 1000 단위 구분 기호 표시
- [E13:G15] : 셀 서식의 표시 형식–사용자 지정을 이용하여 #,###"건"자를 추가
- 조건부 서식[A3:I12] : "거래처"가 "다나메디"인 경우 레코드 전체에 글꼴(빨강, 굵은 기울임꼴) 적용
- 지시사항이 없는 경우는 주어진 문제 파일의 서식을 그대로 사용하시오.

03 함수식 작성하기

PART 02 출제유형 완전정복

DIAT 엑셀 2021 출제유형

☑ 함수 기본 다지기(함수 입력 방법, 셀 참조 등)
☑ 시험에 자주 출제되는 함수 알아보기

소스 : 유형03_문제.xlsx   정답 : 유형03_정답.xlsx

【문제 1】 "기부금현황" 시트를 참조하여 다음 《처리조건》에 맞도록 작업하시오. (50점)

《출력형태》

단과대학	학과	구분	2021년	2022년	2023년	3년 총계	순위	비고
공과대학	재료공학과	학부모	21,000	19,000	16,000	56,000천원	9등	
인문대학	국문학과	졸업동문	46,000	22,000	19,500	87,500천원	6등	
자연과학대학	수학과	재학생	22,000	23,000	28,000	73,000천원	7등	
공과대학	기계공학과	학부모	38,000	43,000	42,000	123,000천원	2등	목표초과
인문대학	영문학과	학부모	15,000	32,000	19,000	66,000천원	8등	
공과대학	전기공학과	재학생	29,000	36,000	47,000	112,000천원	4등	목표초과
자연과학대학	화학과	교직원	51,000	52,000	12,000	115,000천원	3등	
인문대학	불문학과	졸업동문	14,000	21,000	16,300	51,300천원	10등	
공과대학	건축공학과	교직원	42,000	33,000	36,000	111,000천원	5등	목표초과
자연과학대학	물리학과	학부모	43,000	37,000	51,000	131,000천원	1등	목표초과
'2021년'의 최대값-최소값 차이						37,000천원		
'구분'이 "학부모"인 '2022년'의 평균						32,750천원		
'2023년' 중 두 번째로 작은 값						16,000천원		

《처리조건》

▶ ① 순위[H3:H12] : '3년 총계'를 기준으로 큰 순으로 순위를 구하시오. (RANK.EQ 함수)

▶ ② 비고[I3:I12] : '2023년'이 35000 이상이면 "목표초과", 그렇지 않으면 공백으로 구하시오. (IF 함수)

▶ ③ 최대값-최소값[E13:G13] : '2021년'의 최대값과 최소값의 차이를 구하시오. (MAX, MIN 함수)

▶ ④ 평균[E14:G14] : '구분'이 "학부모"인 '2022년'의 평균을 구하시오. (DAVERAGE 함수)

▶ ⑤ 순위[E15:G15] : '2023년' 중 두 번째로 작은 값을 구하시오. (SMALL 함수)

시험분석

Digital Information Ability Test

난이도	권장 시간 / 시험 시간	유형 점수 / 시험 점수
★★★★☆	6분 / 40분	50점 / 200점

◀ 출제유형 01~03까지 합쳐진 점수

➔ **주의 사항** : 실수가 많은 내용
- ☑ 함수 마법사를 사용하는 방법을 알아둡니다.
- ☑ 시험에 자주 출제되는 함수 위주로 학습합니다.(RANK.EQ, MAX, MIN, COUNTIF, SUMIF)
- ☑ 함수가 익숙해지면 IF 함수와 데이터베이스 함수인 DAVERAGE, DSUM 함수를 학습니다.
- ☑ IF 함수에도 나오는 비교 연산자를 알아둡니다.(이상은 '>='이며 이하는 '<='입니다.)

➔ **주요 단축키** : 작업 시간 단축에 도움
- ☑ 함수 삽입 : Shift + F3   참조 변환 : F4

Skill 01 함수 기본 다지기-함수 입력 방법

① '**함수**'는 미리 정의되어 있는 수식으로 특정 값(인수)이 입력되면 일련의 규칙에 의해 그에 대응하는 값을 산출해 줍니다.

② 함수를 이용한 수식 계산은 '**등호, 함수 이름, 왼쪽 괄호, 인수, 오른쪽 괄호**' 순으로 작성됩니다.

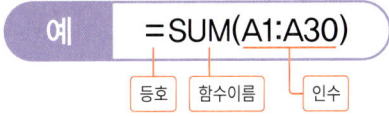

예 =SUM(A1:A30)
   등호 함수이름 인수

③ 각각의 인수는 **쉼표(,)**로 구분하고 인수의 범위를 나타낼 경우에는 **콜론(:)**을 이용합니다.

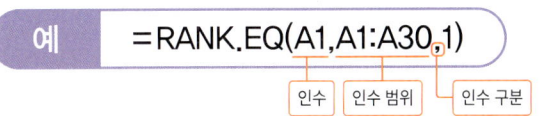

예 =RANK.EQ(A1,A1:A30,1)
   인수 인수 범위 인수 구분

④ 문자열을 인수로 사용할 경우에는 **큰 따옴표(" ")**로 묶어 줍니다.

예 =IF(B2>=70,"합격","불합격")

⑤ 간단한 수식으로 처리가 가능한 함수는 셀에 직접 입력하고, 복잡한 함수나 함수식을 정확하게 모를 경우에는 [수식] 탭의 [함수 라이브러리] 그룹에서 '함수 삽입(*fx*)'을 클릭하여 [함수 마법사]를 이용합니다.

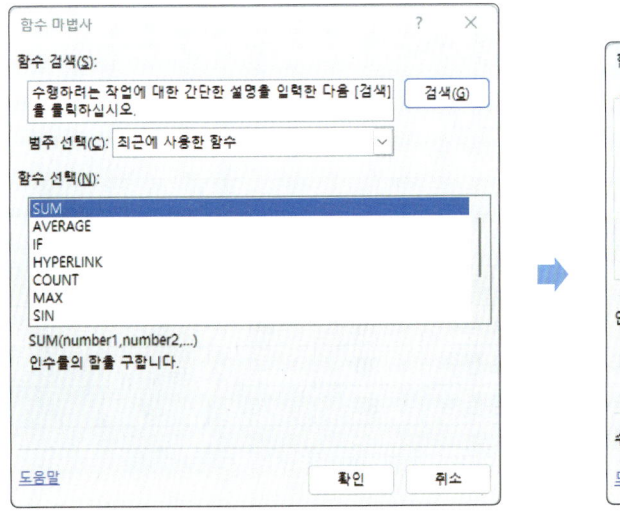
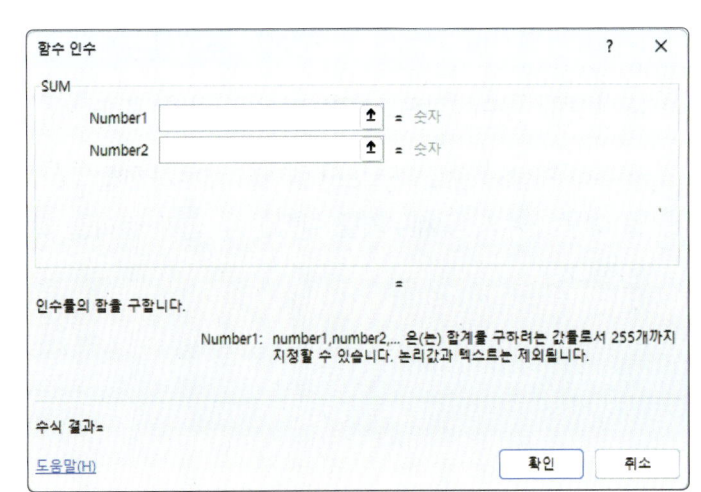

> **인수 및 상수**
> - 인수 : 내장 함수의 구성 요소로 SUM 함수를 이용하여 A1, A2 셀의 값을 더할 때 A1, A2를 '인수'라고 합니다.
>
> $$=SUM(A1:A2)$$
>
> - 상수 : 사용자가 입력하는 고정된 숫자, 문자, 날짜, 시간 데이터 등을 가리킵니다.

Skill 02 함수 기본 다지기-셀 참조

① 셀 참조는 크게 '**상대 참조**'와 '**절대 참조**'로 구분됩니다.

② '상대 참조'와 '절대 참조'를 지정하기 위해서는 셀을 선택한 후 F4 키를 이용합니다.

③ **상대 참조**(=A1)로 계산된 수식에 자동 채우기를 실행하면 셀 참조 위치가 계산식의 참조 위치에 맞게 **자동으로 변경**됩니다.

④ **절대 참조**(=$A$1)로 계산된 수식에 자동 채우기를 실행하면 셀 참조 위치가 **고정**되어 변경되지 않습니다.

> **F4 키를 이용한 참조 변환**
>
> =A1 →(F4 키) =$A$1 →(F4 키) =A$1 →(F4 키) =$A1 →(F4 키) =A1
> 상대 참조   절대 참조   행고정 혼합 참조   열고정 혼합 참조   상대 참조
>
> **혼합 참조**
> 행이나 열 중 하나는 상대 참조를 다른 하나는 절대 참조를 사용($A1, A$1)하여 수식에 사용하는 것을 '혼합 참조'라고 합니다.

1 상대 참조

⑤ [파일]-[열기]를 클릭한 후 '유형03_상대참조.xlsx' 파일을 불러옵니다.

⑥ [E3] 셀에 함수식 '=SUM(B3:D3)'을 입력한 후 Enter 키를 누릅니다.

⑦ 함수식 계산이 완료되면 [E5] 셀까지 **채우기 핸들**( )을 이용하여 자동 채우기를 실행한 후 합계 결과를 확인합니다.

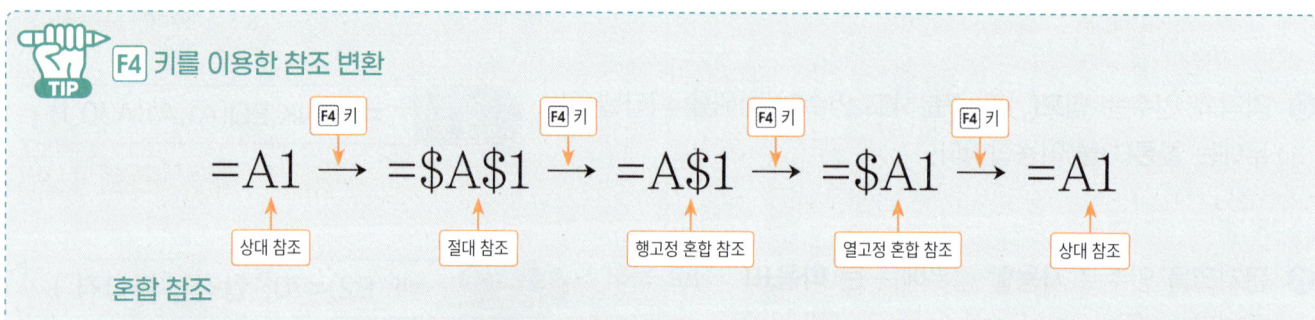

❽ 합계 결과 확인이 끝나면 **Ctrl**+**~** 키를 눌러 **상대 참조**를 확인합니다.

※ **Ctrl**+**~** 키를 누를 때마다 '수식 보기'와 '기본 보기'로 전환됩니다.

② 절대 참조

❾ [파일]-[열기]를 클릭한 후 '유형03_절대참조.xlsx' 파일을 불러옵니다.

❿ [E3] 셀에 함수식 '=SUM(B3:D3)+$B$7'을 입력한 후 **Enter** 키를 누릅니다.

⓫ 함수식 계산이 완료되면 [E5] 셀까지 **채우기 핸들**()을 이용하여 자동 채우기를 실행한 후 합계 결과를 확인합니다.

⓬ 합계 결과 확인이 끝나면 **Ctrl**+**~** 키를 눌러 **절대 참조**로 지정된 셀 주소([$B$7])를 확인합니다.

※ '상대 참조'와 '절대 참조'를 함께 사용하여 학생별 시험성적 합계(상대 참조)에 모두 똑같이 추가 점수 10점을 더한(절대 참조) 결과입니다.

💡 TIP 계산식과 산술 연산자

- **계산식** : 함수를 사용하지 않고 셀 주소 값과 산술 연산자를 이용하여 연산을 수행하는 식으로 반드시 '='을 먼저 입력해야 하며, 일반적인 사칙연산 기호(+, -, ×, ÷)로 계산합니다.

$$=A1+B1+C1$$

- **산술 연산자** : 더하기(+), 빼기(-), 곱하기(*), 나누기(/) 등 가장 기본적인 연산을 하기 위해 필요한 연산자입니다.

예) [A1] 셀에 입력된 값 : 50

연산자	기능	사용 예	결과	연산자	기능	사용 예	결과
+	더하기	=A1+10	60	^	거듭제곱(지수)	=A1^2	2500
-	빼기	=A1-10	40	%	백분율	=A1%	0.5
*	곱하기	=A1*10	500				
/	나누기	=A1/10	5				

함수 기본 다지기-시험에 자주 출제되는 함수 정리

1 시험에 자주 출제되는 함수

시험에 출제될 수 있는 함수는 여러 가지가 있지만 최근 2년간 출제된 함수를 분석한 결과 아래 함수들이 자주 출제된 것으로 확인되었습니다. 특히 'RANK.EQ'와 'IF' 함수는 문제 1번과 2번에 거의 고정적으로 출제되기 때문에 반드시 학습이 필요한 함수입니다. 시험에 자주 출제되는 함수 목록 중 3년 전에는 자주 출제되었지만 최근 2년 동안에는 출제되지 않은 'COUNTIF'와 'SUMIF' 함수도 출제될 가능성이 있기 때문에 학습이 필요합니다. 함수 부분은 전체적인 모든 함수를 학습하기 보다는 시험에 자주 출제되는 함수들 위주로 학습을 한 후 나머지 함수들을 확인하는 것이 좋습니다.

------------------- ★ 최근 2년간 자주 출제된 함수 익히기 ★ -------------------

(소스 : 유형03_함수_문제.xlsx, 정답 : 유형03_함수_정답.xlsx)

※ '유형03_함수_문제.xlsx' 파일을 불러와 직접 함수식을 입력하여 풀어봅니다.

RANK.EQ

- 기능 : 수의 목록에 있는 지정한 수의 순위를 구하는 함수
- 형식 : =RANK.EQ(순위를 구하려는 수, 데이터 범위, 순위를 결정할 방법)
  - 순위를 결정할 방법 : 0또는 생략 시 내림차순, 0이 아닌 숫자를 입력할 경우 오름차순으로 순위를 지정
- 사용 예 : 평균을 기준으로 순위(내림차순)를 표시
- ▶ 함수식 : =RANK.EQ(E2,$E$2:$E$4)

	A	B	C	D	E	F	G	H
1	이름	국어	영어	수학	평균	순위		함수식
2	최자두	85	80	80	82	2	◀	=RANK.EQ(E2,$E$2:$E$4)
3	노진구	70	40	50	53	3	◀	=RANK.EQ(E3,$E$2:$E$4)
4	홍길동	80	70	100	83	1	◀	=RANK.EQ(E4,$E$2:$E$4)

IF

- 기능 : 특정 조건을 지정하여 해당 조건에 만족하면 '참(TRUE)'에 해당하는 값을, 그렇지 않으면 '거짓(FALSE)'에 해당하는 값을 표시하는 함수
- 형식 : =IF(조건, 참일 때 수행할 내용, 거짓일 때 수행할 내용)
- 사용 예 : 평균이 80 이상이면 '합격', 그렇지 않으면 '불합격'을 표시
- ▶ 함수식 : =IF(E2>=80,"합격","불합격")

	A	B	C	D	E	F	G	H
1	이름	국어	영어	수학	평균	결과		함수식
2	최자두	85	80	80	82	합격	◀	=IF(E2>=80,"합격","불합격")
3	노진구	70	40	50	53	불합격	◀	=IF(E3>=80,"합격","불합격")
4	홍길동	80	70	100	83	합격	◀	=IF(E4>=80,"합격","불합격")

DSUM

- 기능 : 데이터베이스에서 지정한 조건에 맞는 필드(열) 값들의 합계를 구하는 함수
- 형식 : =DSUM(데이터베이스, 필드(열) 제목, 조건 범위)
- 사용 예 : 학년이 '3학년'인 학생들의 '총점' 합계를 계산
▶ 함수식 : =DSUM(A1:F4,F1,A6:A7)

※ [F1] 셀 주소를 열 번호인 '6'을 입력해도 결과는 같습니다.

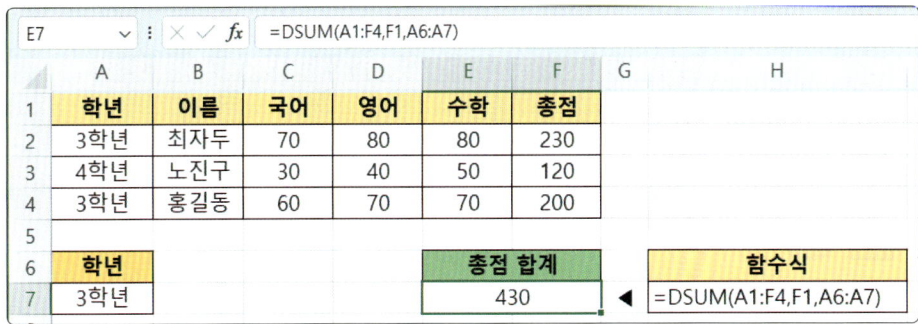

DAVERAGE

- 기능 : 데이터베이스에서 지정한 조건에 맞는 필드(열) 값들의 평균을 구하는 함수
- 형식 : =DAVERAGE(데이터베이스, 필드(열) 제목, 조건 범위)
- 사용 예 : 학년이 '3학년'인 학생들의 '총점' 평균을 계산
▶ 함수식 : =DAVERAGE(A1:F4,F1,A6:A7)

※ [F1] 셀 주소를 열 번호인 '6'을 입력해도 결과는 같습니다.

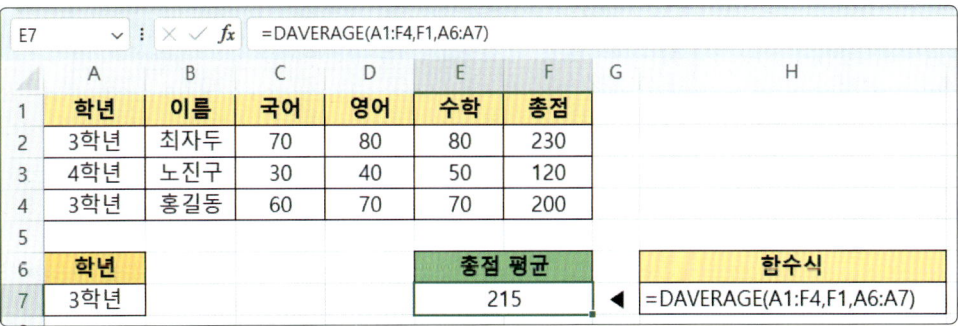

MAX

- 기능 : 최대값을 구하는 함수
- 형식 : =MAX(셀 범위)
- 사용 예 : 학생들 중에서 가장 높은 총점을 표시
▶ 함수식 : =MAX(F2:F6)

	A	B	C	D	E	F	G	H
1	학년	이름	국어	영어	수학	총점		가장 높은 총점
2	3학년	최자두	70	80	80	230		290
3	4학년	노진구	30	40	50	120		▲
4	3학년	홍길동	60	70	70	200		함수식
5	4학년	유재석	100	90	100	290		=MAX(F2:F6)
6	4학년	다솜이	90	80	80	250		

MIN

- 기능 : 최소값을 구하는 함수
- 형식 : =MIN(셀 범위)
- 사용 예 : 학생들 중에서 가장 낮은 총점을 표시
▶ 함수식 : =MIN(F2:F6)

	A	B	C	D	E	F	G	H
1	학년	이름	국어	영어	수학	총점		가장 낮은 총점
2	3학년	최자두	70	80	80	230		120
3	4학년	노진구	30	40	50	120		▲
4	3학년	홍길동	60	70	70	200		함수식
5	4학년	유재석	100	90	100	290		=MIN(F2:F6)
6	4학년	다솜이	90	80	80	250		

LARGE

- 기능 : 지정된 셀 범위에서 입력한 숫자 번째로 큰 값을 구하는 함수
- 형식 : =LARGE(셀 범위, 숫자)
- 사용 예 : 학생들 중에서 3번째로 높은 총점을 표시
▶ 함수식 : =LARGE(F2:F6,3)

	A	B	C	D	E	F	G	H
1	학년	이름	국어	영어	수학	총점		3번째로 높은 총점
2	3학년	최자두	70	80	80	230		230
3	4학년	노진구	30	40	50	120		▲
4	3학년	홍길동	60	70	70	200		함수식
5	4학년	유재석	100	90	100	290		=LARGE(F2:F6,3)
6	4학년	다솜이	90	80	80	250		

SMALL

- 기능 : 지정된 셀 범위에서 입력한 숫자 번째로 작은 값을 구하는 함수
- 형식 : =SMALL(셀 범위, 숫자)
- 사용 예 : 학생들 중에서 2번째로 낮은 총점을 표시
▶ 함수식 : =SMALL(F2:F6,2)

	A	B	C	D	E	F	G	H
1	학년	이름	국어	영어	수학	총점		2번째로 낮은 총점
2	3학년	최자두	70	80	80	230		200
3	4학년	노진구	30	40	50	120		▲
4	3학년	홍길동	60	70	70	200		함수식
5	4학년	유재석	100	90	100	290		=SMALL(F2:F6,2)
6	4학년	다솜이	90	80	80	250		

SUMIF

- 기능 : 주어진 조건에 만족하는 데이터들의 합계를 구하는 함수
- 형식 : =SUMIF(조건이 들어 있는 범위, 조건, 합계를 구할 범위)
- 사용 예 : 학년이 '4학년' 학생들의 '총점' 합계를 표시
▶ 함수식 : =SUMIF(A2:A6,"4학년",F2:F6)

	A	B	C	D	E	F
1	학년	이름	국어	영어	수학	총점
2	3학년	최자두	70	80	80	230
3	4학년	노진구	30	40	50	120
4	3학년	홍길동	60	70	70	200
5	4학년	유재석	100	90	100	290
6	4학년	다솜이	90	80	80	250
7	4학년 학생의 총점 합계					660
8						▲
9				함수식		
10			=SUMIF(A2:A6,"4학년",F2:F6)			

COUNTIF

- 기능 : 특정 조건을 만족하는 셀의 개수를 구하는 함수
- 형식 : =COUNTIF(셀 범위, 조건)
- 사용 예 : 국어, 영어, 수학 점수 중에서 '90' 이상인 셀의 개수를 표시
▶ 함수식 : =COUNTIF(C2:E6,">=90")

	A	B	C	D	E	F
1	학년	이름	국어	영어	수학	총점
2	3학년	최자두	70	80	80	230
3	4학년	노진구	30	40	50	120
4	3학년	홍길동	60	70	70	200
5	4학년	유재석	100	90	100	290
6	4학년	다솜이	90	80	80	250
7						
8		90점 이상인 셀의 개수				4
9						▲
10				함수식		
11			=COUNTIF(C2:E6,">=90")			

Skill 04 '3년 총계'를 기준으로 큰 순으로 순위[H3:H12] 구하기

① [파일]-[열기](Ctrl+O)를 클릭한 후, [찾아보기]를 클릭합니다. [열기] 대화상자가 나오면 '유형03_문제.xlsx' 파일을 불러와 [기부금현황] 시트를 클릭합니다.

② [H3] 셀에 '=RANK.EQ(G3,$G$3:$G$12)'를 입력한 후 Enter 키를 누릅니다.

③ [H3] 셀의 채우기 핸들(▪)을 [H12] 셀까지 드래그 합니다.

※ 채우기 핸들을 이용하여 정해진 범위(3년 총계) 안에서 순위를 구할 때는 셀 범위가 고정되어 있어야 하기 때문에 '절대참조($G$3:$G$12)'로 입력해야 합니다.

Skill 05 '2023년'이 35000 이상이면 "목표초과", 아니면 공백으로 비고[I3:I12] 구하기

① [I3] 셀에 '=IF(F3>=35000,"목표초과","")'을 입력한 후 Enter 키를 누릅니다.

② [I3] 셀의 채우기 핸들(▪)을 [I12] 셀까지 드래그 합니다.

※ 함수식에서 공백을 구하기 위해서는 ""를 입력합니다.

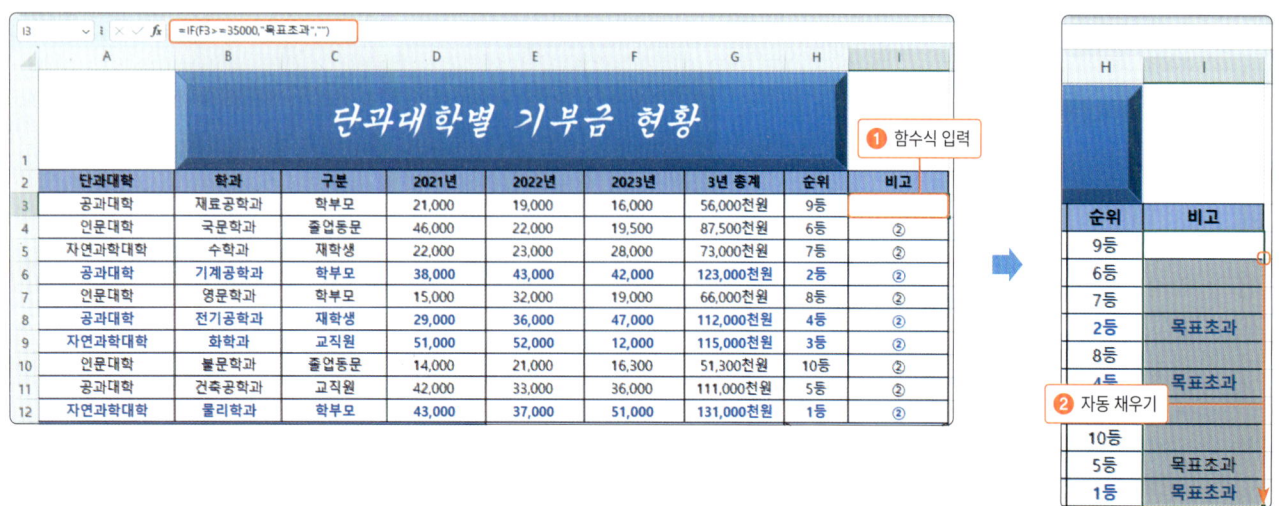

함수 마법사를 이용한 수식 작성

❶ [I3:I12] 영역에 '비고' 값을 구하기 위하여 [I3] 셀을 클릭한 후 [수식] 탭의 [함수 라이브러리] 그룹에서 '함수 삽입(𝑓𝑥)'을 클릭합니다.

❷ [함수 마법사] 대화상자가 나오면 범주 선택을 '논리', 함수 선택을 'IF'로 선택한 후 〈확인〉 단추를 클릭합니다.

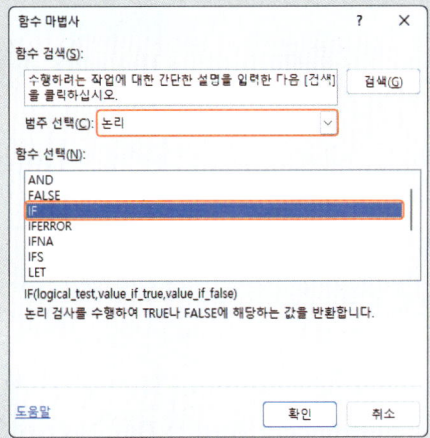

❸ [함수 인수] 대화상자가 나오면 'Logical_test'의 입력 칸을 클릭한 후 [F3] 셀을 클릭합니다.

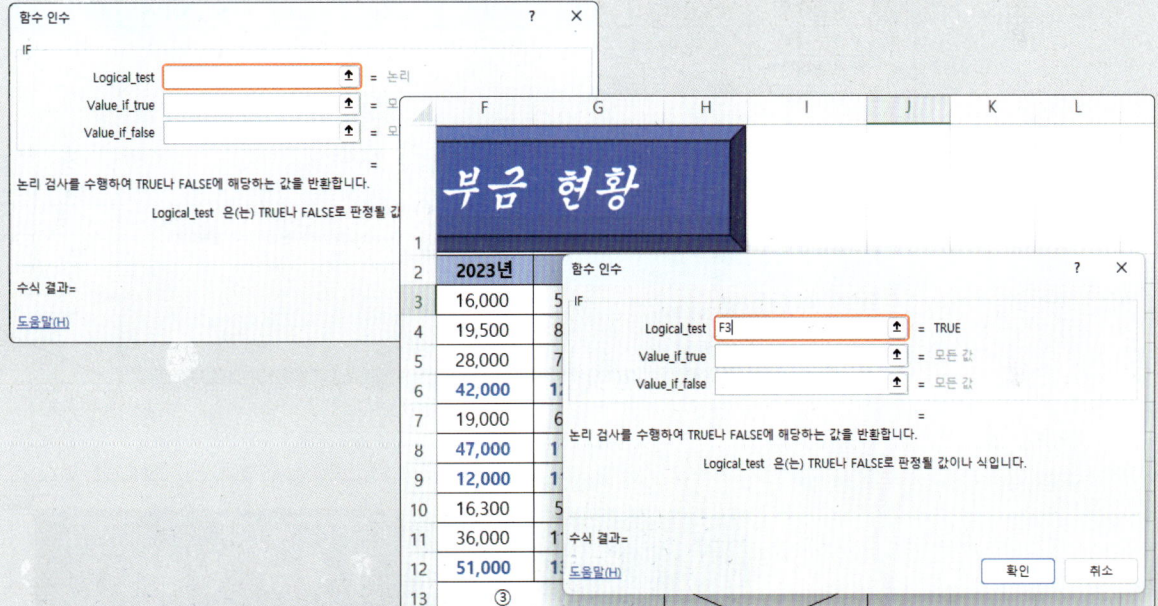

❹ [F3] 셀이 선택되면 뒤에 '>=35000'을 입력합니다.

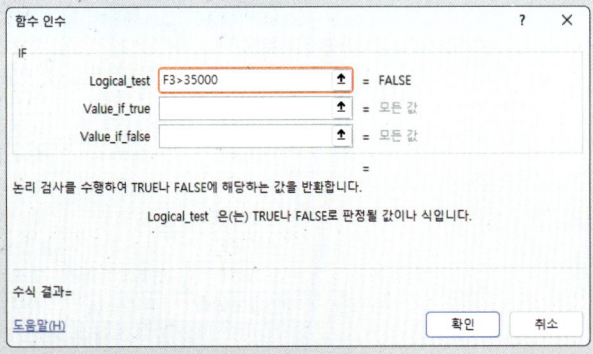

❺ 'Value_if_true(참일 때 수행할 값)' 입력 칸에 "목표초과"를 'Value_if_false(거짓일 때 수행할 내용)' 입력 칸에 ""(공백)을 각각 입력합니다.

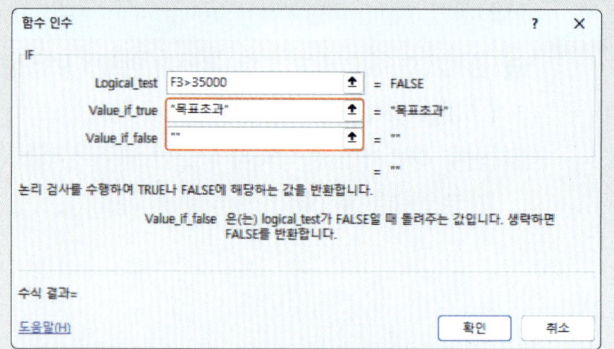

❻ 수식 입력줄에 =IF(F3>=35000,"목표초과","") 함수식이 완료되면 〈확인〉 단추를 클릭합니다.

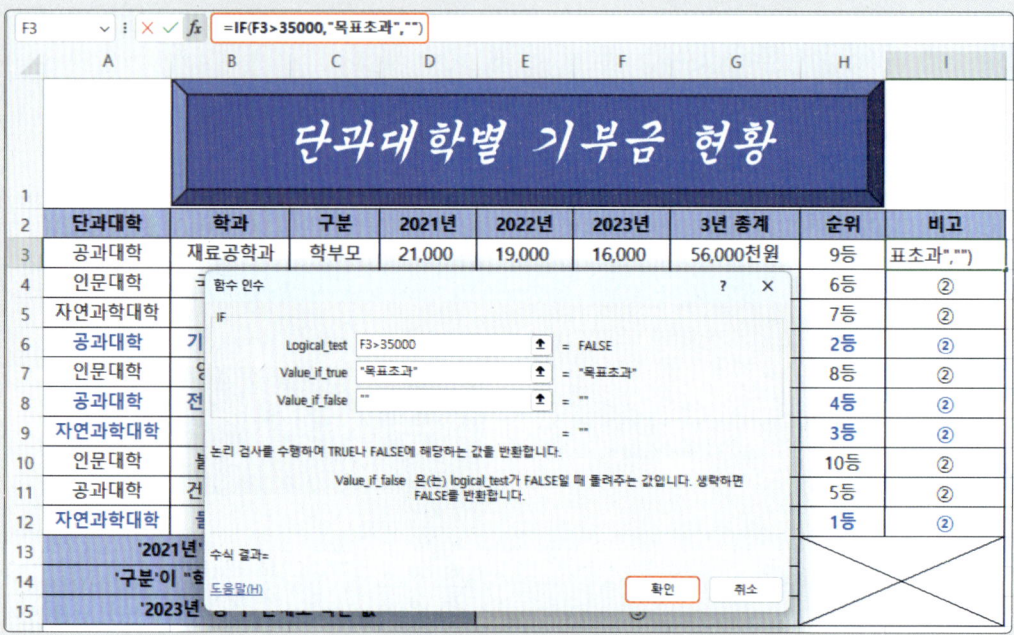

❼ [I3] 셀의 채우기 핸들(▪)을 [I12] 셀까지 드래그 합니다.

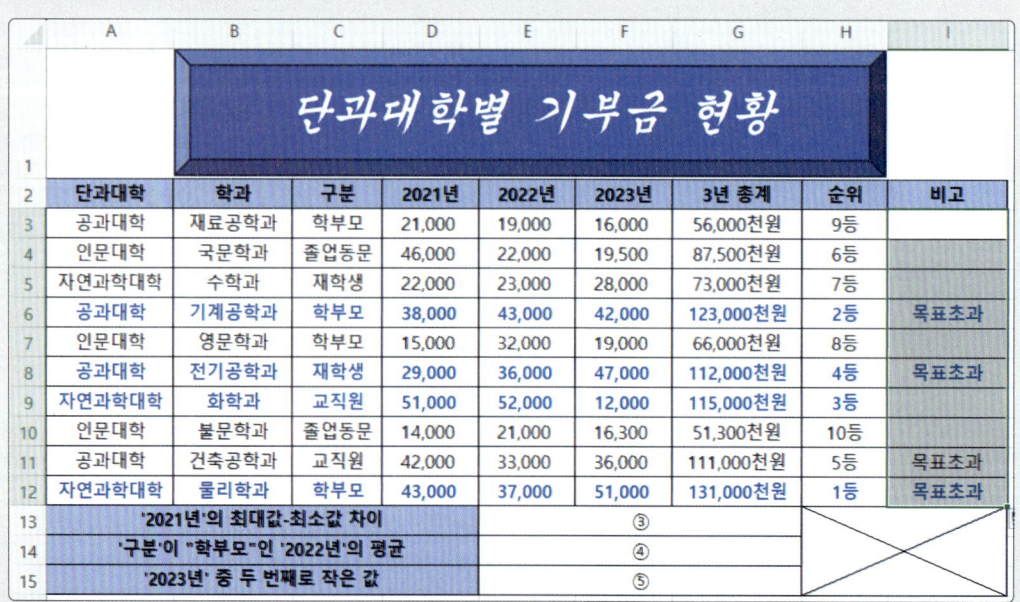

Skill 06 '2021년'의 최대값-최소값[E13:G13] 차이 구하기

❶ [E13:G13] 셀에 'MAX(D3:D12)-MIN(D3:D12)'를 입력한 후 Enter 키를 누릅니다.

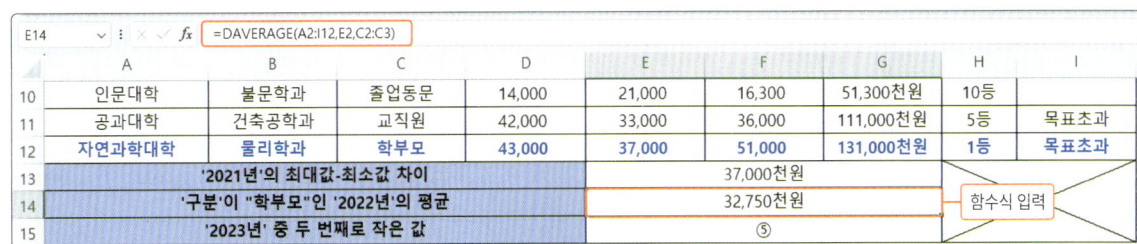

Skill 07 '구분'이 "학부모"인 '2022년'의 평균[E14:G14] 구하기

❶ [E14:G14] 셀에 '=DAVERAGE(A2:I12,E2,C2:C3)' 또는 '=DAVERAGE(A2:I12,5,C2:C3)'을 입력한 후 Enter 키를 누릅니다.

Skill 08 '2023년' 중 두 번째로 작은 값[E15:G15] 구하기

❶ [E15:G15] 셀에 '=SMALL(F3:F12,2)'를 입력한 후 Enter 키를 누릅니다.

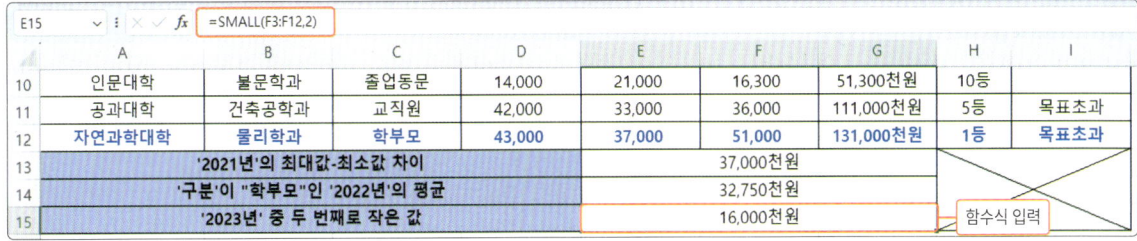

❷ 모든 함수 작업이 끝나면 [파일]-[저장](Ctrl+S) 또는 [빠른 실행 도구 모음]에서 '저장(💾)'을 클릭합니다.

※ 실제 시험을 볼 때 작업 도중에 수시로(10분에 한 번 정도) 저장을 하는 것이 좋습니다.

함수식 작성하기

완전정복-01

아래의 처리조건 및 출력형태에 알맞게 작업하시오.

- 소스 : 정복03_문제01.xlsx
- 정답 : 정복03_정답01.xlsx

작성 시간 / 권장 시간
분 / 6분

[문제 1] "이용현황" 시트를 참조하여 다음 《처리조건》에 맞도록 작업하시오. (50점)

《출력형태》

3분기 권역별 공유 이동장치 이용현황

모델명	종류	권역	7월	8월	9월	평균	순위	비고
P-KB-300	전동킥보드	중부권	23,100	23,590	24,050	23,580	1위	많은 이용
P-CY-500	전기자전거	수도권	23,120	23,030	23,570	23,240	3위	많은 이용
R-CY-100	대여자전거	중부권	22,580	22,890	23,270	22,913	5위	많은 이용
P-KB-301	전동킥보드	남부권	22,120	22,390	22,760	22,423	10위	
R-CY-101	대여자전거	수도권	22,720	22,950	23,850	23,173	2위	많은 이용
P-KB-303	전동킥보드	수도권	22,290	22,040	23,160	22,497	6위	
P-CY-501	전기자전거	남부권	23,240	23,170	23,510	23,307	4위	많은 이용
R-CY-102	대여자전거	수도권	22,250	22,020	22,920	22,397	7위	
P-KB-305	전동킥보드	중부권	22,530	22,770	22,920	22,740	7위	
P-CY-503	전기자전거	수도권	22,370	22,620	22,780	22,590	9위	
'9월'의 최대값-최소값 차이					1,290건			
'종류'가 "전동킥보드"인 '9월'의 합계					92,890건			
'8월' 중 세 번째로 큰 값					23,030건			

《처리조건》

▶ 셀 서식을 아래 조건에 맞게 작성하시오.

▶ ① 순위[H3:H12] : '9월'을 기준으로 큰 순으로 순위를 구하시오. (RANK.EQ 함수)

▶ ② 비고[I3:I12] : '평균'이 22800 이상이면 "많은 이용", 그렇지 않으면 공백으로 구하시오. (IF 함수)

▶ ③ 최대값-최소값[E13:G13] : '9월'의 최대값과 최소값의 차이를 구하시오. (MAX, MIN 함수)

▶ ④ 합계[E14:G14] : '종류'가 "전동킥보드"인 '9월'의 합계를 구하시오. (DSUM 함수)

▶ ⑤ 순위[E15:G15] : '8월' 중 세 번째로 큰 값을 구하시오. (LARGE 함수)

완전정복-02

아래의 처리조건 및 출력형태에 알맞게 작업하시오.

- 소스 : 정복03_문제02.xlsx
- 정답 : 정복03_정답02.xlsx

[문제 1] "매출현황" 시트를 참조하여 다음 《처리조건》에 맞도록 작업하시오. (50점)

《출력형태》

수도권 지역별 골프채 매출현황

제품 코드	종류	지역	2021년	2022년	2023년	평균	순위	비고
DR-001	드라이버	서울	16,610	16,790	17,020	16,807	7위	
WD-100	우드	경기	16,950	17,220	17,000	17,057	4위	매출우수
IR-200	아이언	서울	15,790	16,600	16,920	16,437	8위	
PT-500	퍼터	인천	16,700	16,800	16,830	16,777	6위	
DR-002	드라이버	경기	18,230	17,260	17,460	17,650	3위	매출우수
WD-101	우드	인천	17,140	17,180	17,390	17,237	5위	매출우수
IR-205	아이언	서울	17,410	17,800	17,700	17,637	2위	매출우수
DR-003	드라이버	인천	17,180	18,120	18,400	17,900	1위	매출우수
PT-505	퍼터	서울	16,890	16,240	16,770	16,633	10위	
IR-207	아이언	경기	15,810	16,460	17,190	16,487	9위	
'2023년'의 최대값-최소값 차이				1,630천원				
'지역'이 "서울"인 '2022년'의 평균				16,858천원				
'2022년' 중 세 번째로 작은 값				16,600천원				

《처리조건》

▶ ① 순위[H3:H12] : '2022년'을 기준으로 큰 순으로 순위를 구하시오. (RANK.EQ 함수)

▶ ② 비고[I3:I12] : '평균'이 17000 이상이면 "매출우수", 그렇지 않으면 공백으로 구하시오. (IF 함수)

▶ ③ 최대값-최소값[E13:G13] : '2023년'의 최대값과 최소값의 차이를 구하시오. (MAX, MIN 함수)

▶ ④ 평균[E14:G14] : '지역'이 "서울"인 '2022년'의 평균을 구하시오. (DAVERAGE 함수)

▶ ⑤ 순위[E15:G15] : '2022년' 중 세 번째로 작은 값을 구하시오. (SMALL 함수)

아래의 처리조건 및 출력형태에 알맞게 작업하시오.

· 소스 : 정복03_문제03.xlsx   · 정답 : 정복03_정답03.xlsx

작성 시간 / 권장 시간

분 / 6분

[문제 1] "신청현황" 시트를 참조하여 다음 《처리조건》에 맞도록 작업하시오. (50점)

《출력형태》

	A	B	C	D	E	F	G	H	I
1	지역별 온라인 강의 수강 신청현황									
2	강좌코드	과목구분	지역	1분기	2분기	3분기	평균	순위	비고
3	K-U-003	국어	서울	110,090	119,480	124,270	117,947	5위	
4	E-U-107	영어	경기	111,440	120,030	112,850	114,773	8위	
5	M-U-301	수학	충청	160,940	133,560	110,790	135,097	9위	
6	H-U-710	한국사	강원	103,700	123,380	140,930	122,670	4위	
7	K-O-004	국어	경기	104,580	123,480	105,160	111,073	10위	
8	S-U-501	사회탐구	강원	158,950	189,300	171,810	173,353	1위	인기강좌
9	M-T-305	수학	경기	146,680	154,390	123,680	141,583	6위	인기강좌
10	S-K-520	사회탐구	서울	107,610	137,150	163,750	136,170	2위	
11	H-K-730	한국사	서울	136,470	112,730	157,020	135,407	3위	
12	E-Y-130	영어	충청	182,260	178,730	113,620	158,203	7위	인기강좌
13	'3분기'의 최대값-최소값 차이			66,650건					
14	'지역'이 "서울"인 '2분기'의 평균			123,120건					
15	'2분기' 중 세 번째로 큰 값			154,390건					

《처리조건》

▶ ① 순위[H3:H12] : '3분기'를 기준으로 큰 순으로 순위를 구하시오. (RANK.EQ 함수)

▶ ② 비고[I3:I12] : '평균'이 140000 이상이면 "인기강좌", 그렇지 않으면 공백으로 구하시오. (IF 함수)

▶ ③ 최대값-최소값[E13:G13] : '3분기'의 최대값과 최소값의 차이를 구하시오. (MAX, MIN 함수)

▶ ④ 평균[E14:G14] : '지역'이 "서울"인 '2분기'의 평균을 구하시오. (DAVERAGE 함수)

▶ ⑤ 순위[E15:G15] : '2분기' 중 세 번째로 큰 값을 구하시오. (LARGE 함수)

완전정복-04

아래의 처리조건 및 출력형태에 알맞게 작업하시오.

- 소스 : 정복03_문제04.xlsx
- 정답 : 정복03_정답04.xlsx

[문제 1] "주문현황" 시트를 참조하여 다음 《처리조건》에 맞도록 작업하시오. (50점)

《출력형태》

	A	B	C	D	E	F	G	H	I
1				거래처별 마스크 주문현황					
2	모델명	종류	거래처	1분기	2분기	3분기	평균	순위	비고
3	SG-F94-L	KF-94	미래의료	25,300	24,320	24,410	24,677	6위	
4	SG-F80-K	KF-80	다나메디	24,280	25,470	26,550	25,433	2위	많은 주문
5	SG-AD-K	KF-AD	메디올	23,280	25,360	24,260	24,300	9위	
6	SG-AD-D	KF-AD	그린메디	25,410	25,440	23,360	24,737	10위	
7	SG-F94-M	KF-94	다나메디	26,390	25,420	27,320	26,377	1위	많은 주문
8	SG-F80-W	KF-80	메디올	25,310	25,360	24,370	25,013	7위	많은 주문
9	SG-AD-L	KF-AD	미래의료	24,950	24,850	26,200	25,333	3위	많은 주문
10	SG-F80-L	KF-80	다나메디	25,330	25,250	25,240	25,273	5위	많은 주문
11	SG-F94-K	KF-94	메디올	23,070	25,400	24,330	24,267	8위	
12	SG-F80-M	KF-80	미래의료	25,300	25,470	25,440	25,403	4위	많은 주문
13	'3분기'의 최대값-최소값 차이				3,960건				
14	'거래처'가 "미래의료"인 '2분기'의 평균				24,880건				
15	'2분기' 중 세 번째로 작은 값				25,250건				

《처리조건》

▶ ① 순위[H3:H12] : '3분기'를 기준으로 큰 순으로 순위를 구하시오. (RANK.EQ 함수)

▶ ② 비고[I3:I12] : '평균'이 25000 이상이면 "많은 주문", 그렇지 않으면 공백으로 구하시오. (IF 함수)

▶ ③ 최대값-최소값[E13:G13] : '3분기'의 최대값과 최소값의 차이를 구하시오. (MAX, MIN 함수)

▶ ④ 평균[E14:G14] : '거래처'가 "미래의료"인 '2분기'의 평균을 구하시오. (DAVERAGE 함수)

▶ ⑤ 순위[E15:G15] : '2분기' 중 세 번째로 작은 값을 구하시오. (SMALL 함수)

★ 함수 부록 정리 ★

1 날짜/시간 함수

* 소스 : 유형03_날짜&시간 함수_문제.xlsx   * 정답 : 유형03_날짜&시간 함수_정답.xlsx

DATE
- 기능 : 특정한 날짜를 표시하기 위한 함수
- 형식 : =DATE(년, 월, 일)

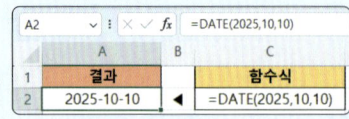

TODAY
- 기능 : 현재의 날짜를 표시하기 위한 함수
- 형식 : =TODAY( )

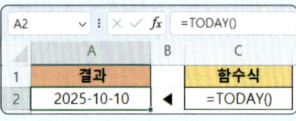

YEAR
- 기능 : 특정 날짜나 날짜 일련번호(숫자)에서 연도만 추출해내는 함수
- 형식 : =YEAR("날짜" or 셀 주소)

MONTH
- 기능 : '날짜'에서 '월'을 구하는 함수
- 형식 : =MONTH("날짜" or 셀 주소)

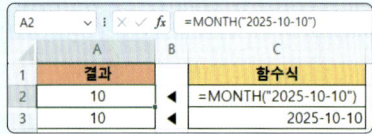

DAY
- 기능 : 특정 날짜나 날짜 일련번호(숫자)에서 일 단위(1~31)의 숫자만 추출하는 함수
- 형식 : =DAY("날짜" or 셀 주소)

TIME
- 기능 : 특정한 시간을 표시하기 위한 함수
- 형식 : =TIME(시, 분, 초)

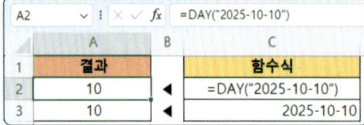

HOUR

- 기능 : '시간(시/분/초)'에서 '시'에 해당하는 값을 구하는 함수
- 형식 : =HOUR("시간" or 셀 주소)

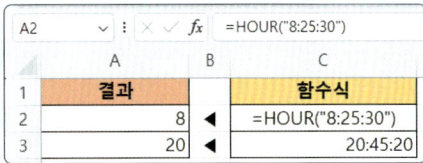

MINUTE

- 기능 : '시간(시/분/초)'에서 '분'에 해당하는 값을 구하는 함수
- 형식 : =MINUTE("시간" or 셀 주소)

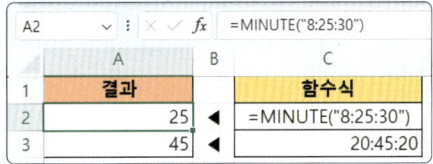

SECOND

- 기능 : '시간(시/분/초)'에서 '초'에 해당하는 값을 구하는 함수
- 형식 : =SECOND("시간" or 셀 주소)

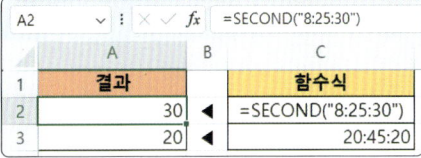

2 수학/삼각 함수

* 소스 : 유형03_수학&삼각 함수_문제.xlsx   * 정답 : 유형03_수학&삼각 함수_정답.xlsx

ROUND

- 기능 : 수를 지정한 자릿수로 반올림하는 함수
- 형식 : =ROUND(반올림할 수, 반올림할 자릿수)

반올림할 자릿수	의미	함수식
1	소수 둘째 자리에서 반올림하여 소수 첫째 자리를 구함	=ROUND(12345.123,1) = 12345.1
2	소수 셋째 자리에서 반올림하여 소수 둘째 자리를 구함	=ROUND(12345.123,2) = 12345.12
3	소수 넷째 자리에서 반올림하여 소수 셋째 자리를 구함	=ROUND(12345.1234,3) =12345.123
0	소수 첫째 자리에서 반올림하여 일의 자리를 구함	=ROUND(12345.123,0) = 12345
−1	정수 첫째 자리에서 반올림하여 십의 자리를 구함	=ROUND(12345,−1) = 12350
−2	정수 둘째 자리에서 반올림하여 백의 자리를 구함	=ROUND(12345,−2) = 12300
−3	정수 셋째 자리에서 반올림하여 천의 자리를 구함	=ROUND(12345,−3) = 12000

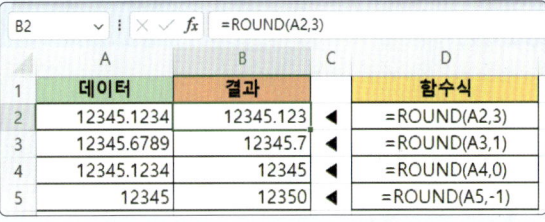

ROUNDUP

- 기능 : 숫자를 지정한 자릿수로 올림하는 함수
- 형식 : =ROUNDUP(올림할 수, 올림할 자릿수)

	A	B	C	D
1	데이터	결과		함수식
2	12345.1234	12345.124	◀	=ROUNDUP(A2,3)
3	12345.6789	12345.7	◀	=ROUNDUP(A3,1)
4	12345.1234	12346	◀	=ROUNDUP(A4,0)
5	12345	12350	◀	=ROUNDUP(A5,-1)

ROUNDDOWN

- 기능 : 숫자를 지정한 자릿수로 내림하는 함수
- 형식 : =ROUNDDOWN(내림할 수, 내림할 자릿수)

	A	B	C	D
1	데이터	결과		함수식
2	12345.1234	12345.123	◀	=ROUNDDOWN(A2,3)
3	12345.6789	12345.6	◀	=ROUNDDOWN(A3,1)
4	12345.1234	12345	◀	=ROUNDDOWN(A4,0)
5	12345	12340	◀	=ROUNDDOWN(A5,-1)

SUM

- 기능 : 특정 범위(인수)의 합계를 구하는 함수
- 형식 : =SUM(셀 범위)
- 사용 예 : 국어, 영어, 수학 점수의 합계를 표시

	A	B	C	D	E	F	G
1	이름	국어	영어	수학	합계		함수식
2	최자두	85	75	80	240	◀	=SUM(B2:D2)
3	노진구	70	75	60	205	◀	=SUM(B3:D3)
4	홍길동	80	90	100	270	◀	=SUM(B4:D4)

ABS

- 기능 : 주어진 인수의 절댓값을 구하는 함수
- 형식 : =ABS(인수)

※ 플러스(+)와 마이너스(-) 부호에 관계없이 그 수의 크기를 표시한 것으로 +10과 -10은 같은 절댓값(10)을 갖습니다.

	A	B	C	D
1	데이터	결과		함수식
2	-555	555	◀	=ABS(A2)
3	-777	777	◀	=ABS(A3)

INT

- 기능 : 소수점 아래를 버리고 가장 가까운 정수로 내림하는 함수
- 형식 : =INT(수치)

	A	B	C
1	결과		함수식
2	55	◀	=INT(55.55)
3	-56	◀	=INT(-55.55)

3 통계 함수

* 소스 : 유형03_통계 함수_문제.xlsx　　* 정답 : 유형03_통계 함수_정답.xlsx

AVERAGE

- 기능 : 특정 범위(인수)의 평균을 구하는 함수
- 형식 : =AVERAGE(셀 범위)
- 사용 예 : 국어, 영어, 수학 점수의 평균을 표시

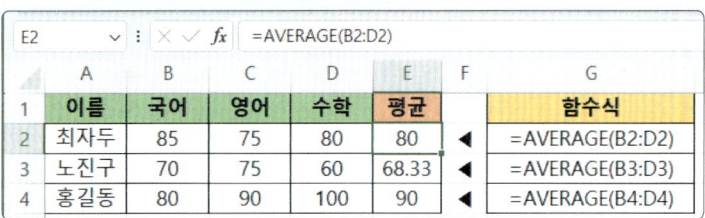

COUNT

- 기능 : 지정된 셀 범위에서 숫자(날짜 포함)가 입력된 셀의 개수를 구하는 함수
- 형식 : =COUNT(셀 범위)
- 사용 예 : [B2:E4] 영역에서 숫자가 입력된 셀의 개수를 표시

COUNTA

- 기능 : 지정된 셀 범위에서 공백을 제외한 모든(문자, 숫자, 논리값 등) 셀의 개수를 구하는 함수
- 형식 : =COUNTA(셀 범위)
- 사용 예 : [B2:E4] 영역에서 공백을 제외한 모든 셀의 개수를 표시

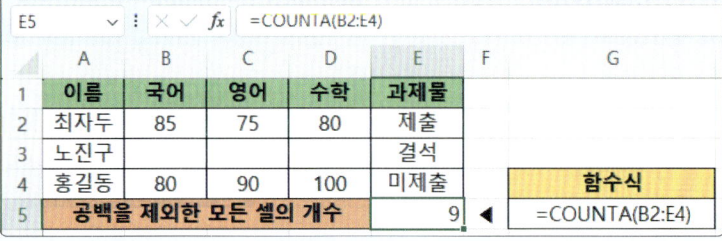

MEDIAN

- 기능 : 지정된 셀 범위에서 중간에 위치한 값을 구하는 함수
- 형식 : =MEDIAN(셀 범위)
- 사용 예 : 국어, 영어, 수학, 과제물 점수의 중간값을 표시

MODE

- 기능 : 가장 많이 나오는(빈도수가 높은) 값을 구하는 함수
- 형식 : =MODE(셀 범위)
- 사용 예 : 국어, 영어, 수학, 과제물 점수의 최빈값 표시

이름	국어	영어	수학	과제물	최빈값		함수식
최자두	85	75	80	80	80	◀	=MODE(B2:E2)
노진구	60	75	60	80	60	◀	=MODE(B3:E3)
홍길동	80	90	100	100	100	◀	=MODE(B4:E4)

4 찾기/참조 함수

* 소스 : 유형03_찾기&참조 함수_문제.xlsx   * 정답 : 유형03_찾기&참조 함수_정답.xlsx

INDEX

- 기능 : 셀 범위에서 행 번호와 열 번호가 교차하는 값을 구해주는 함수
- 형식 : =INDEX(셀 범위, 행 번호, 열 번호)
- 사용 예 : 학년과 봉사 횟수를 찾아서 해당하는 가산점을 표시

이름	학년	봉사횟수	가산점		함수식
최자두	1	2	2점	◀	=INDEX($B$10:$D$12,B2,C2)
노진구	2	3	4점	◀	=INDEX($B$10:$D$12,B3,C3)
홍길동	3	3	5점	◀	=INDEX($B$10:$D$12,B4,C4)
오세현	2	2	3점	◀	=INDEX($B$10:$D$12,B5,C5)
정선희	1	1	1점	◀	=INDEX($B$10:$D$12,B6,C6)

가산점

구분	1회	2회	3회
1학년	1점	2점	3점
2학년	2점	3점	4점
3학년	3점	4점	5점

MATCH

- 기능 : 배열에서 지정된 값과 일치하는 항목의 상대 위치를 표시하는 함수
- 형식 : =MATCH(찾을 값, 찾을 범위, 찾을 방법)
- 사용 예 : 점수를 기준으로 상대 위치를 표시

이름	봉사횟수	점수	위치		함수식
최자두	1	10점	3	◀	=MATCH(C2,$B$9:$B$11,0)
노진구	2	20점	2	◀	=MATCH(C3,$B$9:$B$11,0)
홍길동	3	30점	1	◀	=MATCH(C4,$B$9:$B$11,0)
오세현	1	10점	3	◀	=MATCH(C5,$B$9:$B$11,0)

가산점

구분	점수
3회	30점
2회	20점
1회	10점

5 데이터베이스 함수

* 소스 : 유형03_데이터베이스 함수_문제.xlsx   * 정답 : 유형03_데이터베이스 함수_정답.xlsx

DCOUNT

- 기능 : 데이터베이스 필드(열)에서 조건에 만족하는 숫자가 들어있는 셀의 개수를 구하는 함수
- 형식 : =DCOUNT(데이터베이스, 필드(열) 제목, 조건 범위)
- 사용 예 : 총점이 '250'점 이상인 학생의 인원을 계산

	A	B	C	D	E	F	G
1	이름	국어	영어	수학	총점		
2	최자두	85	75	80	240		
3	노진구	70	75	60	205		
4	홍길동	80	90	100	270		
5	오세현	90	90	80	260		
6	정선희	75	85	65	225		
7							
8				총점	인원		함수식
9				>=250	2	◀	=DCOUNT(A1:E6,E1,D8:D9)

DCOUNTA

- 기능 : 데이터베이스 필드(열)에서 조건에 만족하는 셀 중 공백을 제외한 셀의 개수를 구하는 함수
- 형식 : =DCOUNTA(데이터베이스, 필드(열) 제목, 조건 범위)
- 사용 예 : 평가가 '우수'인 학생의 인원을 계산

	A	B	C	D	E	F	G
1	이름	국어	영어	수학	총점	평가	
2	최자두	85	75	80	240	우수	
3	노진구	70	75	60	205	보통	
4	홍길동	80	90	100	270	우수	
5	오세현	90	90	80	260	우수	
6	정선희	75	85	65	225	보통	
7							
8				평가	인원		함수식
9				우수	3	◀	=DCOUNTA(A1:F6,F1,D8:D9)

DMAX

- 기능 : 데이터베이스 필드(열)에서 조건에 만족하는 값 중 최고값을 구하는 함수
- 형식 : =DMAX(데이터베이스, 필드(열) 제목, 조건 범위)
- 사용 예 : 학년이 '4학년'인 학생 중 최고 총점을 표시

	A	B	C	D	E	F	G	H
1	학년	이름	국어	영어	수학	총점		
2	3학년	최자두	85	75	80	240		
3	4학년	노진구	70	75	60	205		
4	3학년	홍길동	80	90	100	270		
5	4학년	오세현	90	90	80	260		
6	4학년	정선희	75	85	65	225		
7								
8					학년	최고 총점		함수식
9					4학년	260	◀	=DMAX(A1:F6,F1,E8:E9)

DMIN

- 기능 : 데이터베이스 필드(열)에서 조건에 만족하는 값 중 최저값을 구하는 함수
- 형식 : =DMIN(데이터베이스, 필드(열) 제목, 조건 범위)
- 사용 예 : 학년이 '4학년'인 학생 중 최저 총점을 표시

	A	B	C	D	E	F
1	학년	이름	국어	영어	수학	총점
2	3학년	최자두	85	75	80	240
3	4학년	노진구	70	75	60	205
4	3학년	홍길동	80	90	100	270
5	4학년	오세현	90	90	80	260
6	4학년	정선희	75	85	65	225
7						
8					학년	최저 총점	함수식
9					4학년	205	◀ =DMIN(A1:F6,F1,E8:E9)

6 텍스트 함수

* 소스 : 유형03_텍스트 함수_문제.xlsx   * 정답 : 유형03_텍스트 함수_정답.xlsx

LEFT

- 기능 : 문자열의 왼쪽에서 원하는 수만큼의 문자를 표시해 주는 함수
- 형식 : =LEFT(문자열, 추출할 문자수)
- 사용 예 : 왼쪽부터 3개의 문자열을 추출하여 표시

	A	B	D
1	데이터	결과	함수식
2	노진구&도라에몽	노진구	◀ =LEFT(A2,3)

RIGHT

- 기능 : 문자열의 오른쪽에서 원하는 수만큼의 문자를 표시해 주는 함수
- 형식 : =RIGHT(문자열, 추출할 문자수)
- 사용 예 : 오른쪽부터 4개의 문자열을 추출하여 표시

	A	B	D
1	데이터	결과	함수식
2	노진구&도라에몽	도라에몽	◀ =RIGHT(A2,4)

MID

- 기능 : 문자열의 시작 위치와 추출할 문자의 수를 지정하여 문자를 표시해 주는 함수
- 형식 : =MID(문자열, 시작 위치, 추출할 문자의 수)
- 사용 예 : 왼쪽 4번째부터 1개의 문자를 추출하여 표시

	A	B	D
1	데이터	결과	함수식
2	노진구&도라에몽	&	◀ =MID(A2,4,1)

7 논리 함수

*   소스 : 유형03_논리 함수_문제.xlsx   * 정답 : 유형03_논리 함수_정답.xlsx

중첩IF

- 기능 : IF 함수의 조건이 2개 이상일 때 2개 이상의 IF 함수를 사용하여 '참(TRUE)'과 '거짓(FALSE)'의 값을 표시하는 함수
- 형식 : =IF(조건, 참일 때, IF(조건, 참일 때, 거짓일 때))…)
- 사용 예 : 평균이 90 이상이면 '최우수', 80 이상이면 '우수', 나머지는 '보통'으로 표시

F2 : =IF(E2>=90,"최우수",IF(E2>=80,"우수","보통"))

	A	B	C	D	E	F	G	H
1	이름	국어	영어	수학	평균	결과		함수식
2	최자두	85	75	80	80	우수	◀	=IF(E2>=90,"최우수",IF(E2>80,"우수","보통"))
3	노진구	70	75	60	68	보통	◀	=IF(E3>=90,"최우수",IF(E3>80,"우수","보통"))
4	홍길동	80	90	100	90	최우수	◀	=IF(E4>=90,"최우수",IF(E4>80,"우수","보통"))
5	오세현	90	90	80	87	우수	◀	=IF(E5>=90,"최우수",IF(E5>80,"우수","보통"))

AND

- 기능 : 모든 조건을 만족하면 '참'을 그렇지 않으면 '거짓'을 표시하는 함수
- 형식 : =AND(조건1, 조건2, … 조건30)
- 사용 예 : 국어, 영어, 수학 점수가 모두 80 이상일 경우 '우수', 그렇지 않을 경우 '보통'으로 표시

F2 : =IF(AND(B2>=80,C2>=80,D2>=80),"우수","보통")

	A	B	C	D	E	F	G	H
1	이름	국어	영어	수학	평균	결과		함수식
2	최자두	85	75	80	80	보통	◀	=IF(AND(B2>=80,C2>=80,D2>=80),"우수","보통")
3	노진구	70	75	60	68	보통	◀	=IF(AND(B3>=80,C3>=80,D3>=80),"우수","보통")
4	홍길동	80	90	100	90	우수	◀	=IF(AND(B4>=80,C4>=80,D4>=80),"우수","보통")
5	오세현	90	90	80	87	우수	◀	=IF(AND(B5>=80,C5>=80,D5>=80),"우수","보통")

OR

- 기능 : 한 개의 조건이라도 만족하면 '참'을 그렇지 않으면 '거짓'을 표시하는 함수
- 형식 : =OR(조건1, 조건2, … 조건30)
- 사용 예 : 국어, 영어, 수학 점수 중 하나라도 100 이상일 경우 '최우수', 그렇지 않을 경우 '빈칸'으로 표시

F2 : =IF(OR(B2>=100,C2>=100,D2>=100),"최우수","")

	A	B	C	D	E	F	G	H
1	이름	국어	영어	수학	평균	결과		함수식
2	최자두	85	75	80	80		◀	=IF(OR(B2>=100,C2>=100,D2>=100),"최우수","")
3	노진구	70	75	60	68		◀	=IF(OR(B3>=100,C3>=100,D3>=100),"최우수","")
4	홍길동	80	90	100	90	최우수	◀	=IF(OR(B4>=100,C4>=100,D4>=100),"최우수","")
5	오세현	90	90	80	87		◀	=IF(OR(B5>=100,C5>=100,D5>=100),"최우수","")

NOT

- 기능 : 조건식의 결과 값을 반대로 표시하는 함수
- 형식 : =NOT(조건)
- 사용 예 : 평균이 80 이상이면 '합격' 그렇지 않으면 '불합격'으로 표시

F2 : =IF(NOT(E2>=80),"불합격","합격")

	A	B	C	D	E	F	G	H
1	이름	국어	영어	수학	평균	결과		함수식
2	최자두	85	75	80	80	합격	◀	=IF(NOT(E2>=80),"불합격","합격")
3	노진구	70	75	60	68	불합격	◀	=IF(NOT(E3>=80),"불합격","합격")
4	홍길동	80	90	100	90	합격	◀	=IF(NOT(E4>=80),"불합격","합격")
5	오세현	90	90	80	87	합격	◀	=IF(NOT(E5>=80),"불합격","합격")

PART 02 출제유형 완전정복

데이터 정렬과 부분합

☑ 데이터 정렬하기
☑ 부분합 및 그룹 설정하기

소스 : 유형04_문제.xlsx   정답 : 유형04_정답.xlsx

【문제 2】 "부분합" 시트를 참조하여 다음 《처리조건》에 맞도록 작업하시오.   (30점)

《출력형태》

	단과대학	학과	구분	2021년	2022년	2023년	3년 총계
3	공과대학	재료공학과	학부모	21,000	19,000	16,000	56,000
4	공과대학	기계공학과	학부모	38,000	43,000	42,000	123,000
5	공과대학	전기공학과	재학생	29,000	36,000	47,000	112,000
6	공과대학	건축공학과	교직원	42,000	33,000	36,000	111,000
7	공과대학 최대						123,000
8	공과대학 요약			130,000	131,000	141,000	
9	인문대학	국문학과	졸업동문	46,000	22,000	19,500	87,500
10	인문대학	영문학과	학부모	15,000	32,000	19,000	66,000
11	인문대학	불문학과	졸업동문	14,000	21,000	16,300	51,300
12	인문대학 최대						87,500
13	인문대학 요약			75,000	75,000	54,800	
14	자연과학대학	수학과	재학생	22,000	23,000	28,000	73,000
15	자연과학대학	화학과	교직원	51,000	52,000	12,000	115,000
16	자연과학대학	물리학과	학부모	43,000	37,000	51,000	131,000
17	자연과학대학 최대						131,000
18	자연과학대학 요약			116,000	112,000	91,000	
19	전체 최대값						131,000
20	총합계			321,000	318,000	286,800	

《처리조건》

▶ 데이터를 '단과대학' 기준으로 오름차순 정렬하시오.

▶ 아래 조건에 맞는 부분합을 작성하시오.
  - '단과대학'으로 그룹화하여 '2021년', '2022년', '2023년'의 합계를 구하는 부분합을 만드시오.
  - '단과대학'으로 그룹화하여 '3년 총계'의 최대를 구하는 부분합을 만드시오.
    (새로운 값으로 대치하지 말 것)
  - [D3:G20] 영역에 셀 서식의 표시 형식-숫자를 이용하여 1000 단위 구분 기호를 표시하시오.

▶ D~F열을 선택하여 그룹을 설정하시오.

▶ 합계와 최대의 부분합 순서는 《출력형태》와 다를 수 있음

▶ 지시사항이 없는 경우는 기본 값을 적용하시오.

시험분석

Digital Information Ability Test

난이도	권장 시간 / 시험 시간	유형 점수 / 시험 점수
★★☆☆☆	4분 / 40분	30점 / 200점

➡ **주의 사항 : 실수가 많은 내용**

- ☑ 부분합 실행전 반드시 정렬을 먼저 실행합니다.
- ☑ 해당 필드로 정렬하면 부분합 그룹화도 같은 필드 이름으로 지정합니다.
- ☑ 처리조건에 맞게 사용할 함수 순서로 부분합을 실행합니다.
- ☑ 부분합이 출력 형태와 다르면 [데이터] 탭-[부분합]-〈모두 제거〉를 실행하고 다시 부분합을 만들어줍니다.

➡ **주요 단축키 : 작업 시간 단축에 도움**

- ☑ 저장 : Ctrl + S

Skill 01 데이터 정렬하기

❶ [파일]-[열기](Ctrl+O)를 클릭한 후, [찾아보기]를 클릭합니다. [열기] 대화상자가 나오면 '유형04_문제.xlsx' 파일을 불러와 [부분합] 시트를 클릭합니다.

❷ [A2] 셀을 클릭한 후 [데이터] 탭의 [정렬 및 필터] 그룹에서 '텍스트 오름차순 정렬(⬇)'을 클릭합니다.

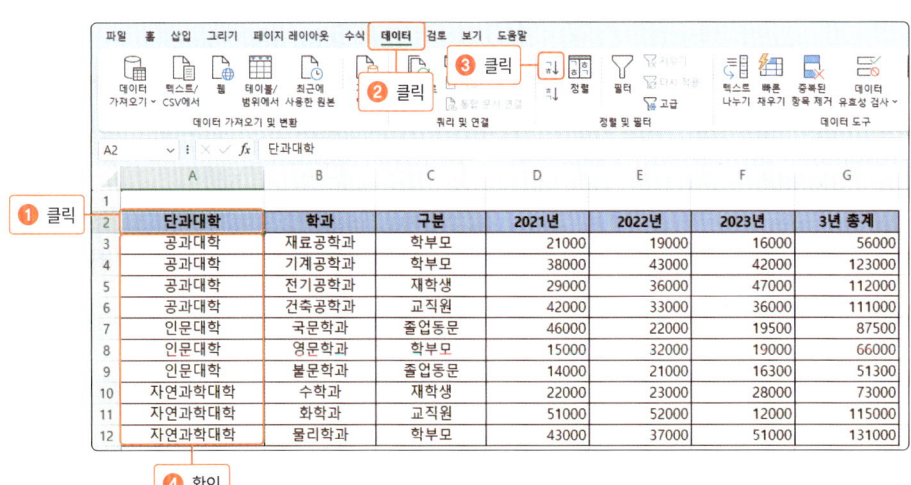

오름차순 정렬과 내림차순 정렬

오름차순 정렬 순서(내림차순은 반대)

- **오름차순 정렬** : 숫자(1,2,3…순) → 특수문자 → 영문(A→Z순) → 한글(ㄱ→ㅎ순) → 논리값 → 오류값 → 공백 셀(빈 셀)
- 공백 셀(빈 셀)은 오름/내림차순에 상관없이 항상 마지막에 정렬

정렬 기준이 하나인 경우(⬇, ⬇)

정렬 기준이 하나인 경우 셀 포인터를 정렬하고자 하는 셀에 위치시키고 [데이터] 탭-[정렬 및 필터] 그룹에서 '텍스트 오름차순 정렬(⬇)'과 '텍스트 내림차순 정렬(⬇)'을 이용합니다.

정렬 기준이 하나 이상인 경우(▦)

정렬 기준이 하나 이상인 경우 [데이터] 탭의 [정렬 및 필터] 그룹에서 '정렬'을 이용합니다.

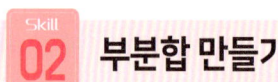

부분합 만들기

❶ [A2] 셀을 클릭한 후 [데이터] 탭의 [개요] 그룹에서 '부분합( )'을 클릭합니다.

※ 부분합 작성 시 데이터 범위([A2:G12])를 드래그하거나, [A2:G12] 영역 안에 한 개의 셀만 선택한 후 작업해야 합니다.

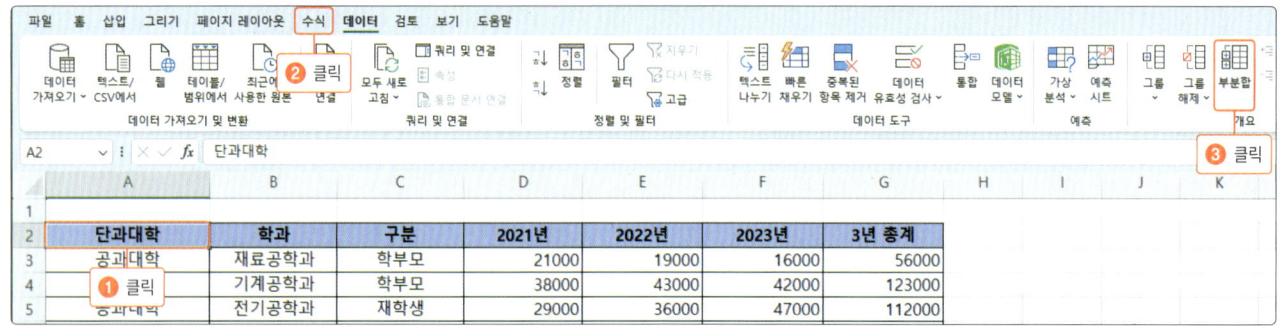

❷ [부분합] 대화상자가 나오면 《처리조건》을 참고하여 그룹화할 항목에 '**단과대학**', 사용할 함수에 '**합계**', 부분합 계산 항목에 '**2021년, 2022년, 2023년**'을 지정한 후 〈확인〉 단추를 클릭합니다.

※ 만약, '부분합 계산 항목'에 이미 선택된 계산 항목(예 : 3년 총계)이 있을 경우 《처리조건》에 상관없이 불필요하다면 반드시 체크(✓) 표시를 해제합니다.

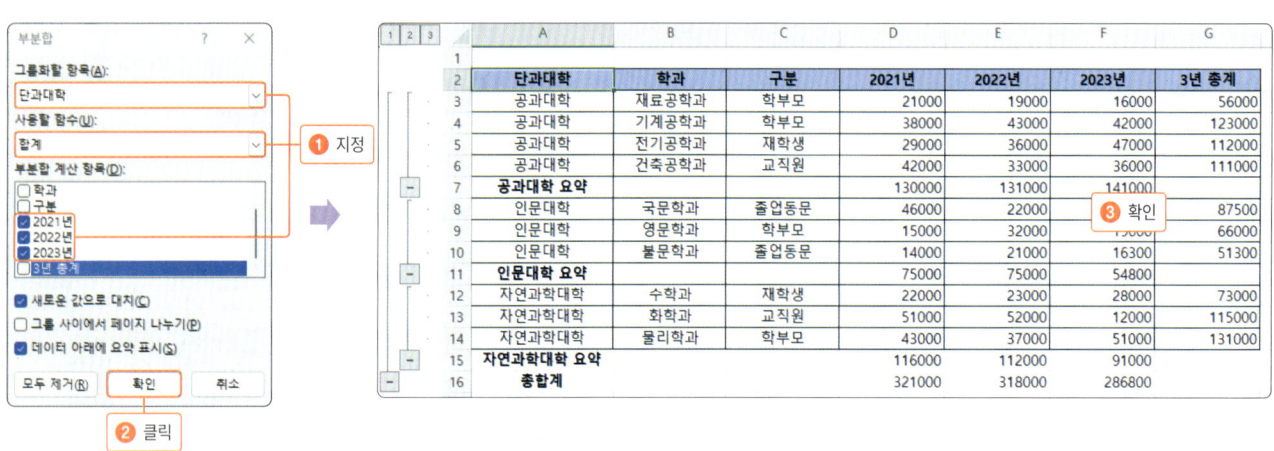

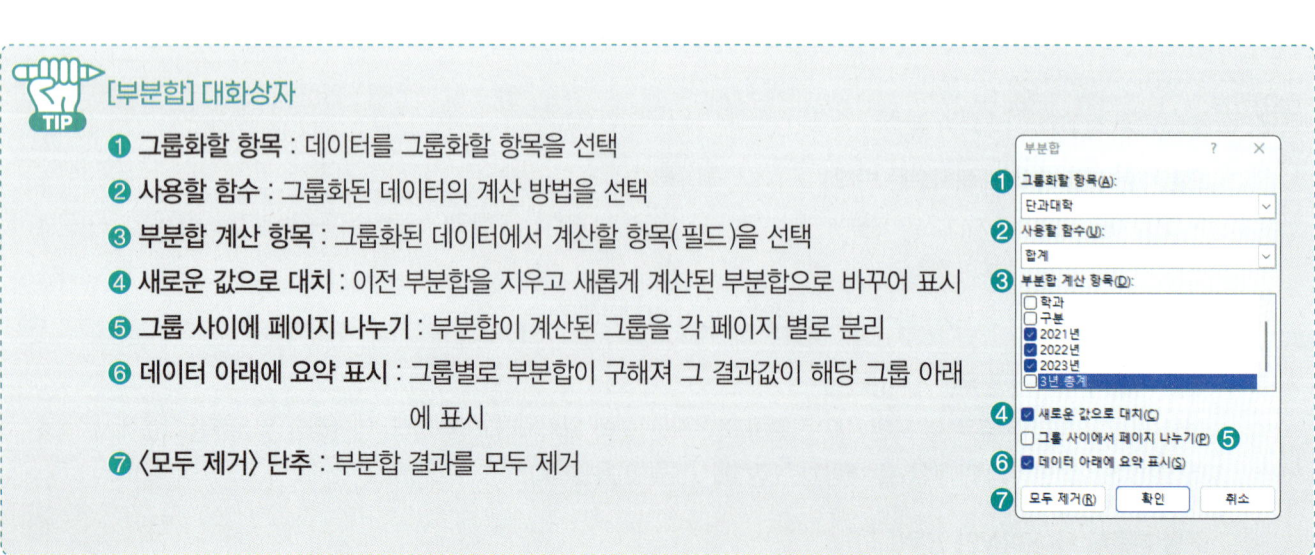

[부분합] 대화상자

❶ **그룹화할 항목** : 데이터를 그룹화할 항목을 선택
❷ **사용할 함수** : 그룹화된 데이터의 계산 방법을 선택
❸ **부분합 계산 항목** : 그룹화된 데이터에서 계산할 항목(필드)을 선택
❹ **새로운 값으로 대치** : 이전 부분합을 지우고 새롭게 계산된 부분합으로 바꾸어 표시
❺ **그룹 사이에 페이지 나누기** : 부분합이 계산된 그룹을 각 페이지 별로 분리
❻ **데이터 아래에 요약 표시** : 그룹별로 부분합이 구해져 그 결과값이 해당 그룹 아래에 표시
❼ 〈**모두 제거**〉 **단추** : 부분합 결과를 모두 제거

❸ 이어서, 2차 부분합을 생성하기 위해 다시 [데이터] 탭의 [개요] 그룹에서 '부분합(🔳)'을 클릭합니다.

❹ [부분합] 대화상자가 나오면 그룹화할 항목에 '**단과대학**', 사용할 함수에 '**최대**', 부분합 계산 항목에 '**3년 총계**'를 지정한 후 '**새로운 값으로 대치**' 항목의 **체크 표시(✓)를 반드시 해제**하고 〈확인〉 단추를 클릭합니다.

※ 부분합을 잘 못 만들었을 경우 [부분합] 대화상자의 〈모두 제거〉를 클릭한 후 처음부터 다시 작업합니다. 부분합을 처음부터 다시 만들 때는 '정렬 확인 → 1차 부분합 → 2차 부분합' 순서로 작업합니다.

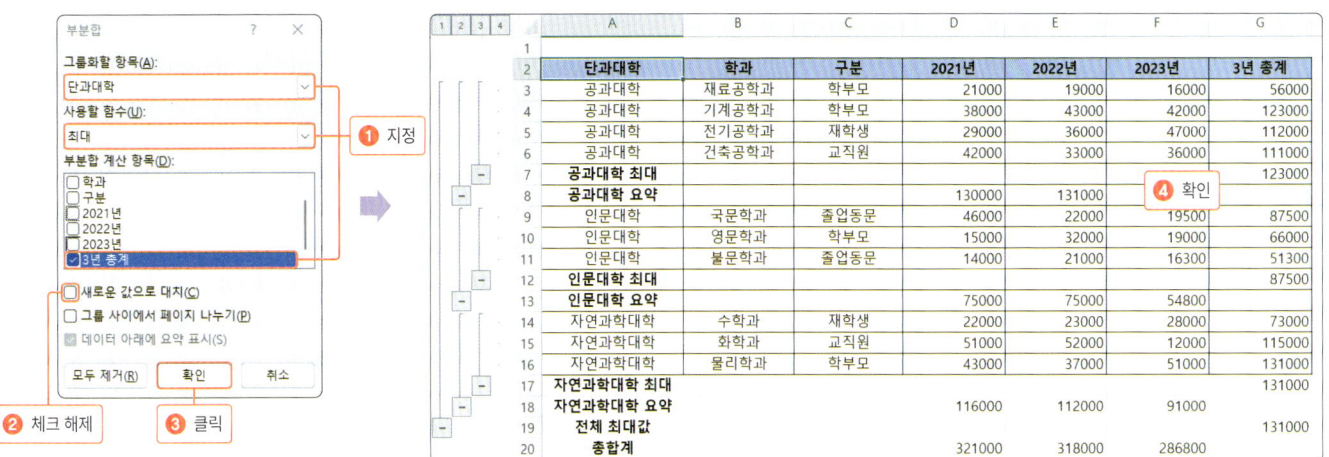

중첩 부분합 작성시 알아두기

중첩 부분합(2차 부분합 생성시) : 중첩 부분합(2차 부분합)을 생성하기 위해서는 1차 부분합 범위 내에서 임의의 셀을 하나만 선택한 후 작업해야 하며, 반드시 '새로운 값으로 대치' 항목의 체크 표시(✓)를 해제해 주어야 합니다. 만일, 해제하지 않을 경우 1차 부분합 결과는 사라지고 2차 부분합 결과만 표시됩니다.

❺ 2차 부분합이 완성되면 [**D3:G20**] **영역**을 드래그한 후 영역으로 지정된 셀 범위 위에서 마우스 오른쪽 단추를 눌러 바로 가기 메뉴가 나오면 [**셀 서식**]을 클릭합니다.

※ 셀 서식 바로 가기 키 : Ctrl + 1

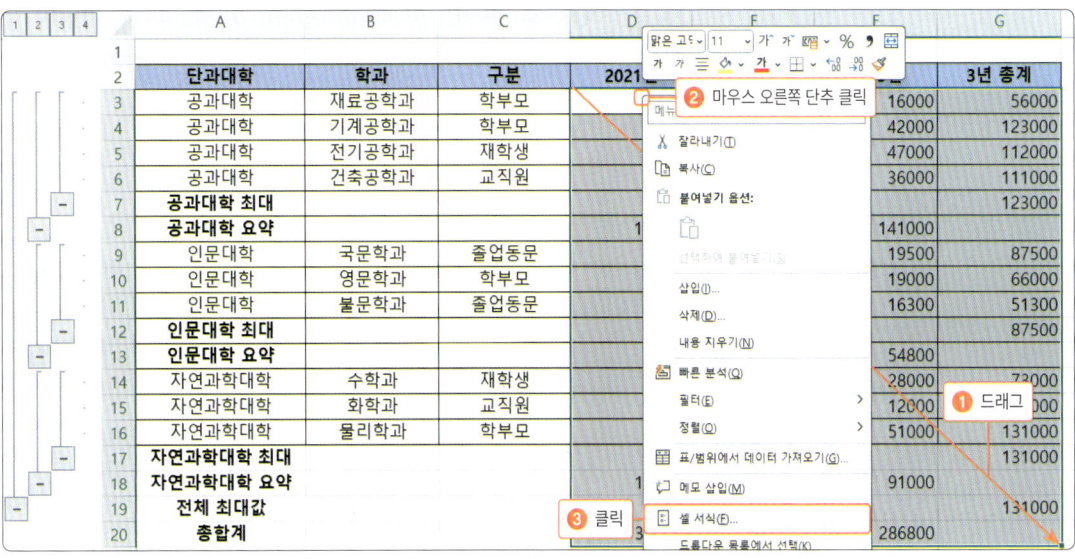

❻ [셀 서식] 대화상자가 나오면 [표시 형식] 탭의 범주에서 '**숫자**'를 선택합니다. 이어서, '**1000 단위 구분 기호(,) 사용**'에 체크 표시(✓)를 지정한 후 〈확인〉 단추를 클릭합니다.

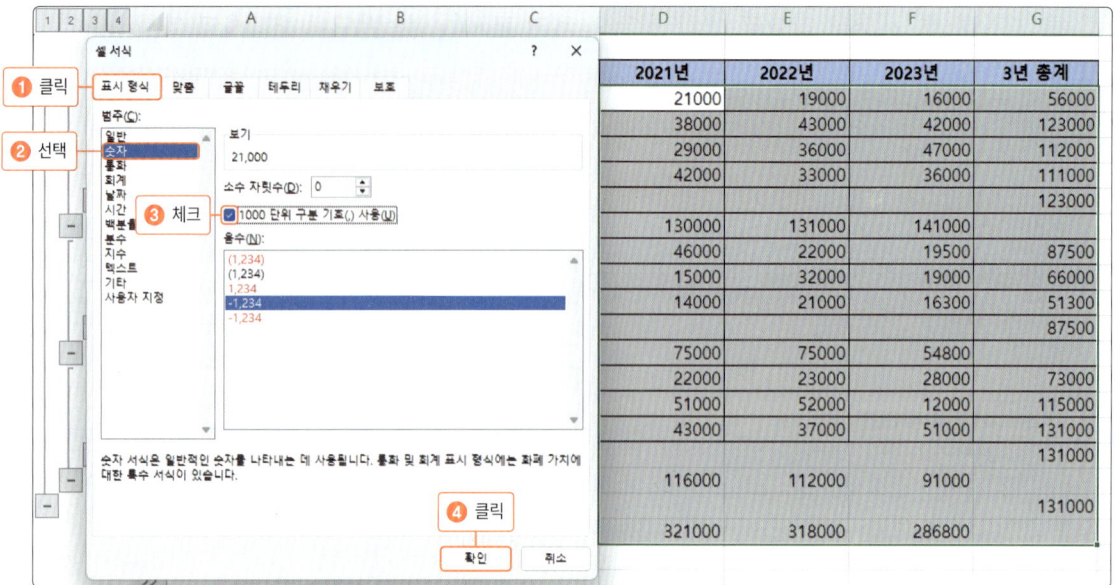

Skill 03 그룹 설정하기

❶ 《처리조건》을 참고하여 **D열 머리글**에서부터 **F열 머리글**까지 드래그하여 범위를 지정합니다.

❷ [데이터] 탭의 [개요] 그룹에서 '**그룹**'을 클릭합니다.

❸ 임의의 셀을 클릭하여 그룹이 설정된 것을 확인합니다.

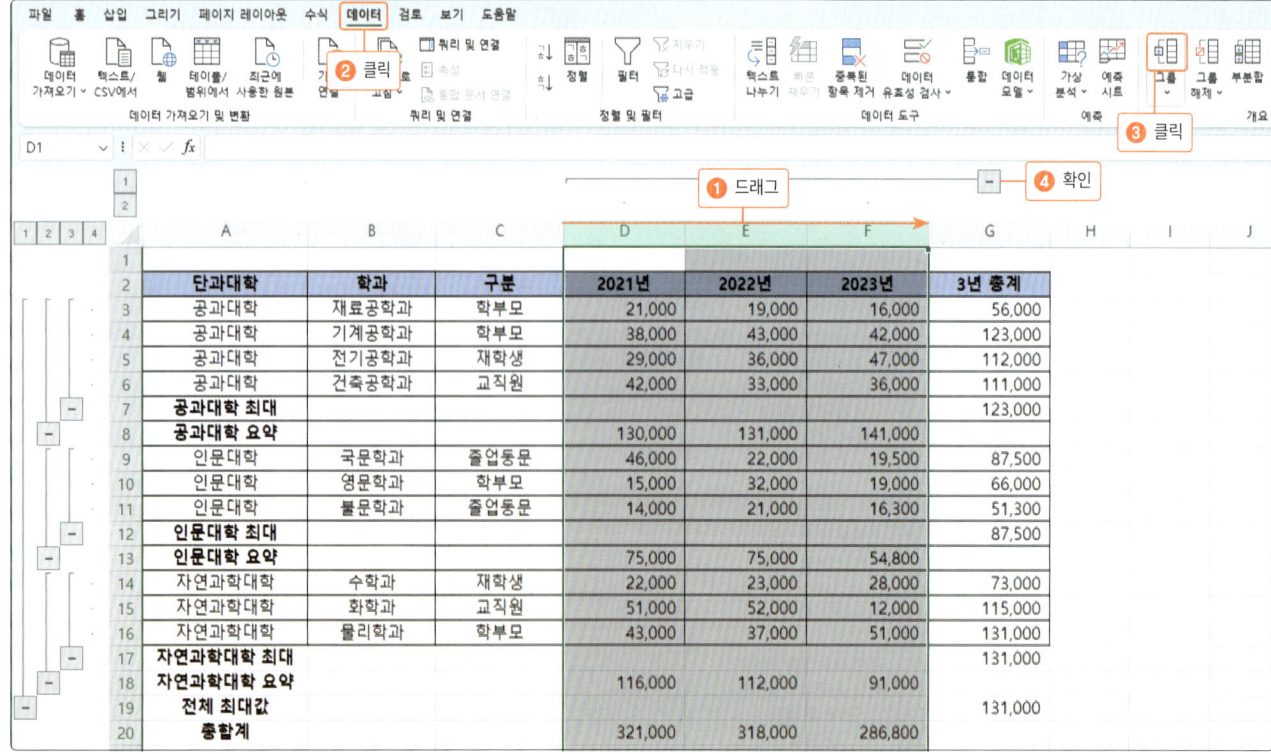

④ 부분합이 완성되면 《출력형태》와 동일한지 확인합니다.

※ 합계와 최대 부분합의 순서는 《출력형태》와 다를 수 있습니다.

단과대학	학과	구분	2021년	2022년	2023년	3년 총계
공과대학	재료공학과	학부모	21,000	19,000	16,000	56,000
공과대학	기계공학과	학부모	38,000	43,000	42,000	123,000
공과대학	전기공학과	재학생	29,000	36,000	47,000	112,000
공과대학	건축공학과	교직원	42,000	33,000	36,000	111,000
공과대학 최대						123,000
공과대학 요약			130,000	131,000	141,000	
인문대학	국문학과	졸업동문	46,000	22,000	19,500	87,500
인문대학	영문학과	학부모	15,000	32,000	19,000	66,000
인문대학	불문학과	졸업동문	14,000	21,000	16,300	51,300
인문대학 최대						87,500
인문대학 요약			75,000	75,000	54,800	
자연과학대학	수학과	재학생	22,000	23,000	28,000	73,000
자연과학대학	화학과	교직원	51,000	52,000	12,000	115,000
자연과학대학	물리학과	학부모	43,000	37,000	51,000	131,000
자연과학대학 최대						131,000
자연과학대학 요약			116,000	112,000	91,000	
전체 최대값						131,000
총합계			321,000	318,000	286,800	

입력 값이 잘리거나 '###'인 경우

부분합을 작성한 후 글자가 잘리거나, '###'으로 나올 경우에는 《출력형태》를 참고하여 모든 글자와 숫자가 보이도록 열과 열 사이를 더블클릭합니다.

더블 클릭

단과대학	학과	구분	2021년	2022년	2023년	3년 총계
공과대학	재료공학과	학부모	21,000	19,000	16,000	#####
공과대학	기계공학과	학부모	38,000	43,000	42,000	#####
공과대학	전기공학과	재학생	29,000	36,000	47,000	#####
공과대학	건축공학과	교직원	42,000	33,000	36,000	#####
공과대학 최대						#####
공과대학 요약			130,000	131,000	141,000	

⑤ 부분합 작업이 끝나면 [파일]-[저장](Ctrl+S) 또는 [빠른 실행 도구 모음]에서 '저장(🖫)'을 클릭합니다.

※ 실제 시험을 볼 때 작업 도중에 수시로(10분에 한 번 정도) 저장을 하는 것이 좋습니다.

데이터 정렬과 부분합

완전정복-01

아래의 처리조건 및 출력형태에 알맞게 작성하시오.

- 소스 : 정복04_문제01.xlsx
- 정답 : 정복04_정답01.xlsx

작성 시간 / 권장 시간

분 / 4분

[문제 2] "부분합" 시트를 참조하여 다음《처리조건》에 맞도록 작업하시오. (30점)

《출력형태》

모델명	종류	권역	7월	8월	9월	평균
R-CY-100	대여자전거	중부권	22,580	22,890	23,270	22,913
R-CY-101	대여자전거	수도권	22,720	22,950	23,850	23,173
R-CY-102	대여자전거	수도권	22,250	22,020	22,920	22,397
	대여자전거 최대			22,950	23,850	
	대여자전거 평균		22,517	22,620		
P-CY-500	전기자전거	수도권	23,120	23,030	23,570	23,240
P-CY-501	전기자전거	남부권	23,240	23,170	23,510	23,307
P-CY-503	전기자전거	수도권	22,370	22,620	22,780	22,590
	전기자전거 최대			23,170	23,570	
	전기자전거 평균		22,910	22,940		
P-KB-300	전동킥보드	중부권	23,100	23,590	24,050	23,580
P-KB-301	전동킥보드	남부권	22,120	22,390	22,760	22,423
P-KB-303	전동킥보드	수도권	22,290	22,040	23,160	22,497
P-KB-305	전동킥보드	중부권	22,530	22,770	22,920	22,740
	전동킥보드 최대			23,590	24,050	
	전동킥보드 평균		22,510	22,698		
	전체 최대값			23,590	24,050	
	전체 평균		22,632	22,747		

《처리조건》

▶ 데이터를 '종류' 기준으로 오름차순 정렬하시오.

▶ 아래 조건에 맞는 부분합을 작성하시오.
  - '종류'로 그룹화하여 '7월', '8월'의 평균을 구하는 부분합을 만드시오.
  - '종류'로 그룹화하여 '8월', '9월'의 최대를 구하는 부분합을 만드시오.
    (새로운 값으로 대치하지 말 것)
  - [D3:G20] 영역에 셀 서식의 표시 형식-숫자를 이용하여 1000 단위 구분 기호를 표시하시오.

▶ D~G열을 선택하여 그룹을 설정하시오.

▶ 평균과 최대의 부분합 순서는《출력형태》와 다를 수 있음

▶ 지시사항이 없는 경우는 기본 값을 적용하시오.

완전정복 - 02

아래의 처리조건 및 출력형태에 알맞게 작업하시오.

- 소스 : 정복04_문제02.xlsx
- 정답 : 정복04_정답02.xlsx

작성 시간 / 권장 시간

분 / 4분

[문제 2] "부분합" 시트를 참조하여 다음 《처리조건》에 맞도록 작업하시오. (30점)

《출력형태》

	제품 코드	종류	지역	2021년	2022년	2023년	평균
3	DR-001	드라이버	서울	16,610	16,790	17,020	16,807
4	DR-002	드라이버	경기	18,230	17,260	17,460	17,650
5	DR-003	드라이버	인천	17,180	18,120	18,400	17,900
6		드라이버 최대				18,400	17,900
7		드라이버 평균		17,340	17,390		
8	IR-200	아이언	서울	15,790	16,600	16,920	16,437
9	IR-205	아이언	서울	17,410	17,800	17,700	17,637
10	IR-207	아이언	경기	15,810	16,460	17,190	16,487
11		아이언 최대				17,700	17,637
12		아이언 평균		16,337	16,953		
13	WD-100	우드	경기	16,950	17,220	17,000	17,057
14	WD-101	우드	인천	17,140	17,180	17,390	17,237
15		우드 최대				17,390	17,237
16		우드 평균		17,045	17,200		
17	PT-500	퍼터	인천	16,700	16,800	16,830	16,777
18	PT-505	퍼터	서울	16,890	16,240	16,770	16,633
19		퍼터 최대				16,830	16,777
20		퍼터 평균		16,795	16,520		
21		전체 최대값				18,400	17,900
22		전체 평균		16,871	17,047		

《처리조건》

▶ 데이터를 '종류' 기준으로 오름차순 정렬하시오.

▶ 아래 조건에 맞는 부분합을 작성하시오.

 - '종류'로 그룹화하여 '2021년', '2022년'의 평균을 구하는 부분합을 만드시오.

 - '종류'로 그룹화하여 '2023년', '평균'의 최대를 구하는 부분합을 만드시오.
   (새로운 값으로 대치하지 말 것)

 - [D3:G22] 영역에 셀 서식의 표시 형식-숫자를 이용하여 1000 단위 구분 기호를 표시하시오.

▶ D~G열을 선택하여 그룹을 설정하시오.

▶ 평균과 최대의 부분합 순서는 《출력형태》와 다를 수 있음

▶ 지시사항이 없는 경우는 기본 값을 적용하시오.

완전정복-03 아래의 처리조건 및 출력형태에 알맞게 작업하시오.

- 소스 : 정복04_문제03.xlsx
- 정답 : 정복04_정답03.xlsx

작성 시간 / 권장 시간
분 / 4분

[문제 2] "부분합" 시트를 참조하여 다음 《처리조건》에 맞도록 작업하시오. (30점)

《출력형태》

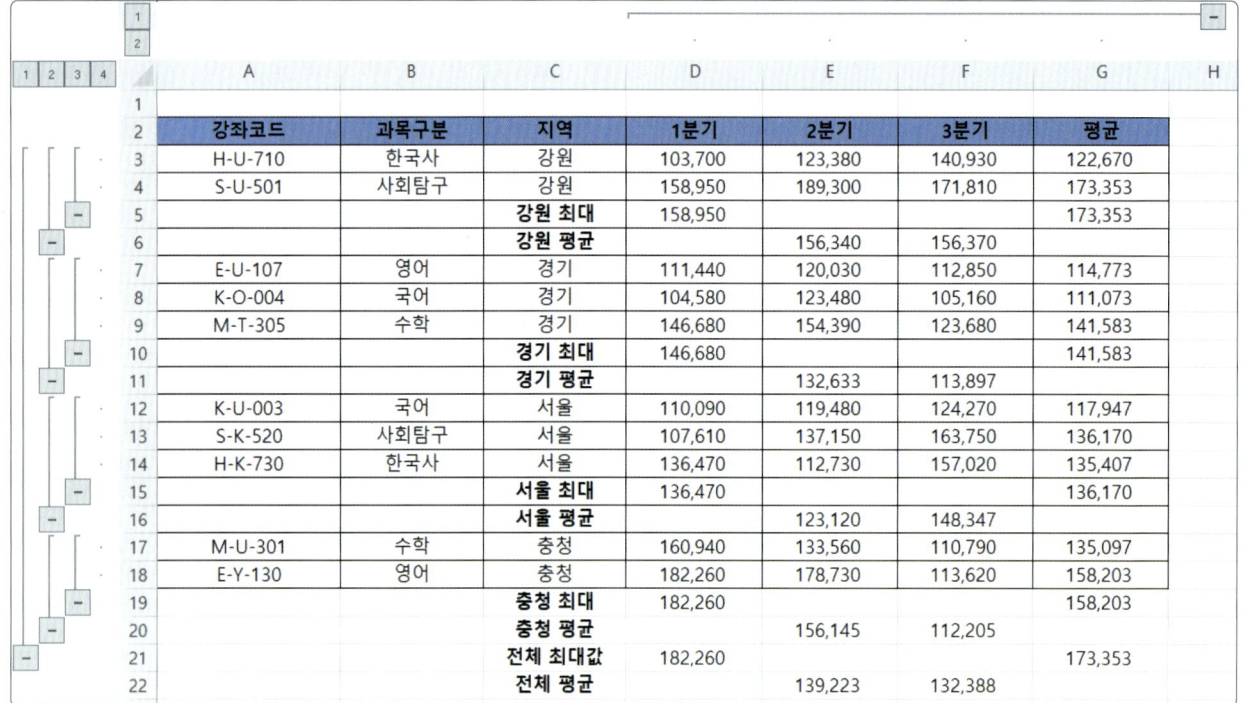

《처리조건》

▶ 데이터를 '지역' 기준으로 오름차순 정렬하시오.

▶ 아래 조건에 맞는 부분합을 작성하시오.
 - '지역'으로 그룹화하여 '2분기', '3분기'의 평균을 구하는 부분합을 만드시오.
 - '지역'으로 그룹화하여 '1분기', '평균'의 최대를 구하는 부분합을 만드시오.
  (새로운 값으로 대치하지 말 것)
 - [D3:G22] 영역에 셀 서식의 표시 형식-숫자를 이용하여 1000 단위 구분 기호를 표시하시오.

▶ D~G열을 선택하여 그룹을 설정하시오.

▶ 평균과 최대의 부분합 순서는 《출력형태》와 다를 수 있음

▶ 지시사항이 없는 경우는 기본 값을 적용하시오.

완전정복-04

아래의 처리조건 및 출력형태에 알맞게 작업하시오.

- 소스 : 정복04_문제04.xlsx
- 정답 : 정복04_정답04.xlsx

작성 시간 / 권장 시간
분 / 4분

[문제 2] "부분합" 시트를 참조하여 다음 《처리조건》에 맞도록 작업하시오. (30점)

《출력형태》

	A	B	C	D	E	F	G
2	모델명	종류	거래처	1분기	2분기	3분기	평균
3	SG-F94-L	KF-94	미래의료	25,300	24,320	24,410	24,677
4	SG-AD-L	KF-AD	미래의료	24,950	24,850	26,200	25,333
5	SG-F80-M	KF-80	미래의료	25,300	25,470	25,440	25,403
6			미래의료 최대		25,470	26,200	
7			미래의료 평균	25,183	24,880		
8	SG-AD-K	KF-AD	메디올	23,280	25,360	24,260	24,300
9	SG-F80-W	KF-80	메디올	25,310	25,360	24,370	25,013
10	SG-F94-K	KF-94	메디올	23,070	25,400	24,330	24,267
11			메디올 최대		25,400	24,370	
12			메디올 평균	23,887	25,373		
13	SG-F80-K	KF-80	다나메디	24,280	25,470	26,550	25,433
14	SG-F94-M	KF-94	다나메디	26,390	25,420	27,320	26,377
15	SG-F80-L	KF-80	다나메디	25,330	25,250	25,240	25,273
16			다나메디 최대		25,470	27,320	
17			다나메디 평균	25,333	25,380		
18	SG-AD-D	KF-AD	그린메디	25,410	25,440	23,360	24,737
19			그린메디 최대		25,440	23,360	
20			그린메디 평균	25,410	25,440		
21			전체 최대값		25,470	27,320	
22			전체 평균	24,862	25,234		

《처리조건》

▶ 데이터를 '거래처' 기준으로 내림차순 정렬하시오.

▶ 아래 조건에 맞는 부분합을 작성하시오.
 – '거래처'로 그룹화하여 '1분기', '2분기'의 평균을 구하는 부분합을 만드시오.
 – '거래처'로 그룹화하여 '2분기', '3분기'의 최대를 구하는 부분합을 만드시오.
  (새로운 값으로 대치하지 말 것)
 – [D3:G22] 영역에 셀 서식의 표시 형식-숫자를 이용하여 1000 단위 구분 기호를 표시하시오.

▶ D~G열을 선택하여 그룹을 설정하시오.

▶ 평균과 최대의 부분합 순서는《출력형태》와 다를 수 있음

▶ 지시사항이 없는 경우는 기본 값을 적용하시오.

고급 필터

- 조건식 작성과 필드명 복사하기
- 고급 필터 지정하기

미리보기
소스 : 유형05_문제.xlsx 정답 : 유형05_정답.xlsx

【문제 3】 "필터"와 "시나리오" 시트를 참조하여 다음《처리조건》에 맞도록 작업하시오. (60점)

《출력형태》

	A	B	C	D	E	F	G
1							
2	단과대학	학과	구분	2021년	2022년	2023년	3년 총계
3	공과대학	재료공학과	학부모	21,000	19,000	16,000	56,000
4	인문대학	국문학과	졸업동문	46,000	22,000	19,500	87,500
5	자연과학대학	수학과	재학생	22,000	23,000	28,000	73,000
6	공과대학	기계공학과	학부모	38,000	43,000	42,000	123,000
7	인문대학	영문학과	학부모	15,000	32,000	19,000	66,000
8	공과대학	전기공학과	재학생	29,000	36,000	47,000	112,000
9	자연과학대학	화학과	교직원	51,000	52,000	12,000	115,000
10	인문대학	불문학과	졸업동문	14,000	21,000	16,300	51,300
11	공과대학	건축공학과	교직원	42,000	33,000	36,000	111,000
12	자연과학대학	물리학과	학부모	43,000	37,000	51,000	131,000
13							
14	조건						
15	FALSE						
16							
17							
18	학과	구분	2021년	2022년	2023년		
19	국문학과	졸업동문	46,000	22,000	19,500		
20	기계공학과	학부모	38,000	43,000	42,000		
21	영문학과	학부모	15,000	32,000	19,000		
22	불문학과	졸업동문	14,000	21,000	16,300		
23	물리학과	학부모	43,000	37,000	51,000		

《처리조건》

▶ "필터" 시트의 [A2:G12]를 아래 조건에 맞게 고급 필터를 사용하여 작성하시오.
  - '단과대학'이 "인문대학"이거나 '3년 총계'가 120000 이상인 데이터를 '학과', '구분', '2021년', '2022년', '2023년'의 데이터만 필터링하시오.
  - 조건 위치 : 조건 함수는 [A15] 한 셀에 작성(OR 함수 이용)
  - 결과 위치 : [A18]부터 출력

▶ 지시사항이 없는 경우는《출력형태》와 동일하게 작성하시오.

시험 분석

Digital Information Ability Test

난이도	권장 시간 / 시험 시간	유형 점수 / 시험 점수
★★★☆☆	5분 / 40분	60점 / 200점

◀ 출제유형 05~부록까지 합쳐진 점수

➜ **주의 사항 : 실수가 많은 내용**

☑ 필터의 조건식을 정확히 입력합니다.

☑ 필터된 결과의 필드명을 복사하여 결과 셀에 붙여넣기합니다.

☑ 조건식을 입력할 때 문자의 경우 겹따옴표를 입력합니다. (예) =AND(B3="1학년",C3="국어")

☑ 조건식에 들어갈 비교 연산자를 알아둡니다. (같다 '=', 이상 '>=', 이하 '<=')

Skill 01 조건식 작성 및 필드명 복사하기

❶ [파일]-[열기](Ctrl + O)를 클릭한 후, [찾아보기]를 클릭합니다. [열기] 대화상자가 나오면 '유형05_문제.xlsx' 파일을 불러와 [필터] 시트를 클릭합니다.

❷ [A15] 셀에 《처리조건》을 참고하여 조건식 '=OR(A3="인문대학",G3>=120000)'을 입력한 후 Enter 키를 누릅니다.

	A	B	C	D	E	F	G
1							
2	단과대학	학과	구분	2021년	2022년	2023년	3년 총계
3	공과대학	재료공학과	학부모	21,000	19,000	16,000	56,000
4	인문대학	국문학과	졸업동문	46,000	22,000	19,500	87,500
5	자연과학대학	수학과	재학생	22,000	23,000	28,000	73,000
6	공과대학	기계공학과	학부모	38,000	43,000	42,000	123,000
7	인문대학	영문학과	학부모	15,000	32,000	19,000	66,000
8	공과대학	전기공학과	재학생	29,000	36,000	47,000	112,000
9	자연과학대학	화학과	교직원	51,000	52,000	12,000	115,000
10	인문대학	불문학과	졸업동문	14,000	21,000	16,300	51,300
11	공과대학	건축공학과	교직원	42,000	33,000	36,000	111,000
12	자연과학대학	물리학과	학부모	43,000	37,000	51,000	131,000
13							
14	조건						
15	FALSE	← 조건식 입력					

TIP — AND / OR 함수를 이용한 조건식의 지정

AND 함수
- 기능 : 모든 조건을 만족하면 '참(TRUE)', 그렇지 않으면 '거짓(FALSE)'을 표시하는 함수
- 형식 : =AND(조건1, 조건2, … 조건30)

OR 함수
- 기능 : 한 개의 조건이라도 만족하면 '참(TRUE)', 그렇지 않으면 '거짓(FALSE)'을 표시하는 함수
- 형식 : =OR(조건1, 조건2, … 조건30)

❸ 고급 필터를 적용할 필드명을 복사하기 위해 [B2:F2] 영역을 범위로 지정합니다. 이어서, 영역으로 지정된 범위 위에서 마우스 오른쪽 단추를 눌러 바로 가기 메뉴가 나오면 [복사]를 클릭합니다.

※ 복사 바로 가기 키 : Ctrl + C

출제유형 05 77 고급 필터

❹ [A18] 셀을 클릭한 후 마우스 오른쪽 단추를 눌러 바로 가기 메뉴가 나오면 [**붙여넣기**()]를 클릭합니다.

※ 붙여넣기 바로 가기 키 : Ctrl + V

※ 붙여넣기가 완료되면 Esc 키를 눌러 셀 범위 지정을 해제합니다.

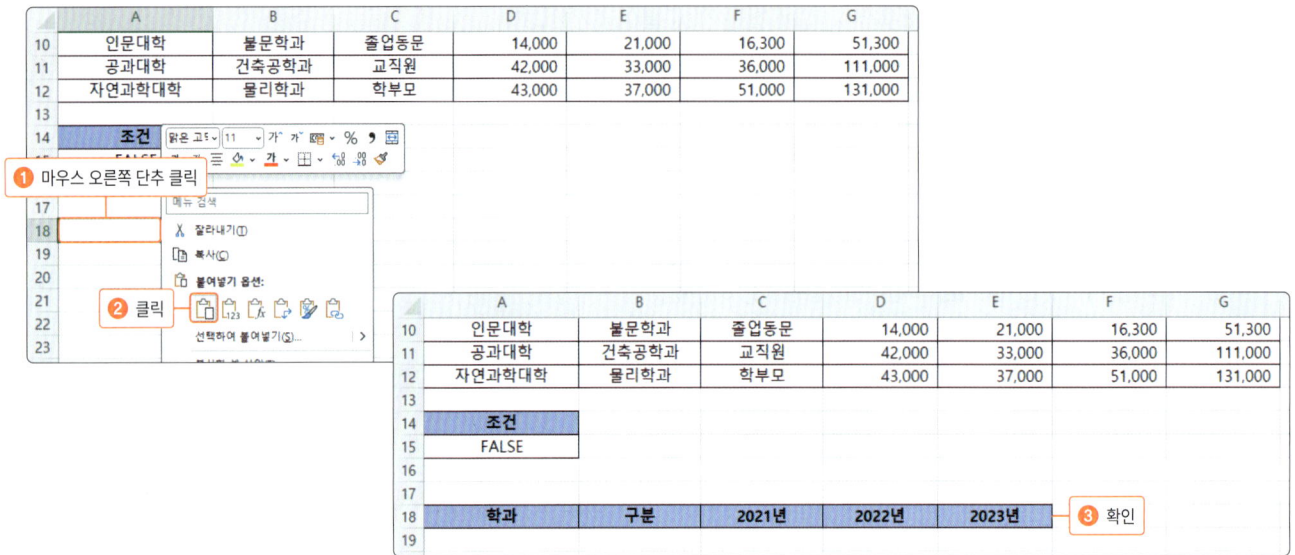

TIP 리본 메뉴를 이용하여 복사 및 붙여넣기

- **복사** : [홈] 탭의 [클립보드] 그룹에서 '복사()'를 클릭합니다.
- **붙여넣기** : [홈] 탭의 [클립보드] 그룹에서 '붙여넣기()'를 클릭합니다.

Skill 02 고급 필터 지정하기

❶ [A2] 셀을 클릭한 후 [데이터] 탭의 [정렬 및 필터] 그룹에서 '고급(고급)'을 클릭합니다.

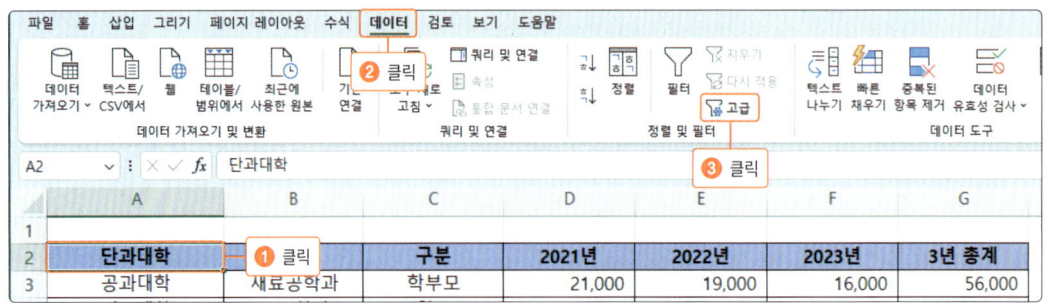

❷ [고급 필터] 대화상자가 나오면 다음과 같이 각각의 범위를 지정한 후 〈확인〉 단추를 클릭합니다.

- 결과를 '다른 장소에 복사'로 선택
- 자동으로 지정된 목록 범위($A$2:$G$12) 확인
- 조건 범위 입력 칸을 클릭한 후 [A14:A15] 영역 지정
- 복사 위치 입력 칸을 클릭한 후 [A18:E18] 영역 지정

❸ 고급 필터 결과를 확인합니다.

	A	B	C	D	E	F	G
1							
2	단과대학	학과	구분	2021년	2022년	2023년	3년 총계
3	공과대학	재료공학과	학부모	21,000	19,000	16,000	56,000
4	인문대학	국문학과	졸업동문	46,000	22,000	19,500	87,500
5	자연과학대학	수학과	재학생	22,000	23,000	28,000	73,000
6	공과대학	기계공학과	학부모	38,000	43,000	42,000	123,000
7	인문대학	영문학과	학부모	15,000	32,000	19,000	66,000
8	공과대학	전기공학과	재학생	29,000	36,000	47,000	112,000
9	자연과학대학	화학과	교직원	51,000	52,000	12,000	115,000
10	인문대학	불문학과	졸업동문	14,000	21,000	16,300	51,300
11	공과대학	건축공학과	교직원	42,000	33,000	36,000	111,000
12	자연과학대학	물리학과	학부모	43,000	37,000	51,000	131,000
13							
14	조건						
15	FALSE						
16							
17							
18	학과	구분	2021년	2022년	2023년		
19	국문학과	졸업동문	46,000	22,000	19,500		
20	기계공학과	학부모	38,000	43,000	42,000		
21	영문학과	학부모	15,000	32,000	19,000		
22	불문학과	졸업동문	14,000	21,000	16,300		
23	물리학과	학부모	43,000	37,000	51,000		

> **TIP** [고급 필터] 대화상자
> ❶ **현재 위치에 필터** : 원본 데이터 목록에 직접 필터 결과를 표시
> ❷ **다른 장소에 복사** : 다른 셀 범위에 필터 결과를 표시
> ❸ **목록 범위** : 원본 데이터 목록에서 필터링할 범위를 지정
> ❹ **조건 범위** : 필터 조건(조건식)이 위치한 범위를 지정
> ❺ **복사 위치** : '다른 장소에 복사'를 선택했을 경우 필터 결과를 표시할 위치를 지정
> - 만약, 추출할 결과가 전체가 아닌 특정 자료만 추출하고자 할 때는 추출할 자료의 필드명을 입력한 후 해당 필드명을 복사 위치로 지정
> ❻ **동일한 레코드는 하나만** : 필터링한 결과 중 같은 레코드가 있을 경우 하나만 표시

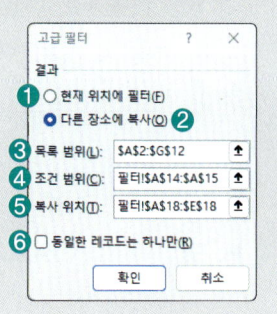

❹ [파일]-[저장](Ctrl+S) 또는 [빠른 실행 도구 모음]에서 '저장()'을 클릭합니다.

※ 실제 시험을 볼 때 작업 도중에 수시로(10분에 한 번 정도) 저장을 하는 것이 좋습니다.

고급 필터

완전정복-01

아래의 처리조건 및 출력형태에 알맞게 작업하시오.

- 소스 : 정복05_문제01.xlsx
- 정답 : 정복05_정답01.xlsx

작성 시간 / 권장 시간

분 / 5분

[문제 3] "필터"와 "시나리오" 시트를 참조하여 다음《처리조건》에 맞도록 작업하시오. (60점)

《출력형태》

	A	B	C	D	E	F	G
1							
2	모델명	종류	권역	7월	8월	9월	평균
3	P-KB-300	전동킥보드	중부권	23,100	23,590	24,050	23,580
4	P-CY-500	전기자전거	수도권	23,120	23,030	23,570	23,240
5	R-CY-100	대여자전거	중부권	22,580	22,890	23,270	22,913
6	P-KB-301	전동킥보드	남부권	22,120	22,390	22,760	22,423
7	R-CY-101	대여자전거	수도권	22,720	22,950	23,850	23,173
8	P-KB-303	전동킥보드	수도권	22,290	22,040	23,160	22,497
9	P-CY-501	전기자전거	남부권	23,240	23,170	23,510	23,307
10	R-CY-102	대여자전거	수도권	22,250	22,020	22,920	22,397
11	P-KB-305	전동킥보드	중부권	22,530	22,770	22,920	22,740
12	P-CY-503	전기자전거	수도권	22,370	22,620	22,780	22,590
13							
14	조건						
15	FALSE						
16							
17							
18	모델명	종류	8월	9월	평균		
19	P-CY-500	전기자전거	23,030	23,570	23,240		
20	R-CY-101	대여자전거	22,950	23,850	23,173		
21	P-CY-503	전기자전거	22,620	22,780	22,590		

《처리조건》

▶ "필터" 시트의 [A2:G12]를 아래 조건에 맞게 고급 필터를 사용하여 작성하시오.
  - '권역'이 "수도권"이고 '평균'이 22500 이상인 데이터를 '모델명', '종류', '8월', '9월', '평균'의 데이터만 필터링하시오.
  - 조건 위치 : 조건 함수는 [A15] 한 셀에 작성(AND 함수 이용)
  - 결과 위치 : [A18]부터 출력

▶ 지시사항이 없는 경우는《출력형태》와 동일하게 작성하시오.

완전정복-02

아래의 처리조건 및 출력형태에 알맞게 작업하시오.
- 소스 : 정복05_문제02.xlsx
- 정답 : 정복05_정답02.xlsx

[문제 3] "필터"와 "시나리오" 시트를 참조하여 다음《처리조건》에 맞도록 작업하시오. (60점)

《출력형태》

	A	B	C	D	E	F	G
1							
2	제품 코드	종류	지역	2021년	2022년	2023년	평균
3	DR-001	드라이버	서울	16,610	16,790	17,020	16,807
4	WD-100	우드	경기	16,950	17,220	17,000	17,057
5	IR-200	아이언	서울	15,790	16,600	16,920	16,437
6	PT-500	퍼터	인천	16,700	16,800	16,830	16,777
7	DR-002	드라이버	경기	18,230	17,260	17,460	17,650
8	WD-101	우드	인천	17,140	17,180	17,390	17,237
9	IR-205	아이언	서울	17,410	17,800	17,700	17,637
10	DR-003	드라이버	인천	17,180	18,120	18,400	17,900
11	PT-505	퍼터	서울	16,890	16,240	16,770	16,633
12	IR-207	아이언	경기	15,810	16,460	17,190	16,487
13							
14	조건						
15	TRUE						
16							
17							
18	제품 코드	종류	2022년	2023년	평균		
19	DR-001	드라이버	16,790	17,020	16,807		
20	IR-200	아이언	16,600	16,920	16,437		
21	IR-205	아이언	17,800	17,700	17,637		

《처리조건》

▶ "필터" 시트의 [A2:G12]를 아래 조건에 맞게 고급 필터를 사용하여 작성하시오.
  - '지역'이 "서울"이고 '2023년'이 16900 이상인 데이터를 '제품 코드', '종류', '2022년', '2023년', '평균'의 데이터만 필터링 하시오.
  - 조건 위치 : 조건 함수는 [A15] 한 셀에 작성(AND 함수 이용)
  - 결과 위치 : [A18]부터 출력

▶ 지시사항이 없는 경우는《출력형태》와 동일하게 작성하시오.

[문제 3] "필터"와 "시나리오" 시트를 참조하여 다음 《처리조건》에 맞도록 작업하시오. (60점)

《출력형태》

	A	B	C	D	E	F	G
1							
2	강좌코드	과목구분	지역	1분기	2분기	3분기	평균
3	K-U-003	국어	서울	110,090	119,480	124,270	117,947
4	E-U-107	영어	경기	111,440	120,030	112,850	114,773
5	M-U-301	수학	충청	160,940	133,560	110,790	135,097
6	H-U-710	한국사	강원	103,700	123,380	140,930	122,670
7	K-O-004	국어	경기	104,580	123,480	105,160	111,073
8	S-U-501	사회탐구	강원	158,950	189,300	171,810	173,353
9	M-T-305	수학	경기	146,680	154,390	123,680	141,583
10	S-K-520	사회탐구	서울	107,610	137,150	163,750	136,170
11	H-K-730	한국사	서울	136,470	112,730	157,020	135,407
12	E-Y-130	영어	충청	182,260	178,730	113,620	158,203
13							
14	조건						
15	FALSE						
16							
17							
18	강좌코드	과목구분	2분기	3분기	평균		
19	E-U-107	영어	120,030	112,850	114,773		
20	M-T-305	수학	154,390	123,680	141,583		

《처리조건》

▶ "필터" 시트의 [A2:G12]를 아래 조건에 맞게 고급 필터를 사용하여 작성하시오.
  - '지역'이 "경기"이고 '3분기'가 110000 이상인 데이터를 '강좌코드', '과목구분', '2분기', '3분기', '평균'의 데이터만 필터링 하시오.
  - 조건 위치 : 조건 함수는 [A15] 한 셀에 작성(AND 함수 이용)
  - 결과 위치 : [A18]부터 출력

▶ 지시사항이 없는 경우는 《출력형태》와 동일하게 작성하시오.

완전정복- 04

아래의 처리조건 및 출력형태에 알맞게 작업하시오.

· 소스 : 정복05_문제04.xlsx · 정답 : 정복05_정답04.xlsx

작성 시간 / 권장 시간

분 / 5분

[문제 3] "필터"와 "시나리오" 시트를 참조하여 다음《처리조건》에 맞도록 작업하시오. (60점)

《출력형태》

	A	B	C	D	E	F	G
2	모델명	종류	거래처	1분기	2분기	3분기	평균
3	SG-F94-L	KF-94	미래의료	25,300	24,320	24,410	24,677
4	SG-F80-K	KF-80	다나메디	24,280	25,470	26,550	25,433
5	SG-AD-K	KF-AD	메디올	23,280	25,360	24,260	24,300
6	SG-AD-D	KF-AD	그린메디	25,410	25,440	23,360	24,737
7	SG-F94-M	KF-94	다나메디	26,390	25,420	27,320	26,377
8	SG-F80-W	KF-80	메디올	25,310	25,360	24,370	25,013
9	SG-AD-L	KF-AD	미래의료	24,950	24,850	26,200	25,333
10	SG-F80-L	KF-80	다나메디	25,330	25,250	25,240	25,273
11	SG-F94-K	KF-94	메디올	23,070	25,400	24,330	24,267
12	SG-F80-M	KF-80	미래의료	25,300	25,470	25,440	25,403
13							
14	조건						
15	FALSE						
16							
17							
18	모델명	종류	2분기	3분기	평균		
19	SG-F80-K	KF-80	25,470	26,550	25,433		
20	SG-F94-M	KF-94	25,420	27,320	26,377		

《처리조건》

▶ "필터" 시트의 [A2:G12]를 아래 조건에 맞게 고급 필터를 사용하여 작성하시오.
  – '거래처'가 "다나메디"이고 '2분기'가 25400 이상인 데이터를 '모델명', '종류', '2분기', '3분기', '평균'의 데이터만 필터링 하시오.
  – 조건 위치 : 조건 함수는 [A15] 한 셀에 작성(AND 함수 이용)
  – 결과 위치 : [A18]부터 출력

▶ 지시사항이 없는 경우는《출력형태》와 동일하게 작성하시오.

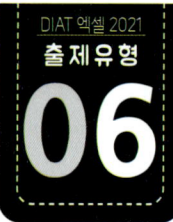

PART 02 출제유형 완전정복

시나리오 작성

☑ 시나리오 작성하기
☑ '시나리오 요약' 시트 작성하기

소스 : 유형06_문제.xlsx   정답 : 유형06_정답.xlsx

【문제 3】 "필터"와 "시나리오" 시트를 참조하여 다음 《처리조건》에 맞도록 작업하시오.   (60점)

《출력형태》

	시나리오 요약			
		현재 값:	2023년 100 증가	2023년 80 감소
변경 셀:				
	$F$4	19,500	19,600	19,420
	$F$7	19,000	19,100	18,920
	$F$10	16,300	16,400	16,220
결과 셀:				
	$G$4	87,500	87,600	87,420
	$G$7	66,000	66,100	65,920
	$G$10	51,300	51,400	51,220

참고: 현재 값 열은 시나리오 요약 보고서가 작성될 때의 변경 셀 값을 나타냅니다. 각 시나리오의 변경 셀들은 회색으로 표시됩니다.

《처리조건》

▶ "시나리오" 시트의 [A2:G12]를 이용하여 '단과대학'이 "인문대학"인 경우, '2023년'이 변동할 때 '3년 총계'가 변동하는 가상분석(시나리오)을 작성하시오.

  – 시나리오1 : 시나리오 이름은 "2023년 100 증가", '2023년'에 100을 증가시킨 값 설정.

  – 시나리오2 : 시나리오 이름은 "2023년 80 감소", '2023년'에 80을 감소시킨 값 설정.

  – "시나리오 요약" 시트를 작성하시오.

▶ 지시사항이 없는 경우는 《출력형태》와 동일하게 작성하시오.

시험분석

Digital Information Ability Test

난이도	권장 시간 / 시험 시간	유형 점수 / 시험 점수
★★★☆☆	5분 / 40분	60점 / 200점

◀ 출제유형 05~부록까지 합쳐진 점수

➡ **주의 사항 : 실수가 많은 내용**
- ☑ 시나리오에서 변경 셀의 셀 주소를 정확히 입력합니다.
- ☑ 시나리오의 변경 값은 출력형태를 보고 정확히 입력합니다.
- ☑ 시나리오를 완성한 다음 반드시 〈요약〉 단추를 클릭합니다. [시나리오 관리자] 대화상자에서 〈표시〉 단추를 누르게 되면 시나리오의 현재 값이 변경되므로 주의합니다.

➡ **주요 단축키 : 작업 시간 단축에 도움**
- ☑ 저장 : Ctrl + S

Skill 01 '시나리오1' 작성하기

① [파일]–[열기](Ctrl + O)를 클릭한 후, [찾아보기]를 클릭합니다. [열기] 대화상자가 나오면 '유형06_문제.xlsx' 파일을 불러와 [시나리오] 시트를 클릭합니다.

② [데이터] 탭의 [예측] 그룹에서 [가상 분석]–'시나리오 관리자'를 선택합니다.

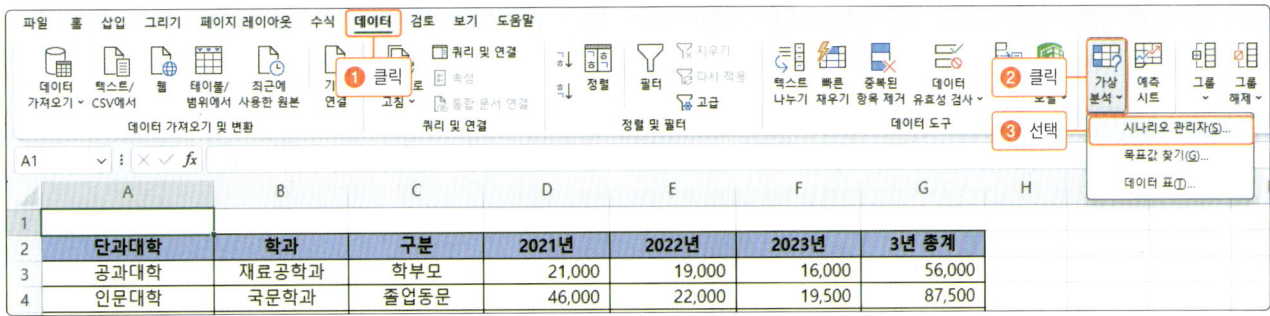

③ [시나리오 관리자] 대화상자가 나오면 〈추가〉 단추를 클릭합니다.

④ [시나리오 추가] 대화상자가 나오면 '시나리오 이름' 입력 칸에 '2023년 100 증가'를 입력합니다. 이어서, '변경 셀' 입력 칸에 'F4,F7,F10'을 입력한 후 〈확인〉 단추를 클릭합니다.

※ 변경 셀은 [F4] 셀을 클릭한 후 Ctrl 키를 누른 상태에서 [F7] 셀과 [F10] 셀을 클릭해도 됩니다.

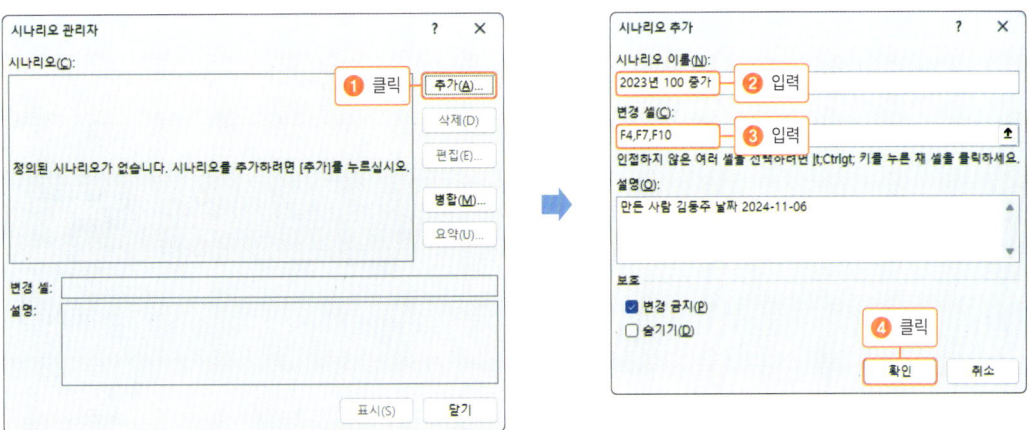

시나리오 추가

《출력형태》와 《처리조건》을 참고하여 단과대학이 '인문대학'인 2023년의 데이터([F4],[F7],[F10])를 이용하여 시나리오를 작성합니다.

❺ [시나리오 값] 대화상자가 나오면 '$F$4' 입력 칸에 '19600'을 입력합니다. 이어서, '$F$7' 입력 칸을 클릭하여 '19100'을 입력한 다음 '$F$10' 입력 칸에 '16400'을 입력한 후 〈추가〉 단추를 클릭합니다.

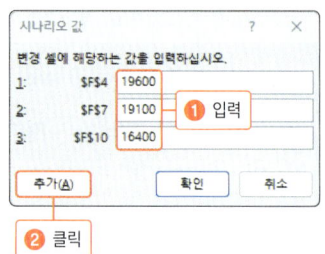

※ 《처리조건》을 보면 추가할 '감소' 시나리오가 있기 때문에 〈추가〉 단추를 클릭합니다. 만약, 추가할 시나리오가 없다면 〈확인〉 단추를 클릭합니다.

 시나리오 값 계산

- 증가 시나리오를 만들기 위해 [F4] 셀의 기본 값(19,500)에 '100'을 더한 값을 입력하고, [F7] 셀의 기본 값(19,000)에 '100'을 더한 값을 입력한 다음 [F10] 셀의 기본 값(16,300)에 '100'을 더한 값을 입력합니다.
- 《출력형태》를 참고하여 변경 셀([$F$4],[$F$7],[$F$10])에 따른 '증가 및 감소' 값을 확인한 후 [시나리오 값] 대화상자에 '증가 및 감소' 값을 입력하면 보다 쉽게 작업할 수 있습니다.

《출력형태》

시나리오 요약				
		현재 값:	2023년 100 증가	2023년 80 감소
변경 셀:				
	$F$4	19,500	19,600	19,420
	$F$7	19,000	19,100	18,920
	$F$10	16,300	16,400	16,220
결과 셀:				
	$G$4	87,500	87,600	87,420
	$G$7	66,000	66,100	65,920
	$G$10	51,300	51,400	51,220

증가 및 감소 값 확인

Skill 02 '시나리오 2' 작성하기

 [시나리오 추가] 대화상자가 나오면 '시나리오 이름' 입력 칸을 클릭하여 '2023년 80 감소'를 입력합니다. 이어서, 변경 셀(F4,F7,F10)을 확인한 후 〈확인〉 단추를 클릭합니다.

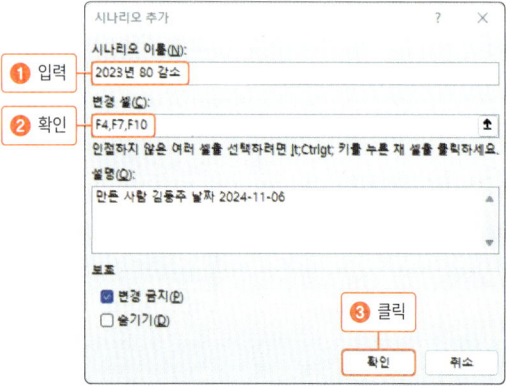

❷ [시나리오 값] 대화상자가 나오면 '$F$4' 입력 칸에 '19420'을 입력합니다. 이어서, '$F$7' 입력 칸을 클릭하여 '18920'을 입력한 다음 '$F$10' 입력 칸에 '16220'을 입력한 후 〈확인〉 단추를 클릭합니다.

※ 감소 시나리오를 만들기 위해 [F4] 셀의 기본 값(19,500)에 '80'을 뺀 값을 입력하고, [F7] 셀의 기본 값(19,000)에 '80'을 뺀 값을 입력한 다음 [F10] 셀의 기본 값(16,300)에 '80'을 뺀 값을 입력합니다. 계산이 어려울 경우 《출력형태》의 '감소 값'을 확인한 후 바로 입력합니다.

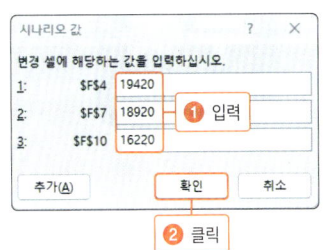

Skill 03 '시나리오 요약' 시트 작성

❶ [시나리오 관리자] 대화상자가 나오면 〈요약〉 단추를 클릭합니다.

❷ [시나리오 요약] 대화상자가 나오면 보고서 종류를 '시나리오 요약'으로 선택합니다. 이어서, '결과 셀' 입력 칸에 'G4,G7,G10'을 입력한 후 〈확인〉 단추를 클릭합니다.

※ 결과 셀은 [G4] 셀을 클릭한 후 Ctrl 키를 누른 상태에서 [G7] 셀과 [G10] 셀을 클릭해도 됩니다.

TIP 결과 셀
《출력형태》와 《처리조건》을 참고하여 '2023년'이 변동할 때 '3년 총계(G열)'가 변동하는 시나리오를 작성하기 때문에 결과 셀은 단과대학이 '인문대학'인 3년 총계 열(G)의 셀 주소를 지정합니다.

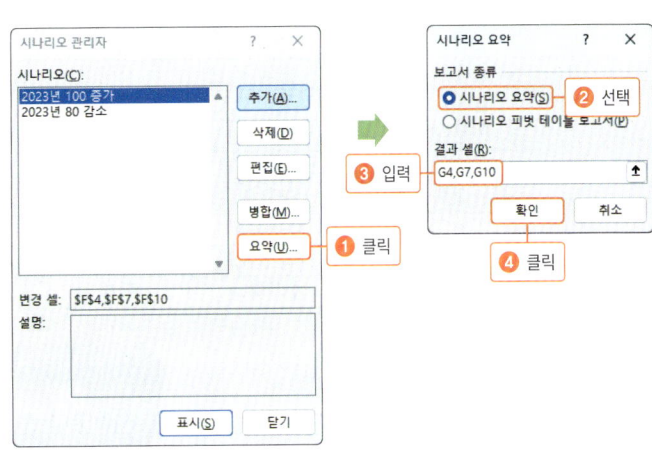

❸ [시나리오 요약] 시트가 만들어지면 《출력형태》와 같은지 확인합니다.

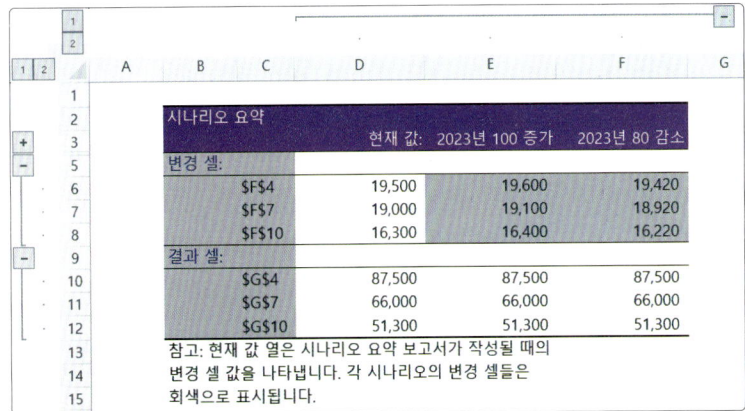

❹ [파일]-[저장](Ctrl+S) 또는 [빠른 실행 도구 모음]에서 '저장(📄)'을 클릭합니다.

※ 실제 시험을 볼 때 작업 도중에 수시로(10분에 한 번 정도) 저장을 하는 것이 좋습니다.

PART 02 출제유형 완전정복

매크로

최근 3년간 매크로 문제가 출제되지는 않았지만 전체적인 작업 방법은 알고 있어야 하기 때문에 학습에 참고하시기 바랍니다. 전체적인 작업 과정은 간략화 하여 설명하였기 때문에 한 번에 이해가 되지 않을 경우 다시 한 번 확인하시기 바랍니다.

소스 : 매크로_문제.xlsm   정답 : 매크로_정답.xlsm

[문제 3] "필터와 "매크로" 시트를 참조하여 다음 《처리조건》에 맞도록 작업하시오.   (60점)

《출력형태》

단과대학	학과	구분	2021년	2022년	2023년	3년 총계
공과대학	재료공학과	학부모	21,000	19,000	16,000	56,000
인문대학	국문학과	졸업동문	46,000	22,000	19,500	87,500
자연과학대학	수학과	재학생	22,000	23,000	28,000	73,000
공과대학	기계공학과	학부모	38,000	43,000	42,000	123,000
인문대학	영문학과	학부모	15,000	32,000	19,000	66,000
공과대학	전기공학과	재학생	29,000	36,000	47,000	112,000
자연과학대학	화학과	교직원	51,000	52,000	12,000	115,000
인문대학	불문학과	졸업동문	14,000	21,000	16,300	51,300
공과대학	건축공학과	교직원	42,000	33,000	36,000	111,000
자연과학대학	물리학과	학부모	43,000	37,000	51,000	131,000

[매크로]

《처리조건》

▶ "매크로" 시트의 [A2:G12] 영역에 가운데 맞춤, 테두리(안쪽, 윤곽선 모두 실선, '검정, 텍스트 1'), [A2:G2] 영역에 채우기 색('주황, 강조 2, 40% 더 밝게'), 글꼴(굵게), [D3:G12] 영역에 셀 서식의 표시 형식-숫자를 이용하여 1000 단위 구분 기호를 표시하는 매크로를 기록하고 작성한 도형에 매크로를 지정하시오.
  - 도형 : 기본 도형의 '배지'를 [C14:D17]에 위치
  - 도형 서식 : 도형 채우기(파랑), 선 색(실선, 색 : 자주), 선 스타일(너비 : 3pt, 겹선 종류 : 단순형, 대시 종류 : 사각 점선), 텍스트 상자(세로 맞춤 : 정가운데, 텍스트 방향 : 가로)
  - 크기 및 속성 : 크기(높이 : 2.04cm, 너비 : 4.9cm)
  - 도형 글꼴 : 텍스트 입력("매크로"). 글꼴(HY견고딕, 22pt, 기울임꼴)
  - 매크로 이름 : "매크로"

▶ 지시사항이 없는 경우는 《출력형태》와 동일하게 작성하시오.

시험분석

Digital Information Ability Test

난이도	권장 시간 / 시험 시간	유형 점수 / 시험 점수
★★★☆☆	5분 / 40분	60점 / 200점

▶ 출제유형 05~부록까지 합쳐진 점수

➡ **주의 사항 : 실수가 많은 내용**
- ☑ 최근 3년간 매크로 문제가 출제되지는 않았지만 전체적인 작업 방법은 알고 있어야 하기 때문에 학습에 참고하시기 바랍니다.
- ☑ 매크로 기록시 조건에 맞는 동작만 기록합니다.
- ☑ 매크로 기록 중지 단추는 워크시트 하단의 기록 중지를 클릭합니다.

➡ **주요 단축키 : 작업 시간 단축에 도움**
- ☑ 저장 : Ctrl + S

Skill 01 도형 삽입하기

① [파일]-[열기] → '매크로_문제.xlsm' → [삽입]-[일러스트레이션]-[도형]-[기본 도형]-'배지(◯)' → [C14:D17] 영역에 드래그 → 도형 삽입 확인

※ 도형의 크기를 변경하는 《처리조건》이 있기 때문에 [C14:D17] 영역 안에 들어가도록 도형을 드래그 합니다.

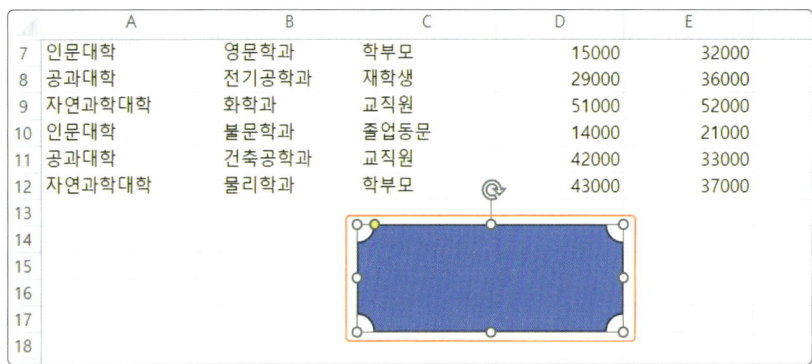

Skill 02 도형 서식 지정하기

① 도형 위에서 마우스 오른쪽 단추 클릭 → [도형 서식] → [도형 서식] 작업 창

② [채우기]-[단색 채우기] → [색(◇)]-'파랑(■)'

③ [선]-[실선] → [색(◇)]-'자주(■)'

④ 너비(3pt) → '겹선 종류(단순형 ▬▬▬)' → '대시 종류(사각 점선 ┅┅┅┅)'

⑤ [크기 및 속성]-[텍스트 상자] → '세로 맞춤(정가운데 ▤)' → '텍스트 방향(가로 ABC)'

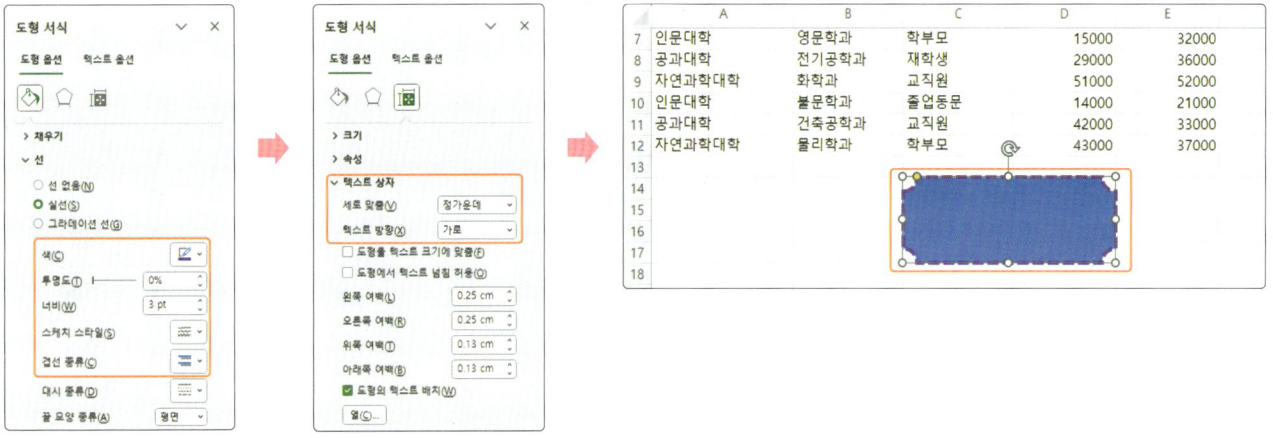

출제유형 부록 **89** 매크로

Skill 03 도형 크기 지정하기

① 도형 위에서 마우스 오른쪽 단추 클릭 → [크기 및 속성] → [도형 서식] 작업 창

② [크기] → '높이(2.04cm)' → '너비(4.9cm)'

③ 방향키(←, →, ↑, ↓) 키를 이용하여 [C14:D17] 영역 안으로 이동

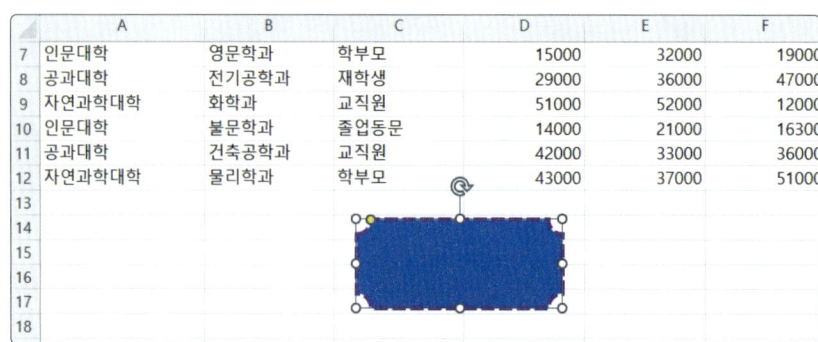

Skill 04 도형에 텍스트 입력 및 글꼴 서식 지정하기

① 도형이 선택된 상태에서 '매크로'를 입력 → 도형 클릭(글자가 없는 부분)

② [홈]-[글꼴] → '글꼴(HY견고딕)' → '글꼴 크기(22pt)' → '기울임꼴(가)'

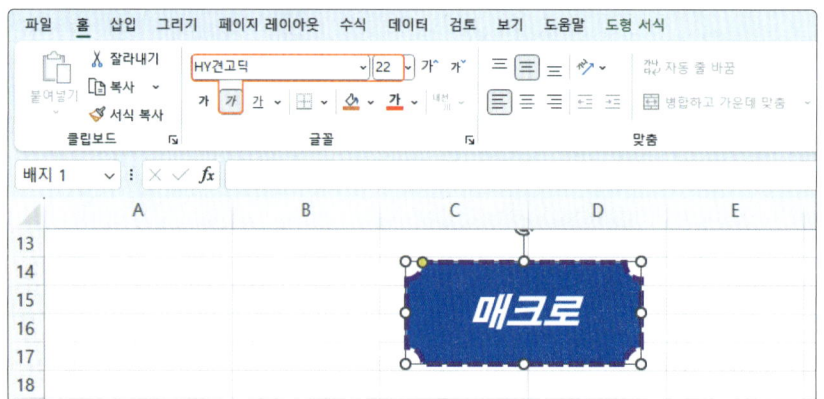

Skill 05 매크로 지정 및 기록하기

① 도형 위에서 마우스 오른쪽 단추 클릭 → [매크로 지정] → [매크로 지정] 대화상자 → 매크로 이름(매크로) 입력 → 〈기록〉 → [매크로 기록] 대화상자 → 〈확인〉

※ [보기]-[매크로]-매크로 목록 단추-'매크로 기록'을 클릭하여 매크로를 기록할 수도 있습니다. 매크로 기록 작업을 먼저 하였을 경우 도형에 매크로를 별도로 지정해 주어야 합니다.

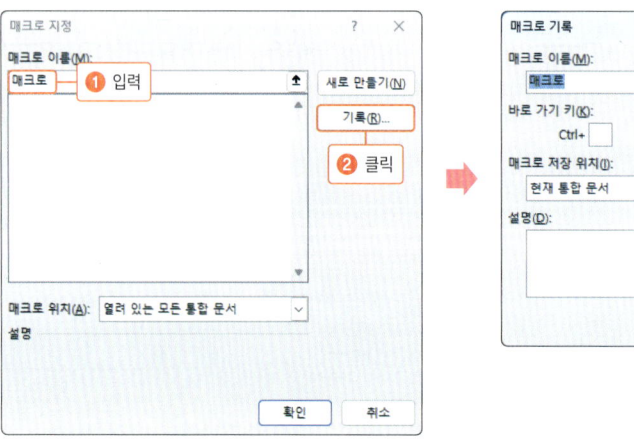

❷ [A2:G12] 영역 지정 → [홈]-[맞춤]-'가운데 맞춤(≡)' → 영역으로 지정된 셀 범위 위에서 마우스 오른쪽 단추 클릭 → [셀 서식] → [셀 서식] 대화상자

❸ [테두리]-[선 스타일] → '실선(―――)' → '색(검정, 텍스트 1)' → [미리 설정]-'윤곽선(田)', '안쪽(田)' → 〈확인〉

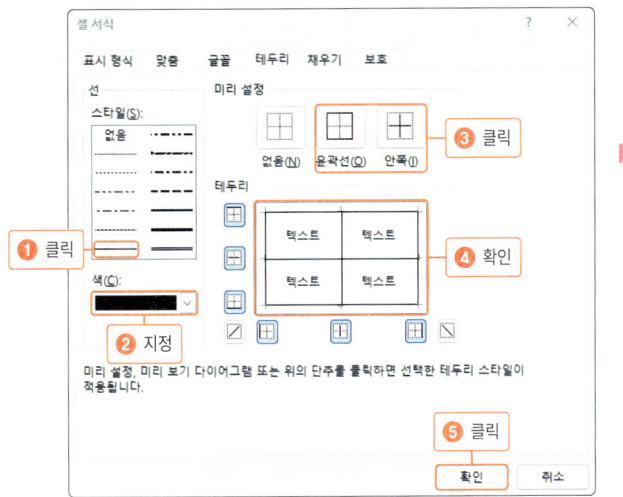

❹ [A2:G2] 영역 지정 → [홈]-[글꼴]-'굵게(가)' → '채우기 색(🎨)'의 목록 단추(∨) → '주황, 강조 2, 40% 더 밝게(□)'

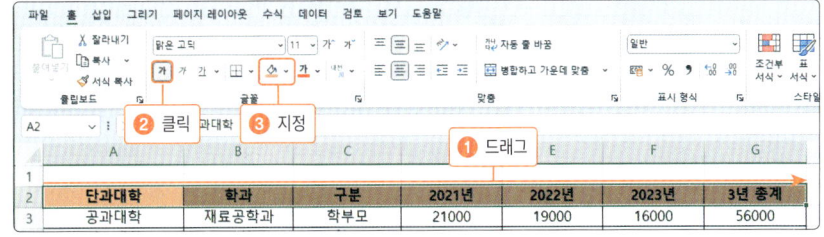

❺ [D3:G12] 영역 지정 → 영역으로 지정된 셀 범위 위에서 마우스 오른쪽 단추 클릭 → [셀 서식] → [셀 서식] 대화상자

❻ [표시 형식]-[범주]-[숫자] → '1000 단위 구분 기호(,) 사용'에 체크 표시(✓) → 〈확인〉

❼ [A1] 셀을 클릭하여 범위 지정을 해제 → 워크시트 하단의 기록 중지(□) 단추 클릭 → 저장

※ 매크로 기록 중지 : [보기]-[매크로]-매크로 목록 단추-'기록 중지'

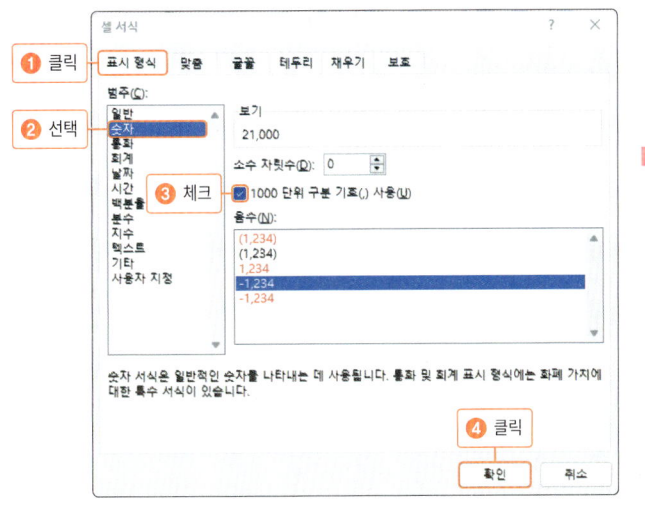

출제유형 완전정복 > 시나리오 및 매크로

완전정복-01 아래의 처리조건 및 출력형태에 알맞게 작업하시오.

- 소스 : 정복06_문제01.xlsx
- 정답 : 정복06_정답01.xlsx

작성 시간 / 권장 시간

분 / 5분

[문제 3] "필터"와 "시나리오" 시트를 참조하여 다음 《처리조건》에 맞도록 작업하시오. (60점)

《출력형태》

	현재 값:	9월 1,300 증가	9월 1,000 감소
시나리오 요약			
변경 셀:			
$F$3	24,050	25,350	23,050
$F$5	23,270	24,570	22,270
$F$11	22,920	24,220	21,920
결과 셀:			
$G$3	23,580	24,013	23,247
$G$5	22,913	23,347	22,580
$G$11	22,740	23,173	22,407

참고: 현재 값 열은 시나리오 요약 보고서가 작성될 때의 변경 셀 값을 나타냅니다. 각 시나리오의 변경 셀들은 회색으로 표시됩니다.

《처리조건》

▶ "시나리오" 시트의 [A2:G12]를 이용하여 '권역'이 "중부권"인 경우, '9월'이 변동할 때 '평균'이 변동하는 가상분석(시나리오)을 작성하시오.
 - 시나리오1 : 시나리오 이름은 "9월 1,300 증가", '9월'에 1300을 증가시킨 값 설정.
 - 시나리오2 : 시나리오 이름은 "9월 1,000 감소", '9월'에 1000을 감소시킨 값 설정.
 - "시나리오 요약" 시트를 작성하시오.

▶ 지시사항이 없는 경우는 《출력형태》와 동일하게 작성하시오.

[문제 3] "필터"와 "매크로" 시트를 참조하여 다음 《처리조건》에 맞도록 작업하시오. (60점)

《출력형태》

	A	B	C	D	E	F	G
1							
2	제품 코드	종류	지역	2021년	2022년	2023년	평균인원
3	DR-001	드라이버	서울	16,610원	16,790원	17,020원	16,807원
4	WD-100	우드	경기	16,950원	17,220원	17,000원	17,057원
5	IR-200	아이언	서울	15,790원	16,600원	16,920원	16,437원
6	PT-500	퍼터	인천	16,700원	16,800원	16,830원	16,777원
7	DR-002	드라이버	경기	18,230원	17,260원	17,460원	17,650원
8	WD-101	우드	인천	17,140원	17,180원	17,390원	17,237원
9	IR-205	아이언	서울	17,410원	17,800원	17,700원	17,637원
10	DR-003	드라이버	인천	17,180원	18,120원	18,400원	17,900원
11	PT-505	퍼터	서울	16,890원	16,240원	16,770원	16,633원
12	IR-207	아이언	경기	15,810원	16,460원	17,190원	16,487원
13							
14					매크로		
15							
16							
17							

《처리조건》

▶ "매크로" 시트의 [A2:G12] 영역에 가운데 맞춤, 테두리(안쪽, 윤곽선 모두 실선, '검정, 텍스트 1'), [A2:G2] 영역에 채우기 색('주황, 강조 2, 40% 더 밝게'), 글꼴(굵게), [D3:G12] 영역에 셀 서식의 표시 형식-사용자 지정을 이용하여 #,##0"원"으로 표시하는 매크로를 기록하고 작성한 도형에 매크로를 지정하시오.

- 도형 : 기본 도형의 "사각형: 모서리가 접힌 도형"을 [E14:F17]에 위치
- 도형 서식 : 도형 채우기('주황, 강조 2, 60% 더 밝게'), 선 색(실선, 색 : 진한 파랑), 선 스타일(너비 : 2pt, 겹선 종류 : 단순형, 대시 종류 : 사각 점선), 텍스트 상자(세로 맞춤 : 정가운데, 텍스트 방향 : 가로)
- 크기 및 속성 : 크기(높이 : 2.1cm, 너비 : 5.2cm)
- 도형 글꼴 : 텍스트 입력("매크로"), 글꼴(궁서체, 24pt, 굵게, '검정, 텍스트 1')
- 매크로 이름 : "매크로"

▶ 지시사항이 없는 경우는 《출력형태》와 동일하게 작성하시오.

아래의 처리조건 및 출력형태에 알맞게 작업하시오.

· 소스 : 정복06_문제03.xlsx   · 정답 : 정복06_정답03.xlsx

작성 시간 / 권장 시간

분 / 5분

[문제 3] "필터"와 "시나리오" 시트를 참조하여 다음《처리조건》에 맞도록 작업하시오. (60점)

《출력형태》

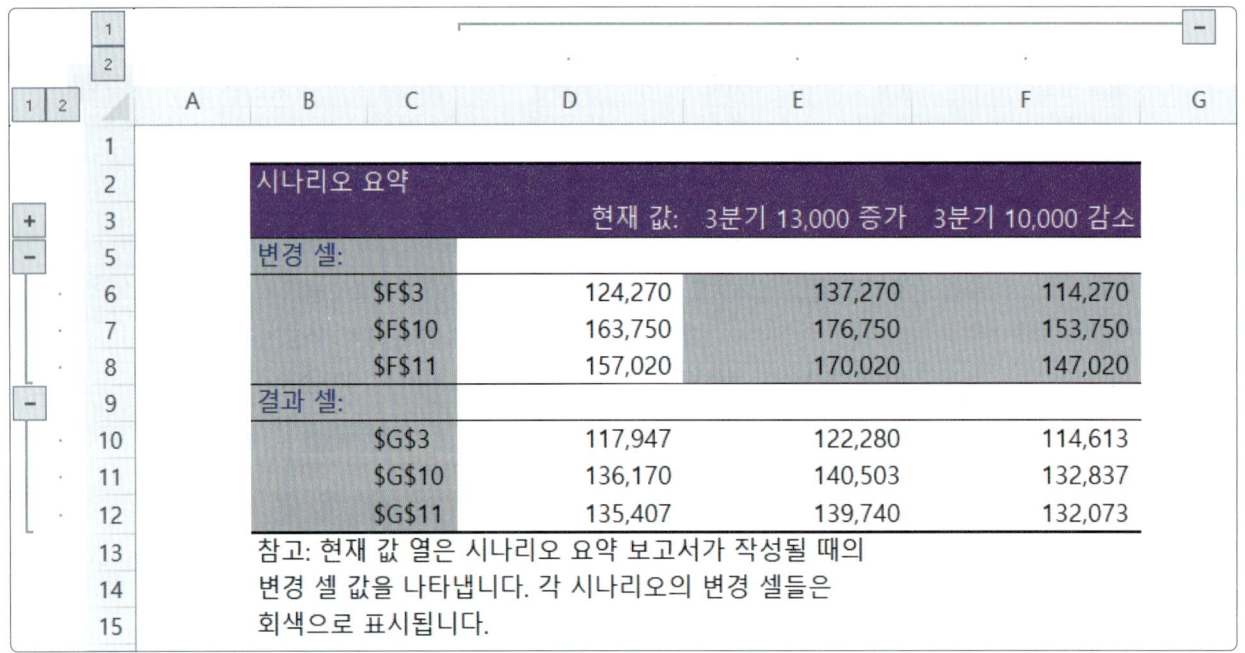

《처리조건》

▶ "시나리오" 시트의 [A2:G12]를 이용하여 '지역'이 "서울"인 경우, '3분기'가 변동할 때 '평균'이 변동하는 가상분석(시나리오)을 작성하시오.

– 시나리오1 : 시나리오 이름은 "3분기 13,000 증가", '3분기'에 13000을 증가시킨 값 설정.

– 시나리오2 : 시나리오 이름은 "3분기 10,000 감소", '3분기'에 10000을 감소시킨 값 설정.

– "시나리오 요약" 시트를 작성하시오.

▶ 지시사항이 없는 경우는《출력형태》와 동일하게 작성하시오.

아래의 처리조건 및 출력형태에 알맞게 작업하시오.

· 소스 : 정복06_문제04.xlsx   · 정답 : 정복06_정답04.xlsx

작성 시간 / 권장 시간

분 / 5분

[문제 3] "필터"와 "시나리오" 시트를 참조하여 다음 《처리조건》에 맞도록 작업하시오.   (60점)

《출력형태》

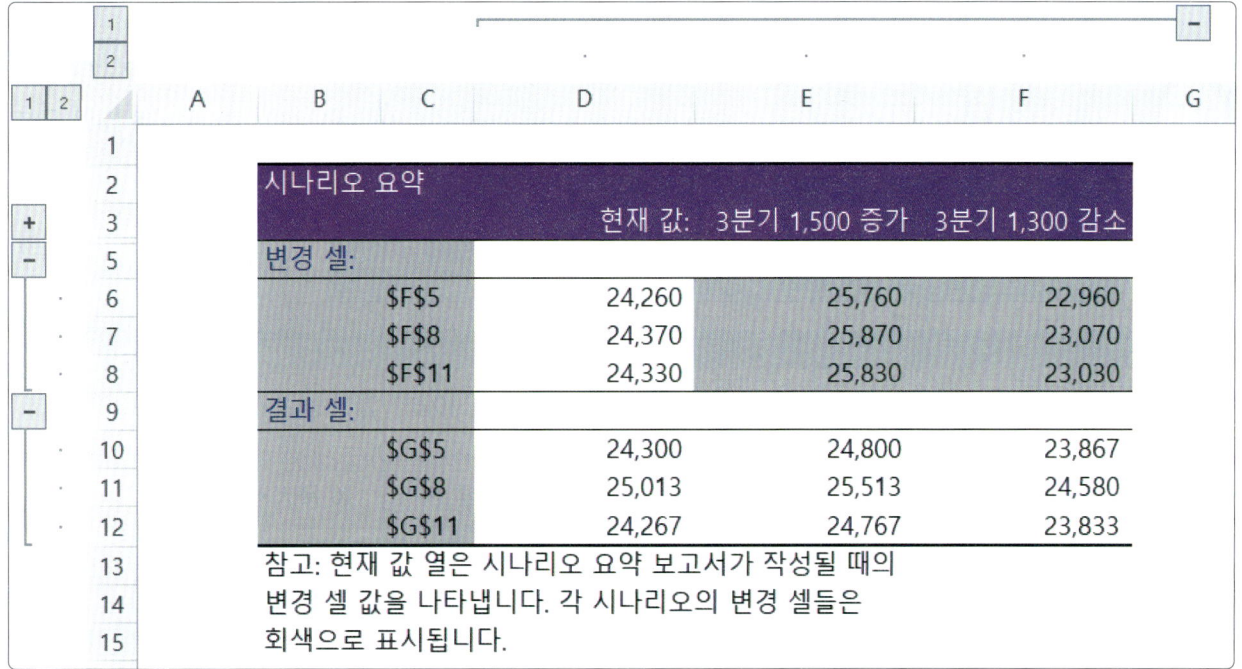

《처리조건》

▶ "시나리오" 시트의 [A2:G12]를 이용하여 '거래처'가 "메디올"인 경우, '3분기'가 변동할 때 '평균'이 변동하는 가상분석(시나리오)을 작성하시오.

  - 시나리오1 : 시나리오 이름은 "3분기 1,500 증가", '3분기'에 1500을 증가시킨 값 설정.

  - 시나리오2 : 시나리오 이름은 "3분기 1,300 감소", '3분기'에 1300을 감소시킨 값 설정.

  - "시나리오 요약" 시트를 작성하시오.

▶ 지시사항이 없는 경우는 《출력형태》와 동일하게 작성하시오.

PART 02 출제유형 완전정복

07 피벗 테이블

- ☑ 피벗 테이블 작성하기
- ☑ 피벗 테이블 보고서 레이아웃 및 서식 지정하기

소스 : 유형07_문제.xlsx   정답 : 유형07_정답.xlsx

【문제 4】 "피벗테이블" 시트를 참조하여 다음 《처리조건》에 맞도록 작업하시오.   (30점)

《출력형태》

	구분	값	단과대학 공과대학	인문대학	자연과학대학
	재학생	합계 : 2022년	36,000	**	23,000
		합계 : 2023년	47,000	**	28,000
	졸업동문	합계 : 2022년	**	43,000	**
		합계 : 2023년	**	35,800	**
	학부모	합계 : 2022년	62,000	32,000	37,000
		합계 : 2023년	58,000	19,000	51,000
	전체 합계 : 2022년		98,000	75,000	60,000
	전체 합계 : 2023년		105,000	54,800	79,000

《처리조건》

▶ "피벗테이블" 시트의 [A2:G12]를 이용하여 새로운 시트에 《출력형태》와 같이 피벗테이블을 작성 후 시트명을 "피벗테이블 정답"으로 수정하시오.

▶ 구분(행)과 단과대학(열)을 기준으로 하여 《출력형태》와 같이 구하시오.
  - '2022년', '2023년'의 합계를 구하시오.
  - 피벗 테이블 옵션을 이용하여 레이블이 있는 셀 병합 및 가운데 맞춤하고 빈 셀을 "**"로 표시한 후, 행의 총 합계를 감추기 하시오.
  - 피벗 테이블 디자인에서 보고서 레이아웃은 '테이블 형식으로 표시', 피벗 테이블 스타일은 '중간 - 연한 파랑, 피벗 스타일 보통 9'로 표시하시오.
  - 구분(행)은 "재학생", "졸업동문", "학부모"만 출력되도록 표시하시오.
  - [C5:E12] 데이터는 셀 서식의 표시 형식-숫자를 이용하여 1000 단위 구분 기호 표시하고, 가운데 맞춤하시오.

▶ 구분의 순서는 《출력형태》와 다를 수 있음

▶ 지시사항이 없는 경우는 《출력형태》와 동일하게 작성하시오.

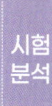

Digital Information Ability Test

난이도	권장 시간 / 시험 시간	유형 점수 / 시험 점수
★★★☆☆	5분 / 40분	30점 / 200점

시험 분석

➡ **주의 사항 : 실수가 많은 내용**
- ☑ 피벗 테이블을 처리조건 순서로 필드를 드래그합니다.
- ☑ 잘못 옮겨진 필드는 워크시트 쪽으로 드래그하거나 필드를 클릭 후 [필드 제거]를 선택합니다.
- ☑ 값에 들어갈 필드의 함수를 정확히 선택합니다. (예) 평균, 합계, 개수
- ☑ 피벗 테이블을 완성한 다음 반드시 시트명 "피벗테이블 정답"을 입력합니다.

➡ **주요 단축키 : 작업 시간 단축에 도움**
- ☑ 저장 : Ctrl + S   셀 서식 : Ctrl + 1

Skill 01 피벗 테이블 만들기

❶ [파일]-[열기](Ctrl+O)를 클릭한 후, [찾아보기]를 클릭합니다. [열기] 대화상자가 나오면 '유형07_문제.xlsx' 파일을 불러와 [피벗테이블] 시트를 클릭합니다.

❷ [A2] 셀을 클릭한 후 [삽입] 탭의 [표] 그룹에서 '피벗 테이블'을 클릭합니다.

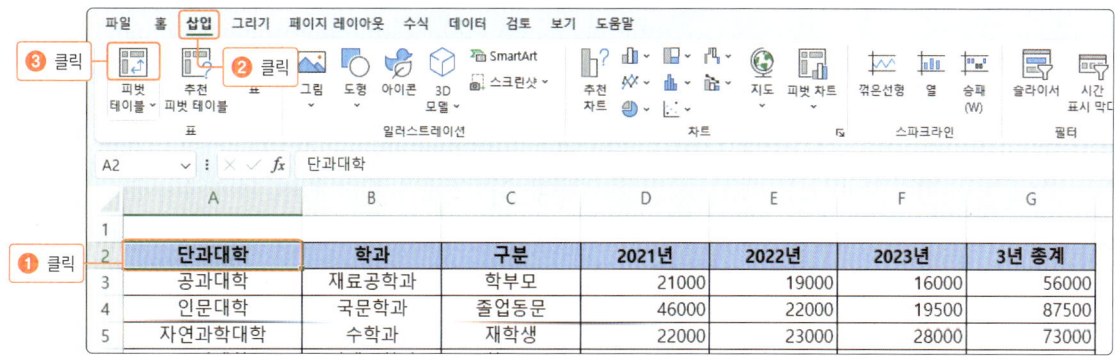

❸ [표 또는 범위의 피벗 테이블] 대화상자가 나오면 '표/범위(피벗테이블!$A$2:$G$12)'를 확인합니다. 이어서, 피벗 테이블을 배치할 위치에서 '새 워크시트'를 선택한 후 〈확인〉 단추를 클릭합니다.

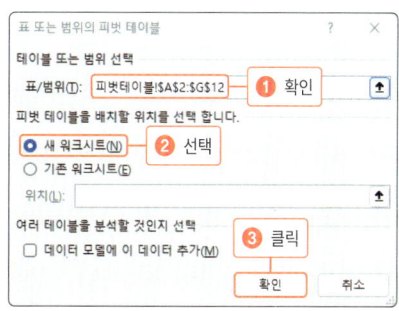

❹ 새로운 워크시트가 삽입되면 오른쪽의 **[피벗 테이블 필드]**에서 '보고서에 추가할 필드 선택:' 항목 중 **'구분'** 필드를 **'행'** 위치로 드래그 합니다.

※ '구분' 필드 위에서 마우스 오른쪽 단추를 눌러 [행 레이블에 추가]를 클릭해도 됩니다.

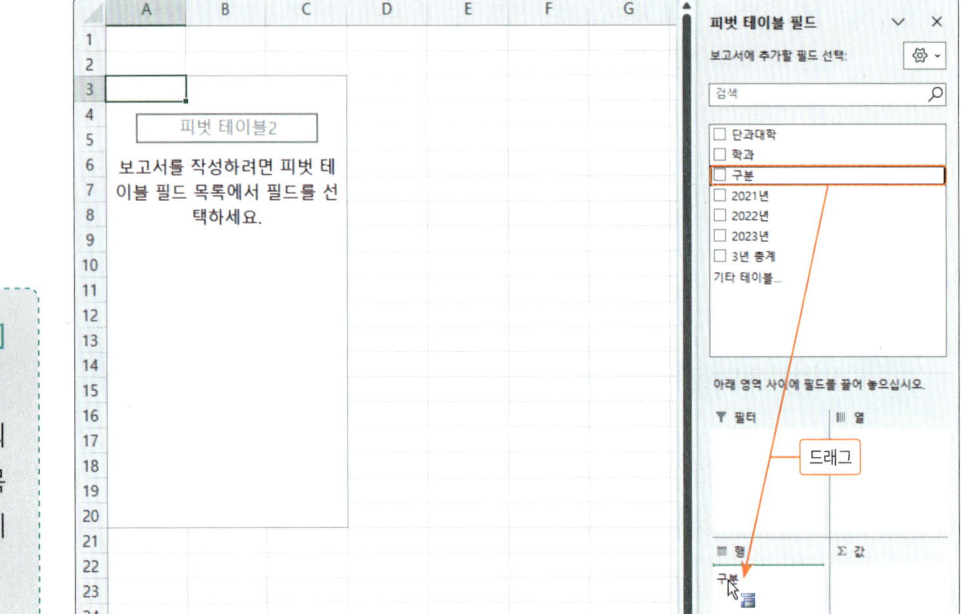

> [피벗 테이블 필드 목록]이 사라졌을 경우
>
> [피벗 테이블 분석] 탭의 [표시] 그룹에서 '필드 목록(▦)'을 클릭하면 다시 활성화됩니다.

❺ 똑같은 방법으로 '**단과대학**' 필드를 '**열**' 위치로 드래그 합니다. 이어서, '**2022년**', '**2023년**' 필드를 '**Σ 값**' 위치로 각각 드래그 합니다.

※ 2022년, 2023년 필드를 'Σ 값' 위치로 드래그할 때 반드시 《처리조건》과 동일한 순서(2022년 → 2023년)로 드래그 해야 합니다.

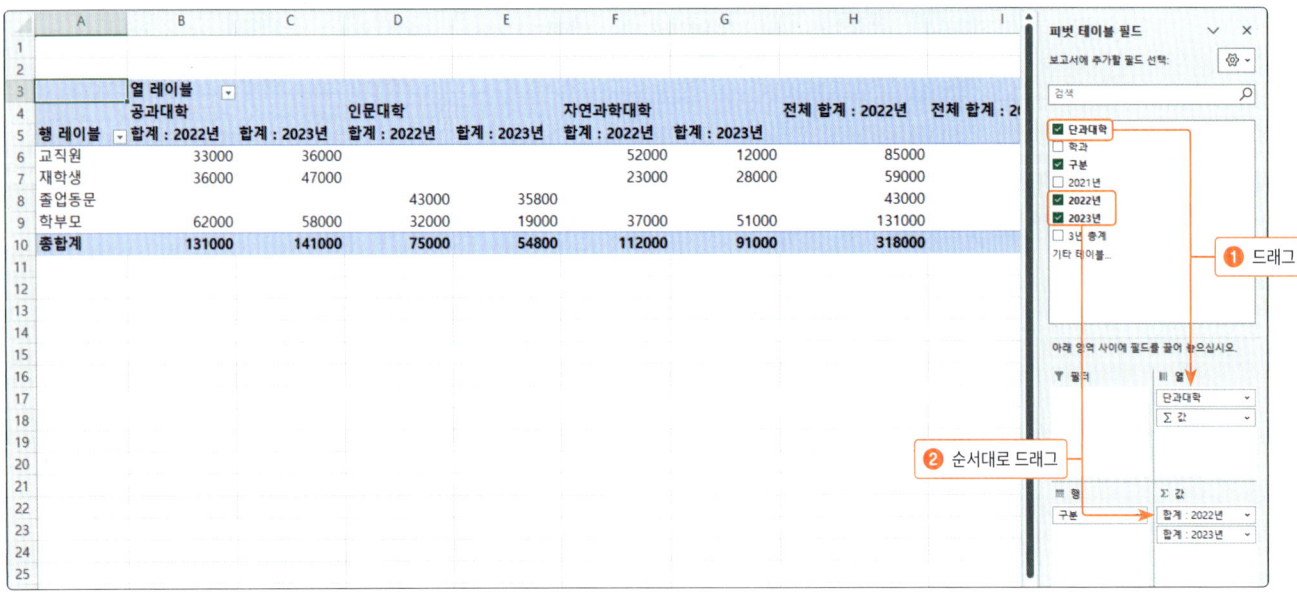

피벗 테이블

- 《출력형태》를 참고하여 '행, 열, Σ 값' 위치에 들어갈 필드를 확인할 수 있습니다.

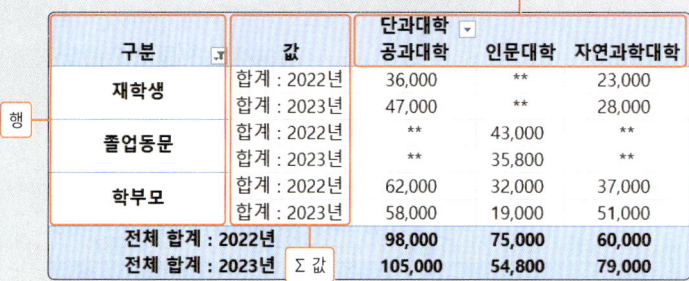

- 필드 삭제 : 삭제할 필드를 워크시트 쪽으로 드래그하거나, 필드를 클릭한 후 [필드 제거]를 클릭합니다.

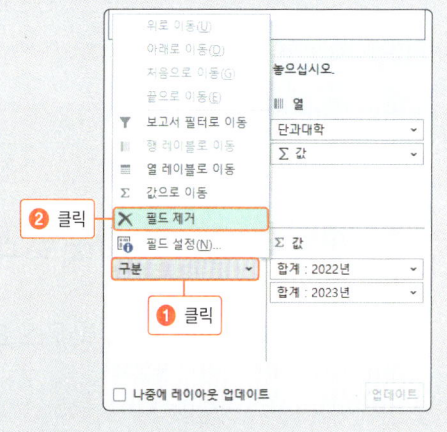

[값 필드 설정]

❶ 'Σ 값'에서 `합계 : 2022년`을 클릭한 후 [값 필드 설정]을 클릭합니다.
❷ [값 필드 설정] 대화상자가 나오면 [값 요약 기준] 탭에서 계산 유형을 '**평균**'으로 선택한 후 〈확인〉 단추를 클릭합니다.

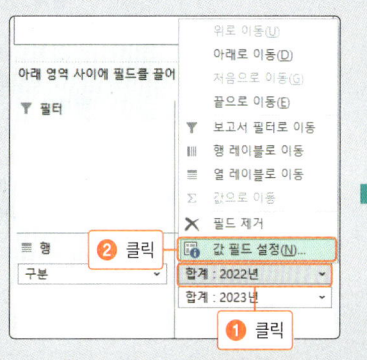 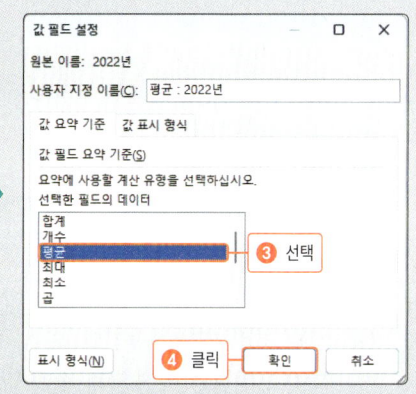

※ 계산 유형은 '평균, 합계, 최대, 최소'가 자주 출제되고 있습니다.

❻ '열'의 [∑ 값]를 드래그하여 '행'의 [구분] 아래쪽으로 이동시킨 후 피벗 테이블을 확인합니다.

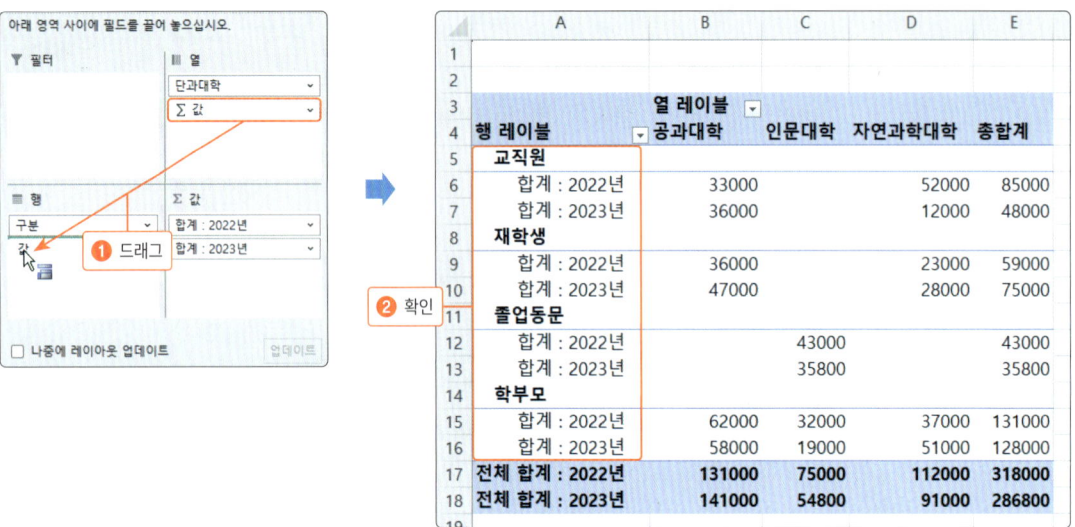

Skill 02 피벗 테이블 레이아웃 및 스타일 지정하기

❶ 작성된 피벗 테이블 안에서 마우스 오른쪽 단추를 눌러 바로 가기 메뉴가 나오면 [피벗 테이블 옵션]을 클릭합니다.

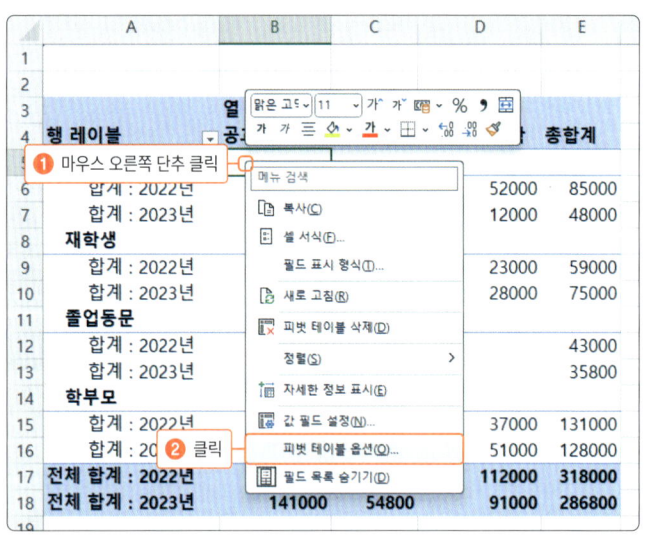

> **TIP 숫자 값이 '###'인 경우**
> 피벗 테이블을 작성한 후 숫자 값이 '###'으로 나올 경우 《출력형태》를 참고하여 열과 열 사이를 더블 클릭하여 숫자 값이 보이도록 변경합니다.

❷ [피벗 테이블 옵션] 대화상자가 나오면 [레이아웃 및 서식] 탭을 클릭한 후 '레이블이 있는 셀 병합 및 가운데 맞춤' 항목에 체크 표시(✓)를 지정하고, '빈 셀 표시' 입력 칸에 '**'를 입력합니다.

※ 피벗 테이블 옵션 및 스타일 지정은 《처리조건》을 참고하여 작업합니다.

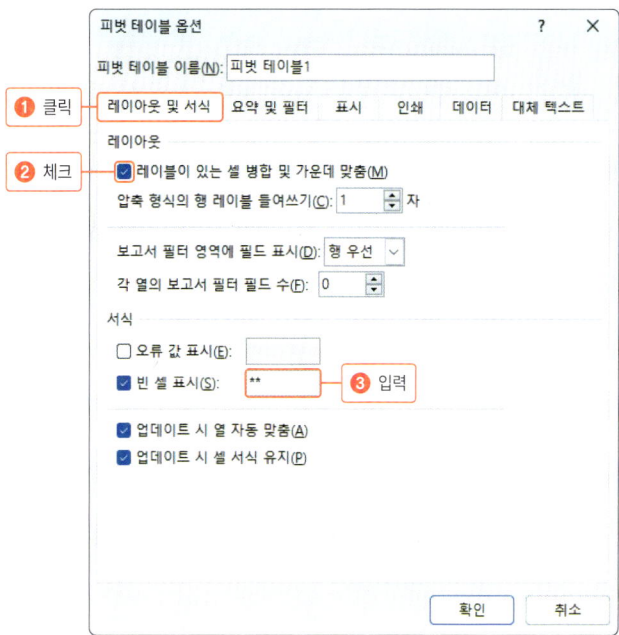

❸ 이어서, [요약 및 필터] 탭을 클릭한 후 '행 총합계 표시' 항목의 체크 표시(✓)를 해제하고 〈확인〉 단추를 클릭합니다.

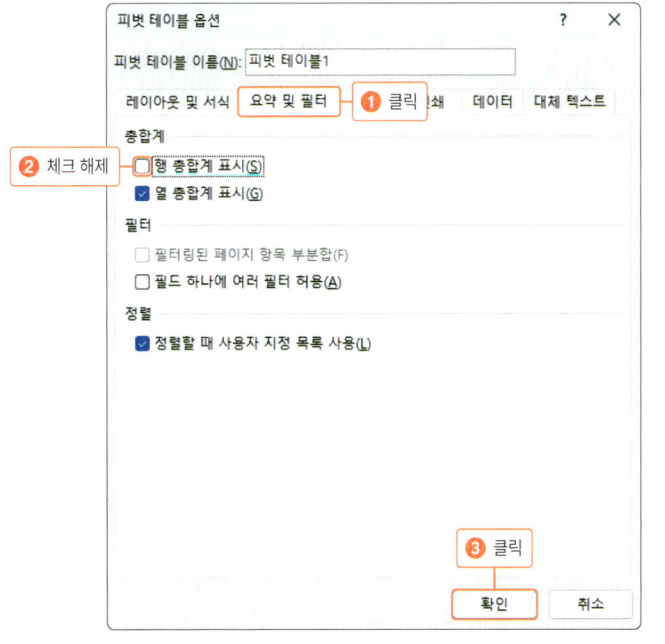

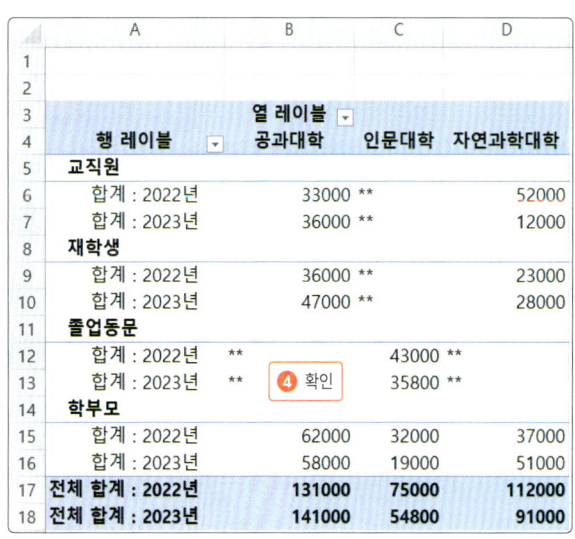

④ 피벗 테이블 옵션 지정이 끝나면 [디자인] 탭의 [레이아웃] 그룹에서 [보고서 레이아웃]-'테이블 형식으로 표시(▦)'를 선택합니다.

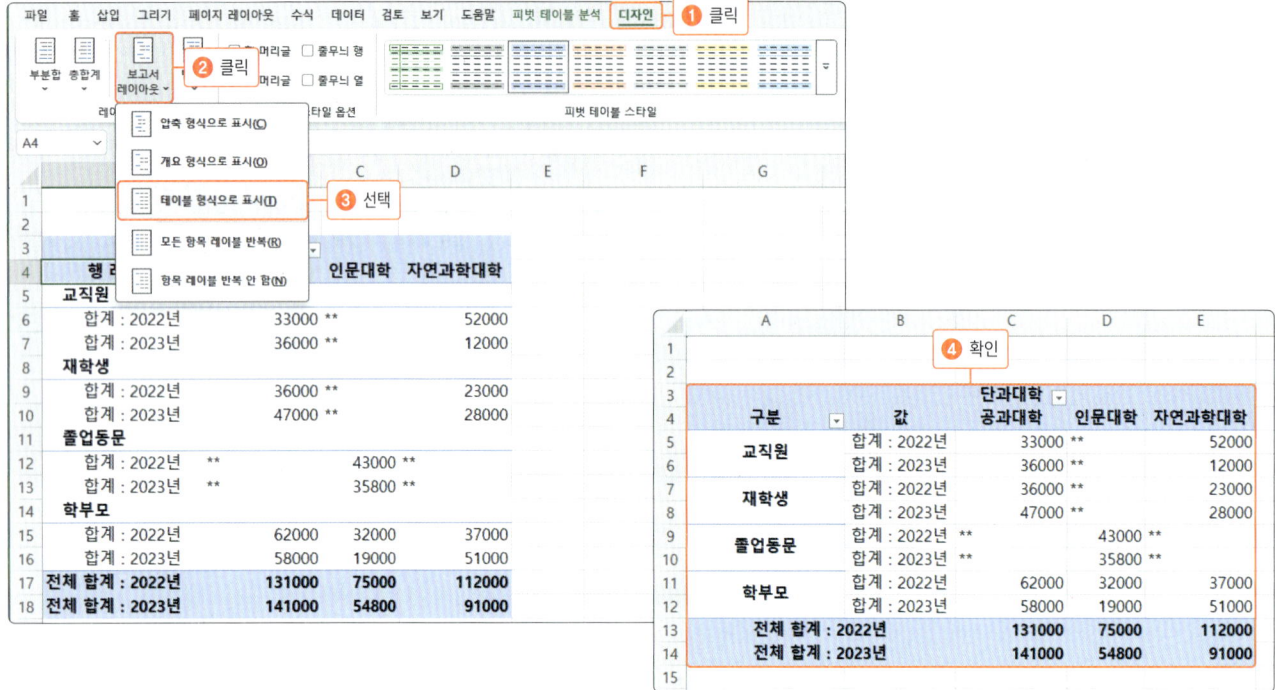

⑤ 이어서, [디자인] 탭의 [피벗 테이블 스타일] 그룹에서 **자세히**(▽) 단추를 클릭합니다.

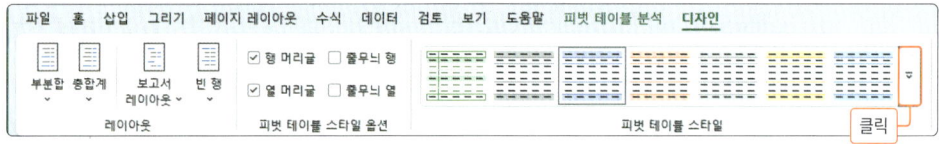

⑥ 피벗 테이블 스타일 목록이 펼쳐지면 '중간'에서 '**연한 파랑, 피벗 스타일 보통 9**(▦)'을 선택합니다.

Skill 03 서식 지정 및 워크시트 이름 변경하기

① [A4] 셀의 '**구분**' 행에서 목록 단추(▽)를 클릭합니다. 이어서, 목록이 펼쳐지면 '**교직원**'의 체크 박스(☑)를 클릭하여 **체크 박스(✓)를 해제**한 후 〈확인〉 단추를 클릭합니다.

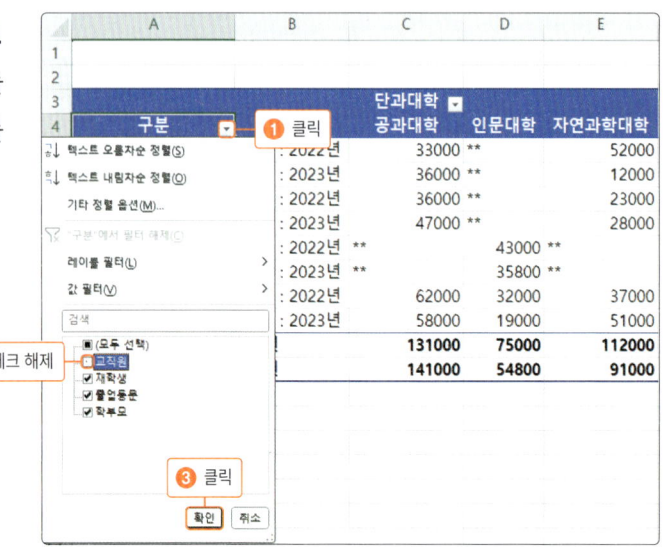

❷ [C5:E12] 영역을 드래그한 후 영역으로 지정된 셀 범위 위에서 마우스 오른쪽 단추를 눌러 [셀 서식]을 클릭합니다.

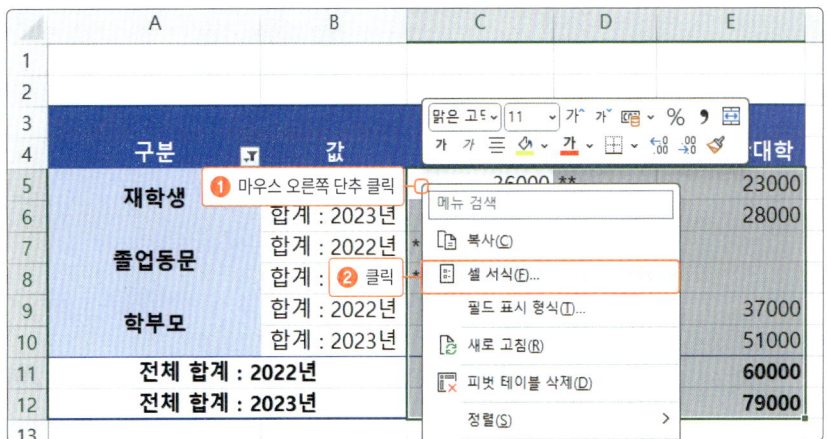

❸ [셀 서식] 대화상자가 나오면 [표시 형식] 탭의 '범주'에서 '숫자'를 선택합니다. 이어서, '1000 단위 구분 기호(,) 사용'에 체크 표시(✓)를 지정한 후 〈확인〉 단추를 클릭합니다.

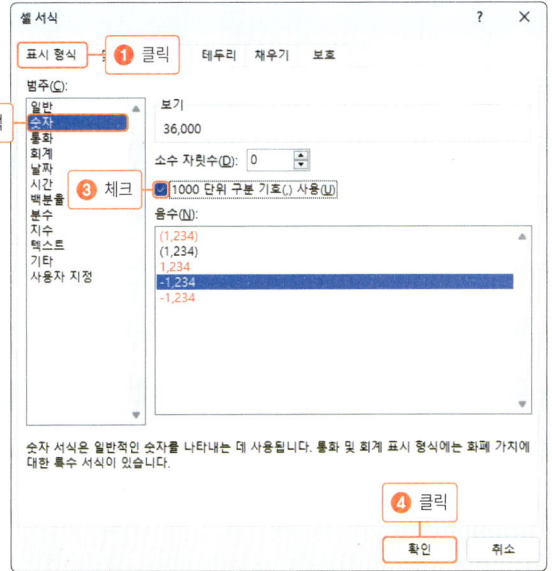

❹ [홈] 탭의 [맞춤] 그룹에서 '가운데 맞춤(≡)'을 클릭합니다. 이어서, 워크시트 하단의 Sheet1 시트 탭을 더블 클릭한 후 '피벗테이블 정답'으로 시트 이름을 변경합니다.

  ※ Sheet1 시트 탭 위에서 마우스 오른쪽 단추를 눌러 바로 가기 메뉴가 나오면 [이름 바꾸기]를 선택해도 됩니다.

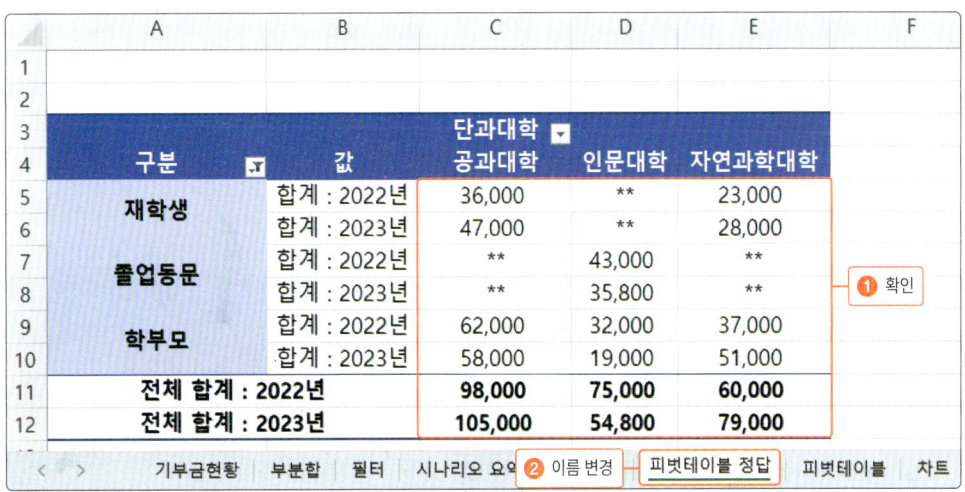

❺ [파일]-[저장](Ctrl+S) 또는 [빠른 실행 도구 모음]에서 '저장(💾)'을 클릭합니다.

  ※ 실제 시험을 볼 때 작업 도중에 수시로(10분에 한 번 정도) 저장을 하는 것이 좋습니다.

출제유형 완전정복 > 피벗 테이블

완전정복-01 아래의 처리조건 및 출력형태에 알맞게 작업하시오.
• 소스 : 정복07_문제01.xlsx   • 정답 : 정복07_정답01.xlsx

작성 시간 / 권장 시간
분 / 5분

[문제 4] "피벗테이블" 시트를 참조하여 다음 《처리조건》에 맞도록 작업하시오. (30점)

《출력형태》

	A	B	C	D	E
1					
2					
3			권역 ▼		
4	종류 ▼	값	남부권	수도권	중부권
5	대여자전거	최대 : 8월	***	22,950	22,890
6		최대 : 9월	***	23,850	23,270
7	전기자전거	최대 : 8월	23,170	23,030	***
8		최대 : 9월	23,510	23,570	***
9	전체 최대 : 8월		23,170	23,030	22,890
10	전체 최대 : 9월		23,510	23,850	23,270
11					

《처리조건》

▶ "피벗테이블" 시트의 [A2:F12]를 이용하여 새로운 시트에 《출력형태》와 같이 피벗테이블을 작성 후 시트명을 "피벗테이블 정답"으로 수정하시오.

▶ 종류(행)와 권역(열)을 기준으로 하여 《출력형태》와 같이 구하시오.
  - '8월', '9월'의 최대를 구하시오.
  - 피벗 테이블 옵션을 이용하여 레이블이 있는 셀 병합 및 가운데 맞춤하고 빈 셀을 "***"로 표시한 후, 행의 총합계를 감추기 하시오.
  - 피벗 테이블 디자인에서 보고서 레이아웃은 '테이블 형식으로 표시', 피벗 테이블 스타일은 '중간 - 연한 녹색, 피벗 스타일 보통 14'로 표시하시오.
  - 종류(행)는 "대여자전거", "전기자전거"만 출력되도록 표시하시오.
  - [C5:E10] 데이터는 셀 서식의 표시 형식-숫자를 이용하여 1000 단위 구분 기호를 표시하고, 오른쪽 맞춤하시오.

▶ 종류의 순서는 《출력형태》와 다를 수 있음

▶ 지시사항이 없는 경우는 《출력형태》와 동일하게 작성하시오.

[문제 4] "피벗테이블" 시트를 참조하여 다음《처리조건》에 맞도록 작업하시오. (30점)

《출력형태》

	A	B	C	D	E
3			지역 ▼		
4	종류 .T	값	경기	서울	인천
5	드라이버	최대 : 2021년	18,230	16,610	17,180
6		최대 : 2022년	17,260	16,790	18,120
7	아이언	최대 : 2021년	15,810	17,410	**
8		최대 : 2022년	16,460	17,800	**
9	우드	최대 : 2021년	16,950	**	17,140
10		최대 : 2022년	17,220	**	17,180
11	전체 최대 : 2021년		18,230	17,410	17,180
12	전체 최대 : 2022년		17,260	17,800	18,120

《처리조건》

▶ "피벗테이블" 시트의 [A2:F12]를 이용하여 새로운 시트에《출력형태》와 같이 피벗테이블을 작성 후 시트명을 "피벗테이블 정답"으로 수정하시오.

▶ 종류(행)와 지역(열)을 기준으로 하여《출력형태》와 같이 구하시오.
  - '2021년', '2022년'의 최대를 구하시오.
    피벗 테이블 옵션을 이용하여 레이블이 있는 셀 병합 및 가운데 맞춤하고 빈 셀을 "**"로 표시한 후, 행의 총합계를 감추기 하시오.
  - 피벗 테이블 디자인에서 보고서 레이아웃은 '테이블 형식으로 표시', 피벗 테이블 스타일은 '중간 - 연한 녹색, 피벗 스타일 보통 7'로 표시하시오.
  - 종류(행)는 "드라이버", "아이언", "우드"만 출력되도록 표시하시오.
  - [C5:E12] 데이터는 셀 서식의 표시 형식-숫자를 이용하여 1000 단위 구분 기호를 표시하고, 오른쪽 맞춤하시오.

▶ 종류의 순서는《출력형태》와 다를 수 있음

▶ 지시사항이 없는 경우는《출력형태》와 동일하게 작성하시오.

완전정복-03

아래의 처리조건 및 출력형태에 알맞게 작업하시오.

· 소스 : 정복07_문제03.xlsx · 정답 : 정복07_정답03.xlsx

작성 시간 / 권장 시간
분 / 5분

[문제 4] "피벗테이블" 시트를 참조하여 다음 《처리조건》에 맞도록 작업하시오. (30점)

《출력형태》

	A	B	C	D	E	F
1						
2						
3			지역			
4	과목구분	값	강원	경기	서울	충청
5	국어	최대 : 1분기	**	104,580	110,090	**
6		최대 : 2분기	**	123,480	119,480	**
7	영어	최대 : 1분기	**	111,440	**	182,260
8		최대 : 2분기	**	120,030	**	178,730
9	한국사	최대 : 1분기	103,700	**	136,470	**
10		최대 : 2분기	123,380	**	112,730	**
11	전체 최대 : 1분기		103,700	111,440	136,470	182,260
12	전체 최대 : 2분기		123,380	123,480	119,480	178,730
13						

《처리조건》

▶ "피벗테이블" 시트의 [A2:F12]를 이용하여 새로운 시트에 《출력형태》와 같이 피벗테이블을 작성 후 시트명을 "피벗테이블 정답"으로 수정하시오.

▶ 과목구분(행)과 지역(열)을 기준으로 하여 《출력형태》와 같이 구하시오.

– '1분기', '2분기'의 최대를 구하시오.

– 피벗 테이블 옵션을 이용하여 레이블이 있는 셀 병합 및 가운데 맞춤하고 빈 셀을 "**"로 표시한 후, 행의 총합계를 감추기 하시오.

– 피벗 테이블 디자인에서 보고서 레이아웃은 '테이블 형식으로 표시', 피벗 테이블 스타일은 '중간 – 연한 파랑, 피벗 스타일 보통 9'로 표시하시오.

– 과목구분(행)은 "국어", "영어", "한국사"만 출력되도록 표시하시오.

– [C5:F12] 데이터는 셀 서식의 표시 형식–숫자를 이용하여 1000 단위 구분 기호를 표시하고, 오른쪽 맞춤하시오.

▶ 과목구분의 순서는 《출력형태》와 다를 수 있음

▶ 지시사항이 없는 경우는 《출력형태》와 동일하게 작성하시오.

[문제 4] "피벗테이블" 시트를 참조하여 다음 《처리조건》에 맞도록 작업하시오. (30점)

《출력형태》

	A	B	C	D	E
3			종류		
4	거래처	값	KF-80	KF-94	KF-AD
5	그린메디	평균 : 2분기	**	**	25,440
6		평균 : 3분기	**	**	23,360
7	다나메디	평균 : 2분기	25,360	25,420	**
8		평균 : 3분기	25,895	27,320	**
9	메디올	평균 : 2분기	25,360	25,400	25,360
10		평균 : 3분기	24,370	24,330	24,260
11	전체 평균 : 2분기		25,360	25,410	25,400
12	전체 평균 : 3분기		25,387	25,825	23,810

《처리조건》

▶ "피벗테이블" 시트의 [A2:F12]를 이용하여 새로운 시트에 《출력형태》와 같이 피벗테이블을 작성 후 시트명을 "피벗테이블 정답"으로 수정하시오.

▶ 거래처(행)와 종류(열)를 기준으로 하여 《출력형태》와 같이 구하시오.
 - '2분기', '3분기'의 평균을 구하시오.
 - 피벗 테이블 옵션을 이용하여 레이블이 있는 셀 병합 및 가운데 맞춤하고 빈 셀을 "**"로 표시한 후, 행의 총 합계를 감추기 하시오.
 - 피벗 테이블 디자인에서 보고서 레이아웃은 '테이블 형식으로 표시', 피벗 테이블 스타일은 '밝게 - 연한 주황, 피벗 스타일 밝게 17'로 표시하시오.
 - 거래처(행)는 "그린메디", "다나메디", "메디올"만 출력되도록 표시하시오.
 - [C5:E12] 데이터는 셀 서식의 표시 형식-숫자를 이용하여 1000 단위 구분 기호를 표시하고, 오른쪽 맞춤하시오.

▶ 과목구분의 순서는 《출력형태》와 다를 수 있음

▶ 지시사항이 없는 경우는 《출력형태》와 동일하게 작성하시오.

PART 02 출제유형 완전정복

차트 작성

☑ 차트 만들고 이동하기
☑ 차트 서식 지정하기
☑ 데이터 레이블 추가하기

 소스 : 유형08_문제.xlsx   정답 : 유형08_정답.xlsx

【문제 5】 "차트" 시트를 참조하여 다음 《처리조건》에 맞도록 작업하시오. (30점)

《출력형태》

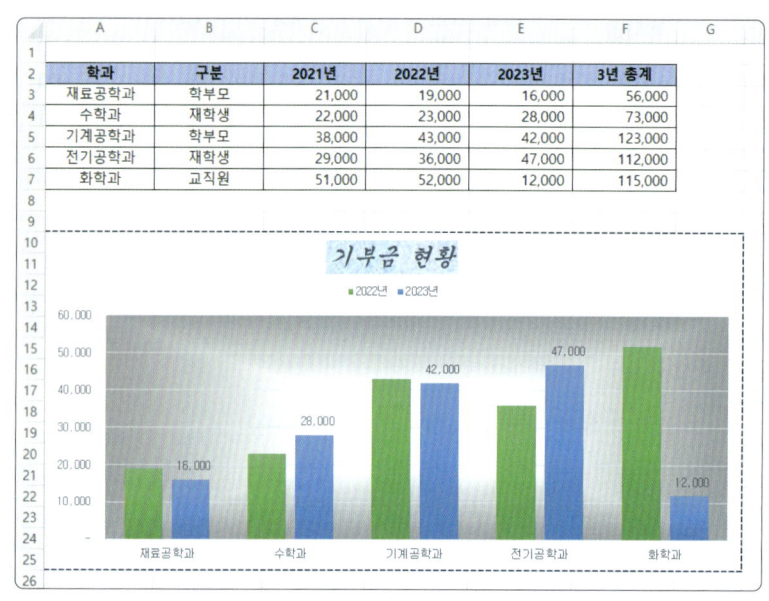

《처리조건》

▶ "차트" 시트에 주어진 표를 이용하여 '묶은 세로 막대형' 차트를 작성하시오.
 – 데이터 범위 : 현재 시트 [A2:A7], [D2:E7]의 데이터를 이용하여 작성하고, 행/열 전환은 '열'로 지정
 – 차트 위치 : 현재 시트에 [A10:G25] 크기에 정확하게 맞추시오.
 – 차트 제목("기부금 현황")
 – 차트 스타일 : 색 변경(색상형 – 다양한 색상표 4, 스타일 6)
 – 범례 위치 : 위쪽
 – 차트 영역 서식 : 글꼴(굴림체, 9pt), 테두리 색(실선, 색 : 진한 파랑), 테두리 스타일(너비 : 1.5pt, 겹선 종류 : 단순형, 대시 종류 : 사각 점선)
 – 차트 제목 서식 : 글꼴(궁서체, 18pt, 기울임꼴), 채우기(그림 또는 질감 채우기, 질감 : 파랑 박엽지)
 – 그림 영역 서식 : 채우기(그라데이션 채우기, 그라데이션 미리 설정 : 위쪽 스포트라이트 강조 3, 종류 : 사각형, 방향 : 가운데에서)
 – 데이터 레이블 추가 : '2023년' 계열에 "값" 표시

▶ 지시사항이 없는 경우는 《출력형태》와 동일하게 작성하시오.

Digital Information Ability Test

난이도	권장 시간 / 시험 시간	유형 점수 / 시험 점수
★★☆☆☆	5분 / 40분	30점 / 200점

시험분석

➡ **주의 사항** : 실수가 많은 내용
- ☑ 처리조건에 맞게 데이터 범위를 지정합니다.
- ☑ 만들어진 차트는 처리조건 범위에 맞게 〈Alt〉 키를 누르면서 크기를 조절합니다.
- ☑ 글꼴 지정 순서는 차트 영역을 지정한 다음 차트 제목 순서로 글꼴을 지정합니다.

➡ **주요 단축키** : 작업 시간 단축에 도움
- ☑ 저장 : Ctrl + S

Skill 01 차트 만들기

❶ [파일]-[열기](Ctrl+O)를 클릭한 후, [찾아보기]를 클릭합니다. [열기] 대화상자가 나오면 '**유형08_문제.xlsx**' 파일을 불러와 [차트] 시트를 클릭합니다.

❷ [A2:A7] 영역을 드래그한 후 Ctrl 키를 누른 상태에서 [D2:E7] 영역까지 드래그 합니다. 이어서, [삽입] 탭의 [차트] 그룹에서 [세로 또는 가로 막대형 차트 삽입]-'묶은 세로 막대형( )'을 선택합니다.

※ '묶은 가로 막대형' 차트를 삽입할 때는 [삽입]-[세로 또는 가로 막대형 차트 삽입]-'묶은 가로 막대형( )'을 선택하여 차트를 만듭니다.

※ 차트를 삽입한 후 차트 모양이 《출력형태》와 다를 경우 [차트 디자인] 탭의 [데이터] 그룹에서 '행/열 전환( )'을 클릭하여 변경합니다.

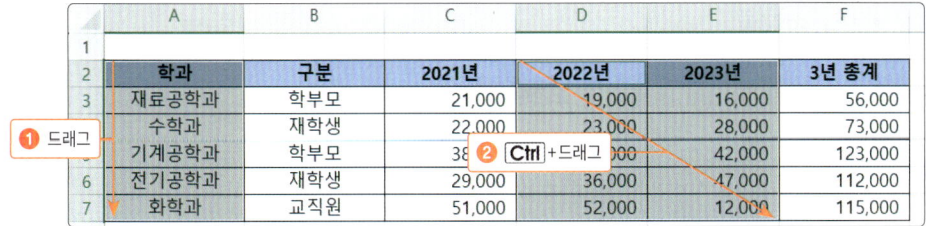

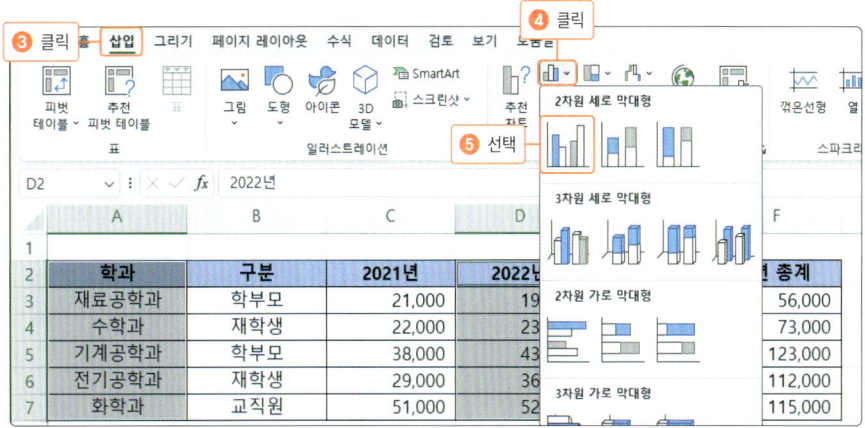

차트의 구성

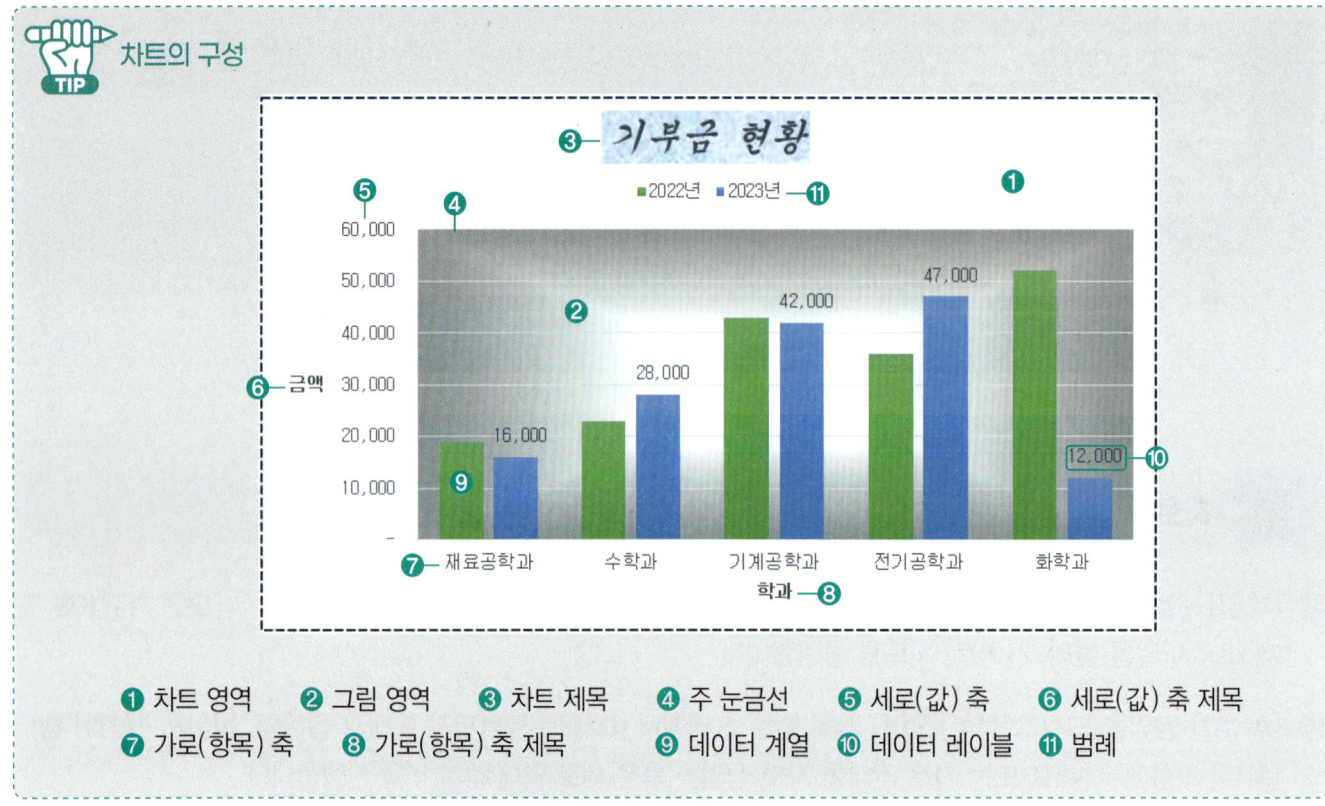

① 차트 영역　② 그림 영역　③ 차트 제목　④ 주 눈금선　⑤ 세로(값) 축　⑥ 세로(값) 축 제목
⑦ 가로(항목) 축　⑧ 가로(항목) 축 제목　⑨ 데이터 계열　⑩ 데이터 레이블　⑪ 범례

③ 워크시트에 차트가 삽입되면 마우스 포인터를 '**차트 영역**'에 위치시킨 후 Alt 키를 누른 상태에서 차트의 왼쪽 모서리가 [A10] 셀에 위치하도록 드래그 합니다.

※ 차트의 위치는 《처리조건》을 참고(위치 : [A10:G25])하여 크기와 위치를 맞춥니다.

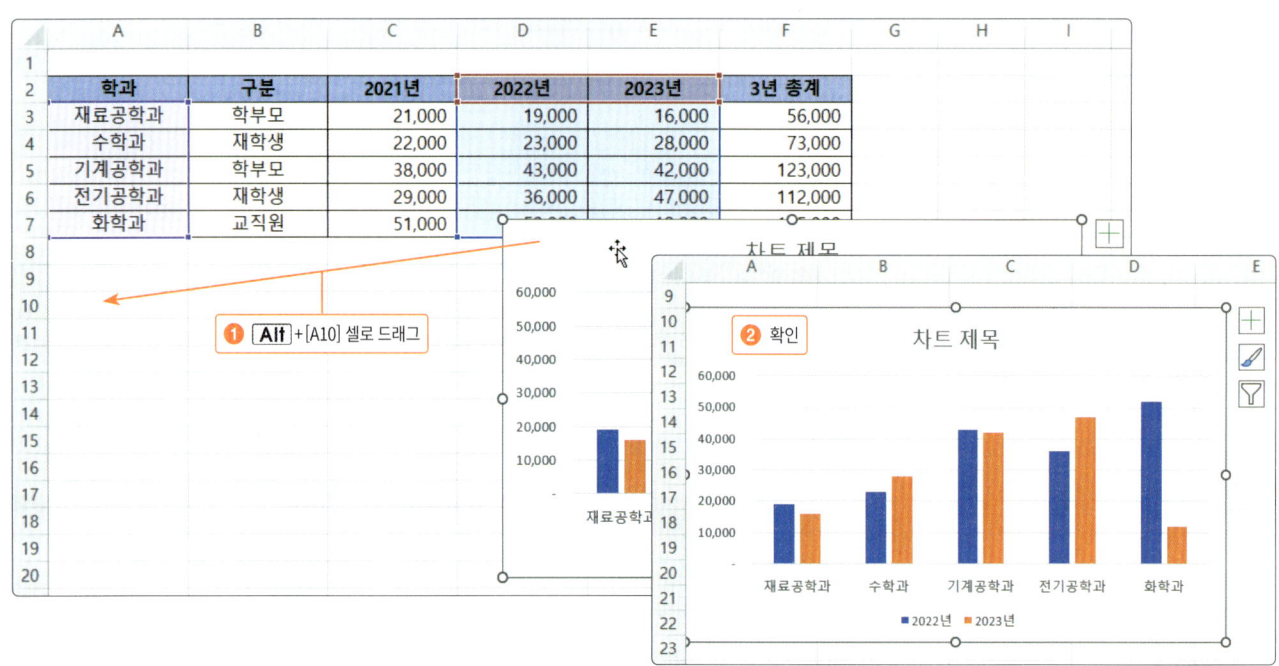

차트의 이동

Alt 키를 누른 상태에서 차트 영역을 드래그할 경우 셀 단위로 차트를 이동시킬 수 있습니다.

④ 차트가 [A10] 셀을 기준으로 이동되면 Alt 키를 누른 상태에서 차트의 **테두리** (대각선 모서리 ⬚)를 드래그하여 [G25] 영역에 맞게 크기를 조절합니다.

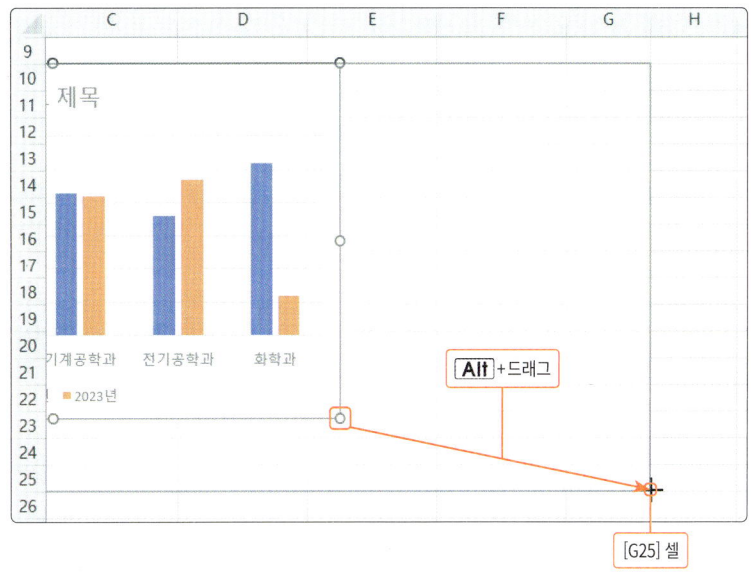

⑤ 차트 크기가 변경되면 [**차트 디자인**] 탭의 [**차트 스타일**] 그룹에서 [색 변경]–[색상형]–'다양한 색상표 4'를 선택하여 차트의 색상을 변경합니다.

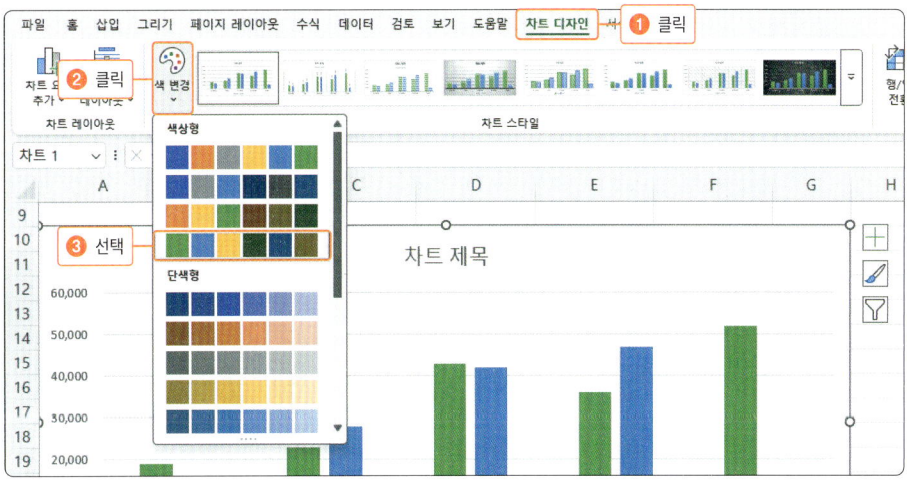

⑥ 차트 색상이 변경되면 [**차트 디자인**] 탭의 [**차트 스타일**] 그룹에서 '스타일 6'을 선택하여 차트 스타일을 변경합니다.

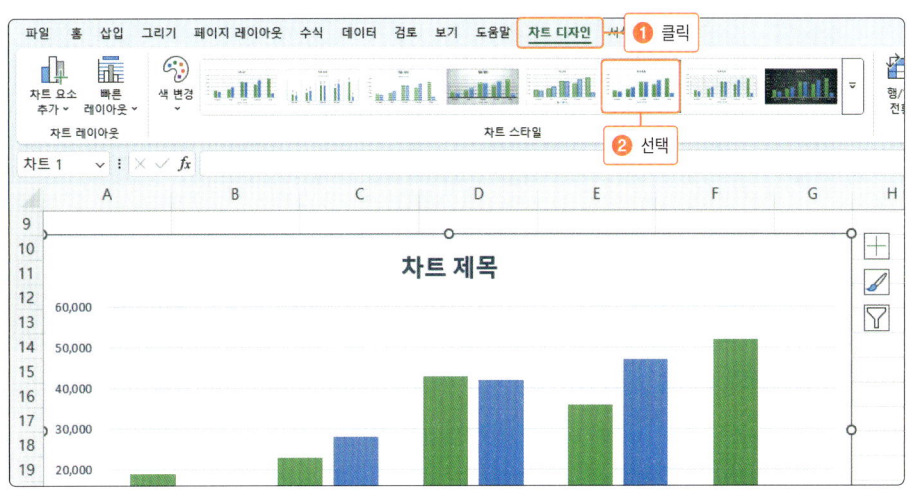

⑦ '**차트 제목**'의 안쪽을 클릭하여 테두리가 점선으로 변경되면 Delete 또는 Back space 키를 눌러 '차트 제목'을 삭제한 후 '**기부금 현황**'을 입력합니다.

※ 차트 제목을 드래그한 후 Delete 키를 한 번 눌러 삭제할 수도 있습니다.

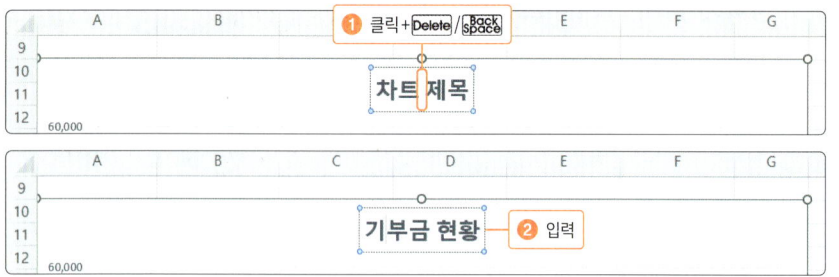

⑧ 차트 제목이 완성되면 [차트 디자인] 탭의 [차트 레이아웃] 그룹에서 [차트 요소 추가]-[범례]-'위쪽( )'를 선택하여 차트 위쪽으로 범례를 이동시킵니다.

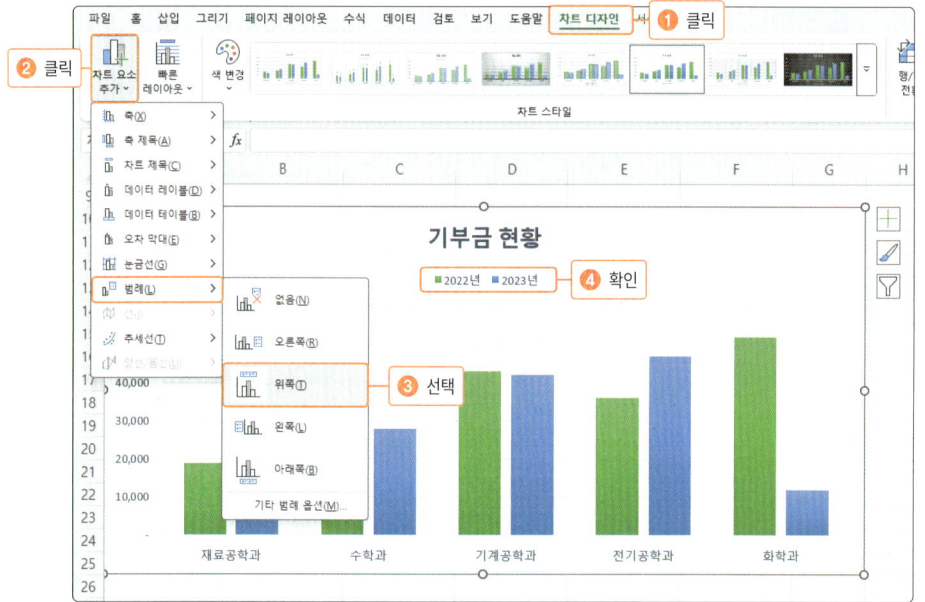

⑨ 기본적으로 완성된 차트 결과를 확인합니다.

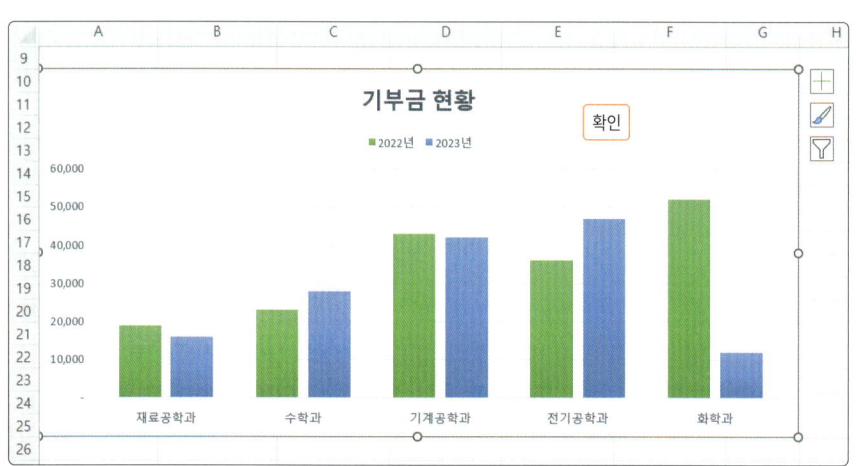

차트 영역 서식 지정하기

① '차트 영역'을 클릭한 후 [홈] 탭의 [글꼴] 그룹에서 '글꼴(굴림체)'과 '글꼴 크기(9pt)'를 지정합니다.

  ※ 차트에 글꼴 서식을 적용할 때는 반드시 '차트 영역'을 먼저 작업한 후 '제목'이나 '범례' 등에 글꼴 서식을 지정합니다.

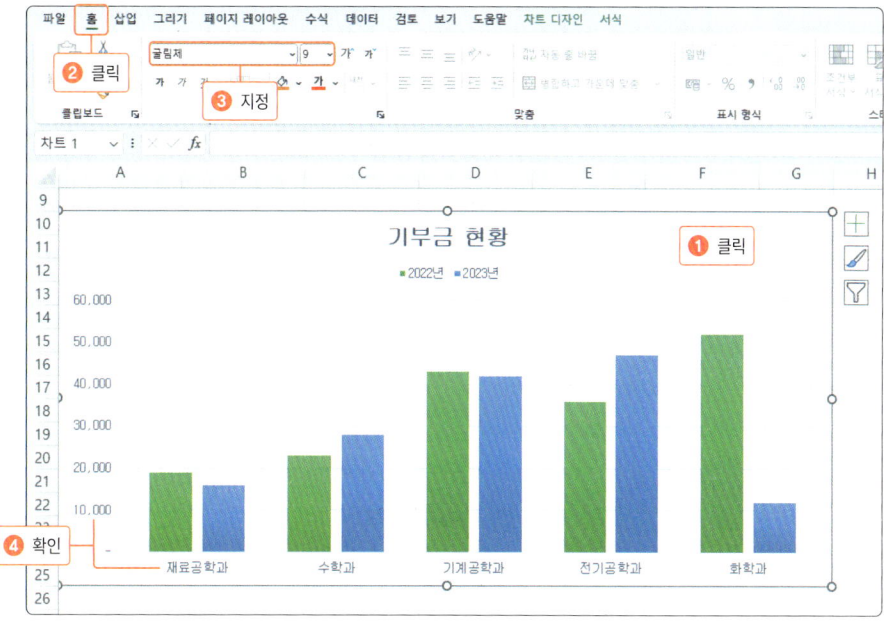

② 테두리 서식을 지정하기 위해 '차트 영역' 위에서 마우스 오른쪽 단추를 눌러 바로 가기 메뉴가 나오면 [차트 영역 서식]을 클릭합니다.

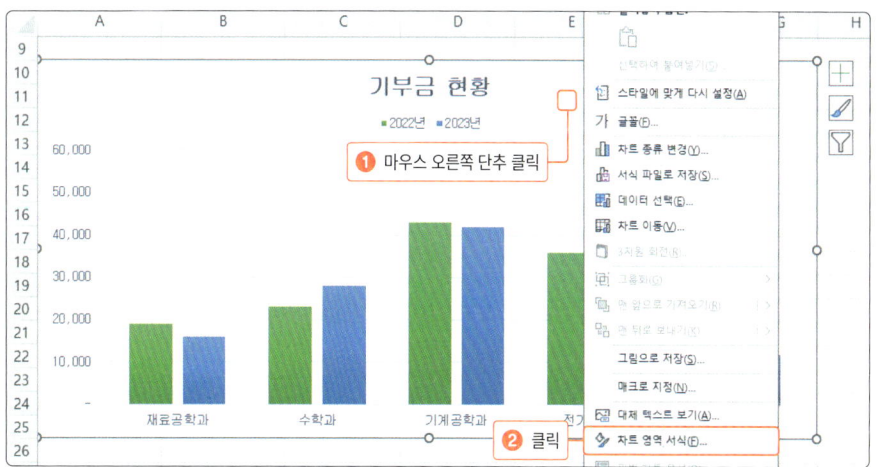

차트 서식 변경
- [서식] 탭의 [현재 선택 영역] 그룹에서 서식을 지정할 차트의 구성 요소를 선택합니다.
- 서식을 변경할 구성 요소(예 : 차트 영역)을 선택하였으면 바로 아래쪽에 있는 '선택 영역 서식'을 클릭하여 필요한 서식을 변경합니다.

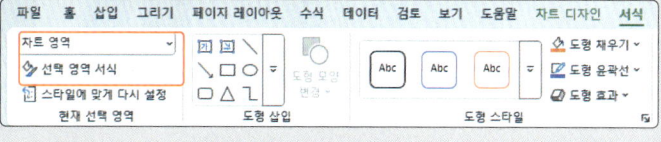

❸ 화면 오른쪽에 [차트 영역 서식] 작업 창이 나오면 **[테두리]**를 클릭하여 '**실선**'을 선택합니다. 이어서, '**색**( )'을 클릭한 후 '**진한 파랑**(■)'을 선택합니다.

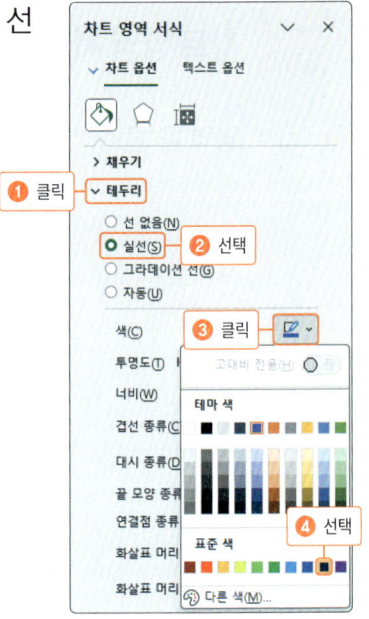

❹ '**너비**(1.5pt), **겹선 종류**(단순형 ▬▬▬), **대시 종류**(사각 점선 ▪▪▪▪▪▪▪▪)' 를 지정합니다.

 ※ 시험 문제에서 '둥근 모서리' 조건이 나오는 경우 [차트 영역 서식] 작업 창에서 [테두리]-'둥근 모서리' 체크를 지정합니다.

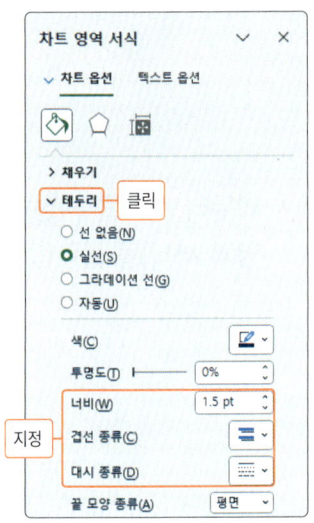

❺ 서식이 적용된 차트 영역의 테두리를 확인합니다.

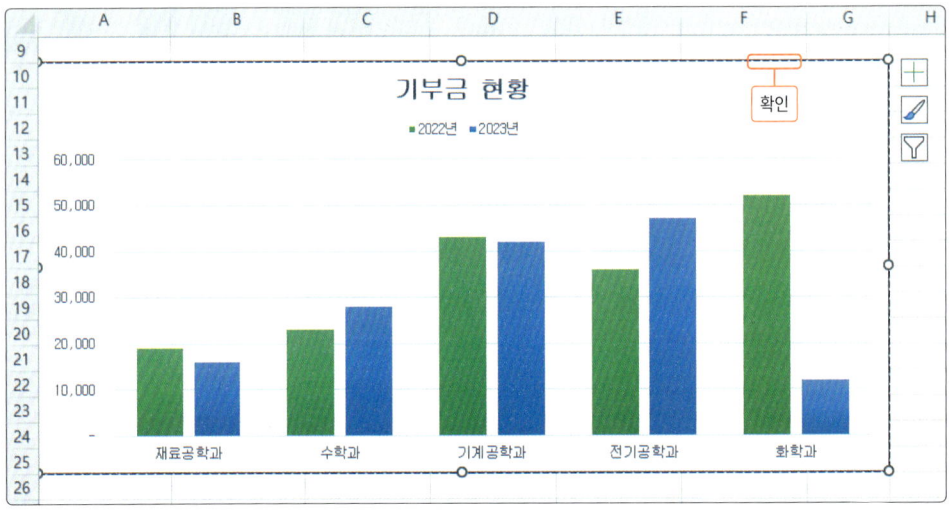

차트 제목 서식 지정하기

① 차트 제목('기부금 현황')을 클릭한 후 [홈] 탭의 [글꼴] 그룹에서 '글꼴(궁서체), 글꼴 크기(18pt), 기울임꼴(가)'을 각각 지정합니다.

※ 차트 제목이 '굵게(가)'로 지정되어 있는지 확인합니다. 만약, 《처리조건》에서 차트 제목 서식을 '굵게'로 지정하라는 지시가 없을 경우 '굵게'로 지정된 서식을 해제합니다.

② 차트 제목 위에서 마우스 오른쪽 단추를 눌러 바로 가기 메뉴가 나오면 [차트 제목 서식]을 클릭합니다.

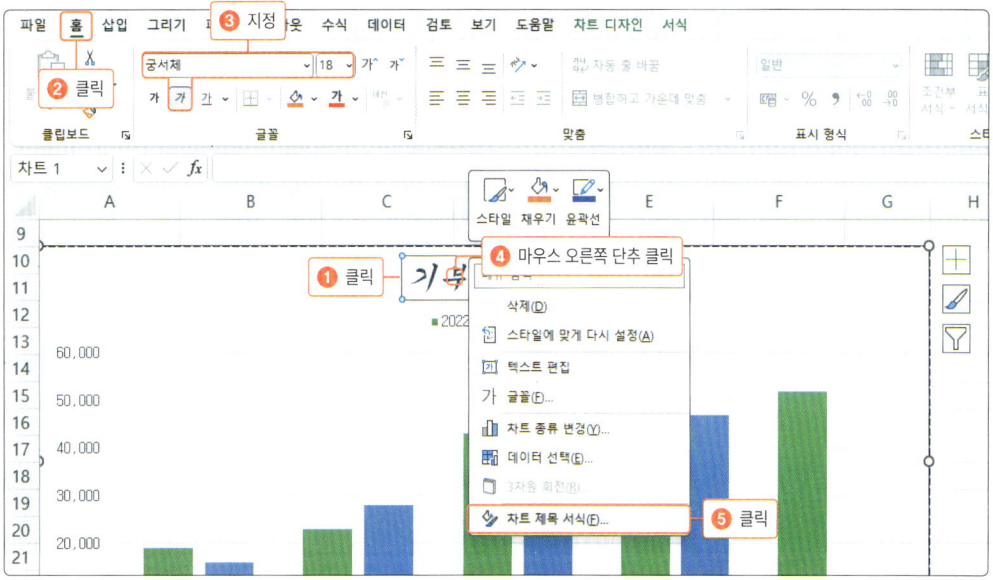

③ 화면 오른쪽에 [차트 제목 서식] 작업 창이 나오면 [채우기]에서 '그림 또는 질감 채우기'를 클릭합니다. 이어서, '질감( )'을 클릭하여 '파랑 박엽지( )'을 선택합니다.

그림 영역 서식 지정하기

① '**그림 영역**' 위에서 마우스 오른쪽 단추를 눌러 바로 가기 메뉴가 나오면 [**그림 영역 서식**]을 클릭합니다.

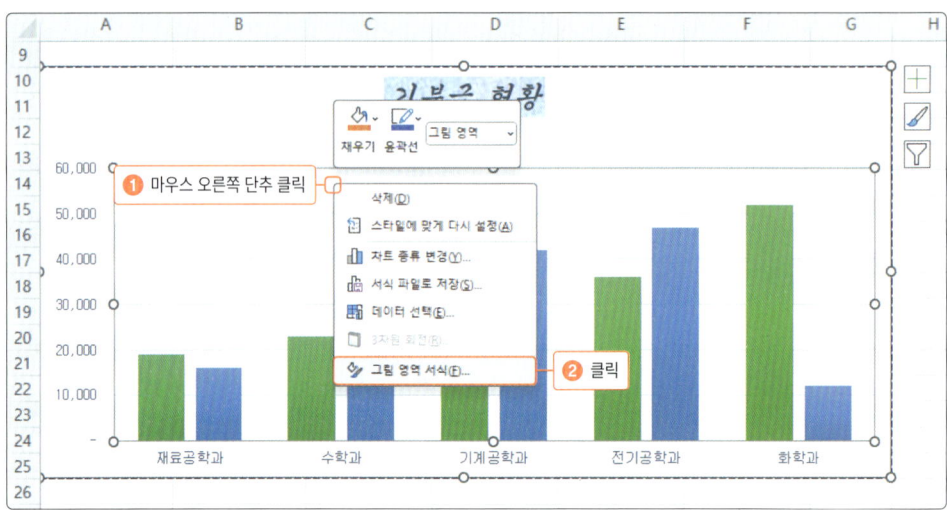

② 화면 오른쪽에 [그림 영역 서식] 작업 창이 나오면 [**채우기**] 탭의 '**그라데이션 채우기**'를 선택합니다. 이어서, '**그라데이션 미리 설정(▨▾)**'을 클릭하여 '**위쪽 스포트라이트 강조 3(▨)**'을 선택합니다.

③ 그라데이션 채우기 색 지정이 끝나면 '**종류(사각형)**'를 지정한 후 '**방향**'을 클릭하여 '**가운데에서(▨)**'을 선택합니다.

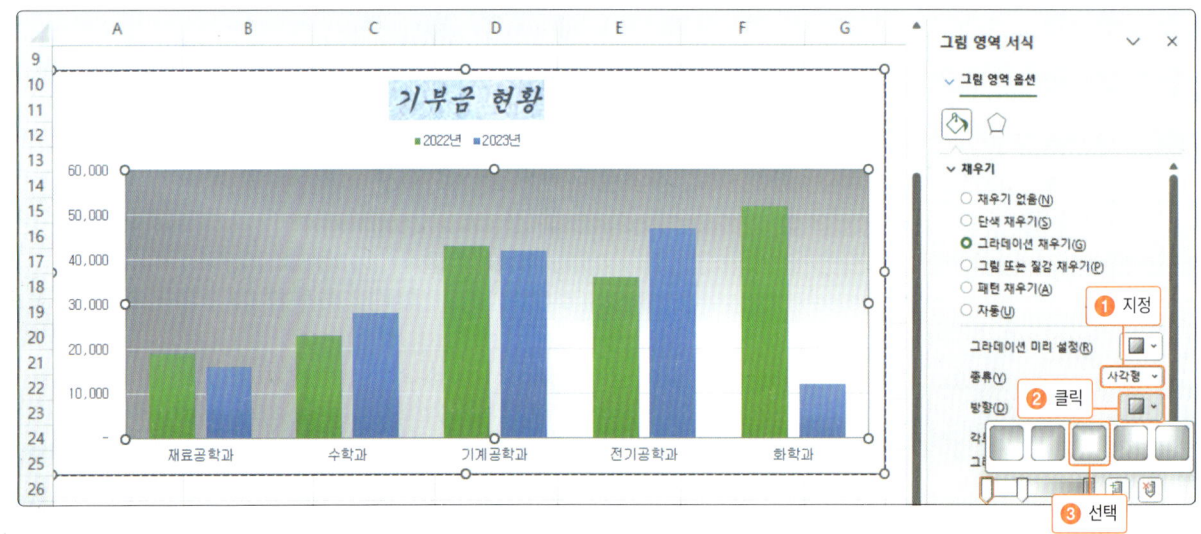

Skill 05 데이터 레이블 추가하기

① '2023년' 계열을 클릭한 후 [차트 디자인] 탭의 [차트 레이아웃] 그룹에서 [차트 요소 추가] 클릭한 다음 [데이터 레이블]-'바깥쪽 끝에( )'를 선택합니다.

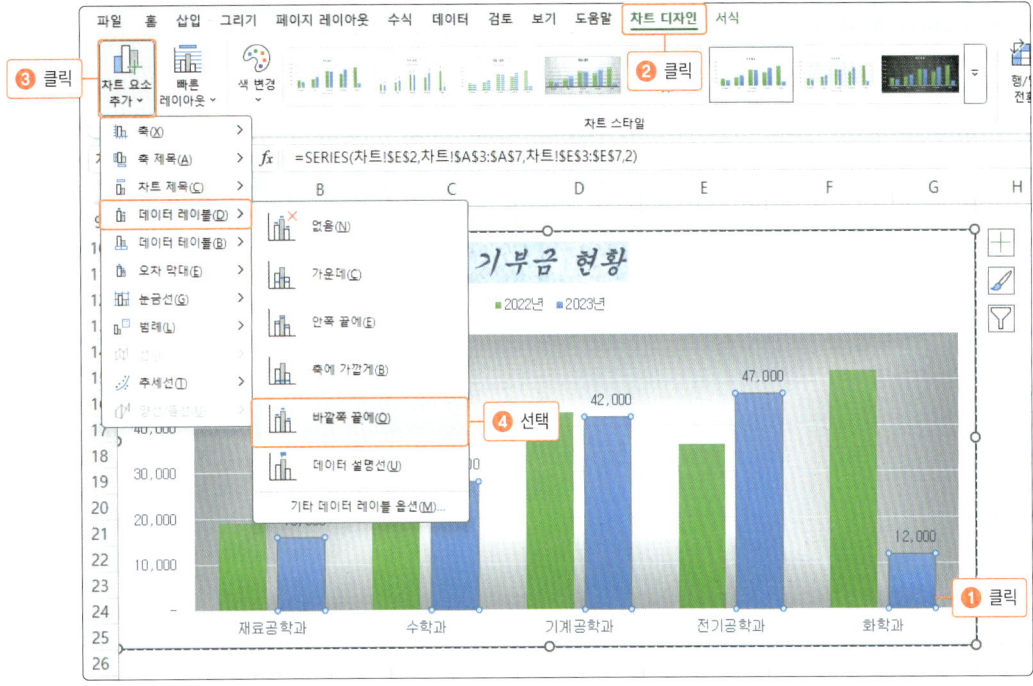

② '2023년' 계열 끝에 '값'이 표시된 것을 확인합니다.

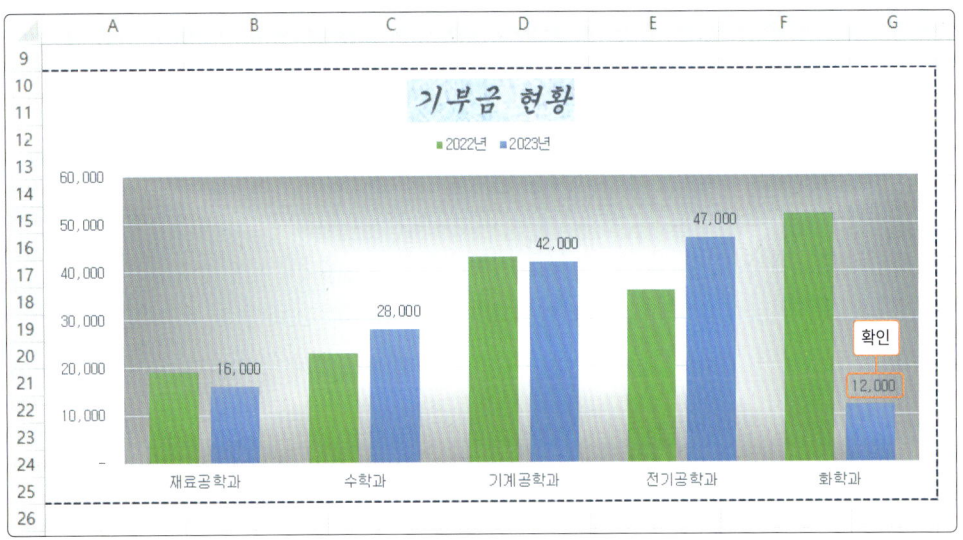

③ [파일]-[저장](Ctrl+S) 또는 [빠른 실행 도구 모음]에서 '저장( )'을 클릭하여 최종 작업을 저장합니다.

출제유형 완전정복 : 차트 작성

완전정복-01

아래의 처리조건 및 출력형태에 알맞게 작업하시오.

- 소스 : 정복08_문제01.xlsx
- 정답 : 정복08_정답01.xlsx

작성 시간 / 권장 시간

분 / 5분

[문제 5] "차트" 시트를 참조하여 다음 《처리조건》에 맞도록 작업하시오. (30점)

《출력형태》

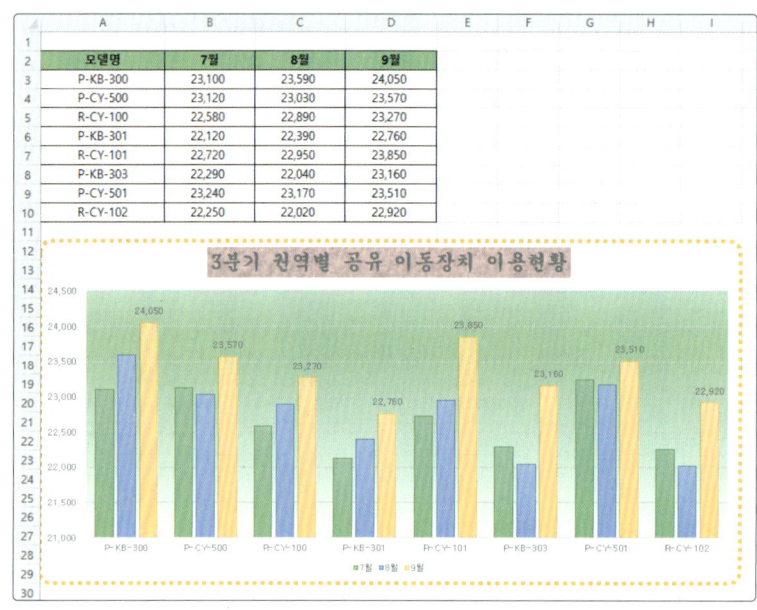

《처리조건》

▶ "차트" 시트에 주어진 표를 이용하여 '묶은 세로 막대형' 차트를 작성하시오.
  - 데이터 범위 : 현재 시트 [A2:D10]의 데이터를 이용하여 작성하고, 행/열 전환은 '열'로 지정
  - 차트 제목 ("3분기 권역별 공유 이동장치 이용현황")
  - 차트 스타일 : 색 변경(색상형 – 다양한 색상표 4, 스타일 5)
  - 차트 위치 : 현재 시트에 [A12:I29] 크기에 정확하게 맞추시오.
  - 차트 영역 서식 : 글꼴(돋움, 8pt), 테두리 색(실선, 색 : 주황), 테두리 스타일(너비 : 3.75pt, 겹선 종류 : 단순형, 대시 종류 : 둥근 점선, 둥근 모서리)
  - 차트 제목 서식 : 글꼴(궁서체, 18pt, 굵게), 채우기(그림 또는 질감 채우기, 질감 : 분홍 박엽지)
  - 그림 영역 서식 : 채우기(그라데이션 채우기, 그라데이션 미리 설정 : 밝은 그라데이션 – 강조 6, 종류 : 선형, 방향 : 선형 위쪽)
  - 범례 위치 : 아래쪽
  - 데이터 레이블 추가 : '9월' 계열에 "값" 표시

▶ 지시사항이 없는 경우는《출력형태》와 동일하게 작성하시오.

완전정복- 02	아래의 처리조건 및 출력형태에 알맞게 작업하시오.
	· 소스 : 정복08_문제02.xlsx · 정답 : 정복08_정답02.xlsx

작성 시간 / 권장 시간
분 / 5분

[문제 5] "차트" 시트를 참조하여 다음《처리조건》에 맞도록 작업하시오.   (30점)

《출력형태》

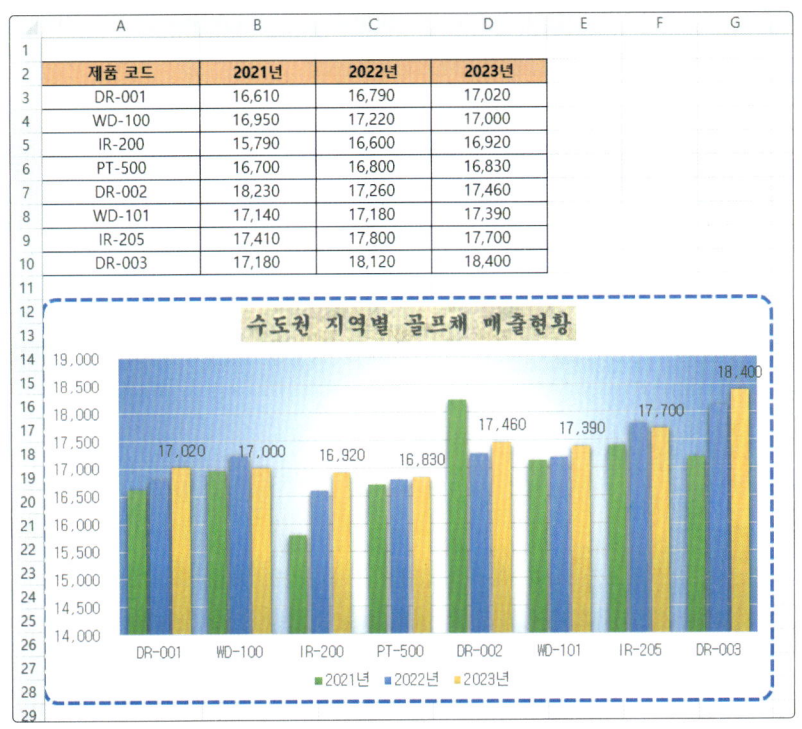

《처리조건》

▶ "차트" 시트에 주어진 표를 이용하여 '묶은 세로 막대형' 차트를 작성하시오.

- 데이터 범위 : 현재 시트 [A2:D10]의 데이터를 이용하여 작성하고, 행/열 전환은 '열'로 지정
- 차트 제목("수도권 지역별 골프채 매출현황")
- 차트 스타일 : 색 변경(색상형 – 다양한 색상표 4, 스타일 14)
- 차트 위치 : 현재 시트에 [A12:G28] 크기에 정확하게 맞추시오.
- 차트 영역 서식 : 글꼴(돋움체, 11pt), 테두리 색(실선, 색 : 파랑), 테두리 스타일(너비 : 2.75pt, 겹선 종류 : 단순형, 대시 종류 : 사각 점선, 둥근 모서리)
- 차트 제목 서식 : 글꼴(궁서체, 16pt, 굵게), 채우기(그림 또는 질감 채우기, 질감 : 편지지)
- 그림 영역 서식 : 채우기(그라데이션 채우기, 그라데이션 미리 설정 : 위쪽 스포트라이트 강조 5, 종류 : 방사형, 방향 : 가운데에서)
- 범례 위치 : 아래쪽
- 데이터 레이블 추가 : '2023년' 계열에 "값" 표시

▶ 지시사항이 없는 경우는《출력형태》와 동일하게 작성하시오.

[문제 5] "차트" 시트를 참조하여 다음 《처리조건》에 맞도록 작업하시오. (30점)

《출력형태》

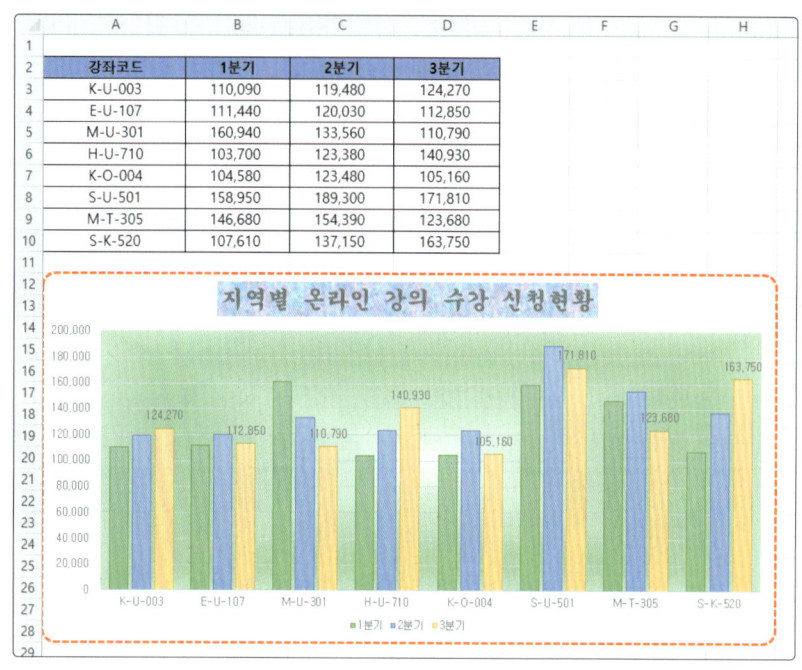

《처리조건》

▶ "차트" 시트에 주어진 표를 이용하여 '묶은 세로 막대형' 차트를 작성하시오.
- 데이터 범위 : 현재 시트 [A2:D10]의 데이터를 이용하여 작성하고, 행/열 전환은 '열'로 지정
- 차트 제목("지역별 온라인 강의 수강 신청현황")
- 차트 스타일 : 색 변경(색상형 – 다양한 색상표 4, 스타일 5)
- 차트 위치 : 현재 시트에 [A12:H28] 크기에 정확하게 맞추시오.
- 차트 영역 서식 : 글꼴(굴림, 8pt), 테두리 색(실선, 색 : 빨강), 테두리 스타일(너비 : 1.75pt, 겹선 종류 : 단순형, 대시 종류 : 사각 점선, 둥근 모서리)
- 차트 제목 서식 : 글꼴(궁서체, 18pt, 굵게), 채우기(그림 또는 질감 채우기, 질감 : 꽃다발)
- 그림 영역 서식 : 채우기(그라데이션 채우기, 그라데이션 미리 설정 : 밝은 그라데이션 – 강조 6, 종류 : 사각형, 방향 : 가운데에서)
- 범례 위치 : 아래쪽
- 데이터 레이블 추가 : '3분기' 계열에 "값" 표시

▶ 지시사항이 없는 경우는 《출력형태》와 동일하게 작성하시오.

완전정복- 04 아래의 처리조건 및 출력형태에 알맞게 작업하시오.

· 소스 : 정복08_문제04.xlsx · 정답 : 정복08_정답04.xlsx

작성 시간 / 권장 시간
분 / 5분

[문제 5] "차트" 시트를 참조하여 다음《처리조건》에 맞도록 작업하시오. (30점)

《출력형태》

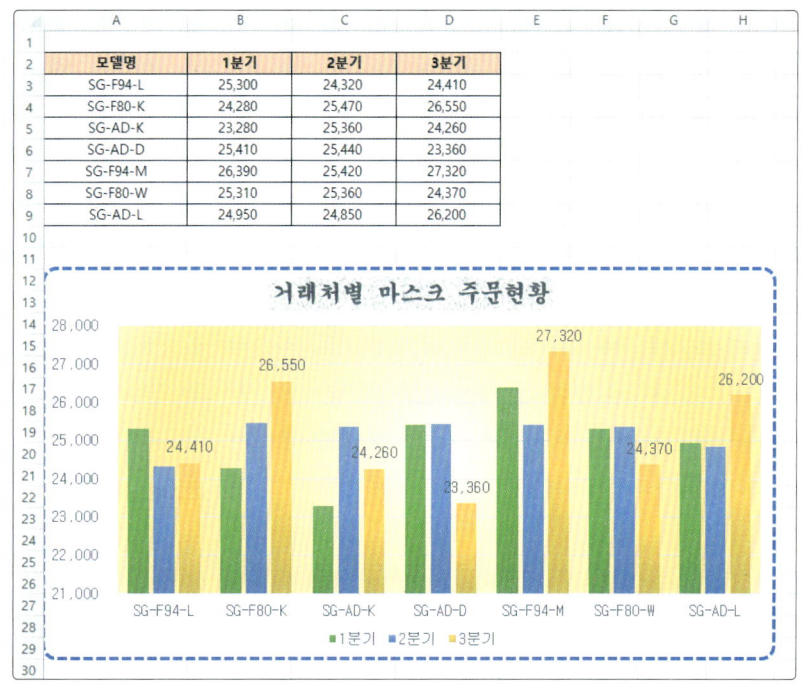

《처리조건》

▶ "차트" 시트에 주어진 표를 이용하여 '묶은 세로 막대형' 차트를 작성하시오.

- 데이터 범위 : 현재 시트 [A2:D9]의 데이터를 이용하여 작성하고, 행/열 전환은 '열'로 지정
- 차트 제목("거래처별 마스크 주문현황")
- 차트 스타일 : 색 변경(색상형 - 다양한 색상표 4, 스타일 6)
- 차트 위치 : 현재 시트에 [A12:H29] 크기에 정확하게 맞추시오.
- 차트 영역 서식 : 글꼴(굴림체, 12pt), 테두리 색(실선, 색 : 파랑), 테두리 스타일(너비 : 2.5pt, 겹선 종류 : 단순형, 대시 종류 : 사각 점선, 둥근 모서리)
- 차트 제목 서식 : 글꼴(궁서체, 18pt, 굵게), 채우기(그림 또는 질감 채우기, 질감 : 신문 용지)
- 그림 영역 서식 : 채우기(그라데이션 채우기, 그라데이션 미리 설정 : 밝은 그라데이션 - 강조 4, 종류 : 방사형, 방향 : 가운데에서)
- 범례 위치 : 아래쪽
- 데이터 레이블 추가 : '3분기' 계열에 "값" 표시

▶ 지시사항이 없는 경우는《출력형태》와 동일하게 작성하시오.

MEMO

PART 03
출제예상 모의고사

- ☑ 제 01 회 출제예상 모의고사
- ☑ 제 02 회 출제예상 모의고사
- ☑ 제 03 회 출제예상 모의고사
- ☑ 제 04 회 출제예상 모의고사
- ☑ 제 05 회 출제예상 모의고사
- ☑ 제 06 회 출제예상 모의고사
- ☑ 제 07 회 출제예상 모의고사
- ☑ 제 08 회 출제예상 모의고사
- ☑ 제 09 회 출제예상 모의고사
- ☑ 제 10 회 출제예상 모의고사

제 01 회 디지털정보활용능력 출제예상 모의고사

작성 시간 / 시험 시간	채점 결과
분 / 40분	점 / 200점

작성 시간 : 수험자가 문제를 해결하는데 걸린 시간을 기록

☑ 시험과목 : 스프레드시트(엑셀)
☑ 시험일자 : 20XX. XX. XX. (X)
☑ 응시자 기재사항 및 감독 위원 확인

MS Office 2021 버전용

수검번호	DIS - XXXX -	감독위원 확인
성 명		

· 응시자 유의사항 ·

1. 응시자는 신분증을 지참하여야 시험에 응시할 수 있으며, 시험이 종료될 때까지 신분증을 제시하지 못 할 경우 해당 시험은 0점 처리됩니다.

2. 시스템(PC 작동 여부, 네트워크 상태 등)의 이상 여부를 반드시 확인하여야 하며, 시스템 이상이 있을 시 감독 위원에게 조치를 받으셔야 합니다.

3. 시험 중 부주의 또는 고의로 시스템을 파손한 경우는 응시자 부담으로 합니다.

4. 답안 전송 프로그램을 통해 다운로드 받은 파일을 이용하여 답안 파일을 작성하시기 바랍니다.

5. 작성한 답안 파일은 답안 전송 프로그램을 통하여 전송됩니다. 감독 위원의 지시에 따라 주시기 바랍니다.

6. 다음 사항의 경우 실격(0점) 혹은 부정행위 처리됩니다.
    1) 답안 파일을 저장하지 않았거나, 저장한 파일이 손상되었을 경우
    2) 답안 파일을 지정된 폴더(바탕화면 – "KAIT" 폴더)에 저장하지 않았을 경우
        ※ 답안 전송 프로그램 로그인 시 바탕화면에 자동 생성됨
    3) 답안 파일을 다른 보조기억장치(USB) 혹은 네트워크(메신저, 게시판 등)로 전송할 경우
    4) 휴대용 전화기 등 통신기기를 사용할 경우

7. 시트는 반드시 순서대로 작성해야 하며, 순서가 다를 경우 "0"점 처리됩니다.

8. 시험지에 제시된 글꼴이 응시 프로그램에 없는 경우, 반드시 감독 위원에게 해당 내용을 통보한 뒤 조치를 받아야 합니다.

9. 시험의 완료는 작성이 완료된 답안을 저장하고, 답안 전송이 완료된 상태를 확인한 것으로 합니다. 답안 전송 확인 후 문제지는 감독 위원에게 제출한 후 퇴실하여야 합니다.

10. 답안 전송을 완료한 경우는 수정 또는 정정이 불가합니다.

11. 시험 시행 후 합격자 발표는 홈페이지(www.ihd.or.kr)에서 확인하시기 바랍니다.
    1) 문제 및 정답 공개 : 20XX. XX. XX. (X)
    2) 합격자 발표 : 20XX. XX. XX. (X)

디지털정보활용능력 　스프레드시트[엑셀] 2021 [시험시간 : 40분]

【문제 1】 "수강료현황" 시트를 참조하여 다음 ≪처리조건≫에 맞도록 작업하시오. (50점)

≪출력형태≫

운영장소	운영시간	프로그램명	봄학기	여름학기	가을학기	겨울학기	순위	비고
국민 체육센터	오전	다이어트 체조	473,600	461,000	407,500	472,800	3위	
한마을 문화센터	오후	기타교실	483,900	418,500	483,300	491,500	1위	
넘버원 평생교육원	야간	서예교실	395,300	414,700	312,400	335,400	7위	가을 검토
해피 문화센터	오후	기타교실	391,700	365,900	275,700	296,000	10위	가을 검토
건강 체육센터	야간	다이어트 체조	478,000	413,600	287,300	321,200	8위	가을 검토
글로벌 평생교육원	오전	서예교실	277,700	275,500	387,200	415,700	5위	
튼트니 건강교실	오후	다이어트 체조	378,000	446,400	430,800	309,900	9위	
백세 평생교육원	오전	서예교실	261,000	456,400	442,700	424,300	4위	
미래엔 문화센터	오후	기타교실	355,200	259,600	354,100	477,200	2위	
플레이 문화센터	오전	서예교실	468,400	362,700	336,000	380,400	6위	가을 검토
'운영시간'이 "오전"인 '봄학기'의 평균				370,175원				
'여름학기' 중 세 번째로 작은 값				362,700원				
'가을학기'의 최대값-최소값 차이				207,600원				

≪처리조건≫

▶ 1행의 행 높이를 '80'으로 설정하고, 2행~15행의 행 높이를 '18'로 설정하시오.
▶ 제목("평생교육 수강료현황") : 블록 화살표의 '화살표: 갈매기형 수장'을 이용하여 입력하시오.
　- 도형 : 위치([B1:H1]), 도형 스타일(테마 스타일 - '보통 효과 - 녹색, 강조 6')
　- 글꼴 : 궁서체, 32pt, 굵게
　- 도형 서식 : 도형 옵션 - 크기 및 속성(텍스트 상자(세로 맞춤 : 정가운데, 텍스트 방향 : 가로))

▶ 셀 서식을 아래 조건을 맞게 작성하시오.
　- [A2:I15] : 테두리(안쪽, 윤곽선 모두 실선, '검정, 텍스트 1'), 전체 가운데 맞춤
　- [A13:D13], [A14:D14], [A15:D15] : 각각 병합하고 가운데 맞춤
　- [A2:I2], [A13:D15] : 채우기 색('녹색, 강조 6, 60% 더 밝게'), 글꼴(굵게)
　- [D3:G12] : 셀 서식의 표시 형식-숫자를 이용하여 1000 단위 구분 기호 표시
　- [H3:H12] : 셀 서식의 표시 형식-사용자 지정을 이용하여 #"위"자를 추가
　- [E13:G15] : 셀 서식의 표시 형식-사용자 지정을 이용하여 #,##0"원"자를 추가
　- 조건부 서식[A3:I12] : '여름학기'가 400000 이하인 경우 레코드 전체에 글꼴(자주, 굵게) 적용
　- 지시사항이 없는 경우는 주어진 문제 파일의 서식을 그대로 사용하시오.

▶ ① 순위[H3:H12] : '겨울학기'를 기준으로 큰 순으로 순위를 구하시오. (RANK.EQ 함수)
▶ ② 비고[I3:I12] : '가을학기'가 350000 이하이면 "가을 검토", 그렇지 않으면 공백으로 구하시오. (IF 함수)
▶ ③ 평균[E13:G13] : '운영시간'이 "오전"인 '봄학기'의 평균을 구하시오. (DAVERAGE 함수)
▶ ④ 순위[E14:G14] : '여름학기' 중 세 번째로 작은 값을 구하시오. (SMALL 함수)
▶ ⑤ 최대값-최소값[E15:G15] : '가을학기'의 최대값과 최소값의 차이를 구하시오. (MAX, MIN 함수)

【문제 2】 "부분합" 시트를 참조하여 다음 ≪처리조건≫에 맞도록 작업하시오. (30점)

≪출력형태≫

	A	B	C	D	E	F	G
1							
2	운영장소	운영시간	프로그램명	봄학기	여름학기	가을학기	겨울학기
3	넘버원 평생교육원	야간	서예교실	395,300	414,700	312,400	335,400
4	건강 체육센터	야간	다이어트 체조	478,000	413,600	287,300	321,200
5		야간 최대				312,400	335,400
6		야간 평균		436,650	414,150		
7	국민 체육센터	오전	다이어트 체조	473,600	461,000	407,500	472,800
8	글로벌 평생교육원	오전	서예교실	277,700	275,500	387,200	415,700
9	백세 평생교육원	오전	서예교실	261,000	456,400	442,700	424,300
10	플레이 문화센터	오전	서예교실	468,400	362,700	336,000	380,400
11		오전 최대				442,700	472,800
12		오전 평균		370,175	388,900		
13	한마을 문화센터	오후	기타교실	483,900	418,500	483,300	491,500
14	해피 문화센터	오후	기타교실	391,700	365,900	275,700	296,000
15	튼튼니 건강교실	오후	다이어트 체조	378,000	446,400	430,800	309,900
16	미래엔 문화센터	오후	기타교실	355,200	259,600	354,100	477,200
17		오후 최대				483,300	491,500
18		오후 평균		402,200	372,600		
19		전체 최대값				483,300	491,500
20		전체 평균		396,280	387,430		

≪처리조건≫

▶ 데이터를 '운영시간' 기준으로 오름차순 정렬하시오.

▶ 아래 조건에 맞는 부분합을 작성하시오.
  – '운영시간'으로 그룹화하여 '봄학기', '여름학기'의 평균을 구하는 부분합을 만드시오.
  – '운영시간'으로 그룹화하여 '가을학기', '겨울학기'의 최대를 구하는 부분합을 만드시오.
    (새로운 값으로 대치하지 말 것)

▶ D~E열을 선택하여 그룹을 설정하시오.

▶ 평균과 최대의 부분합 순서는 ≪출력형태≫와 다를 수 있음

▶ 지시사항이 없는 경우는 기본 값을 적용하시오.

디지털정보활용능력 › 스프레드시트[엑셀] 2021 [시험시간 : 40분]

【문제 3】 "필터"와 "시나리오" 시트를 참조하여 다음 ≪처리조건≫에 맞도록 작업하시오. (60점)

(1) 필터

≪출력형태≫

	A	B	C	D	E	F	G
1							
2	운영장소	운영시간	프로그램명	봄학기	여름학기	가을학기	겨울학기
3	국민 체육센터	오전	다이어트 체조	473,600	461,000	407,500	472,800
4	한마을 문화센터	오후	기타교실	483,900	418,500	483,300	491,500
5	넘버원 평생교육원	야간	서예교실	395,300	414,700	312,400	335,400
6	해피 문화센터	오후	기타교실	391,700	365,900	275,700	296,000
7	건강 체육센터	야간	다이어트 체조	478,000	413,600	287,300	321,200
8	글로벌 평생교육원	오전	서예교실	277,700	275,500	387,200	415,700
9	튼트니 건강교실	오후	다이어트 체조	378,000	446,400	430,800	309,900
10	백세 평생교육원	오전	서예교실	261,000	456,400	442,700	424,300
11	미래엔 문화센터	오후	기타교실	355,200	259,600	354,100	477,200
12	플레이 문화센터	오전	서예교실	468,400	362,700	336,000	380,400
13							
14	조건						
15	TRUE						
16							
17							
18	운영장소	운영시간	프로그램명	가을학기	겨울학기		
19	국민 체육센터	오전	다이어트 체조	407,500	472,800		
20	한마을 문화센터	오후	기타교실	483,300	491,500		
21	넘버원 평생교육원	야간	서예교실	312,400	335,400		
22	건강 체육센터	야간	다이어트 체조	287,300	321,200		
23	플레이 문화센터	오전	서예교실	336,000	380,400		

≪처리조건≫

▶ "필터" 시트의 [A2:G12]를 아래 조건에 맞게 고급 필터를 사용하여 작성하시오.
   - '운영시간'이 "야간"이거나 '봄학기'가 450000 이상인 데이터를 '운영장소', '운영시간', '프로그램명', '가을학기', '겨울학기'의 데이터만 필터링 하시오.
   - 조건 위치 : 조건 함수는 [A15] 한 셀에 작성(OR 함수 이용)
   - 결과 위치 : [A18]부터 출력

▶ 지시사항이 없는 경우는 ≪출력형태≫와 동일하게 작성하시오.

(2) 시나리오

≪출력형태≫

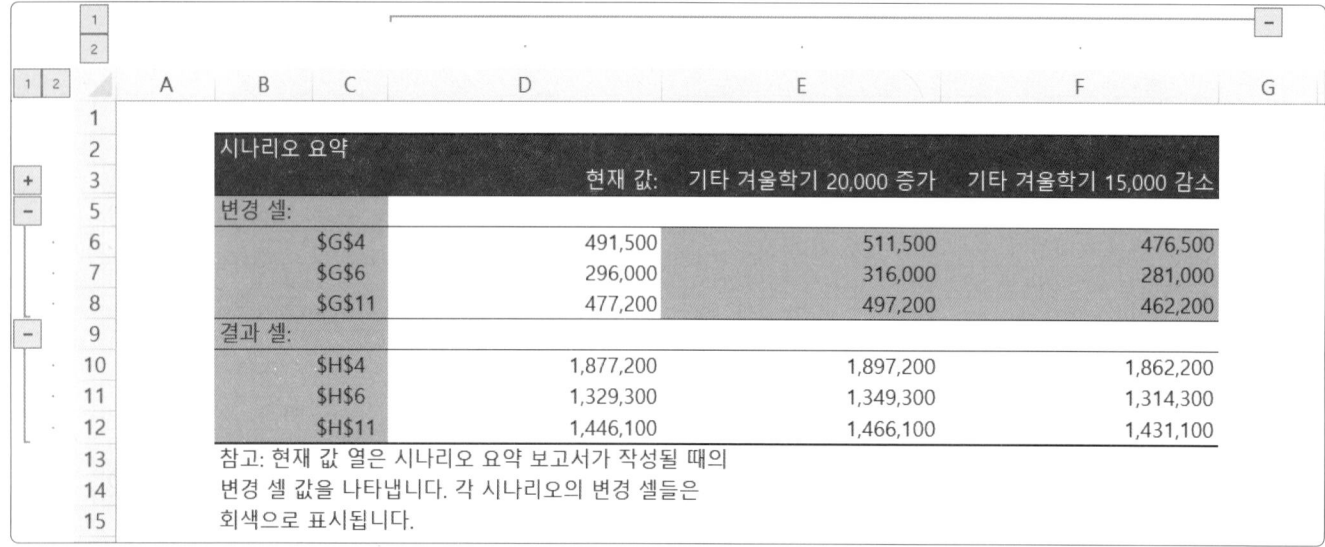

≪처리조건≫

▶ "시나리오" 시트의 [A2:H12]를 이용하여 '프로그램명'이 "기타교실"인 경우, '겨울학기'가 변동할 때 '합계'가 변동하는 가상분석(시나리오)을 작성하시오.

- 시나리오1 : 시나리오 이름은 "기타 겨울학기 20,000 증가", '겨울학기'에 20000을 증가시킨 값 설정.
- 시나리오2 : 시나리오 이름은 "기타 겨울학기 15,000 감소", '겨울학기'에 15000을 감소시킨 값 설정.
- "시나리오 요약" 시트를 작성하시오.

▶ 지시사항이 없는 경우는 ≪출력형태≫와 동일하게 작성하시오.

【문제 4】 "피벗테이블" 시트를 참조하여 다음 ≪처리조건≫에 맞도록 작업하시오. (30점)

≪출력형태≫

	A	B	C	D	E
1					
2					
3			운영시간 ▼		
4	프로그램명 ▼	값	야간	오전	오후
5	기타교실	최대 : 봄학기	***	***	483,900
6		최대 : 가을학기	***	***	483,300
7	서예교실	최대 : 봄학기	395,300	468,400	***
8		최대 : 가을학기	312,400	442,700	***
9	전체 최대 : 봄학기		395,300	468,400	483,900
10	전체 최대 : 가을학기		312,400	442,700	483,300

≪처리조건≫

▶ "피벗테이블" 시트의 [A2:G12]를 이용하여 새로운 시트에 ≪출력형태≫와 같이 피벗테이블을 작성 후 시트명을 "피벗테이블 정답"으로 수정하시오.

▶ 프로그램명(행)과 운영시간(열)을 기준으로 하여 ≪출력형태≫와 같이 구하시오.
  - '봄학기', '가을학기'의 최대를 구하시오.
  - 피벗 테이블 옵션을 이용하여 레이블이 있는 셀 병합 및 가운데 맞춤하고 빈 셀을 "***"로 표시한 후, 행의 총합계를 감추기 하시오.
  - 피벗 테이블 디자인에서 보고서 레이아웃은 '테이블 형식으로 표시', 피벗 테이블 스타일은 어둡게 – '진한 녹색, 피벗 스타일 어둡게 7'로 표시하시오.
  - 프로그램명(행)은 "기타교실", "서예교실"만 출력되도록 표시하시오.
  - [C5:E10] 데이터는 셀 서식의 표시 형식-숫자를 이용하여 1000 단위 구분 기호를 표시하고, 가운데 맞춤하시오.

▶ 프로그램명의 순서는 ≪출력형태≫와 다를 수 있음

▶ 지시사항이 없는 경우는 ≪출력형태≫와 동일하게 작성하시오.

【문제 5】 "차트" 시트를 참조하여 다음 ≪처리조건≫에 맞도록 작업하시오. (30점)

≪출력형태≫

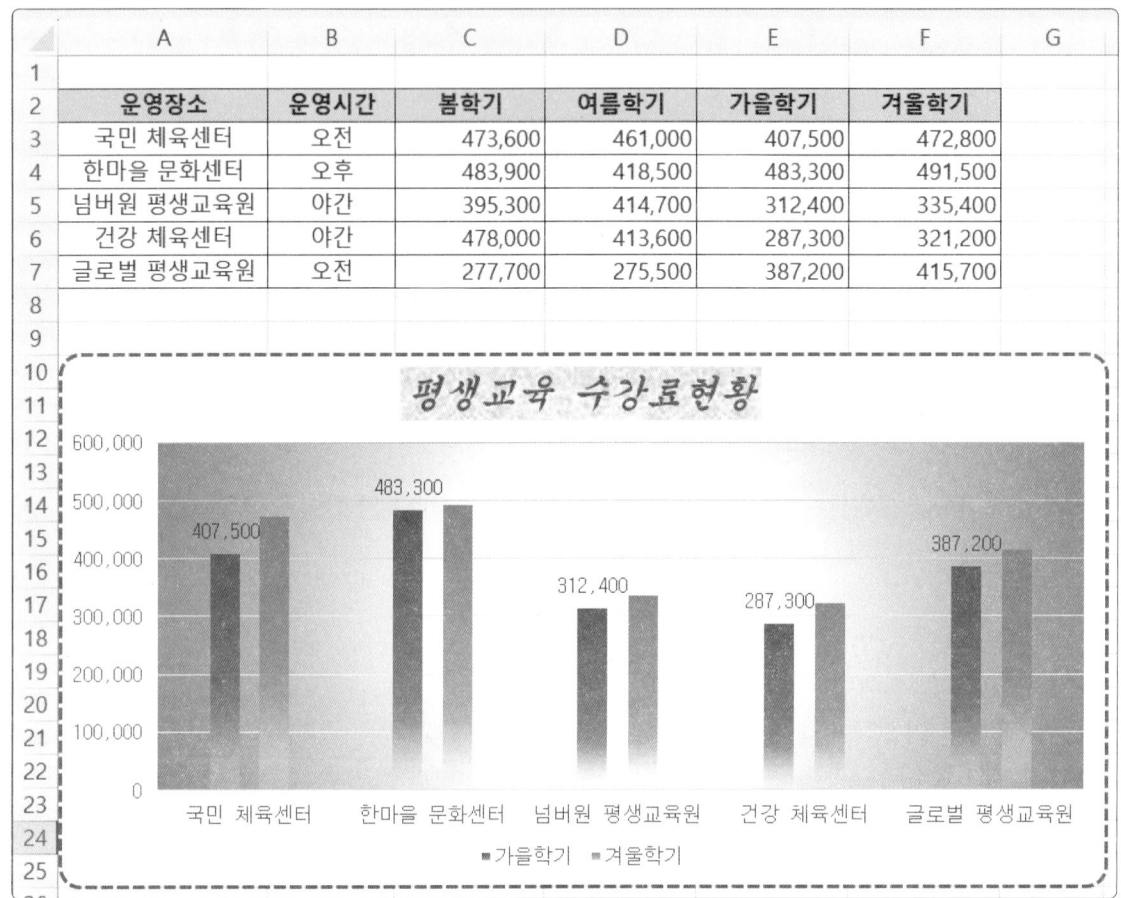

≪처리조건≫

▶ "차트" 시트에 주어진 표를 이용하여 '묶은 세로 막대형' 차트를 작성하시오.
- 데이터 범위 : 현재 시트 [A2:A7], [E2:F7]의 데이터를 이용하여 작성하고, 행/열 전환은 '열'로 지정
- 차트 제목("평생교육 수강료현황")
- 차트 스타일 : 색 변경(색상형 - 다양한 색상표 1, 스타일 9)
- 차트 위치 : 현재 시트에 [A10:G25] 크기에 정확하게 맞추시오.
- 차트 영역 서식 : 글꼴(돋움체, 10pt), 테두리 색(실선, 색 : 파랑), 테두리 스타일(너비 : 2pt,
  겹선 종류 : 단순형, 대시 종류 : 사각 점선, 둥근 모서리)
- 차트 제목 서식 : 글꼴(궁서체, 18pt, 기울임꼴), 채우기(그림 또는 질감 채우기, 질감 : 양피지)
- 그림 영역 서식 : 채우기(그라데이션 채우기, 그라데이션 미리 설정 : 위쪽 스포트라이트 강조 6,
  종류 : 방사형, 방향 : 가운데에서)
- 범례 위치 : 아래쪽
- 데이터 레이블 추가 : '가을학기' 계열에 "값" 표시

▶ 지시사항이 없는 경우는 ≪출력형태≫와 동일하게 작성하시오.

제 02 회 정보기술자격(ITQ) 출제예상 모의고사

작성 시간 / 시험 시간	채점 결과
분 / 40분	점 / 200점

- ☑ 시험과목 : 스프레드시트(엑셀)
- ☑ 시험일자 : 20XX. XX. XX. (X)
- ☑ 응시자 기재사항 및 감독 위원 확인

MS Office 2021 버전용

Ⓑ

수검번호	DIS - XXXX -	감독위원 확인
성 명		

· 응시자 유의사항 ·

1. 응시자는 신분증을 지참하여야 시험에 응시할 수 있으며, 시험이 종료될 때까지 신분증을 제시하지 못 할 경우 해당 시험은 0점 처리됩니다.
2. 시스템(PC 작동 여부, 네트워크 상태 등)의 이상 여부를 반드시 확인하여야 하며, 시스템 이상이 있을 시 감독 위원에게 조치를 받으셔야 합니다.
3. 시험 중 부주의 또는 고의로 시스템을 파손한 경우는 응시자 부담으로 합니다.
4. 답안 전송 프로그램을 통해 다운로드 받은 파일을 이용하여 답안 파일을 작성하시기 바랍니다.
5. 작성한 답안 파일은 답안 전송 프로그램을 통하여 전송됩니다. 감독 위원의 지시에 따라 주시기 바랍니다.
6. 다음 사항의 경우 실격(0점) 혹은 부정행위 처리됩니다.
    1) 답안 파일을 저장하지 않았거나, 저장한 파일이 손상되었을 경우
    2) 답안 파일을 지정된 폴더(바탕화면 – "KAIT" 폴더)에 저장하지 않았을 경우
        ※ 답안 전송 프로그램 로그인 시 바탕화면에 자동 생성됨
    3) 답안 파일을 다른 보조기억장치(USB) 혹은 네트워크(메신저, 게시판 등)로 전송할 경우
    4) 휴대용 전화기 등 통신기기를 사용할 경우
7. 시트는 반드시 순서대로 작성해야 하며, 순서가 다를 경우 "0"점 처리됩니다.
8. 시험지에 제시된 글꼴이 응시 프로그램에 없는 경우, 반드시 감독 위원에게 해당 내용을 통보한 뒤 조치를 받아야 합니다.
9. 시험의 완료는 작성이 완료된 답안을 저장하고, 답안 전송이 완료된 상태를 확인한 것으로 합니다. 답안 전송 확인 후 문제지는 감독 위원에게 제출한 후 퇴실하여야 합니다.
10. 답안 전송을 완료한 경우는 수정 또는 정정이 불가합니다.
11. 시험 시행 후 합격자 발표는 홈페이지(www.ihd.or.kr)에서 확인하시기 바랍니다.
    1) 문제 및 정답 공개 : 20XX. XX. XX. (X)
    2) 합격자 발표 : 20XX. XX. XX. (X)

디지털정보활용능력 〉 스프레드시트[엑셀] 2021 [시험시간 : 40분]

【문제 1】 "지출내역" 시트를 참조하여 다음 ≪처리조건≫에 맞도록 작업하시오. (50점)

≪출력형태≫

복지관 운영비 지출내역

기관코드	분류	지출내역	1분기	2분기	3분기	4분기	순위	비고
S-595	일반	사례관리	2,307,960	5,938,140	7,053,540	4,854,320	6위	
S-535	특수	지역사회조직	6,598,580	7,038,820	5,162,670	7,517,290	1위	2분기 내역첨부
K-461	일반	서비스제공	5,329,550	2,409,120	4,821,350	4,862,560	5위	
S-537	지정	사례관리	6,749,040	1,641,040	2,701,360	6,456,770	2위	
A-182	특수	지역사회조직	6,807,910	7,855,950	2,327,920	2,948,390	10위	2분기 내역첨부
A-939	지정	서비스제공	2,334,920	2,715,360	2,426,130	3,296,580	9위	
K-674	일반	지역사회조직	7,067,800	4,880,130	1,643,080	5,171,590	4위	
A-889	지정	서비스제공	3,061,610	7,930,750	7,373,070	5,543,370	3위	2분기 내역첨부
S-526	특수	사례관리	6,693,090	3,087,680	6,482,830	3,848,930	7위	
K-650	일반	서비스제공	7,214,790	3,681,100	5,281,810	3,751,440	8위	
'3분기'의 최대값-최소값 차이				5,729,990원				
'지출내역'이 "사례관리"인 '4분기'의 합계				15,160,020원				
'1분기' 중 세 번째로 큰 값				6,807,910원				

≪처리조건≫

▶ 1행의 행 높이를 '80'으로 설정하고, 2행~15행의 행 높이를 '18'로 설정하시오.
▶ 제목("복지관 운영비 지출내역") : 기본 도형의 '원통형'을 이용하여 입력하시오.
  – 도형 : 위치([B1:H1]), 도형 스타일(테마 스타일 – '미세 효과 – 파랑, 강조 5')
  – 글꼴 : 궁서체, 30pt, 밑줄
  – 도형 서식 : 도형 옵션 – 크기 및 속성(텍스트 상자(세로 맞춤 : 정가운데, 텍스트 방향 : 가로))

▶ 셀 서식을 아래 조건에 맞게 작성하시오.
  – [A2:I15] : 테두리(안쪽, 윤곽선 모두 실선, '검정, 텍스트 1'), 전체 가운데 맞춤
  – [A13:D13], [A14:D14], [A15:D15] : 각각 병합하고 가운데 맞춤
  – [A2:I2], [A13:D15] : 채우기 색('파랑, 강조 5, 60% 더 밝게'), 글꼴(굵게)
  – [D3:G12] : 셀 서식의 표시 형식–숫자를 이용하여 1000 단위 구분 기호 표시
  – [H3:H12] : 셀 서식의 표시 형식– 사용자 지정을 이용하여 #"위"자를 추가
  – [E13:G15] : 셀 서식의 표시 형식–사용자 지정을 이용하여 #,##0"원"자를 추가
  – 조건부 서식[A3:I12] : '2분기'가 3000000 이하인 경우 레코드 전체에 글꼴(진한 파랑, 굵게) 적용
  – 지시사항이 없는 경우는 주어진 문제 파일의 서식을 그대로 사용하시오.

▶ ① 순위[H3:H12] : '4분기'를 기준으로 큰 순으로 순위를 구하시오. (RANK.EQ 함수)
▶ ② 비고[I3:I12] : '2분기'가 7000000 이상이면 "2분기 내역첨부", 그렇지 않으면 공백으로 구하시오. (IF 함수)
▶ ③ 최대값-최소값[E13:G13] : '3분기'의 최대값과 최소값의 차이를 구하시오. (MAX, MIN 함수)
▶ ④ 합계[E14:G14] : '지출내역'이 "사례관리"인 '4분기'의 합계를 구하시오. (DSUM 함수)
▶ ⑤ 순위[E15:G15] : '1분기' 중 세 번째로 큰 값을 구하시오. (LARGE 함수)

디지털정보활용능력 > 스프레드시트[엑셀] 2021 [시험시간 : 40분]

【문제 2】 "부분합" 시트를 참조하여 다음 ≪처리조건≫에 맞도록 작업하시오. (30점)

≪출력형태≫

	A	B	C	D	E	F	G
1							
2	기관코드	분류	지출내역	1분기	2분기	3분기	4분기
3	S-595	일반	사례관리	2,307,960	5,938,140	7,053,540	4,854,320
4	K-461	일반	서비스제공	5,329,550	2,409,120	4,821,350	4,862,560
5	K-674	일반	지역사회조직	7,067,800	4,880,130	1,643,080	5,171,590
6	K-650	일반	서비스제공	7,214,790	3,681,100	5,281,810	3,751,440
7		일반 요약		21,920,100	16,908,490	18,799,780	18,639,910
8		일반 최대		7,214,790	5,938,140		
9	S-537	지정	사례관리	6,749,040	1,641,040	2,701,360	6,456,770
10	A-939	지정	서비스제공	2,334,920	2,715,360	2,426,130	3,296,580
11	A-889	지정	서비스제공	3,061,610	7,930,750	7,373,070	5,543,370
12		지정 요약		12,145,570	12,287,150	12,500,560	15,296,720
13		지정 최대		6,749,040	7,930,750		
14	S-535	특수	지역사회조직	6,598,580	7,038,820	5,162,670	7,517,290
15	A-182	특수	지역사회조직	6,807,910	7,855,950	2,327,920	2,948,390
16	S-526	특수	사례관리	6,693,090	3,087,680	6,482,830	3,848,930
17		특수 요약		20,099,580	17,982,450	13,973,420	14,314,610
18		특수 최대		6,807,910	7,855,950		
19		총합계		54,165,250	47,178,090	45,273,760	48,251,240
20		전체 최대값		7,214,790	7,930,750		

≪처리조건≫

▶ 데이터를 '분류' 기준으로 오름차순 정렬하시오.

▶ 아래 조건에 맞는 부분합을 작성하시오.
 - '분류'로 그룹화하여 '1분기', '2분기'의 최대를 구하는 부분합을 만드시오.
 - '분류'로 그룹화하여 '1분기', '2분기', '3분기', '4분기'의 합계를 구하는 부분합을 만드시오.
  (새로운 값으로 대치하지 말 것)
 - [D3:G20] 영역에 셀 서식의 표시 형식-숫자를 이용하여 1000 단위 구분 기호를 표시하시오.

▶ D~E열을 선택하여 그룹을 설정하시오.

▶ 최대와 합계의 부분합 순서는 ≪출력형태≫와 다를 수 있음

▶ 지시사항이 없는 경우는 기본 값을 적용하시오.

【문제 3】 "필터"와 "시나리오" 시트를 참조하여 다음 ≪처리조건≫에 맞도록 작업하시오. (60점)

(1) 필터

≪출력형태≫

	A	B	C	D	E	F	G
1							
2	기관코드	분류	지출내역	1분기	2분기	3분기	4분기
3	S-595	일반	사례관리	2,307,960	5,938,140	7,053,540	4,854,320
4	S-535	특수	지역사회조직	6,598,580	7,038,820	5,162,670	7,517,290
5	K-461	일반	서비스제공	5,329,550	2,409,120	4,821,350	4,862,560
6	S-537	지정	사례관리	6,749,040	1,641,040	2,701,360	6,456,770
7	A-182	특수	지역사회조직	6,807,910	7,855,950	2,327,920	2,948,390
8	A-939	지정	서비스제공	2,334,920	2,715,360	2,426,130	3,296,580
9	K-674	일반	지역사회조직	7,067,800	4,880,130	1,643,080	5,171,590
10	A-889	지정	서비스제공	3,061,610	7,930,750	7,373,070	5,543,370
11	S-526	특수	사례관리	6,693,090	3,087,680	6,482,830	3,848,930
12	K-650	일반	서비스제공	7,214,790	3,681,100	5,281,810	3,751,440
13							
14	조건						
15	FALSE						
16							
17							
18	기관코드	분류	2분기	3분기	4분기		
19	K-461	일반	2,409,120	4,821,350	4,862,560		
20	A-889	지정	7,930,750	7,373,070	5,543,370		
21	K-650	일반	3,681,100	5,281,810	3,751,440		

≪처리조건≫

▶ "필터" 시트의 [A2:G12]를 아래 조건에 맞게 고급 필터를 사용하여 작성하시오.
  - '지출내역'이 "서비스제공"이고 '1분기'가 3000000 이상인 데이터를 '기관코드', '분류', '2분기', '3분기', '4분기'의 데이터만 필터링 하시오.
  - 조건 위치 : 조건 함수는 [A15] 한 셀에 작성(AND 함수 이용)
  - 결과 위치 : [A18]부터 출력

▶ 지시사항이 없는 경우는 ≪출력형태≫와 동일하게 작성하시오.

(2) 시나리오

≪출력형태≫

	A	B	C	D	E	F
1						
2		시나리오 요약				
3				현재 값:	지정 4분기 15,000증가	지정 4분기 10,000감소
5		변경 셀:				
6			$G$6	6,456,770	6,471,770	6,446,770
7			$G$8	3,296,580	3,311,580	3,286,580
8			$G$10	5,543,370	5,558,370	5,533,370
9		결과 셀:				
10			$H$6	4,387,053	4,390,803	4,384,553
11			$H$8	2,693,248	2,696,998	2,690,748
12			$H$10	5,977,200	5,980,950	5,974,700
13		참고: 현재 값 열은 시나리오 요약 보고서가 작성될 때의				
14		변경 셀 값을 나타냅니다. 각 시나리오의 변경 셀들은				
15		회색으로 표시됩니다.				

≪처리조건≫

▶ "시나리오" 시트의 [A2:H12]를 이용하여 '분류'가 "지정"인 경우, '4분기'가 변동할 때 '평균'이 변동하는 가상분석(시나리오)을 작성하시오.

  - 시나리오1 : 시나리오 이름은 "지정 4분기 15,000 증가", '4분기'에 15000을 증가시킨 값 설정.
  - 시나리오2 : 시나리오 이름은 "지정 4분기 10,000 감소", '4분기'에 10000을 감소시킨 값 설정.
  - "시나리오 요약" 시트를 작성하시오.

▶ 지시사항이 없는 경우는 ≪출력형태≫와 동일하게 작성하시오.

【문제 4】 "피벗테이블" 시트를 참조하여 다음 ≪처리조건≫에 맞도록 작업하시오. (30점)

≪출력형태≫

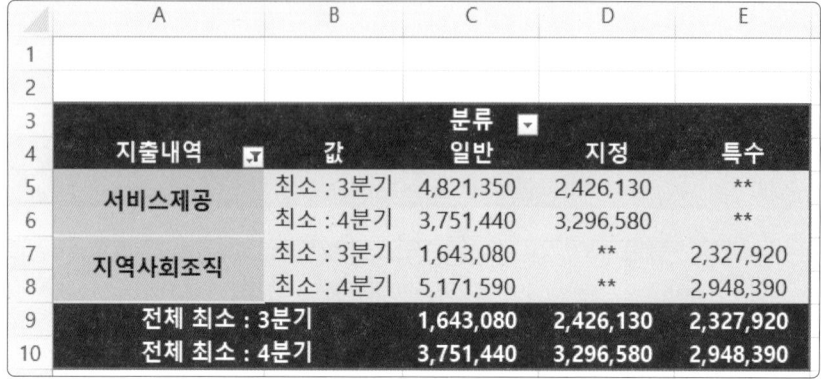

≪처리조건≫

▶ "피벗테이블" 시트의 [A2:G12]를 이용하여 새로운 시트에 ≪출력형태≫와 같이 피벗테이블을 작성 후 시트명을 "피벗테이블 정답"으로 수정하시오.

▶ 지출내역(행)과 분류(열)를 기준으로 하여 ≪출력형태≫와 같이 구하시오.
 – '3분기', '4분기'의 최소를 구하시오.
 – 피벗 테이블 옵션을 이용하여 레이블이 있는 셀 병합 및 가운데 맞춤하고 빈 셀을 "**"로 표시한 후, 행의 총합계를 감추기 하시오.
 – 피벗 테이블 디자인에서 보고서 레이아웃은 '테이블 형식으로 표시', 피벗 테이블 스타일은 어둡게 – '진한 회색, 피벗 스타일 어둡게 13'으로 표시하시오.
 – 지출내역(행)은 "서비스제공", "지역사회조직"만 출력되도록 표시하시오.
 – [C5:E10] 데이터는 셀 서식의 표시 형식–숫자를 이용하여 1000 단위 구분 기호를 표시하고, 가운데 맞춤하시오.

▶ 지출내역의 순서는 ≪출력형태≫와 다를 수 있음

▶ 지시사항이 없는 경우는 ≪출력형태≫와 동일하게 작성하시오.

【문제 5】 "**차트**" 시트를 참조하여 다음 ≪처리조건≫에 맞도록 작업하시오. (30점)

≪출력형태≫

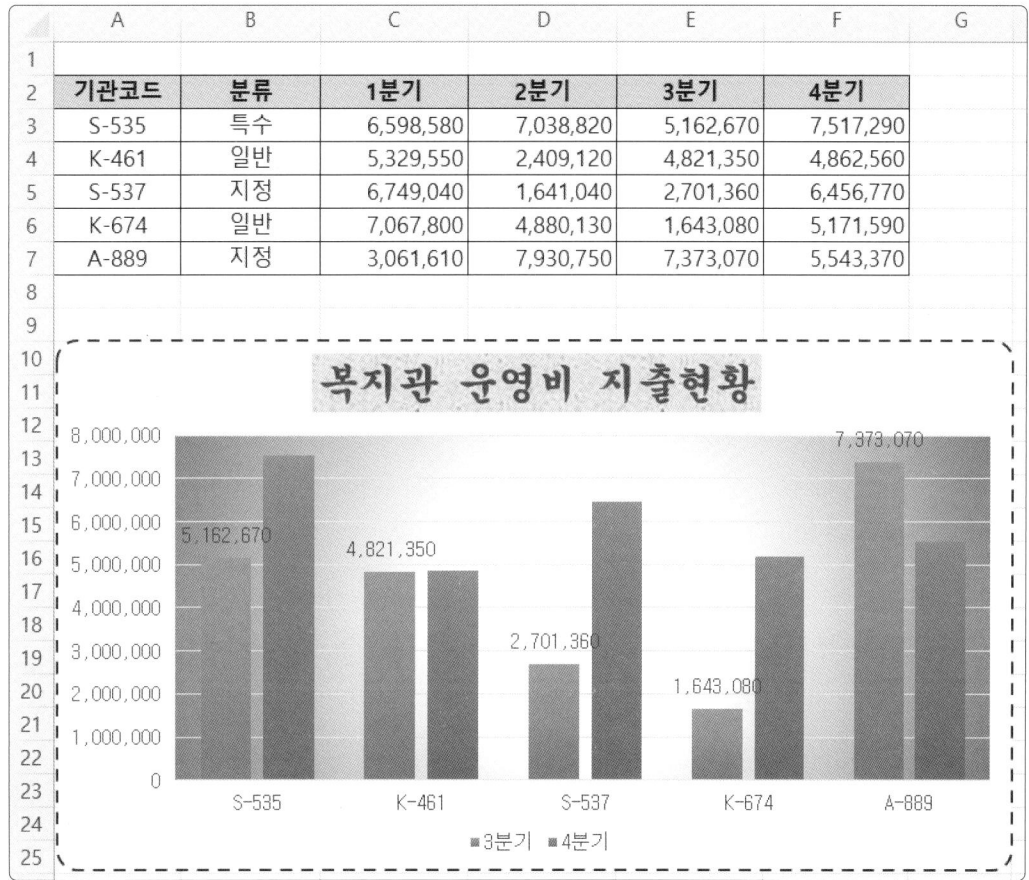

≪처리조건≫

▶ "차트" 시트에 주어진 표를 이용하여 '묶은 세로 막대형' 차트를 작성하시오.
 - 데이터 범위 : 현재 시트 [A2:A7], [E2:F7]의 데이터를 이용하여 작성하고, 행/열 전환은 '열'로 지정
 - 차트 제목("복지관 운영비 지출현황")
 - 차트 스타일 : 색 변경(색상형 - 다양한 색상표 4, 스타일 6)
 - 차트 위치 : 현재 시트에 [A10:G25] 크기에 정확하게 맞추시오.
 - 차트 영역 서식 : 글꼴(돋움체, 10pt), 테두리 색(실선, 색 : 진한 파랑), 테두리 스타일(너비 : 1.5pt,
   겹선 종류 : 단순형, 대시 종류 : 파선, 둥근 모서리)
 - 차트 제목 서식 : 글꼴(궁서체, 20pt, 굵게), 채우기(그림 또는 질감 채우기, 질감 : 재생지)
 - 그림 영역 서식 : 채우기(그라데이션 채우기, 그라데이션 미리 설정 : 위쪽 스포트라이트 강조 5,
   종류 : 방사형, 방향 : 가운데에서)
 - 범례 위치 : 아래쪽
 - 데이터 레이블 추가 : '3분기' 계열에 "값" 표시

▶ 지시사항이 없는 경우는 ≪출력형태≫와 동일하게 작성하시오.

제 03 회 디지털정보활용능력 출제예상 모의고사

작성 시간 / 시험 시간	채점 결과
분 / 40분	점 / 200점

☑ 시험과목 : 스프레드시트(엑셀)
☑ 시험일자 : 20XX. XX. XX. (X)
☑ 응시자 기재사항 및 감독 위원 확인

MS Office 2021 버전용

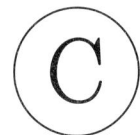

수검번호	DIS - XXXX -	감독위원 확인
성 명		

· 응시자 유의사항 ·

1. 응시자는 신분증을 지참하여야 시험에 응시할 수 있으며, 시험이 종료될 때까지 신분증을 제시하지 못 할 경우 해당 시험은 0점 처리됩니다.

2. 시스템(PC 작동 여부, 네트워크 상태 등)의 이상 여부를 반드시 확인하여야 하며, 시스템 이상이 있을 시 감독 위원에게 조치를 받으셔야 합니다.

3. 시험 중 부주의 또는 고의로 시스템을 파손한 경우는 응시자 부담으로 합니다.

4. 답안 전송 프로그램을 통해 다운로드 받은 파일을 이용하여 답안 파일을 작성하시기 바랍니다.

5. 작성한 답안 파일은 답안 전송 프로그램을 통하여 전송됩니다. 감독 위원의 지시에 따라 주시기 바랍니다.

6. 다음 사항의 경우 실격(0점) 혹은 부정행위 처리됩니다.
   1) 답안 파일을 저장하지 않았거나, 저장한 파일이 손상되었을 경우
   2) 답안 파일을 지정된 폴더(바탕화면 - "KAIT" 폴더)에 저장하지 않았을 경우
      ※ 답안 전송 프로그램 로그인 시 바탕화면에 자동 생성됨
   3) 답안 파일을 다른 보조기억장치(USB) 혹은 네트워크(메신저, 게시판 등)로 전송할 경우
   4) 휴대용 전화기 등 통신기기를 사용할 경우

7. 시트는 반드시 순서대로 작성해야 하며, 순서가 다를 경우 "0"점 처리됩니다.

8. 시험지에 제시된 글꼴이 응시 프로그램에 없는 경우, 반드시 감독 위원에게 해당 내용을 통보한 뒤 조치를 받아야 합니다.

9. 시험의 완료는 작성이 완료된 답안을 저장하고, 답안 전송이 완료된 상태를 확인한 것으로 합니다. 답안 전송 확인 후 문제지는 감독 위원에게 제출한 후 퇴실하여야 합니다.

10. 답안 전송을 완료한 경우는 수정 또는 정정이 불가합니다.

11. 시험 시행 후 합격자 발표는 홈페이지(www.ihd.or.kr)에서 확인하시기 바랍니다.
    1) 문제 및 정답 공개 : 20XX. XX. XX. (X)
    2) 합격자 발표 : 20XX. XX. XX. (X)

디지털정보활용능력 〉 스프레드시트[엑셀] 2021 [시험시간 : 40분]   1/6

【문제 1】 "**수출현황**" 시트를 참조하여 다음 ≪처리조건≫에 맞도록 작업하시오.   (50점)

≪출력형태≫

	A	B	C	D	E	F	G	H	I
1				주요품목 수출현황					
2	관리코드	국가명	분류	상반기	하반기	합계	증감률	순위	비고
3	21-409	중국	화장품	1,069,100	1,229,000	2,298,100원	-11.8%	3	
4	22-904	미국	플라스틱제품	1,117,300	1,112,800	2,230,100원	54.6%	4	
5	21-413	중국	화장품	850,200	791,900	1,642,100원	64.2%	9	하반기 부진
6	83-403	베트남	화장품	1,039,200	1,075,300	2,114,500원	33.1%	6	
7	83-411	베트남	플라스틱제품	857,700	709,500	1,567,200원	-39.1%	10	하반기 부진
8	22-910	미국	자동차부품	1,286,000	1,107,400	2,393,400원	8.8%	1	
9	21-422	중국	플라스틱제품	1,073,500	1,101,500	2,175,000원	30.8%	5	
10	22-925	미국	화장품	892,100	762,800	1,654,900원	-5.7%	8	하반기 부진
11	82-428	베트남	자동차부품	1,056,300	1,003,100	2,059,400원	-20.1%	7	
12	22-936	미국	플라스틱제품	1,227,900	1,125,600	2,353,500원	32.3%	2	
13	'합계'의 최대값-최소값 차이					826,200원			
14	'분류'가 "화장품"인 '하반기'의 평균					964,750원			
15	'상반기' 중 세 번째로 큰 값					1,117,300원			

≪처리조건≫

▶ 1행의 행 높이를 '80'으로 설정하고, 2행~15행의 행 높이를 '18'로 설정하시오.
▶ 제목("주요품목 수출현황") : 기본 도형의 '배지'를 이용하여 입력하시오.
  - 도형 : 위치([B1:H1]), 도형 스타일(테마 스타일 - '보통 효과 - 파랑, 강조 1')
  - 글꼴 : 궁서체, 36pt, 기울임꼴
  - 도형 서식 : 도형 옵션 - 크기 및 속성(텍스트 상자(세로 맞춤 : 정가운데, 텍스트 방향 : 가로))

▶ 셀 서식을 아래 조건에 맞게 작성하시오.
  - [A2:I15] : 테두리(안쪽, 윤곽선 모두 실선, '검정, 텍스트 1'), 전체 가운데 맞춤
  - [A13:D13], [A14:D14], [A15:D15] : 각각 병합하고 가운데 맞춤
  - [A2:I2], [A13:D15] : 채우기 색('파랑, 강조 5, 60% 더 밝게'), 글꼴(굵게)
  - [D3:E12] : 셀 서식의 표시 형식-숫자를 이용하여 1000 단위 구분 기호 표시
  - [F3:F12], [E13:G15] : 셀 서식의 표시 형식-사용자 지정을 이용하여 #,##0"원"자를 추가
  - [G3:G12] : 셀 서식의 표시 형식-사용자 지정을 이용하여 0.0"%"자를 추가
  - 조건부 서식[A3:I12] : '증감률'이 0 이하인 경우 레코드 전체에 글꼴(빨강, 굵은 기울임꼴) 적용
  - 지시사항이 없는 경우는 주어진 문제 파일의 서식을 그대로 사용하시오.

▶ ① 순위[H3:H12] : '합계'를 기준으로 큰 순으로 순위를 구하시오. (RANK.EQ 함수)
▶ ② 비고[I3:I12] : '하반기'가 800000 이하이면 "하반기 부진", 그렇지 않으면 공백으로 구하시오. (IF 함수)
▶ ③ 최대값-최소값[E13:G13] : '합계'의 최대값과 최소값의 차이를 구하시오. (MAX, MIN 함수)
▶ ④ 평균[E14:G14] : '분류'가 "화장품"인 '하반기'의 평균을 구하시오. (DAVERAGE 함수)
▶ ⑤ 순위[E15:G15] : '상반기' 중 세 번째로 큰 값을 구하시오. (LARGE 함수)

【문제 2】 "부분합" 시트를 참조하여 다음 ≪처리조건≫에 맞도록 작업하시오. (30점)

≪출력형태≫

	A	B	C	D	E	F	G
1							
2	관리코드	국가명	분류	상반기	하반기	합계	증감률
3	21-409	중국	화장품	1,069,100	1,229,000	2,298,100	-11.8
4	21-413	중국	화장품	850,200	791,900	1,642,100	64.2
5	21-422	중국	플라스틱제품	1,073,500	1,101,500	2,175,000	30.8
6		중국 최소		850,200	791,900	1,642,100	
7		중국 평균		997,600	1,040,800		
8	83-403	베트남	화장품	1,039,200	1,075,300	2,114,500	33.1
9	83-411	베트남	플라스틱제품	857,700	709,500	1,567,200	-39.1
10	82-428	베트남	자동차부품	1,056,300	1,003,100	2,059,400	-20.1
11		베트남 최소		857,700	709,500	1,567,200	
12		베트남 평균		984,400	929,300		
13	22-904	미국	플라스틱제품	1,117,300	1,112,800	2,230,100	54.6
14	22-910	미국	자동차부품	1,286,000	1,107,400	2,393,400	8.8
15	22-925	미국	화장품	892,100	762,800	1,654,900	-5.7
16	22-936	미국	플라스틱제품	1,227,900	1,125,600	2,353,500	32.3
17		미국 최소		892,100	762,800	1,654,900	
18		미국 평균		1,130,825	1,027,150		
19		전체 최소값		850,200	709,500	1,567,200	
20		전체 평균		1,046,930	1,001,890		

≪처리조건≫

▶ 데이터를 '국가명' 기준으로 내림차순 정렬하시오.

▶ 아래 조건에 맞는 부분합을 작성하시오.
  - '국가명'으로 그룹화하여 '상반기', '하반기'의 평균을 구하는 부분합을 만드시오.
  - '국가명'으로 그룹화하여 '상반기', '하반기', '합계'의 최소를 구하는 부분합을 만드시오.
    (새로운 값으로 대치하지 말 것)
  - [D3:F20] 영역에 셀 서식의 표시 형식-숫자를 이용하여 1000 단위 구분 기호를 표시하시오.

▶ D~E열을 선택하여 그룹을 설정하시오.

▶ 평균과 최소의 부분합 순서는 ≪출력형태≫와 다를 수 있음

▶ 지시사항이 없는 경우는 기본 값을 적용하시오.

디지털정보활용능력 > 스프레드시트[엑셀] 2021 [시험시간 : 40분]

【문제 3】 "필터"와 "시나리오" 시트를 참조하여 다음 ≪처리조건≫에 맞도록 작업하시오. (60점)

(1) 필터

≪출력형태≫

	A	B	C	D	E	F	G
1							
2	관리코드	국가명	분류	상반기	하반기	합계	증감률
3	21-409	중국	화장품	1,069,100	1,229,000	2,298,100	-11.8
4	22-904	미국	플라스틱제품	1,117,300	1,112,800	2,230,100	54.6
5	21-413	중국	화장품	850,200	791,900	1,642,100	64.2
6	83-403	베트남	화장품	1,039,200	1,075,300	2,114,500	33.1
7	83-411	베트남	플라스틱제품	857,700	709,500	1,567,200	-39.1
8	22-910	미국	자동차부품	1,286,000	1,107,400	2,393,400	8.8
9	21-422	중국	플라스틱제품	1,073,500	1,101,500	2,175,000	30.8
10	22-925	미국	화장품	892,100	762,800	1,654,900	-5.7
11	82-428	베트남	자동차부품	1,056,300	1,003,100	2,059,400	-20.1
12	22-936	미국	플라스틱제품	1,227,900	1,125,600	2,353,500	32.3
13							
14	조건						
15	TRUE						
16							
17							
18	관리코드	국가명	상반기	하반기	증감률		
19	21-409	중국	1,069,100	1,229,000	-11.8		
20	22-904	미국	1,117,300	1,112,800	54.6		
21	22-910	미국	1,286,000	1,107,400	8.8		
22	82-428	베트남	1,056,300	1,003,100	-20.1		
23	22-936	미국	1,227,900	1,125,600	32.3		

≪처리조건≫

▶ "필터" 시트의 [A2:G12]를 아래 조건에 맞게 고급 필터를 사용하여 작성하시오.
 - '분류'가 "자동차부품"이거나 '합계'가 2200000 이상인 데이터를 '관리코드', '국가명', '상반기', '하반기', '증감률'의 데이터만 필터링 하시오.
 - 조건 위치 : 조건 함수는 [A15] 한 셀에 작성(OR 함수 이용)
 - 결과 위치 : [A18]부터 출력

▶ 지시사항이 없는 경우는 ≪출력형태≫와 동일하게 작성하시오.

(2) 시나리오

≪출력형태≫

	A	B	C	D	E	F
2	시나리오 요약					
3				현재 값:	상반기 베트남 15,000 증가	상반기 베트남 10,000 감소
5	변경 셀:					
6			$D$6	1,039,200	1,054,200	1,029,200
7			$D$7	857,700	872,700	847,700
8			$D$11	1,056,300	1,071,300	1,046,300
9	결과 셀:					
10			$F$6	1,057,250	1,064,750	1,052,250
11			$F$7	783,600	791,100	778,600
12			$F$11	1,029,700	1,037,200	1,024,700

참고: 현재 값 열은 시나리오 요약 보고서가 작성될 때의 변경 셀 값을 나타냅니다. 각 시나리오의 변경 셀들은 회색으로 표시됩니다.

≪처리조건≫

▶ "시나리오" 시트의 [A2:F12]를 이용하여 '국가명'이 "베트남"인 경우, '상반기'가 변동할 때 '평균'이 변동하는 가상분석(시나리오)을 작성하시오.

- 시나리오1 : 시나리오 이름은 "상반기 베트남 15,000 증가", '상반기'에 15000을 증가시킨 값 설정.
- 시나리오2 : 시나리오 이름은 "상반기 베트남 10,000 감소", '상반기'에 10000을 감소시킨 값 설정.
- "시나리오 요약" 시트를 작성하시오.

▶ 지시사항이 없는 경우는 ≪출력형태≫와 동일하게 작성하시오.

| 디지털정보활용능력 | 스프레드시트[엑셀] 2021 [시험시간 : 40분] |

【문제 4】 "피벗테이블" 시트를 참조하여 다음 ≪처리조건≫에 맞도록 작업하시오. (30점)

≪출력형태≫

	A	B	C	D
1				
2				
3	분류	값	국가명	
4			베트남	중국
5	자동차부품	평균 : 상반기	1,056,300	*
6		평균 : 하반기	1,003,100	*
7	플라스틱제품	평균 : 상반기	857,700	1,073,500
8		평균 : 하반기	709,500	1,101,500
9	화장품	평균 : 상반기	1,039,200	959,650
10		평균 : 하반기	1,075,300	1,010,450
11	전체 평균 : 상반기		984,400	997,600
12	전체 평균 : 하반기		929,300	1,040,800

≪처리조건≫

▶ "피벗테이블" 시트의 [A2:G12]를 이용하여 새로운 시트에 ≪출력형태≫와 같이 피벗테이블을 작성 후 시트명을 "피벗테이블 정답"으로 수정하시오.

▶ 분류(행)와 국가명(열)을 기준으로 하여 ≪출력형태≫와 같이 구하시오.
  - '상반기', '하반기'의 평균을 구하시오.
  - 피벗 테이블 옵션을 이용하여 레이블이 있는 셀 병합 및 가운데 맞춤하고 빈 셀을 "*"로 표시한 후, 행의 총합계를 감추기 하시오.
  - 피벗 테이블 디자인에서 보고서 레이아웃은 '테이블 형식으로 표시', 피벗 테이블 스타일은 어둡게 – '진한 파랑, 피벗 스타일 어둡게 6'으로 표시하시오.
  - 국가명(열)은 "베트남", "중국"만 출력되도록 표시하시오.
  - [C5:D12] 데이터는 셀 서식의 표시 형식-숫자를 이용하여 1000 단위 구분 기호를 표시하고, 가운데 맞춤하시오.

▶ 분류의 순서는 ≪출력형태≫와 다를 수 있음

▶ 지시사항이 없는 경우는 ≪출력형태≫와 동일하게 작성하시오.

【문제 5】 "**차트**" 시트를 참조하여 다음 ≪처리조건≫에 맞도록 작업하시오. (30점)

≪출력형태≫

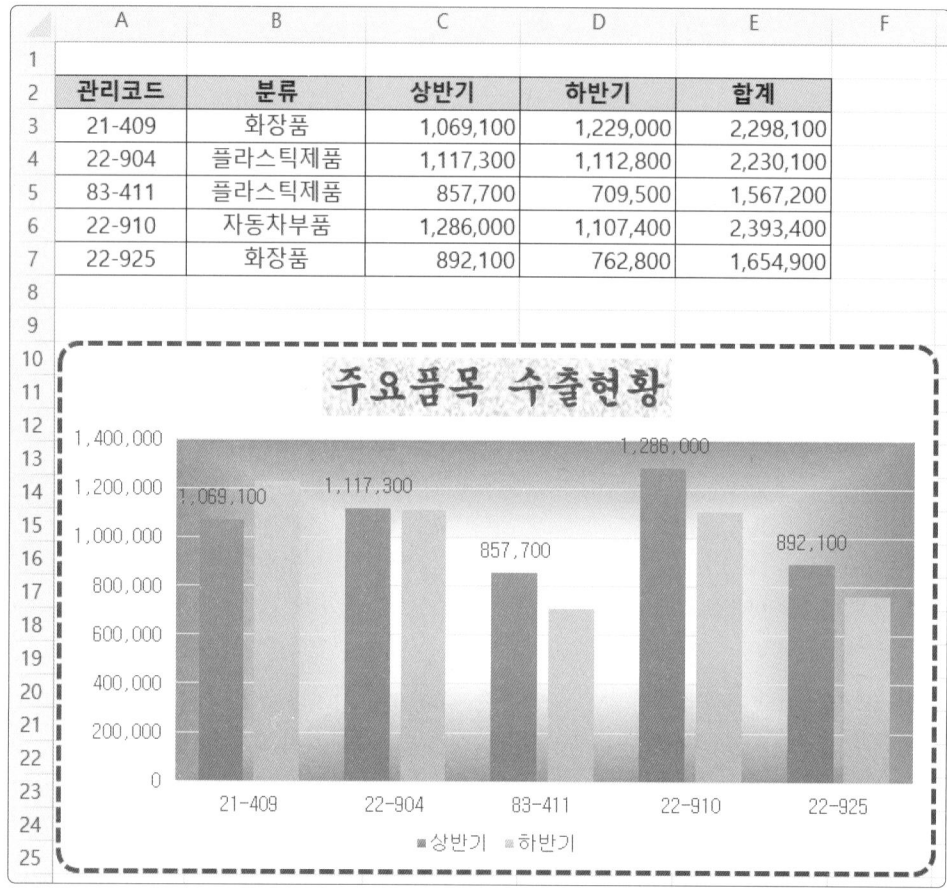

≪처리조건≫
▶ "차트" 시트에 주어진 표를 이용하여 '묶은 세로 막대형' 차트를 작성하시오.
　- 데이터 범위 : 현재 시트 [A2:A7], [C2:D7]의 데이터를 이용하여 작성하고, 행/열 전환은 '열'로 지정
　- 차트 제목("주요품목 수출현황")
　- 차트 스타일 : 색 변경(색상형 - 다양한 색상표 3, 스타일 6)
　- 차트 위치 : 현재 시트에 [A10:F25] 크기에 정확하게 맞추시오.
　- 차트 영역 서식 : 글꼴(굴림체, 10pt), 테두리 색(실선, 색 : 자주), 테두리 스타일(너비 : 2.5pt,
　　　　　　　　　겹선 종류 : 단순형, 대시 종류 : 사각 점선, 둥근 모서리)
　- 차트 제목 서식 : 글꼴(궁서체, 20pt, 굵게), 채우기(그림 또는 질감 채우기, 질감 : 신문 용지)
　- 그림 영역 서식 : 채우기(그라데이션 채우기, 그라데이션 미리 설정 : 위쪽 스포트라이트 강조 3,
　　　　　　　　　종류 : 사각형, 방향 : 가운데에서)
　- 범례 위치 : 아래쪽
　- 데이터 레이블 추가 : '상반기' 계열에 "값" 표시

▶ 지시사항이 없는 경우는 ≪출력형태≫와 동일하게 작성하시오.

제 04 회 정보기술자격(ITQ) 출제예상 모의고사

작성 시간 / 시험 시간	채점 결과
분 / 40분	점 / 200점

- ☑ 시험과목 : 스프레드시트(엑셀)
- ☑ 시험일자 : 20XX. XX. XX. (X)
- ☑ 응시자 기재사항 및 감독 위원 확인

MS Office 2021 버전용

수검번호	DIS - XXXX -	감독위원 확인
성 명		

· 응시자 유의사항 ·

1. 응시자는 신분증을 지참하여야 시험에 응시할 수 있으며, 시험이 종료될 때까지 신분증을 제시하지 못 할 경우 해당 시험은 0점 처리됩니다.
2. 시스템(PC 작동 여부, 네트워크 상태 등)의 이상 여부를 반드시 확인하여야 하며, 시스템 이상이 있을 시 감독 위원에게 조치를 받으셔야 합니다.
3. 시험 중 부주의 또는 고의로 시스템을 파손한 경우는 응시자 부담으로 합니다.
4. 답안 전송 프로그램을 통해 다운로드 받은 파일을 이용하여 답안 파일을 작성하시기 바랍니다.
5. 작성한 답안 파일은 답안 전송 프로그램을 통하여 전송됩니다. 감독 위원의 지시에 따라 주시기 바랍니다.
6. 다음 사함의 경우 실격(0점) 혹은 부정행위 처리됩니다.
    1) 답안 파일을 저장하지 않았거나, 저장한 파일이 손상되었을 경우
    2) 답안 파일을 지정된 폴더(바탕화면 – "KAIT" 폴더)에 저장하지 않았을 경우
        ※ 답안 전송 프로그램 로그인 시 바탕화면에 자동 생성됨
    3) 답안 파일을 다른 보조기억장치(USB) 혹은 네트워크(메신저, 게시판 등)로 전송할 경우
    4) 휴대용 전화기 등 통신기기를 사용할 경우
7. 시트는 반드시 순서대로 작성해야 하며, 순서가 다를 경우 "0"점 처리됩니다.
8. 시험지에 제시된 글꼴이 응시 프로그램에 없는 경우, 반드시 감독 위원에게 해당 내용을 통보한 뒤 조치를 받아야 합니다.
9. 시험의 완료는 작성이 완료된 답안을 저장하고, 답안 전송이 완료된 상태를 확인한 것으로 합니다. 답안 전송 확인 후 문제지는 감독 위원에게 제출한 후 퇴실하여야 합니다.
10. 답안 전송을 완료한 경우는 수정 또는 정정이 불가합니다.
11. 시험 시행 후 합격자 발표는 홈페이지(www.ihd.or.kr)에서 확인하시기 바랍니다.
    1) 문제 및 정답 공개 : 20XX. XX. XX. (X)
    2) 합격자 발표 : 20XX. XX. XX. (X)

【문제 1】 "참여현황" 시트를 참조하여 다음 ≪처리조건≫에 맞도록 작업하시오. (50점)

≪출력형태≫

	A	B	C	D	E	F	G	H	I
1				권역별 헌혈 참여현황					
2	센터명	지역	권역	2020년	2021년	2022년	평균	순위	비고
3	목동센터	서울중앙	수도권	16,506	16,361	16,309	16,392	2위	많은 참여
4	세종센터	대전세종충남	중부권	16,109	15,834	16,095	16,013	4위	많은 참여
5	해운대센터	부산	남부권	16,263	15,588	16,216	16,022	3위	많은 참여
6	수지센터	경기	수도권	15,850	16,192	15,888	15,977	7위	
7	충주센터	충북	중부권	18,457	16,257	16,343	17,019	1위	많은 참여
8	구리센터	서울동부	수도권	15,399	15,794	15,944	15,712	10위	
9	중앙로센터	대구경북	남부권	15,854	16,016	16,203	16,024	6위	많은 참여
10	둔산센터	대전세종충남	중부권	16,071	16,184	16,275	16,177	5위	많은 참여
11	충장로센터	광주전남	남부권	15,597	16,365	16,488	16,150	9위	많은 참여
12	일산센터	서울중앙	수도권	15,771	15,836	15,983	15,863	8위	
13	'2022년'의 최대값-최소값 차이				600명				
14	'권역'이 "수도권"인 '2020년'의 합계				63,526명				
15	'2021년' 중 세 번째로 작은 값				15,834명				

≪처리조건≫

▶ 1행의 행 높이를 '80'으로 설정하고, 2행~15행의 행 높이를 '18'로 설정하시오.
▶ 제목("권역별 헌혈 참여현황") : 기본 도형의 '사각형: 빗면'을 이용하여 입력하시오.
  - 도형 : ([B1:H1]), 도형 스타일(테마 스타일 – '미세 효과 – 주황, 강조 2')
  - 글꼴 : 궁서체, 26pt, 기울임꼴
  - 도형 서식 : 도형 옵션 – 크기 및 속성(텍스트 상자(세로 맞춤 : 정가운데, 텍스트 방향 : 가로))

▶ 셀 서식을 아래 조건에 맞게 작성하시오.
  - [A2:I15] : 테두리(안쪽, 윤곽선 모두 실선, '검정, 텍스트 1'), 전체 가운데 맞춤
  - [A13:D13], [A14:D14], [A15:D15] : 각각 병합하고 가운데 맞춤
  - [A2:I2], [A13:D15] : 채우기 색('황금색, 강조 4, 40% 더 밝게'), 글꼴(굵게)
  - [H3:H12] : 셀 서식의 표시 형식-사용자 지정을 이용하여 #"위"자를 추가
  - [D3:G12] : 셀 서식의 표시 형식-숫자를 이용하여 1000 단위 구분 기호 표시
  - [E13:G15] : 셀 서식의 표시 형식-사용자 지정을 이용하여 #,##0"명"자를 추가
  - 조건부 서식[A3:I12] : '권역'이 "수도권"인 경우 레코드 전체에 글꼴(자주, 굵은 기울임꼴) 적용
  - 지시사항이 없는 경우는 주어진 문제 파일의 서식을 그대로 사용하시오.

▶ ① 순위[H3:H12] : '2020년'을 기준으로 큰 순으로 순위를 구하시오. **(RANK.EQ 함수)**
▶ ② 비고[I3:I12] : '평균'이 16000 이상이면 "많은 참여", 그렇지 않으면 공백으로 구하시오. **(IF 함수)**
▶ ③ 최대값-최소값[E13:G13] : '2022년'의 최대값과 최소값의 차이를 구하시오. **(MAX, MIN 함수)**
▶ ④ 합계[E14:G14] : '권역'이 "수도권"인 '2020년'의 합계를 구하시오. **(DSUM 함수)**
▶ ⑤ 순위[E15:G15] : '2021년' 중 세 번째로 작은 값을 구하시오. **(SMALL 함수)**

【문제 2】 "부분합" 시트를 참조하여 다음 ≪처리조건≫에 맞도록 작업하시오. (30점)

≪출력형태≫

센터명	지역	권역	2020년	2021년	2022년	평균
해운대센터	부산	남부권	16,263	15,588	16,216	16,022
중앙로센터	대구경북	남부권	15,854	16,016	16,203	16,024
충장로센터	광주전남	남부권	15,597	16,365	16,488	16,150
		남부권 최대		16,365	16,488	
		남부권 평균	15,905	15,990		
목동센터	서울중앙	수도권	16,506	16,361	16,309	16,392
수지센터	경기	수도권	15,850	16,192	15,888	15,977
구리센터	서울동부	수도권	15,399	15,794	15,944	15,712
일산센터	서울중앙	수도권	15,771	15,836	15,983	15,863
		수도권 최대		16,361	16,309	
		수도권 평균	15,882	16,046		
세종센터	대전세종충남	중부권	16,109	15,834	16,095	16,013
충주센터	충북	중부권	18,457	16,257	16,343	17,019
둔산센터	대전세종충남	중부권	16,071	16,184	16,275	16,177
		중부권 최대		16,257	16,343	
		중부권 평균	16,879	16,092		
		전체 최대값		16,365	16,488	
		전체 평균	16,188	16,043		

≪처리조건≫

▶ 데이터를 '권역' 기준으로 오름차순 정렬하시오.

▶ 아래 조건에 맞는 부분합을 작성하시오.
  - '권역'으로 그룹화하여 '2020년', '2021년'의 평균을 구하는 부분합을 만드시오.
  - '권역'으로 그룹화하여 '2021년', '2022년'의 최대를 구하는 부분합을 만드시오.
   (새로운 값으로 대치하지 말 것)
  - [D3:G20] 영역에 셀 서식의 표시 형식-숫자를 이용하여 1000 단위 구분 기호를 표시하시오.

▶ D~G열을 선택하여 그룹을 설정하시오.

▶ 평균과 최대의 부분합 순서는 ≪출력형태≫와 다를 수 있음

▶ 지시사항이 없는 경우는 기본 값을 적용하시오.

【문제 3】 "필터"와 "시나리오" 시트를 참조하여 다음 ≪처리조건≫에 맞도록 작업하시오. (60점)

(1) 필터

≪출력형태≫

	A	B	C	D	E	F	G
1							
2	센터명	지역	권역	2020년	2021년	2022년	평균
3	목동센터	서울중앙	수도권	16,506	16,361	16,309	16,392
4	세종센터	대전세종충남	중부권	16,109	15,834	16,095	16,013
5	해운대센터	부산	남부권	16,263	15,588	16,216	16,022
6	수지센터	경기	수도권	15,850	16,192	15,888	15,977
7	충주센터	충북	중부권	18,457	16,257	16,343	17,019
8	구리센터	서울동부	수도권	15,399	15,794	15,944	15,712
9	중앙로센터	대구경북	남부권	15,854	16,016	16,203	16,024
10	둔산센터	대전세종충남	중부권	16,071	16,184	16,275	16,177
11	충장로센터	광주전남	남부권	15,597	16,365	16,488	16,150
12	일산센터	서울중앙	수도권	15,771	15,836	15,983	15,863
13							
14	조건						
15	TRUE						
16							
17							
18	센터명	지역	2021년	2022년	평균		
19	목동센터	서울중앙	16,361	16,309	16,392		
20	구리센터	서울동부	15,794	15,944	15,712		
21	일산센터	서울중앙	15,836	15,983	15,863		

≪처리조건≫

▶ "필터" 시트의 [A2:G12]를 아래 조건에 맞게 고급 필터를 사용하여 작성하시오.
  – '권역'이 "수도권"이고 '2022년'이 15900 이상인 데이터를 '센터명', '지역', '2021년', '2022년', '평균'의 데이터만 필터링 하시오.
  – 조건 위치 : 조건 함수는 [A15] 한 셀에 작성(AND 함수 이용)
  – 결과 위치 : [A18]부터 출력

▶ 지시사항이 없는 경우는 ≪출력형태≫와 동일하게 작성하시오.

(2) 시나리오

≪출력형태≫

		시나리오 요약			
			현재 값:	2022년 1,000증가	2022년 800감소
	변경 셀:				
		$F$3	16,309	17,309	15,509
		$F$6	15,888	16,888	15,088
		$F$8	15,944	16,944	15,144
		$F$12	15,983	16,983	15,183
	결과 셀:				
		$G$3	16,392	16,725	16,125
		$G$6	15,977	16,310	15,710
		$G$8	15,712	16,046	15,446
		$G$12	15,863	16,197	15,597
참고: 현재 값 열은 시나리오 요약 보고서가 작성될 때의 변경 셀 값을 나타냅니다. 각 시나리오의 변경 셀들은 회색으로 표시됩니다.					

≪처리조건≫

▶ "시나리오" 시트의 [A2:G12]를 이용하여 '권역'이 "수도권"인 경우, '2022년'이 변동할 때 '평균'이 변동하는 가상분석(시나리오)을 작성하시오.

　- 시나리오1 : 시나리오 이름은 "2022년 1,000 증가", '2022년'에 1000을 증가시킨 값 설정.
　- 시나리오2 : 시나리오 이름은 "2022년 800 감소", '2022년'에 800을 감소시킨 값 설정.
　- "시나리오 요약" 시트를 작성하시오.

▶ 지시사항이 없는 경우는 ≪출력형태≫와 동일하게 작성하시오.

【문제 4】 "피벗테이블" 시트를 참조하여 다음 ≪처리조건≫에 맞도록 작업하시오. (30점)

≪출력형태≫

	A	B	C	D	E
1					
2					
3	지역	값	권역		
4			남부권	수도권	중부권
5	경기	평균 : 2021년	**	16,192	**
6		평균 : 2022년	**	15,888	**
7	광주전남	평균 : 2021년	16,365	**	**
8		평균 : 2022년	16,488	**	**
9	대구경북	평균 : 2021년	16,016	**	**
10		평균 : 2022년	16,203	**	**
11	대전세종충남	평균 : 2021년	**	**	16,009
12		평균 : 2022년	**	**	16,185
13	전체 평균 : 2021년		16,191	16,192	16,009
14	전체 평균 : 2022년		16,346	15,888	16,185

≪처리조건≫

▶ "피벗테이블" 시트의 [A2:F12]를 이용하여 새로운 시트에 ≪출력형태≫와 같이 피벗테이블을 작성 후 시트명을 "피벗테이블 정답"으로 수정하시오.

▶ 지역(행)과 권역(열)을 기준으로 하여 ≪출력형태≫와 같이 구하시오.
  – '2021년', '2022년'의 평균을 구하시오.
  – 피벗 테이블 옵션을 이용하여 레이블이 있는 셀 병합 및 가운데 맞춤하고 빈 셀을 "**"로 표시한 후, 행의 총합계를 감추기 하시오.
  – 피벗 테이블 디자인에서 보고서 레이아웃은 '테이블 형식으로 표시', 피벗 테이블 스타일은 중간 – '연한 주황, 피벗 스타일 보통 10'으로 표시하시오.
  – 지역(행)은 "경기", "광주전남", "대구경북", "대전세종충남"만 출력되도록 표시하시오.
  – [C5:E14] 데이터는 셀 서식의 표시 형식–숫자를 이용하여 1000 단위 구분 기호를 표시하고, 오른쪽 맞춤하시오.

▶ 지역의 순서는 ≪출력형태≫와 다를 수 있음

▶ 지시사항이 없는 경우는 ≪출력형태≫와 동일하게 작성하시오.

【문제 5】 "차트" 시트를 참조하여 다음 ≪처리조건≫에 맞도록 작업하시오. (30점)

≪출력형태≫

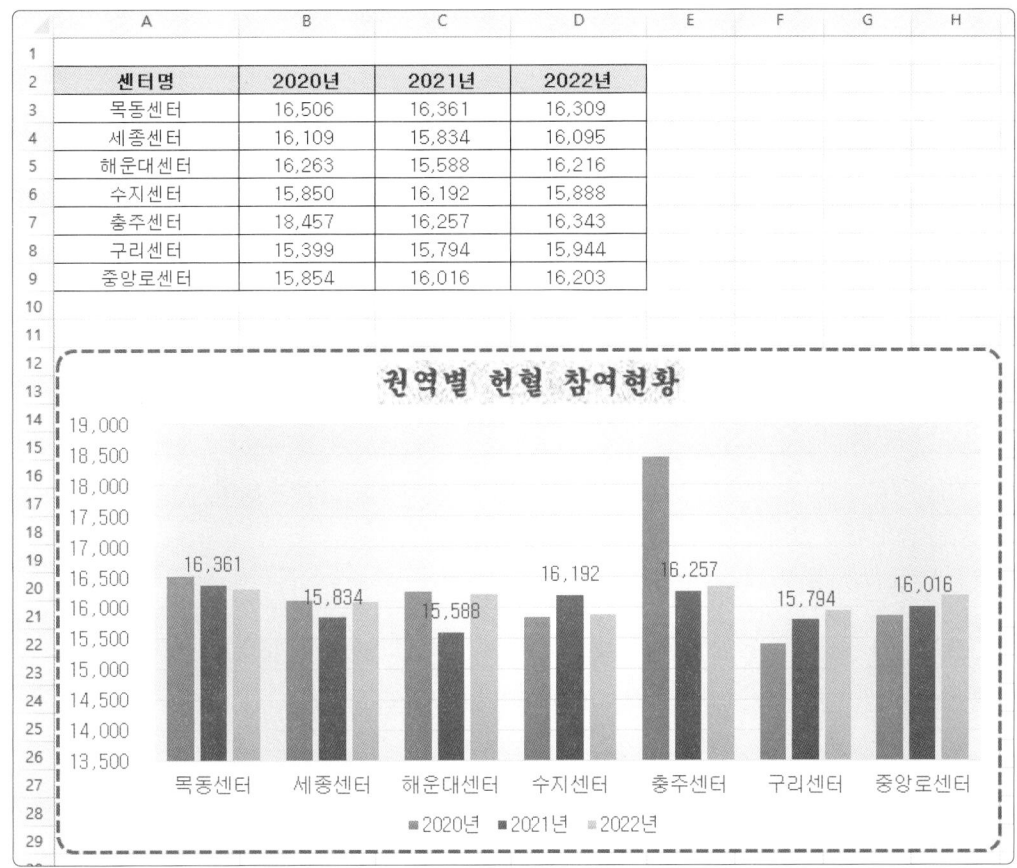

≪처리조건≫

▶ "차트" 시트에 주어진 표를 이용하여 '묶은 세로 막대형' 차트를 작성하시오.
- 데이터 범위 : 현재 시트 [A2:D9]의 데이터를 이용하여 작성하고, 행/열 전환은 '열'로 지정
- 차트 제목("권역별 헌혈 참여현황")
- 차트 스타일 : 색 변경(색상형 – 다양한 색상표 4, 스타일 6)
- 차트 위치 : 현재 시트에 [A12:H29] 크기에 정확하게 맞추시오.
- 차트 영역 서식 : 글꼴(굴림체, 12pt), 테두리 색(실선, 색 : 파랑), 테두리 스타일(너비 : 2.5pt, 겹선 종류 : 단순형, 대시 종류 : 사각 점선, 둥근 모서리)
- 차트 제목 서식 : 글꼴(궁서체, 18pt, 굵게), 채우기(그림 또는 질감 채우기, 질감 : 신문 용지)
- 그림 영역 서식 : 채우기(그라데이션 채우기, 그라데이션 미리 설정 : 밝은 그라데이션 – 강조 4, 종류 : 방사형, 방향 : 가운데에서)
- 범례 위치 : 아래쪽
- 데이터 레이블 추가 : '2021년' 계열에 "값" 표시

▶ 지시사항이 없는 경우는 ≪출력형태≫와 동일하게 작성하시오.

제 05 회 디지털정보활용능력 출제예상 모의고사

작성 시간 / 시험 시간	채점 결과
분 / 40분	점 / 200점

- ☑ 시험과목 : 스프레드시트(엑셀)
- ☑ 시험일자 : 20XX. XX. XX. (X)
- ☑ 응시자 기재사항 및 감독 위원 확인

MS Office 2021 버전용

수검번호	DIS - XXXX -	감독위원 확인
성 명		

· 응시자 유의사항 ·

1. 응시자는 신분증을 지참하여야 시험에 응시할 수 있으며, 시험이 종료될 때까지 신분증을 제시하지 못 할 경우 해당 시험은 0점 처리됩니다.
2. 시스템(PC 작동 여부, 네트워크 상태 등)의 이상 여부를 반드시 확인하여야 하며, 시스템 이상이 있을 시 감독 위원에게 조치를 받으셔야 합니다.
3. 시험 중 부주의 또는 고의로 시스템을 파손한 경우는 응시자 부담으로 합니다.
4. 답안 전송 프로그램을 통해 다운로드 받은 파일을 이용하여 답안 파일을 작성하시기 바랍니다.
5. 작성한 답안 파일은 답안 전송 프로그램을 통하여 전송됩니다. 감독 위원의 지시에 따라 주시기 바랍니다.
6. 다음 사항의 경우 실격(0점) 혹은 부정행위 처리됩니다.
    1) 답안 파일을 저장하지 않았거나, 저장한 파일이 손상되었을 경우
    2) 답안 파일을 지정된 폴더(바탕화면 - "KAIT" 폴더)에 저장하지 않았을 경우
        ※ 답안 전송 프로그램 로그인 시 바탕화면에 자동 생성됨
    3) 답안 파일을 다른 보조기억장치(USB) 혹은 네트워크(메신저, 게시판 등)로 전송할 경우
    4) 휴대용 전화기 등 통신기기를 사용할 경우
7. 시트는 반드시 순서대로 작성해야 하며, 순서가 다를 경우 "0"점 처리됩니다.
8. 시험지에 제시된 글꼴이 응시 프로그램에 없는 경우, 반드시 감독 위원에게 해당 내용을 통보한 뒤 조치를 받아야 합니다.
9. 시험의 완료는 작성이 완료된 답안을 저장하고, 답안 전송이 완료된 상태를 확인한 것으로 합니다. 답안 전송 확인 후 문제지는 감독 위원에게 제출한 후 퇴실하여야 합니다.
10. 답안 전송을 완료한 경우는 수정 또는 정정이 불가합니다.
11. 시험 시행 후 합격자 발표는 홈페이지(www.ihd.or.kr)에서 확인하시기 바랍니다.
    1) 문제 및 정답 공개 : 20XX. XX. XX. (X)
    2) 합격자 발표 : 20XX. XX. XX. (X)

디지털정보활용능력 | 스프레드시트[엑셀] 2021 [시험시간 : 40분]

【문제 1】 "교육실적" 시트를 참조하여 다음 《처리조건》에 맞도록 작업하시오. (50점)

《출력형태》

카테고리	과정명	과정수준	1분기	2분기	3분기	4분기	순위	비고
프로그래밍	파이썬 기초	입문과정	634	1,434	575	1,888	2	1분기 저조
데이터 분석	데이터 시각화	입문과정	697	1,088	1,601	1,935	1	1분기 저조
프로그래밍	파이썬 웹개발	통합과정	1,451	774	758	1,417	3	
업무 생산성	엑셀VBA	심화과정	1,610	674	1,764	1,105	8	
데이터 분석	빅데이터 분석가	통합과정	1,968	1,415	1,487	1,313	5	
프로그래밍	파이썬 심화	심화과정	1,997	546	940	1,210	7	
업무 생산성	엑셀실무	입문과정	1,062	970	1,302	865	9	
데이터 분석	데이터 사이언스	통합과정	1,801	829	743	1,272	6	
업무 생산성	PPT 제작/디자인	입문과정	823	670	1,626	1,375	4	1분기 저조
프로그래밍	백엔드 웹개발	심화과정	1,103	665	1,928	544	10	
'3분기'의 최대값-최소값 차이				1,353명				
'카테고리'가 "프로그래밍"인 '1분기'의 합계				5,185명				
'2분기' 중 세 번째로 작은 값				670명				

제목: 디지털 정보화 교육실적

《처리조건》

▶ 1행의 행 높이를 '80'으로 설정하고, 2행~15행의 행 높이를 '18'로 설정하시오.
▶ 제목("디지털 정보화 교육실적") : 기본 도형의 '배지'를 이용하여 입력하시오.
  – 도형 : 위치([B1:H1]), 도형 스타일(테마 스타일 – '미세 효과 – 주황, 강조 2')
  – 글꼴 : 궁서체, 30pt, 굵게
  – 도형 서식 : 도형 옵션 크기 및 속성(텍스트 상자(세로 맞춤 : 정가운데, 텍스트 방향 : 가로))

▶ 셀 서식을 아래 조건에 맞게 작성하시오.
  – [A2:I15] : 테두리(안쪽, 윤곽선 모두 실선, '검정, 텍스트 1'), 전체 가운데 맞춤
  – [A13:D13], [A14:D14], [A15:D15] : 각각 병합하고 가운데 맞춤
  – [A2:I2], [A13:D15] : 채우기 색('주황, 강조 2, 80% 더 밝게'), 글꼴(굵게)
  – [C3:C12] : 셀 서식의 표시 형식–사용자 지정을 이용하여 @"과정"자를 추가
  – [D3:G12] : 셀 서식의 표시 형식–숫자를 이용하여 1000 단위 구분 기호 표시
  – [E13:G15] : 셀 서식의 표시 형식–사용자 지정을 이용하여 #,##0"명"자를 추가
  – 조건부 서식[A3:I12] : '1분기'가 1200 이하인 경우 레코드 전체에 글꼴(자주, 굵게) 적용
  – 지시사항이 없는 경우는 주어진 문제 파일의 서식을 그대로 사용하시오.

▶ ① 순위[H3:H12] : '4분기'를 기준으로 큰 순으로 순위를 구하시오. (RANK.EQ 함수)
▶ ② 비고[I3:I12] : '1분기'가 1000 이하이면 "1분기 저조", 그렇지 않으면 공백으로 구하시오. (IF 함수)
▶ ③ 최대값-최소값[E13:G13] : '3분기'의 최대값과 최소값의 차이를 구하시오. (MAX, MIN 함수)
▶ ④ 합계[E14:G14] : '카테고리'가 "프로그래밍"인 '1분기'의 합계를 구하시오. (DSUM 함수)
▶ ⑤ 순위[E15:G15] : '2분기' 중 세 번째로 작은 값을 구하시오. (SMALL 함수)

【문제 2】 "부분합" 시트를 참조하여 다음 ≪처리조건≫에 맞도록 작업하시오. (30점)

≪출력형태≫

	A	B	C	D	E	F	G
1							
2	카테고리	과정명	과정수준	1분기	2분기	3분기	4분기
3	업무 생산성	엑셀VBA	심화과정	1,610	674	1,764	1,105
4	프로그래밍	파이썬 심화	심화과정	1,997	546	940	1,210
5	프로그래밍	백엔드 웹개발	심화과정	1,103	665	1,928	544
6			심화과정 요약	4,710	1,885	4,632	2,859
7			심화과정 최대			1,928	1,210
8	프로그래밍	파이썬 기초	입문과정	634	1,434	575	1,888
9	데이터 분석	데이터 시각화	입문과정	697	1,088	1,601	1,935
10	업무 생산성	엑셀실무	입문과정	1,062	970	1,302	865
11	업무 생산성	PPT 제작/디자인	입문과정	823	670	1,626	1,375
12			입문과정 요약	3,216	4,162	5,104	6,063
13			입문과정 최대			1,626	1,935
14	프로그래밍	파이썬 웹개발	통합과정	1,451	774	758	1,417
15	데이터 분석	빅데이터 분석가	통합과정	1,968	1,415	1,487	1,313
16	데이터 분석	데이터 사이언스	통합과정	1,801	829	743	1,272
17			통합과정 요약	5,220	3,018	2,988	4,002
18			통합과정 최대			1,487	1,417
19			총합계	13,146	9,065	12,724	12,924
20			전체 최대값			1,928	1,935

≪처리조건≫

▶ 데이터를 '과정수준' 기준으로 오름차순 정렬하시오.

▶ 아래 조건에 맞는 부분합을 작성하시오.
  - '과정수준'으로 그룹화하여 '3분기', '4분기'의 최대를 구하는 부분합을 만드시오.
  - '과정수준'으로 그룹화하여 '1분기', '2분기', '3분기', '4분기'의 합계를 구하는 부분합을 만드시오.
    (새로운 값으로 대치하지 말 것)
  - [D3:G20] 영역에 셀 서식의 표시 형식-숫자를 이용하여 1000 단위 구분 기호를 표시하시오.

▶ D~E열을 선택하여 그룹을 설정하시오.

▶ 최대와 합계의 부분합 순서는 ≪출력형태≫와 다를 수 있음

▶ 지시사항이 없는 경우는 기본 값을 적용하시오.

【문제 3】 "필터"와 "시나리오" 시트를 참조하여 다음 ≪처리조건≫에 맞도록 작업하시오. (60점)

(1) 필터

≪출력형태≫

	A	B	C	D	E	F	G
1							
2	카테고리	과정명	과정수준	1분기	2분기	3분기	4분기
3	프로그래밍	파이썬 기초	입문과정	634	1,434	575	1,888
4	데이터 분석	데이터 시각화	입문과정	697	1,088	1,601	1,935
5	프로그래밍	파이썬 웹개발	통합과정	1,451	774	758	1,417
6	업무 생산성	엑셀VBA	심화과정	1,610	674	1,764	1,105
7	데이터 분석	빅데이터 분석가	통합과정	1,968	1,415	1,487	1,313
8	프로그래밍	파이썬 심화	심화과정	1,997	546	940	1,210
9	업무 생산성	엑셀실무	입문과정	1,062	970	1,302	865
10	데이터 분석	데이터 사이언스	통합과정	1,801	829	743	1,272
11	업무 생산성	PPT 제작/디자인	입문과정	823	670	1,626	1,375
12	프로그래밍	백엔드 웹개발	심화과정	1,103	665	1,928	544
13							
14	조건						
15	FALSE						
16							
17							
18	과정명	1분기	2분기	3분기	4분기		
19	데이터 시각화	697	1,088	1,601	1,935		
20	엑셀VBA	1,610	674	1,764	1,105		
21	파이썬 심화	1,997	546	940	1,210		
22	백엔드 웹개발	1,103	665	1,928	544		

≪처리조건≫

▶ "필터" 시트의 [A2:G12]를 아래 조건에 맞게 고급 필터를 사용하여 작성하시오.
  - '과정수준'이 "심화과정"이거나 '4분기'가 1900 이상인 데이터를 '과정명', '1분기', '2분기', '3분기', '4분기'의 데이터만 필터링 하시오.
  - 조건 위치 : 조건 함수는 [A15] 한 셀에 작성(OR 함수 이용)
  - 결과 위치 : [A18]부터 출력

▶ 지시사항이 없는 경우는 ≪출력형태≫와 동일하게 작성하시오.

(2) 시나리오

≪출력형태≫

	A	B	C	D	E	F	G
1							
2		시나리오 요약					
3				현재 값:	1분기 데이터 분석 20 증가	1분기 데이터 분석 10 감소	
5		변경 셀:					
6			$D$4	697	717	687	
7			$D$7	1,968	1,988	1,958	
8			$D$10	1,801	1,821	1,791	
9		결과 셀:					
10			$H$4	1,330	1,335	1,328	
11			$H$7	1,546	1,551	1,543	
12			$H$10	1,161	1,166	1,159	
13		참고: 현재 값 열은 시나리오 요약 보고서가 작성될 때의					
14		변경 셀 값을 나타냅니다. 각 시나리오의 변경 셀들은					
15		회색으로 표시됩니다.					

≪처리조건≫

▶ "시나리오" 시트의 [A2:H12]를 이용하여 '카테고리'가 "데이터 분석"인 경우, '1분기'가 변동할 때 '평균'이 변동하는 가상분석(시나리오)을 작성하시오.

- 시나리오1 : 시나리오 이름은 "1분기 데이터 분석 20 증가", '1분기'에 20을 증가시킨 값 설정.
- 시나리오2 : 시나리오 이름은 "1분기 데이터 분석 10 감소", '1분기'에 10을 감소시킨 값 설정.
- "시나리오 요약" 시트를 작성하시오.

▶ 지시사항이 없는 경우는 ≪출력형태≫와 동일하게 작성하시오.

【문제 4】 "**피벗테이블**" 시트를 참조하여 다음 ≪처리조건≫에 맞도록 작업하시오. (30점)

≪출력형태≫

	A	B	C	D	E
1					
2					
3			카테고리		
4	과정수준	값	데이터 분석	업무 생산성	프로그래밍
5	심화과정	최대 : 1분기	***	1,610	1,997
6		최대 : 2분기	***	674	665
7	통합과정	최대 : 1분기	1,968	***	1,451
8		최대 : 2분기	1,415	***	774
9	전체 최대 : 1분기		1,968	1,610	1,997
10	전체 최대 : 2분기		1,415	674	774

≪처리조건≫

▶ "피벗테이블" 시트의 [A2:G12]를 이용하여 새로운 시트에 ≪출력형태≫와 같이 피벗테이블을 작성 후 시트명을 "피벗테이블 정답"으로 수정하시오.

▶ 과정수준(행)과 카테고리(열)를 기준으로 하여 ≪출력형태≫와 같이 구하시오.
   - '1분기', '2분기'의 최대를 구하시오.
   - 피벗 테이블 옵션을 이용하여 레이블이 있는 셀 병합 및 가운데 맞춤하고 빈 셀을 "***"로 표시한 후, 행의 총합계를 감추기 하시오.
   - 피벗 테이블 디자인에서 보고서 레이아웃은 '테이블 형식으로 표시', 피벗 테이블 스타일은 중간 – '연한 주황, 피벗 스타일 보통 10'으로 표시하시오.
   - 과정수준(행)은 "심화과정", "통합과정"만 출력되도록 표시하시오.
   - [C5:E10] 데이터는 셀 서식의 표시 형식–숫자를 이용하여 1000 단위 구분 기호를 표시하고, 가운데 맞춤하시오.

▶ 과정수준의 순서는 ≪출력형태≫와 다를 수 있음

▶ 지시사항이 없는 경우는 ≪출력형태≫와 동일하게 작성하시오.

【문제 5】 "**차트**" 시트를 참조하여 다음 ≪처리조건≫에 맞도록 작업하시오. (30점)

≪출력형태≫

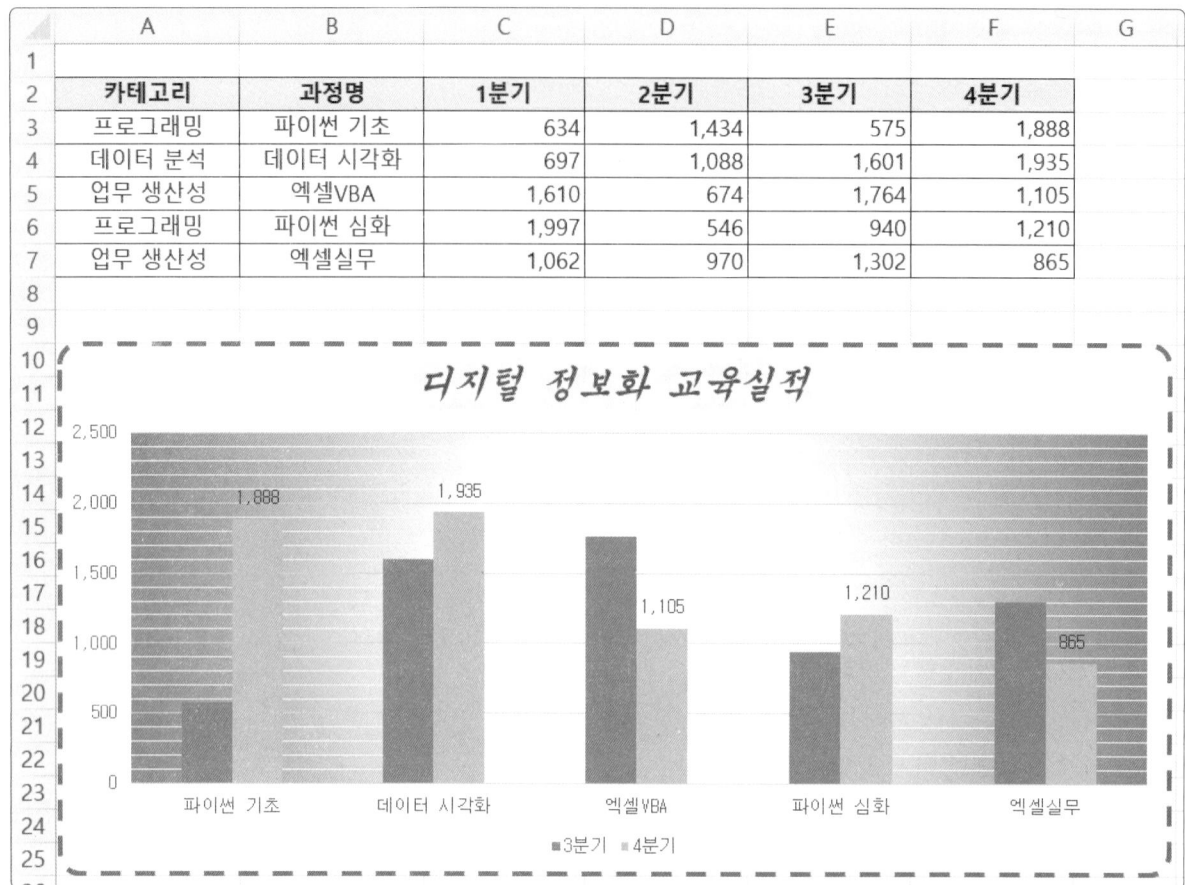

≪처리조건≫

▶ "차트" 시트에 주어진 표를 이용하여 '묶은 세로 막대형' 차트를 작성하시오.
  - 데이터 범위 : 현재 시트 [B2:B7], [E2:F7]의 데이터를 이용하여 작성하고, 행/열 전환은 '열'로 지정
  - 차트 제목("디지털 정보화 교육실적")
  - 차트 스타일 : 색 변경(색상형 – 다양한 색상표 3, 스타일 11)
  - 차트 위치 : 현재 시트에 [A10:G25] 크기에 정확하게 맞추시오.
  - 차트 영역 서식 : 글꼴(돋움체, 9pt), 테두리 색(실선, 색 : 빨강), 테두리 스타일(너비 : 2.5pt,
       겹선 종류 : 단순형, 대시 종류 : 파선, 둥근 모서리)
  - 차트 제목 서식 : 글꼴(궁서체, 18pt, 기울임꼴), 채우기(그림 또는 질감 채우기, 질감 : 양피지)
  - 그림 영역 서식 : 채우기(그라데이션 채우기, 그라데이션 미리 설정 : 위쪽 스포트라이트 강조 2,
       종류 : 방사형, 방향 : 가운데에서)
  - 범례 위치 : 아래쪽
  - 데이터 레이블 추가 : '4분기' 계열에 "값" 표시

▶ 지시사항이 없는 경우는 ≪출력형태≫와 동일하게 작성하시오.

제 06 회 정보기술자격(ITQ) 출제예상 모의고사

작성 시간 / 시험 시간	채점 결과
분 / 40분	점 / 200점

☑ 시험과목 : 스프레드시트(엑셀)
☑ 시험일자 : 20XX. XX. XX. (X)
☑ 응시자 기재사항 및 감독 위원 확인

MS Office 2021 버전용

수검번호	DIS - XXXX -	감독위원 확인
성 명		

· 응시자 유의사항 ·

1. 응시자는 신분증을 지참하여야 시험에 응시할 수 있으며, 시험이 종료될 때까지 신분증을 제시하지 못 할 경우 해당 시험은 0점 처리됩니다.

2. 시스템(PC 작동 여부, 네트워크 상태 등)의 이상 여부를 반드시 확인하여야 하며, 시스템 이상이 있을 시 감독 위원에게 조치를 받으셔야 합니다.

3. 시험 중 부주의 또는 고의로 시스템을 파손한 경우는 응시자 부담으로 합니다.

4. 답안 전송 프로그램을 통해 다운로드 받은 파일을 이용하여 답안 파일을 작성하시기 바랍니다.

5. 작성한 답안 파일은 답안 전송 프로그램을 통하여 전송됩니다. 감독 위원의 지시에 따라 주시기 바랍니다.

6. 다음 사항의 경우 실격(0점) 혹은 부정행위 처리됩니다.
   1) 답안 파일을 저장하지 않았거나, 저장한 파일이 손상되었을 경우
   2) 답안 파일을 지정된 폴더(바탕화면 – "KAIT" 폴더)에 저장하지 않았을 경우
      ※ 답안 전송 프로그램 로그인 시 바탕화면에 자동 생성됨
   3) 답안 파일을 다른 보조기억장치(USB) 혹은 네트워크(메신저, 게시판 등)로 전송할 경우
   4) 휴대용 전화기 등 통신기기를 사용할 경우

7. 시트는 반드시 순서대로 작성해야 하며, 순서가 다를 경우 "0"점 처리됩니다.

8. 시험지에 제시된 글꼴이 응시 프로그램에 없는 경우, 반드시 감독 위원에게 해당 내용을 통보한 뒤 조치를 받아야 합니다.

9. 시험의 완료는 작성이 완료된 답안을 저장하고, 답안 전송이 완료된 상태를 확인한 것으로 합니다. 답안 전송 확인 후 문제지는 감독 위원에게 제출한 후 퇴실하여야 합니다.

10. 답안 전송을 완료한 경우는 수정 또는 정정이 불가합니다.

11. 시험 시행 후 합격자 발표는 홈페이지(www.ihd.or.kr)에서 확인하시기 바랍니다.
    1) 문제 및 정답 공개 : 20XX. XX. XX. (X)
    2) 합격자 발표 : 20XX. XX. XX. (X)

디지털정보활용능력 　스프레드시트[엑셀] 2021 [시험시간 : 40분]　　1/6

【문제 1】 "납품현황" 시트를 참조하여 다음 ≪처리조건≫에 맞도록 작업하시오. (50점)

≪출력형태≫

	A	B	C	D	E	F	G	H	I
1				학교 식자재 납품현황					
2	납품일자	제품명	납품학교	단가	포장중량	개수	납품액	순위	비고
3	2022-10-04	애호박	푸름고등학교	9,450	950	286EA	2,702,700원	2	우수고객
4	2022-10-06	방울토마토	해와달중학교	10,300	800	148EA	1,524,400원	7	
5	2022-10-07	알감자	으뜸고등학교	6,040	1,500	125EA	755,000원	10	
6	2022-10-10	방울토마토	푸름고등학교	10,300	950	164EA	1,689,200원	6	
7	2022-10-11	알감자	해와달중학교	6,040	1,050	166EA	1,002,640원	5	
8	2022-10-13	애호박	으뜸고등학교	9,450	980	218EA	2,060,100원	4	우수고객
9	2022-10-14	방울토마토	푸름고등학교	10,300	1,000	146EA	1,503,800원	8	
10	2022-10-17	애호박	푸름고등학교	9,450	790	144EA	1,360,800원	9	
11	2022-10-19	방울토마토	으뜸고등학교	10,300	730	247EA	2,544,100원	3	우수고객
12	2022-10-21	알감자	푸름고등학교	6,040	820	287EA	1,733,480원	1	
13	'제품명'이 "애호박"인 '납품액'의 합계				6,123,600원				
14	'단가'의 최대값-최소값 차이				4,260원				
15	'납품액' 중 두 번째로 작은 값				1,002,640원				

≪처리조건≫

▶ 1행의 행 높이를 '80'으로 설정하고, 2행~15행의 행 높이를 '18'로 설정하시오.
▶ 제목("학교 식자재 납품현황") : 기본 도형의 '평행 사변형'을 이용하여 입력하시오.
　- 도형 : 위치([B1:H1]), 도형 스타일(테마 스타일 - '보통 효과 - 파랑, 강조 1')
　- 글꼴 : 궁서체, 32pt, 굵게
　- 도형 서식 : 도형 옵션 - 크기 및 속성(텍스트 상자(세로 맞춤 : 정가운데, 텍스트 방향 : 가로))

▶ 셀 서식을 아래 조건에 맞게 작성하시오.
　- [A2:I15] : 테두리(안쪽, 윤곽선 모두 실선, '검정, 텍스트 1'), 전체 가운데 맞춤
　- [A13:D13], [A14:D14], [A15:D15] : 각각 병합하고 가운데 맞춤
　- [A2:I2], [A13:D15] : 채우기 색('파랑, 강조 1, 60% 더 밝게'), 글꼴(굵게)
　- [D3:E12] : 셀 서식의 표시 형식-숫자를 이용하여 1000 단위 구분 기호 표시
　- [F3:F12] : 셀 서식의 표시 형식-사용자 지정을 이용하여 #"EA"자를 추가
　- [G3:G12], [E13:G15] : 셀 서식의 표시 형식-사용자 지정을 이용하여 #,##0"원"자를 추가
　- 조건부 서식[A3:I12] : '포장중량'이 1000 이상인 경우 레코드 전체에 글꼴(빨강, 굵은 기울임꼴) 적용
　- 지시사항이 없는 경우는 주어진 문제 파일의 서식을 그대로 사용하시오.

▶ ① 순위[H3:H12] : '개수'를 기준으로 큰 순으로 순위를 구하시오. (RANK.EQ 함수)
▶ ② 비고[I3:I12] : '납품액'이 2000000 이상이면 "우수고객", 그렇지 않으면 공백으로 구하시오. (IF 함수)
▶ ③ 합계[E13:G13] : '제품명'이 "애호박"인 '납품액'의 합계를 구하시오. (DSUM 함수)
▶ ④ 최대값-최소값[E14:G14] : '단가'의 최대값과 최소값의 차이를 구하시오. (MAX, MIN 함수)
▶ ⑤ 순위[E15:G15] : '납품액' 중 두 번째로 작은 값을 구하시오. (SMALL 함수)

【문제 2】 "**부분합**" 시트를 참조하여 다음 ≪처리조건≫에 맞도록 작업하시오. (30점)

≪출력형태≫

	A	B	C	D	E	F	G
1							
2	납품일자	제품명	납품학교	단가	포장중량	개수	납품액
3	2022-10-04	애호박	푸름고등학교	9,450	950	286	2,702,700
4	2022-10-13	애호박	으뜸고등학교	9,450	980	218	2,060,100
5	2022-10-17	애호박	푸름고등학교	9,450	790	144	1,360,800
6		애호박 평균		9,450			2,041,200
7		애호박 최대		9,450	980	286	
8	2022-10-07	알감자	으뜸고등학교	6,040	1,500	125	755,000
9	2022-10-11	알감자	해와달중학교	6,040	1,050	166	1,002,640
10	2022-10-21	알감자	푸름고등학교	6,040	820	287	1,733,480
11		알감자 평균		6,040			1,163,707
12		알감자 최대		6,040	1,500	287	
13	2022-10-06	방울토마토	해와달중학교	10,300	800	148	1,524,400
14	2022-10-10	방울토마토	푸름고등학교	10,300	950	164	1,689,200
15	2022-10-14	방울토마토	푸름고등학교	10,300	1,000	146	1,503,800
16	2022-10-19	방울토마토	으뜸고등학교	10,300	730	247	2,544,100
17		방울토마토 평균		10,300			1,815,375
18		방울토마토 최대		10,300	1,000	247	
19		전체 평균		8,767			1,687,622
20		전체 최대값		10,300	1,500	287	

≪처리조건≫

▶ 데이터를 '제품명' 기준으로 내림차순 정렬하시오.

▶ 아래 조건에 맞는 부분합을 작성하시오.
  - '제품명'으로 그룹화하여 '단가', '포장중량', '개수'의 최대를 구하는 부분합을 만드시오.
  - '제품명'으로 그룹화하여 '단가', '납품액'의 평균을 구하는 부분합을 만드시오.
    (새로운 값으로 대치하지 말 것)
  - [D3:G20] 영역에 셀 서식의 표시 형식-숫자를 이용하여 1000 단위 구분 기호를 표시하시오.

▶ D~F열을 선택하여 그룹을 설정하시오.

▶ 최대와 평균의 부분합 순서는 ≪출력형태≫와 다를 수 있음

▶ 지시사항이 없는 경우는 기본 값을 적용하시오.

【문제 3】 "필터"와 "시나리오" 시트를 참조하여 다음 ≪처리조건≫에 맞도록 작업하시오. (60점)

(1) 필터

≪출력형태≫

	A	B	C	D	E	F	G
1							
2	납품일자	제품명	납품학교	단가	포장중량	개수	납품액
3	2022-10-04	애호박	푸름고등학교	9,450	950	286	2,702,700
4	2022-10-06	방울토마토	해와달중학교	10,300	800	148	1,524,400
5	2022-10-07	알감자	으뜸고등학교	6,040	1,500	125	755,000
6	2022-10-10	방울토마토	푸름고등학교	10,300	950	164	1,689,200
7	2022-10-11	알감자	해와달중학교	6,040	1,050	166	1,002,640
8	2022-10-13	애호박	으뜸고등학교	9,450	980	218	2,060,100
9	2022-10-14	방울토마토	푸름고등학교	10,300	1,000	146	1,503,800
10	2022-10-17	애호박	푸름고등학교	9,450	790	144	1,360,800
11	2022-10-19	방울토마토	으뜸고등학교	10,300	730	247	2,544,100
12	2022-10-21	알감자	푸름고등학교	6,040	820	287	1,733,480
13							
14	조건						
15	FALSE						
16							
17							
18	납품일자	제품명	단가	개수			
19	2022-10-10	방울토마토	10,300	164			
20	2022-10-14	방울토마토	10,300	146			
21	2022-10-17	애호박	9,450	144			

≪처리조건≫

▶ "필터" 시트의 [A2:G12]를 아래 조건에 맞게 고급 필터를 사용하여 작성하시오.
 - '납품학교'가 "푸름고등학교"이고 '납품액'이 1700000 이하인 데이터를 '납품일자', '제품명', '단가', '개수'의 데이터만 필터링 하시오.
 - 조건 위치 : 조건 함수는 [A15] 한 셀에 작성(AND 함수 이용)
 - 결과 위치 : [A18]부터 출력

▶ 지시사항이 없는 경우는 ≪출력형태≫와 동일하게 작성하시오.

(2) 시나리오

≪출력형태≫

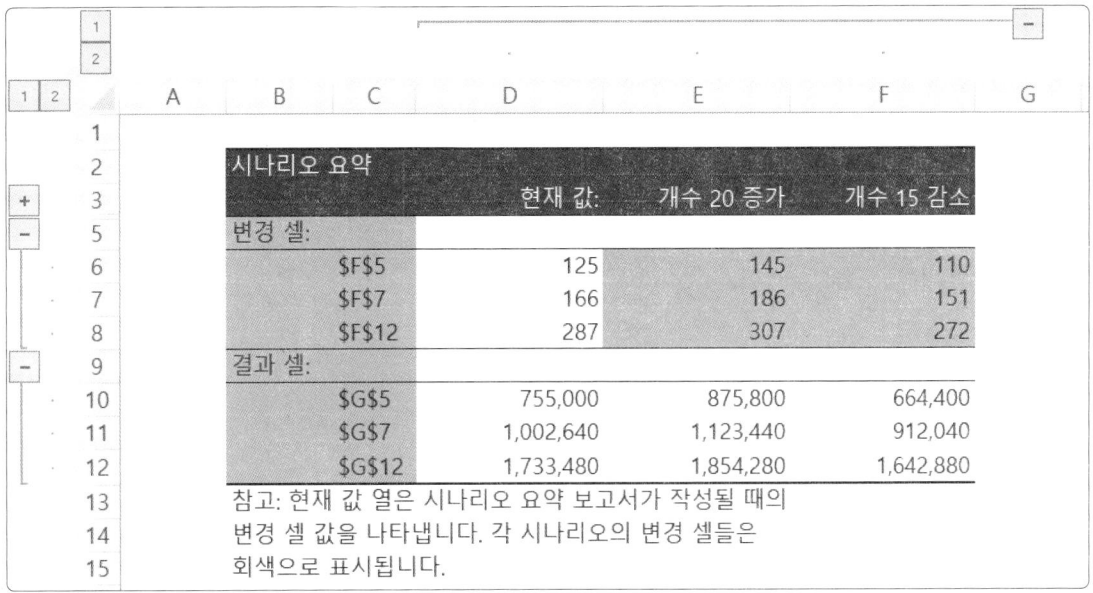

≪처리조건≫

▶ "시나리오" 시트의 [A2:G12]를 이용하여 '제품명'이 "알감자"인 경우, '개수'가 변동할 때 '납품액'이 변동하는 가상분석(시나리오)을 작성하시오.

- 시나리오1 : 시나리오 이름은 "개수 20 증가", '개수'에 20을 증가시킨 값 설정.
- 시나리오2 : 시나리오 이름은 "개수 15 감소", '개수'에 15를 감소시킨 값 설정.
- "시나리오 요약" 시트를 작성하시오.

▶ 지시사항이 없는 경우는 ≪출력형태≫와 동일하게 작성하시오.

【문제 4】 "피벗테이블" 시트를 참조하여 다음 ≪처리조건≫에 맞도록 작업하시오. (30점)

≪출력형태≫

	A	B	C	D	E
1					
2					
3	제품명	값	납품학교		총합계
4			으뜸고등학교	해와달중학교	
5	방울토마토	최대 : 단가	10,300	10,300	10,300
6		최대 : 납품액	2,544,100	1,524,400	2,544,100
7	알감자	최대 : 단가	6,040	6,040	6,040
8		최대 : 납품액	755,000	1,002,640	1,002,640
9	애호박	최대 : 단가	9,450	***	9,450
10		최대 : 납품액	2,060,100	***	2,060,100

≪처리조건≫

▶ "피벗테이블" 시트의 [A2:G12]를 이용하여 새로운 시트에 ≪출력형태≫와 같이 피벗테이블을 작성 후 시트명을 "피벗테이블 정답"으로 수정하시오.

▶ 제품명(행)과 납품학교(열)를 기준으로 하여 ≪출력형태≫와 같이 구하시오.
  – '단가', '납품액'의 최대를 구하시오.
  – 피벗 테이블 옵션을 이용하여 레이블이 있는 셀 병합 및 가운데 맞춤하고 빈 셀을 "***"로 표시한 후, 열의 총합계를 감추기 하시오.
  – 피벗 테이블 디자인에서 보고서 레이아웃은 '테이블 형식으로 표시', 피벗 테이블 스타일은 어둡게 – '연한 파랑, 피벗 스타일 어둡게 6'으로 표시하시오.
  – 납품학교(열)는 "으뜸고등학교", "해와달중학교"만 출력되도록 표시하시오.
  – [C5:E10] 데이터는 셀 서식의 표시 형식–숫자를 이용하여 1000 단위 구분 기호를 표시하고, 가운데 맞춤하시오.

▶ 제품명의 순서는 ≪출력형태≫와 다를 수 있음

▶ 지시사항이 없는 경우는 ≪출력형태≫와 동일하게 작성하시오.

【문제 5】 "**차트**" 시트를 참조하여 다음 ≪처리조건≫에 맞도록 작업하시오. (30점)

≪출력형태≫

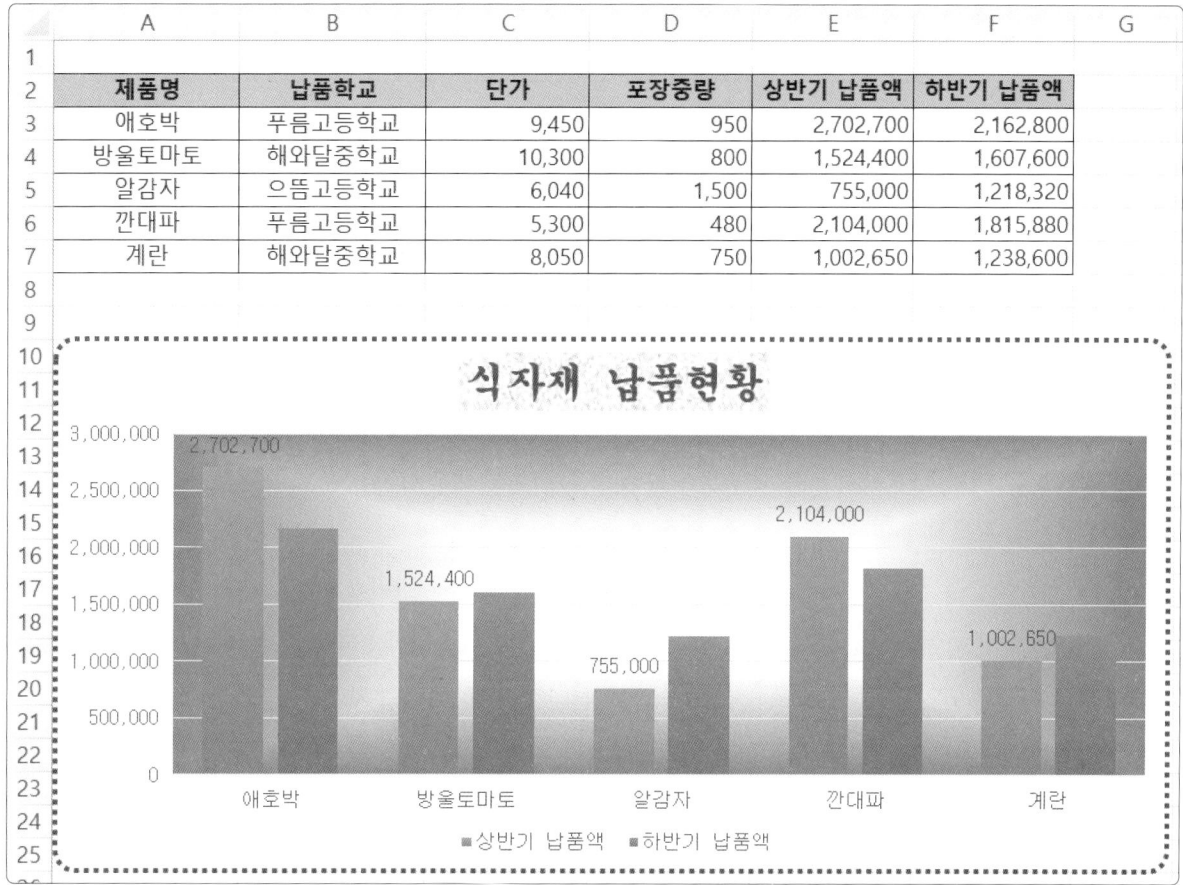

≪처리조건≫

▶ "차트" 시트에 주어진 표를 이용하여 '묶은 세로 막대형' 차트를 작성하시오.
- 데이터 범위 : 현재 시트 [A2:A7], [E2:F7]의 데이터를 이용하여 작성하고, 행/열 전환은 '열'로 지정
- 차트 제목("식자재 납품현황")
- 차트 스타일 : 색 변경(색상형 – 다양한 색상표 4, 스타일 6)
- 차트 위치 : 현재 시트에 [A10:G25] 크기에 정확하게 맞추시오.
- 차트 영역 서식 : 글꼴(굴림체, 10pt), 테두리 색(실선, 색 : 자주), 테두리 스타일(너비 : 2.5pt, 겹선 종류 : 단순형, 대시 종류 : 둥근 점선, 둥근 모서리)
- 차트 제목 서식 : 글꼴(궁서체, 20pt, 굵게), 채우기(그림 또는 질감 채우기, 질감 : 신문 용지)
- 그림 영역 서식 : 채우기(그라데이션 채우기, 그라데이션 미리 설정 : 위쪽 스포트라이트 강조 5, 종류 : 사각형, 방향 : 가운데에서)
- 범례 위치 : 아래쪽
- 데이터 레이블 추가 : '상반기 납품액' 계열에 "값" 표시

▶ 지시사항이 없는 경우는 ≪출력형태≫와 동일하게 작성하시오.

제 07 회 디지털정보활용능력 출제예상 모의고사

작성 시간 / 시험 시간	채점 결과
분 / 40분	점 / 200점

☑ 시험과목 : 스프레드시트(엑셀)
☑ 시험일자 : 20XX. XX. XX. (X)
☑ 응시자 기재사항 및 감독 위원 확인

MS Office 2021 버전용

수검번호	DIS - XXXX -	감독위원 확인
성 명		

· 응시자 유의사항 ·

1. 응시자는 신분증을 지참하여야 시험에 응시할 수 있으며, 시험이 종료될 때까지 신분증을 제시하지 못 할 경우 해당 시험은 0점 처리됩니다.

2. 시스템(PC 작동 여부, 네트워크 상태 등)의 이상 여부를 반드시 확인하여야 하며, 시스템 이상이 있을 시 감독 위원에게 조치를 받으셔야 합니다.

3. 시험 중 부주의 또는 고의로 시스템을 파손한 경우는 응시자 부담으로 합니다.

4. 답안 전송 프로그램을 통해 다운로드 받은 파일을 이용하여 답안 파일을 작성하시기 바랍니다.

5. 작성한 답안 파일은 답안 전송 프로그램을 통하여 전송됩니다. 감독 위원의 지시에 따라 주시기 바랍니다.

6. 다음 사함의 경우 실격(0점) 혹은 부정행위 처리됩니다.
   1) 답안 파일을 저장하지 않았거나, 저장한 파일이 손상되었을 경우
   2) 답안 파일을 지정된 폴더(바탕화면 – "KAIT" 폴더)에 저장하지 않았을 경우
      ※ 답안 전송 프로그램 로그인 시 바탕화면에 자동 생성됨
   3) 답안 파일을 다른 보조기억장치(USB) 혹은 네트워크(메신저, 게시판 등)로 전송할 경우
   4) 휴대용 전화기 등 통신기기를 사용할 경우

7. 시트는 반드시 순서대로 작성해야 하며, 순서가 다를 경우 "0"점 처리됩니다.

8. 시험지에 제시된 글꼴이 응시 프로그램에 없는 경우, 반드시 감독 위원에게 해당 내용을 통보한 뒤 조치를 받아야 합니다.

9. 시험의 완료는 작성이 완료된 답안을 저장하고, 답안 전송이 완료된 상태를 확인한 것으로 합니다. 답안 전송 확인 후 문제지는 감독 위원에게 제출한 후 퇴실하여야 합니다.

10. 답안 전송을 완료한 경우는 수정 또는 정정이 불가합니다.

11. 시험 시행 후 합격자 발표는 홈페이지(www.ihd.or.kr)에서 확인하시기 바랍니다.
    1) 문제 및 정답 공개 : 20XX. XX. XX. (X)
    2) 합격자 발표 : 20XX. XX. XX. (X)

디지털정보활용능력 — 스프레드시트[엑셀] 2021 [시험시간 : 40분]

【문제 1】 "등록현황" 시트를 참조하여 다음 ≪처리조건≫에 맞도록 작업하시오. (50점)

≪출력형태≫

	A	B	C	D	E	F	G	H	I
1				자동차 등록현황					
2	지역	용도	분류	2019년	2020년	2021년	2022년	순위	비고
3	여주시	화물	관용	558	579	573	588	10등	
4	부천시	승합	관용	618	627	606	609	8등	
5	파주시	특수	자가용	570	594	858	1,320	4등	혼잡
6	화성시	화물	관용	785	831	894	875	6등	
7	의정부시	승합	영업용	1,419	1,350	1,332	1,248	5등	
8	가평군	화물	영업용	492	501	507	605	9등	
9	평택시	특수	자가용	900	987	1,326	1,833	1등	혼잡
10	남양주시	화물	관용	609	621	622	648	7등	
11	과천시	승합	자가용	1,911	1,809	1,689	1,704	2등	혼잡
12	이천시	특수	영업용	1,338	1,401	1,443	1,500	3등	혼잡
13	'용도'가 "화물"인 '2022년'의 합계				2,716대				
14	'2021년' 중 두 번째로 작은 값				573대				
15	'2019년'의 최대값-최소값 차이				1,419대				

≪처리조건≫

▶ 1행의 행 높이를 '80'으로 설정하고, 2행~15행의 행 높이를 '18'로 설정하시오.
▶ 제목("자동차 등록현황") : 기본 도형의 '사각형: 빗면'을 이용하여 입력하시오.
　– 도형 : 위치([B1:H1]), 도형 스타일(테마 스타일 – '보통 효과 – 파랑, 강조 5')
　– 글꼴 : 궁서체, 32pt, 기울임꼴
　– 도형 서식 : 도형 옵션 – 크기 및 속성(텍스트 상자(세로 맞춤 : 정가운데, 텍스트 방향 : 가로))

▶ 셀 서식을 아래 조건에 맞게 작성하시오.
　– [A2:I15] : 테두리(안쪽, 윤곽선 모두 실선, '검정, 텍스트 1'), 전체 가운데 맞춤
　– [A13:D13], [A14:D14], [A15:D15] : 각각 병합하고 가운데 맞춤
　– [A2:I2], [A13:D15] : 채우기 색('파랑, 강조 5, 80% 더 밝게'), 글꼴(굵게)
　– [D3:G12] : 셀 서식의 표시 형식–숫자를 이용하여 1000 단위 구분 기호 표시
　– [H3:H12] : 셀 서식의 표시 형식–사용자 지정을 이용하여 #"등"자를 추가
　– [E13:G15] : 셀 서식의 표시 형식–사용자 지정을 이용하여 #,##0"대"자를 추가
　– 조건부 서식[A3:I12] : '분류'가 "영업용"인 경우 레코드 전체에 글꼴(진한 파랑, 굵게) 적용
　– 지시사항이 없는 경우는 주어진 문제 파일의 서식을 그대로 사용하시오.

▶ ① 순위[H3:H12] : '2022년'을 기준으로 큰 순으로 순위를 구하시오. (RANK.EQ 함수)
▶ ② 비고[I3:I12] : '2022년'이 1300 이상이면 "혼잡", 그렇지 않으면 공백으로 구하시오. (IF 함수)
▶ ③ 합계[E13:G13] : '용도'가 "화물"인 '2022년'의 합계를 구하시오. (DSUM 함수)
▶ ④ 순위[E14:G14] : '2021년' 중 두 번째로 작은 값을 구하시오. (SMALL 함수)
▶ ⑤ 최대값–최소값[E15:G15] : '2019년'의 최대값과 최소값의 차이를 구하시오. (MAX, MIN 함수)

【문제 2】 "부분합" 시트를 참조하여 다음 ≪처리조건≫에 맞도록 작업하시오. (30점)

≪출력형태≫

	A	B	C	D	E	F	G
1							
2	지역	용도	분류	2019년	2020년	2021년	2022년
3	부천시	승합	관용	618	627	606	609
4	의정부시	승합	영업용	1,419	1,350	1,332	1,248
5	과천시	승합	자가용	1,911	1,809	1,689	1,704
6		승합 최대				1,689	1,704
7		승합 평균		1,316	1,262	1,209	1,187
8	파주시	특수	자가용	570	594	858	1,320
9	평택시	특수	자가용	900	987	1,326	1,833
10	이천시	특수	영업용	1,338	1,401	1,443	1,500
11		특수 최대				1,443	1,833
12		특수 평균		936	994	1,209	1,551
13	여주시	화물	관용	558	579	573	588
14	화성시	화물	관용	785	831	894	875
15	가평군	화물	영업용	492	501	507	605
16	남양주시	화물	관용	609	621	622	648
17		화물 최대				894	875
18		화물 평균		611	633	649	679
19		전체 최대값				1,689	1,833
20		전체 평균		920	930	985	1,093

≪처리조건≫

▶ 데이터를 '용도' 기준으로 오름차순 정렬하시오.

▶ 아래 조건에 맞는 부분합을 작성하시오.
 – '용도'로 그룹화하여 '2019년', '2020년', '2021년', '2022년'의 평균을 구하는 부분합을 만드시오.
 – '용도'로 그룹화하여 '2021년', '2022년'의 최대를 구하는 부분합을 만드시오.
  (새로운 값으로 대치하지 말 것)
 – [D3:G20] 영역에 셀 서식의 표시 형식-숫자를 이용하여 1000 단위 구분 기호를 표시하시오.

▶ D~E열을 선택하여 그룹을 설정하시오.

▶ 평균과 최대의 부분합 순서는 ≪출력형태≫와 다를 수 있음

▶ 지시사항이 없는 경우는 기본 값을 적용하시오.

디지털정보활용능력 › 스프레드시트[엑셀] 2021 [시험시간 : 40분]

【문제 3】 "필터"와 "시나리오" 시트를 참조하여 다음 ≪처리조건≫에 맞도록 작업하시오. (60점)

(1) 필터

≪출력형태≫

	A	B	C	D	E	F	G
1							
2	지역	용도	분류	2019년	2020년	2021년	2022년
3	여주시	화물	관용	558	579	573	588
4	부천시	승합	관용	618	627	606	609
5	파주시	특수	자가용	570	594	858	1,320
6	화성시	화물	관용	785	831	894	875
7	의정부시	승합	영업용	1,419	1,350	1,332	1,248
8	가평군	화물	영업용	492	501	507	605
9	평택시	특수	자가용	900	987	1,326	1,833
10	남양주시	화물	관용	609	621	622	648
11	과천시	승합	자가용	1,911	1,809	1,689	1,704
12	이천시	특수	영업용	1,338	1,401	1,443	1,500
13							
14	조건						
15	TRUE						
16							
17							
18	지역	분류	2019년	2020년	2021년		
19	여주시	관용	558	579	573		
20	부천시	관용	618	627	606		
21	의정부시	영업용	1,419	1,350	1,332		
22	과천시	자가용	1,911	1,809	1,689		

≪처리조건≫

▶ "필터" 시트의 [A2:G12]를 아래 조건에 맞게 고급 필터를 사용하여 작성하시오.
  - '용도'가 "승합"이거나 '2022년'이 600 이하인 데이터를 '지역', '분류', '2019년', '2020년', '2021년'의 데이터만 필터링 하시오.
  - 조건 위치 : 조건 함수는 [A15] 한 셀에 작성(OR 함수 이용)
  - 결과 위치 : [A18]부터 출력

▶ 지시사항이 없는 경우는 ≪출력형태≫와 동일하게 작성하시오.

(2) 시나리오

≪출력형태≫

	A	B	C	D	E	F	G
1							
2							
3		시나리오 요약					
4					현재 값:	2019년 영업용 100 증가	2019년 영업용 50 감소
5		변경 셀:					
6			$D$7	1,419		1,519	1,369
7			$D$8	492		592	442
8			$D$12	1,338		1,438	1,288
9		결과 셀:					
10			$H$7	1,337		1,362	1,325
11			$H$8	526		551	514
12			$H$12	1,421		1,446	1,408
13		참고: 현재 값 열은 시나리오 요약 보고서가 작성될 때의					
14		변경 셀 값을 나타냅니다. 각 시나리오의 변경 셀들은					
15		회색으로 표시됩니다.					

≪처리조건≫

▶ "시나리오" 시트의 [A2:H12]를 이용하여 '분류'가 "영업용"인 경우, '2019년'이 변동할 때 '평균'이 변동하는 가상분석(시나리오)을 작성하시오.

　- 시나리오1 : 시나리오 이름은 "2019년 영업용 100 증가", '2019년'에 100을 증가시킨 값 설정.
　- 시나리오2 : 시나리오 이름은 "2019년 영업용 50 감소", '2019년'에 50을 감소시킨 값 설정.
　- "시나리오 요약" 시트를 작성하시오.

▶ 지시사항이 없는 경우는 ≪출력형태≫와 동일하게 작성하시오.

【문제 4】 **"피벗테이블"** 시트를 참조하여 다음 ≪처리조건≫에 맞도록 작업하시오. (30점)

≪출력형태≫

	A	B	C	D
1				
2				
3			용도	
4	분류	값	승합	특수
5	관용	평균: 2021년	606	****
6		평균: 2022년	609	****
7	영업용	평균: 2021년	1,332	1,443
8		평균: 2022년	1,248	1,500
9	자가용	평균: 2021년	1,689	1,092
10		평균: 2022년	1,704	1,577
11	전체 평균: 2021년		1,209	1,209
12	전체 평균: 2022년		1,187	1,551

≪처리조건≫

▶ "피벗테이블" 시트의 [A2:G12]를 이용하여 새로운 시트에 ≪출력형태≫와 같이 피벗테이블을 작성 후 시트명을 "피벗테이블 정답"으로 수정하시오.

▶ 분류(행)와 용도(열)를 기준으로 하여 ≪출력형태≫와 같이 구하시오.
- '2021년', '2022년'의 평균을 구하시오.
- 피벗 테이블 옵션을 이용하여 레이블이 있는 셀 병합 및 가운데 맞춤하고 빈 셀을 "****"로 표시한 후, 행의 총합계를 감추기 하시오.
- 피벗 테이블 디자인에서 보고서 레이아웃은 '테이블 형식으로 표시', 피벗 테이블 스타일은 어둡게 – '진한 파랑, 피벗 스타일 어둡게 6'으로 표시하시오.
- 용도(열)는 "승합", "특수"만 출력되도록 표시하시오.
- [C5:D12] 데이터는 셀 서식의 표시 형식-숫자를 이용하여 1000 단위 구분 기호를 표시하고, 가운데 맞춤하시오.

▶ 분류의 순서는 ≪출력형태≫와 다를 수 있음

▶ 지시사항이 없는 경우는 ≪출력형태≫와 동일하게 작성하시오.

【문제 5】 "차트" 시트를 참조하여 다음 ≪처리조건≫에 맞도록 작업하시오. (30점)

≪출력형태≫

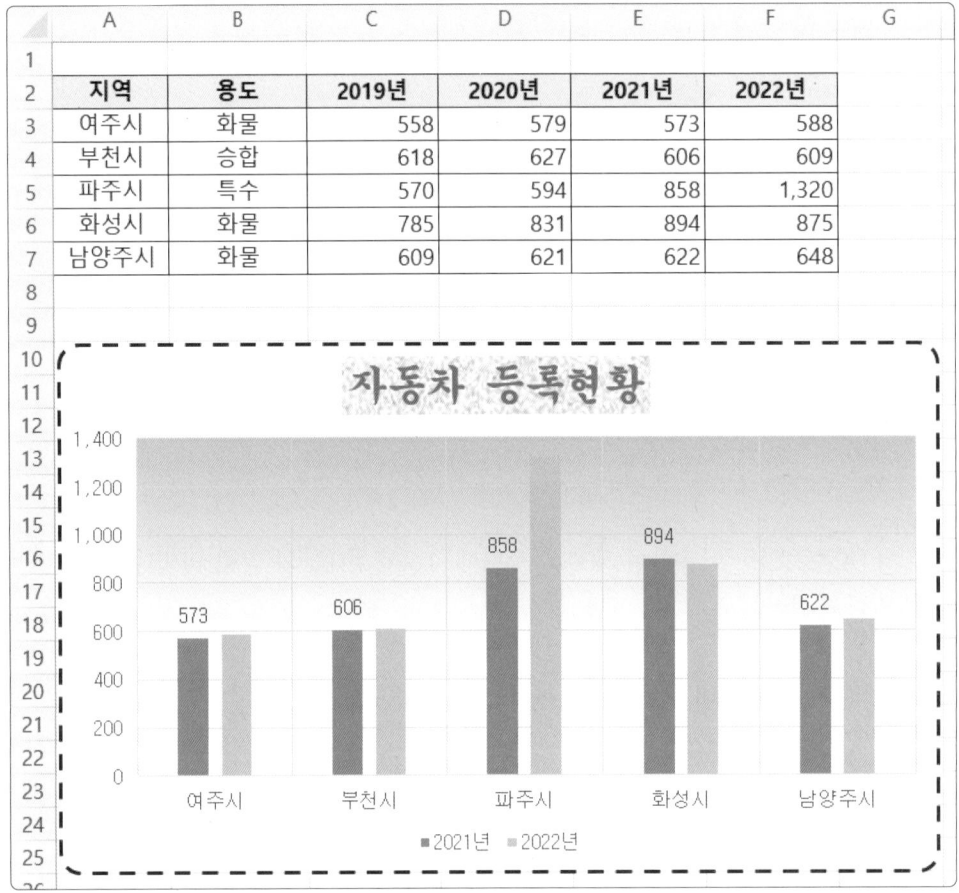

≪처리조건≫

▶ "차트" 시트에 주어진 표를 이용하여 '묶은 세로 막대형' 차트를 작성하시오.
  - 데이터 범위 : 현재 시트 [A2:A7], [E2:F7]의 데이터를 이용하여 작성하고, 행/열 전환은 '열'로 지정
  - 차트 제목("자동차 등록현황")
  - 차트 스타일 : 색 변경(색상형 – 다양한 색상표 3, 스타일 7)
  - 차트 위치 : 현재 시트에 [A10:G25] 크기에 정확하게 맞추시오.
  - 차트 영역 서식 : 글꼴(굴림체, 10pt), 테두리 색(실선, 색 : 진한 파랑), 테두리 스타일(너비 : 2pt, 겹선 종류 : 단순형, 대시 종류 : 파선, 둥근 모서리)
  - 차트 제목 서식 : 글꼴(궁서체, 20pt, 굵게), 채우기(그림 또는 질감 채우기, 질감 : 신문 용지)
  - 그림 영역 서식 : 채우기(그라데이션 채우기, 그라데이션 미리 설정 : 위쪽 스포트라이트 강조 4, 종류 : 선형, 방향 : 선형 위쪽)
  - 범례 위치 : 아래쪽
  - 데이터 레이블 추가 : '2021년' 계열에 "값" 표시

▶ 지시사항이 없는 경우는 ≪출력형태≫와 동일하게 작성하시오.

제 08 회 정보기술자격(ITQ) 출제예상 모의고사

작성 시간 / 시험 시간	채점 결과
분 / 40분	점 / 200점

☑ 시험과목 : 스프레드시트(엑셀)
☑ 시험일자 : 20XX. XX. XX. (X)
☑ 응시자 기재사항 및 감독 위원 확인

MS Office 2021 버전용

수검번호	DIS - XXXX -	감독위원 확인
성 명		

· 응시자 유의사항 ·

1. 응시자는 신분증을 지참하여야 시험에 응시할 수 있으며, 시험이 종료될 때까지 신분증을 제시하지 못 할 경우 해당 시험은 0점 처리됩니다.
2. 시스템(PC 작동 여부, 네트워크 상태 등)의 이상 여부를 반드시 확인하여야 하며, 시스템 이상이 있을 시 감독 위원에게 조치를 받으셔야 합니다.
3. 시험 중 부주의 또는 고의로 시스템을 파손한 경우는 응시자 부담으로 합니다.
4. 답안 전송 프로그램을 통해 다운로드 받은 파일을 이용하여 답안 파일을 작성하시기 바랍니다.
5. 작성한 답안 파일은 답안 전송 프로그램을 통하여 전송됩니다. 감독 위원의 지시에 따라 주시기 바랍니다.
6. 다음 사항의 경우 실격(0점) 혹은 부정행위 처리됩니다.
    1) 답안 파일을 저장하지 않았거나, 저장한 파일이 손상되었을 경우
    2) 답안 파일을 지정된 폴더(바탕화면 – "KAIT" 폴더)에 저장하지 않았을 경우
        ※ 답안 전송 프로그램 로그인 시 바탕화면에 자동 생성됨
    3) 답안 파일을 다른 보조기억장치(USB) 혹은 네트워크(메신저, 게시판 등)로 전송할 경우
    4) 휴대용 전화기 등 통신기기를 사용할 경우
7. 시트는 반드시 순서대로 작성해야 하며, 순서가 다를 경우 "0"점 처리됩니다.
8. 시험지에 제시된 글꼴이 응시 프로그램에 없는 경우, 반드시 감독 위원에게 해당 내용을 통보한 뒤 조치를 받아야 합니다.
9. 시험의 완료는 작성이 완료된 답안을 저장하고, 답안 전송이 완료된 상태를 확인한 것으로 합니다. 답안 전송 확인 후 문제지는 감독 위원에게 제출한 후 퇴실하여야 합니다.
10. 답안 전송을 완료한 경우는 수정 또는 정정이 불가합니다.
11. 시험 시행 후 합격자 발표는 홈페이지(www.ihd.or.kr)에서 확인하시기 바랍니다.
    1) 문제 및 정답 공개 : 20XX. XX. XX. (X)
    2) 합격자 발표 : 20XX. XX. XX. (X)

디지털정보활용능력 스프레드시트[엑셀] 2021 [시험시간 : 40분]

【문제 1】 "매출현황" 시트를 참조하여 다음 ≪처리조건≫에 맞도록 작업하시오. (50점)

≪출력형태≫

	A	B	C	D	E	F	G	H	I
1				업체별 렌터카 매출현황					
2	업체명	차종	연료종류	전년도	상반기	하반기	합계	순위	비고
3	안전 렌탈	중형	하이브리드	181,968	123,876	69,623	193,499원	4위	
4	라노 렌터카	소형	휘발유	191,968	132,105	95,666	227,771원	1위	
5	키오 렌탈	대형	하이브리드	159,789	78,136	98,679	176,815원	6위	
6	오솔길 투어	중형	경유	227,204	106,106	91,079	197,185원	3위	전년우수
7	엄지 렌터카	대형	휘발유	206,049	71,000	78,394	149,394원	8위	전년우수
8	쿠쿠 렌터카	소형	하이브리드	110,937	77,638	62,134	139,772원	9위	
9	가로수 렌탈	중형	경유	181,014	71,950	65,298	137,248원	10위	
10	에프엘 투어	소형	휘발유	175,820	72,778	90,390	163,168원	7위	
11	푸르나 렌탈	대형	경유	331,056	83,638	140,508	224,146원	2위	전년우수
12	피크닉 투어	중형	하이브리드	152,817	81,477	103,285	184,762원	5위	
13	'연료종류'가 "하이브리드"인 '상반기'의 평균				90,282원				
14	'전년도'의 최대값-최소값 차이				220,119원				
15	'하반기' 중 두 번째로 작은 값				65,298원				

≪처리조건≫

▶ 1행의 행 높이를 '80'으로 설정하고, 2행~15행의 행 높이를 '18'로 설정하시오.
▶ 제목("업체별 렌터카 매출현황") : 기본 도형의 '십자형'을 이용하여 입력하시오.
   – 도형 : 위치([B1:H1]), 도형 스타일(테마 스타일 – '보통 효과 – 주황, 강조 2')
   – 글꼴 : 궁서체, 28pt, 밑줄
   – 도형 서식 : 도형 옵션 – 크기 및 속성(텍스트 상자(세로 맞춤 : 정가운데, 텍스트 방향 : 가로))

▶ 셀 서식을 아래 조건에 맞게 작성하시오.
   – [A2:I15] : 테두리(안쪽, 윤곽선 모두 실선, '검정, 텍스트 1'), 전체 가운데 맞춤
   – [A13:D13], [A14:D14], [A15:D15] : 각각 병합하고 가운데 맞춤
   – [A2:I2], [A13:D15] : 채우기 색('주황, 강조 2, 60% 더 밝게'), 글꼴(굵게)
   – [D3:F12] : 셀 서식의 표시 형식-숫자를 이용하여 1000 단위 구분 기호 표시
   – [G3:G12], [E13:G15] : 셀 서식의 표시 형식-사용자 지정을 이용하여 #,##0"원"자를 추가
   – [H3:H12] : 셀 서식의 표시 형식-사용자 지정을 이용하여 #"위"자를 추가
   – 조건부 서식[A3:I12] : '하반기'가 95000 이상인 경우 레코드 전체에 글꼴(자주, 굵게) 적용
   – 지시사항이 없는 경우는 주어진 문제 파일의 서식을 그대로 사용하시오.

▶ ① 순위[H3:H12] : '합계'를 기준으로 큰 순으로 순위를 구하시오. (RANK.EQ 함수)
▶ ② 비고[I3:I12] : '전년도'가 200000 이상이면 "전년우수", 그렇지 않으면 공백으로 구하시오. (IF 함수)
▶ ③ 평균[E13:G13] : '연료종류'가 "하이브리드"인 '상반기'의 평균을 구하시오. (DAVERAGE 함수)
▶ ④ 최대값-최소값[E14:G14] : '전년도'의 최대값과 최소값의 차이를 구하시오. (MAX, MIN 함수)
▶ ⑤ 순위[E15:G15] : '하반기' 중 두 번째로 작은 값을 구하시오. (SMALL 함수)

【문제 2】 "부분합" 시트를 참조하여 다음 ≪처리조건≫에 맞도록 작업하시오. (30점)

≪출력형태≫

	업체명	차종	연료종류	전년도	상반기	하반기	합계
1							
2	업체명	차종	연료종류	전년도	상반기	하반기	합계
3	안전 렌탈	중형	하이브리드	181,968	123,876	69,623	193,499
4	오솔길 투어	중형	경유	227,204	106,106	91,079	197,185
5	가로수 렌탈	중형	경유	181,014	71,950	65,298	137,248
6	피크닉 투어	중형	하이브리드	152,817	81,477	103,285	184,762
7		중형 요약		743,003	383,409	329,285	712,694
8		중형 최대			123,876	103,285	
9	라노 렌터카	소형	휘발유	191,968	132,105	95,666	227,771
10	쿠쿠 렌터카	소형	하이브리드	110,937	77,638	62,134	139,772
11	에프엘 투어	소형	휘발유	175,820	72,778	90,390	163,168
12		소형 요약		478,725	282,521	248,190	530,711
13		소형 최대			132,105	95,666	
14	키오 렌탈	대형	하이브리드	159,789	78,136	98,679	176,815
15	엄지 렌터카	대형	휘발유	206,049	71,000	78,394	149,394
16	푸르나 렌탈	대형	경유	331,056	83,638	140,508	224,146
17		대형 요약		696,894	232,774	317,581	550,355
18		대형 최대			83,638	140,508	
19		총합계		1,918,622	898,704	895,056	1,793,760
20		전체 최대값			132,105	140,508	

≪처리조건≫

▶ 데이터를 '차종' 기준으로 내림차순 정렬하시오.

▶ 아래 조건에 맞는 부분합을 작성하시오.
  - '차종'으로 그룹화하여 '상반기', '하반기'의 최대를 구하는 부분합을 만드시오.
  - '차종'으로 그룹화하여 '전년도', '상반기', '하반기', '합계'의 합계를 구하는 부분합을 만드시오.
    (새로운 값으로 대치하지 말 것)
  - [D3:G20] 영역에 셀 서식의 표시 형식-숫자를 이용하여 1000 단위 구분 기호를 표시하시오.

▶ D~F열을 선택하여 그룹을 설정하시오.

▶ 최대와 합계의 부분합 순서는 ≪출력형태≫와 다를 수 있음

▶ 지시사항이 없는 경우는 기본 값을 적용하시오.

디지털정보활용능력 > **스프레드시트[엑셀] 2021 [시험시간 : 40분]**

【문제 3】 "**필터**"와 "**시나리오**" 시트를 참조하여 다음 ≪처리조건≫에 맞도록 작업하시오. (60점)

(1) 필터

≪출력형태≫

	A	B	C	D	E	F	G
1							
2	업체명	차종	연료종류	전년도	상반기	하반기	합계
3	안전 렌탈	중형	하이브리드	181,968	123,876	69,623	193,499
4	라노 렌터카	소형	휘발유	191,968	132,105	95,666	227,771
5	키오 렌탈	대형	하이브리드	159,789	78,136	98,679	176,815
6	오솔길 투어	중형	경유	227,204	106,106	91,079	197,185
7	엄지 렌터카	대형	휘발유	206,049	71,000	78,394	149,394
8	쿠쿠 렌터카	소형	하이브리드	110,937	77,638	62,134	139,772
9	가로수 렌탈	중형	경유	181,014	71,950	65,298	137,248
10	에프엘 투어	소형	휘발유	175,820	72,778	90,390	163,168
11	푸르나 렌탈	대형	경유	331,056	83,638	140,508	224,146
12	피크닉 투어	중형	하이브리드	152,817	81,477	103,285	184,762
13							
14	조건						
15	TRUE						
16							
17							
18	업체명	연료종류	상반기	하반기	합계		
19	안전 렌탈	하이브리드	123,876	69,623	193,499		
20	가로수 렌탈	경유	71,950	65,298	137,248		
21	피크닉 투어	하이브리드	81,477	103,285	184,762		

≪처리조건≫

▶ "필터" 시트의 [A2:G12]를 아래 조건에 맞게 고급 필터를 사용하여 작성하시오.
  - '차종'이 "중형"이고 '전년도'가 200000 이하인 데이터를 '업체명', '연료종류', '상반기', '하반기', '합계'의 데이터만 필터링 하시오.
  - 조건 위치 : 조건 함수는 [A15] 한 셀에 작성(AND 함수 이용)
  - 결과 위치 : [A18]부터 출력

▶ 지시사항이 없는 경우는 ≪출력형태≫와 동일하게 작성하시오.

(2) 시나리오

≪출력형태≫

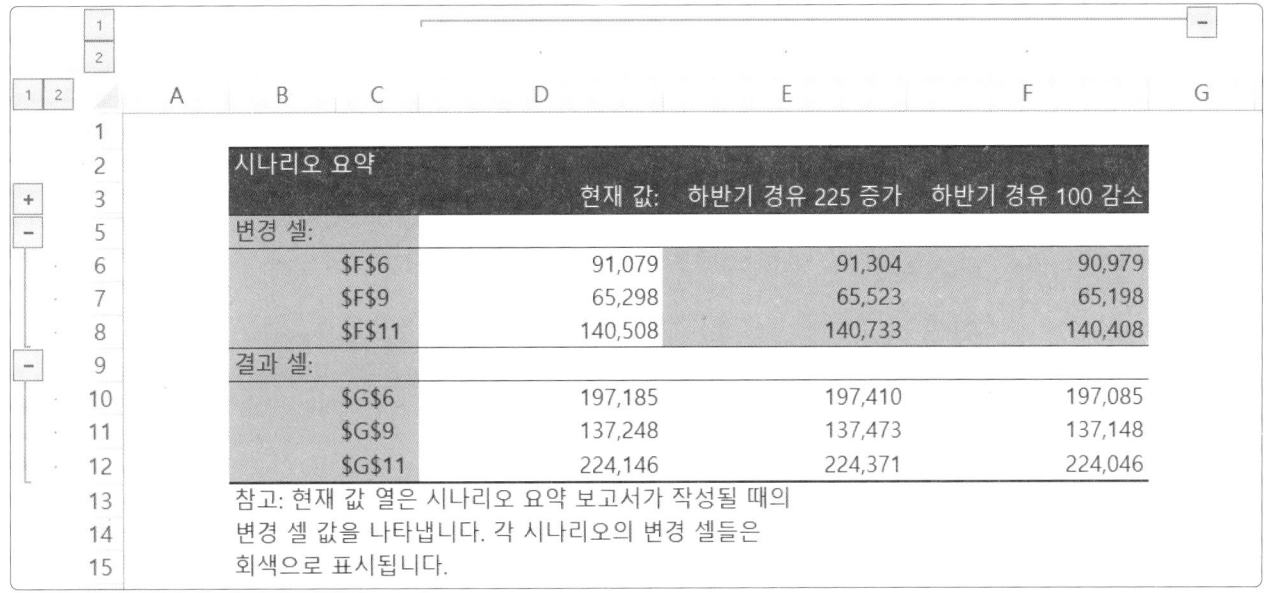

≪처리조건≫

▶ "시나리오" 시트의 [A2:G12]를 이용하여 '연료종류'가 "경유"인 경우, '하반기'가 변동할 때 '합계'가 변동하는 가상분석(시나리오)을 작성하시오.

- 시나리오1 : 시나리오 이름은 "하반기 경유 225 증가", '하반기'에 225를 증가시킨 값 설정.
- 시나리오2 : 시나리오 이름은 "하반기 경유 100 감소", '하반기'에 100을 감소시킨 값 설정.
- "시나리오 요약" 시트를 작성하시오.

▶ 지시사항이 없는 경우는 ≪출력형태≫와 동일하게 작성하시오.

【문제 4】 **"피벗테이블"** 시트를 참조하여 다음 ≪처리조건≫에 맞도록 작업하시오. (30점)

≪출력형태≫

	A	B	C	D	E
1					
2					
3			연료종류 ▼		
4	차종 ▼	값	경유	하이브리드	휘발유
5	소형	최소 : 상반기	*	77,638	72,778
6		최소 : 하반기	*	62,134	90,390
7	중형	최소 : 상반기	71,950	81,477	*
8		최소 : 하반기	65,298	69,623	*
9	전체 최소 : 상반기		71,950	77,638	72,778
10	전체 최소 : 하반기		65,298	62,134	90,390

≪처리조건≫

▶ "피벗테이블" 시트의 [A2:G12]를 이용하여 새로운 시트에 ≪출력형태≫와 같이 피벗테이블을 작성 후 시트명을 "피벗테이블 정답"으로 수정하시오.

▶ 차종(행)과 연료종류(열)를 기준으로 하여 ≪출력형태≫와 같이 구하시오.
 - '상반기', '하반기'의 최소를 구하시오.
 - 피벗 테이블 옵션을 이용하여 레이블이 있는 셀 병합 및 가운데 맞춤하고 빈 셀을 "*"로 표시한 후, 행의 총합계를 감추기 하시오.
 - 피벗 테이블 디자인에서 보고서 레이아웃은 '테이블 형식으로 표시', 피벗 테이블 스타일은 어둡게 - '밤색, 피벗 스타일 어둡게 3'으로 표시하시오.
 - 차종(행)은 "소형", "중형"만 출력되도록 표시하시오.
 - [C5:E10] 데이터는 셀 서식의 표시 형식-숫자를 이용하여 1000 단위 구분 기호를 표시하고, 가운데 맞춤하시오.

▶ 차종의 순서는 ≪출력형태≫와 다를 수 있음

▶ 지시사항이 없는 경우는 ≪출력형태≫와 동일하게 작성하시오.

【문제 5】 "차트" 시트를 참조하여 다음 ≪처리조건≫에 맞도록 작업하시오. (30점)

≪출력형태≫

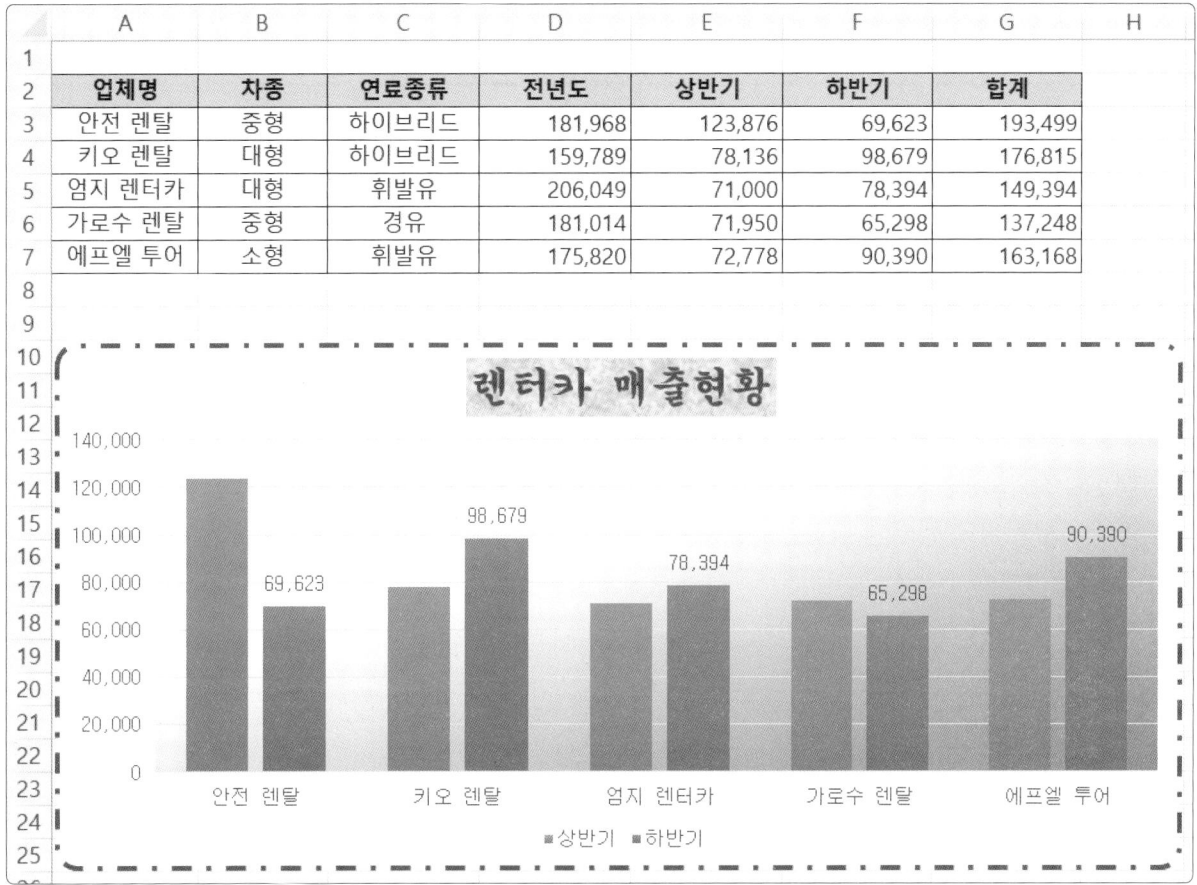

≪처리조건≫

▶ "차트" 시트에 주어진 표를 이용하여 '묶은 세로 막대형' 차트를 작성하시오.
- 데이터 범위 : 현재 시트 [A2:A7], [E2:F7]의 데이터를 이용하여 작성하고, 행/열 전환은 '열'로 지정
- 차트 제목("렌터카 매출현황")
- 차트 스타일 : 색 변경(색상형 – 다양한 색상표 4, 스타일 6)
- 차트 위치 : 현재 시트에 [A10:H25] 크기에 정확하게 맞추시오.
- 차트 영역 서식 : 글꼴(굴림체, 10pt), 테두리 색(실선, 색 : 진한 빨강), 테두리 스타일(너비 : 2.5pt, 겹선 종류 : 단순형, 대시 종류 : 파선-점선, 둥근 모서리)
- 차트 제목 서식 : 글꼴(궁서체, 20pt, 굵게), 채우기(그림 또는 질감 채우기, 질감 : 꽃다발)
- 그림 영역 서식 : 채우기(그라데이션 채우기, 그라데이션 미리 설정 : 위쪽 스포트라이트 강조 2, 종류 : 선형, 방향 : 선형 대각선 – 왼쪽 위에서 오른쪽 아래로)
- 범례 위치 : 아래쪽
- 데이터 레이블 추가 : '하반기' 계열에 "값" 표시

▶ 지시사항이 없는 경우는 ≪출력형태≫와 동일하게 작성하시오.

제 09 회 디지털정보활용능력 출제예상 모의고사

작성 시간 / 시험 시간	채점 결과
분 / 40분	점 / 200점

☑ 시험과목 : 스프레드시트(엑셀)
☑ 시험일자 : 20XX. XX. XX. (X)
☑ 응시자 기재사항 및 감독 위원 확인

MS Office 2021 버전용

수검번호	DIS - XXXX -	감독위원 확인
성 명		

· 응시자 유의사항 ·

1. 응시자는 신분증을 지참하여야 시험에 응시할 수 있으며, 시험이 종료될 때까지 신분증을 제시하지 못 할 경우 해당 시험은 0점 처리됩니다.
2. 시스템(PC 작동 여부, 네트워크 상태 등)의 이상 여부를 반드시 확인하여야 하며, 시스템 이상이 있을 시 감독 위원에게 조치를 받으셔야 합니다.
3. 시험 중 부주의 또는 고의로 시스템을 파손한 경우는 응시자 부담으로 합니다.
4. 답안 전송 프로그램을 통해 다운로드 받은 파일을 이용하여 답안 파일을 작성하시기 바랍니다.
5. 작성한 답안 파일은 답안 전송 프로그램을 통하여 전송됩니다. 감독 위원의 지시에 따라 주시기 바랍니다.
6. 다음 사항의 경우 실격(0점) 혹은 부정행위 처리됩니다.
   1) 답안 파일을 저장하지 않았거나, 저장한 파일이 손상되었을 경우
   2) 답안 파일을 지정된 폴더(바탕화면 – "KAIT" 폴더)에 저장하지 않았을 경우
      ※ 답안 전송 프로그램 로그인 시 바탕화면에 자동 생성됨
   3) 답안 파일을 다른 보조기억장치(USB) 혹은 네트워크(메신저, 게시판 등)로 전송할 경우
   4) 휴대용 전화기 등 통신기기를 사용할 경우
7. 시트는 반드시 순서대로 작성해야 하며, 순서가 다를 경우 "0"점 처리됩니다.
8. 시험지에 제시된 글꼴이 응시 프로그램에 없는 경우, 반드시 감독 위원에게 해당 내용을 통보한 뒤 조치를 받아야 합니다.
9. 시험의 완료는 작성이 완료된 답안을 저장하고, 답안 전송이 완료된 상태를 확인한 것으로 합니다. 답안 전송 확인 후 문제지는 감독 위원에게 제출한 후 퇴실하여야 합니다.
10. 답안 전송을 완료한 경우는 수정 또는 정정이 불가합니다.
11. 시험 시행 후 합격자 발표는 홈페이지(www.ihd.or.kr)에서 확인하시기 바랍니다.
    1) 문제 및 정답 공개 : 20XX. XX. XX. (X)
    2) 합격자 발표 : 20XX. XX. XX. (X)

디지털정보활용능력 > 스프레드시트[엑셀] 2021 [시험시간: 40분]

【문제 1】 "**동양란 판매현황**" 시트를 참조하여 다음 ≪처리조건≫에 맞도록 작업하시오. (50점)

≪출력형태≫

종류	분류	주문수량	단가	판매금액	할인액	최종판매액	순위	비고
홍화	화예품	13	82,000	1,066,000	53,300	1,012,700	8위	
호반	엽예품	25	45,000	1,125,000	56,250	1,068,750	7위	
수선판	꽃잎	29	23,000	667,000	33,350	633,650	10위	
백화	화예품	50	32,000	1,600,000	80,000	1,520,000	5위	
복색화	화예품	14	53,500	749,000	37,450	711,550	9위	
복륜	엽예품	20	123,000	2,460,000	123,000	2,337,000	4위	
산반	엽예품	80	160,000	12,800,000	640,000	12,160,000	2위	최다 판매
매판	꽃잎	15	87,000	1,305,000	65,250	1,239,750	6위	
원판화	화예품	210	92,000	19,320,000	966,000	18,354,000	1위	최다 판매
색설화	화예품	24	120,000	2,880,000	144,000	2,736,000	3위	
'할인액' 중 가장 큰 값				966,000원				
'분류'가 "화예품"인 '주문수량'의 합계				311				
'최종판매액'의 최대값-최소값 차이				17,720,350원				

≪처리조건≫

▶ 1행의 행 높이를 '80'으로 설정하고, 2행~15행의 행 높이를 '18'로 설정하시오.
▶ 제목("동양란 판매현황") : 별 및 현수막의 '별: 꼭짓점 32개'를 이용하여 입력하시오.
  - 도형 : 위치([B1:H1]), 도형 스타일(테마 스타일 - '강한 효과 - 회색, 강조 3')
  - 글꼴 : 궁서, 25pt, 굵게
  - 도형 서식 : 도형 옵션 - 크기 및 속성(텍스트 상자(세로 맞춤 : 정가운데, 텍스트 방향 : 가로))

▶ 셀 서식을 아래 조건에 맞게 작성하시오.
  - [A2:I15] : 테두리(안쪽, 윤곽선 모두 실선, '검정, 텍스트 1'), 전체 가운데 맞춤
  - [A13:D13], [A14:D14], [A15:D15] : 각각 병합하고 가운데 맞춤
  - [A2:I2], [A13:D15] : 채우기 색('청회색, 텍스트 2, 60% 더 밝게'), 글꼴(굵게)
  - [D3:G12] : 셀 서식의 표시 형식-숫자를 이용하여 1000 단위 구분 기호 표시
  - [H3:H12] : 셀 서식의 표시 형식-사용자 지정을 이용하여 #"위"자를 추가
  - [E13:G13], [E15:G15] : 셀 서식의 표시 형식-사용자 지정을 이용하여 #,##0"원"자를 추가
  - 조건부 서식[A3:I12] : '주문수량'이 50 이상인 경우 레코드 전체에 글꼴(빨강, 굵게) 적용
  - 지시사항이 없는 경우는 주어진 문제 파일의 서식을 그대로 사용하시오.

▶ ① 순위[H3:H12] : '할인액'을 기준으로 큰 순으로 순위를 구하시오. (RANK.EQ 함수)
▶ ② 비고[I3:I12] : '최종판매액'이 10000000 이상이면 "최다 판매", 그렇지 않으면 공백으로 구하시오. (IF 함수)
▶ ③ 순위[E13:G13] : '할인액' 중 가장 큰 값을 구하시오. (LARGE 함수)
▶ ④ 합계[E14:G14] : '분류'가 "화예품"인 '주문수량'의 합계를 구하시오. (DSUM 함수)
▶ ⑤ 최대값-최소값[E15:G15] : '최종판매액'의 최대값과 최소값의 차이를 구하시오. (MAX, MIN 함수)

【문제 2】 "부분합" 시트를 참조하여 다음 ≪처리조건≫에 맞도록 작업하시오. (30점)

≪출력형태≫

	A	B	C	D	E	F	G
1							
2	종류	분류	주문수량	단가	판매금액	할인액	최종판매액
3	수선판	꽃잎	29	23,000	667,000	33,350	633,650
4	매판	꽃잎	15	87,000	1,305,000	65,250	1,239,750
5		꽃잎 최소			667,000	33,350	633,650
6		꽃잎 최대			1,305,000	65,250	
7	호반	엽예품	25	45,000	1,125,000	56,250	1,068,750
8	복륜	엽예품	20	123,000	2,460,000	123,000	2,337,000
9	산반	엽예품	80	160,000	12,800,000	640,000	12,160,000
10		엽예품 최소			1,125,000	56,250	1,068,750
11		엽예품 최대			12,800,000	640,000	
12	홍화	화예품	13	82,000	1,066,000	53,300	1,012,700
13	백화	화예품	50	32,000	1,600,000	80,000	1,520,000
14	복색화	화예품	14	53,500	749,000	37,450	711,550
15	원판화	화예품	210	92,000	19,320,000	966,000	18,354,000
16	색설화	화예품	24	120,000	2,880,000	144,000	2,736,000
17		화예품 최소			749,000	37,450	711,550
18		화예품 최대			19,320,000	966,000	
19		전체 최소값			667,000	33,350	633,650
20		전체 최대값			19,320,000	966,000	

≪처리조건≫

▶ 데이터를 '분류' 기준으로 오름차순 정렬하시오.

▶ 아래 조건에 맞는 부분합을 작성하시오.
 - '분류'로 그룹화하여 '판매금액', '할인액'의 최대를 구하는 부분합을 만드시오.
 - '분류'로 그룹화하여 '판매금액', '할인액', '최종판매액'의 최소를 구하는 부분합을 만드시오.
  (새로운 값으로 대치하지 말 것)
 - [D3:G20] 영역에 셀 서식의 표시 형식-숫자를 이용하여 1000 단위 구분 기호를 표시하시오.

▶ D~E열을 선택하여 그룹을 설정하시오.

▶ 최대와 최소의 부분합 순서는 ≪출력형태≫와 다를 수 있음

▶ 지시사항이 없는 경우는 기본 값을 적용하시오.

【문제 3】 "필터"와 "시나리오" 시트를 참조하여 다음 ≪처리조건≫에 맞도록 작업하시오. (60점)

(1) 필터

≪출력형태≫

	A	B	C	D	E	F	G
1							
2	종류	분류	주문수량	단가	판매금액	할인액	최종판매액
3	홍화	화예품	13	82,000	1,066,000	53,300	1,012,700
4	호반	엽예품	25	45,000	1,125,000	56,250	1,068,750
5	수선판	꽃잎	29	23,000	667,000	33,350	633,650
6	백화	화예품	50	32,000	1,600,000	80,000	1,520,000
7	복색화	화예품	14	53,500	749,000	37,450	711,550
8	복륜	엽예품	20	123,000	2,460,000	123,000	2,337,000
9	산반	엽예품	80	160,000	12,800,000	640,000	12,160,000
10	매판	꽃잎	15	87,000	1,305,000	65,250	1,239,750
11	원판화	화예품	210	92,000	19,320,000	966,000	18,354,000
12	색설화	화예품	24	120,000	2,880,000	144,000	2,736,000
13							
14	조건						
15	TRUE						
16							
17							
18	종류	주문수량	단가	최종판매액			
19	홍화	13	82,000	1,012,700			
20	백화	50	32,000	1,520,000			
21	원판화	210	92,000	18,354,000			
22	색설화	24	120,000	2,736,000			

≪처리조건≫

▶ "필터" 시트의 [A2:G12]를 아래 조건에 맞게 고급 필터를 사용하여 작성하시오.
- '분류'가 "화예품"이면서 '최종판매액'이 1000000 이상인 데이터를 '종류', '주문수량', '단가', '최종판매액'의 데이터만 필터링 하시오.
- 조건 위치 : 조건 함수는 [A15] 한 셀에 작성(AND 함수 이용)
- 결과 위치 : [A18]부터 출력

▶ 지시사항이 없는 경우는 ≪출력형태≫와 동일하게 작성하시오.

(2) 시나리오

≪출력형태≫

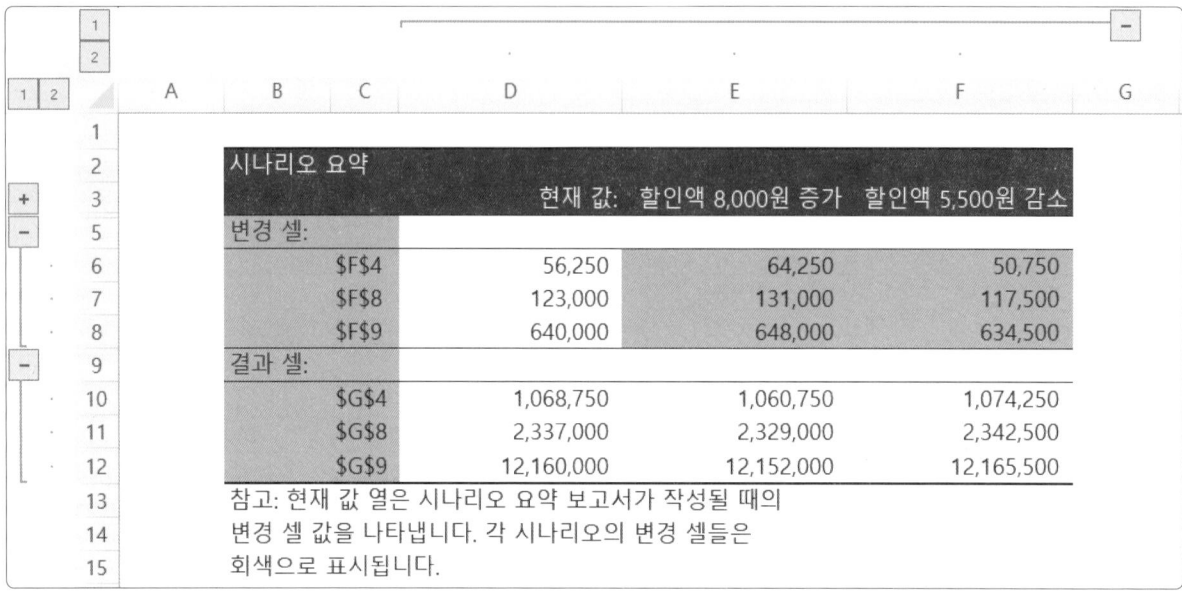

≪처리조건≫

▶ "시나리오" 시트의 [A2:G12]를 이용하여 '분류'가 "엽예품"인 경우, '할인액'이 변동할 때 '최종판매액'이 변동하는 가상분석(시나리오)을 작성하시오.

  - 시나리오1 : 시나리오 이름은 "할인액 8,000원 증가", '할인액'에 8000을 증가시킨 값 설정.
  - 시나리오2 : 시나리오 이름은 "할인액 5,500원 감소", '할인액'에 5500을 감소시킨 값 설정.
  - "시나리오 요약" 시트를 작성하시오.

▶ 지시사항이 없는 경우는 ≪출력형태≫와 동일하게 작성하시오.

【문제 4】 "피벗테이블" 시트를 참조하여 다음 ≪처리조건≫에 맞도록 작업하시오. (30점)

≪출력형태≫

	종류	값	분류 꽃잎	엽예품	화예품
	복륜	최대 : 판매금액	*	2,460,000	*
		최대 : 최종판매액	*	2,337,000	*
	복색화	최대 : 판매금액	*	*	749,000
		최대 : 최종판매액	*	*	711,550
	수선판	최대 : 판매금액	667,000	*	*
		최대 : 최종판매액	633,650	*	*
	홍화	최대 : 판매금액	*	*	1,066,000
		최대 : 최종판매액	*	*	1,012,700
	전체 최대 : 판매금액		667,000	2,460,000	1,066,000
	전체 최대 : 최종판매액		633,650	2,337,000	1,012,700

≪처리조건≫

▶ "피벗테이블" 시트의 [A2:G12]를 이용하여 새로운 시트에 ≪출력형태≫와 같이 피벗테이블을 작성 후 시트명을 "피벗테이블 정답"으로 수정하시오.

▶ 종류(행)와 분류(열)를 기준으로 하여 ≪출력형태≫와 같이 구하시오.
  - '판매금액', '최종판매액'의 최대를 구하시오.
  - 피벗 테이블 옵션을 이용하여 레이블이 있는 셀 병합 및 가운데 맞춤하고 빈 셀을 "*"로 표시한 후, 행의 총합계를 감추기 하시오.
  - 피벗 테이블 디자인에서 보고서 레이아웃은 '테이블 형식으로 표시', 피벗 테이블 스타일은 중간 - '연한 녹색, 피벗 스타일 보통 14'로 표시하시오.
  - 종류(행)는 "복륜", "복색화", "수선판", "홍화"만 출력되도록 표시하시오.
  - [C5:E14] 데이터는 셀 서식의 표시 형식-숫자를 이용하여 1000 단위 구분 기호를 표시하고, 가운데 맞춤하시오.

▶ 종류의 순서는 ≪출력형태≫와 다를 수 있음

▶ 지시사항이 없는 경우는 ≪출력형태≫와 동일하게 작성하시오.

【문제 5】 "**차트**" 시트를 참조하여 다음 ≪처리조건≫에 맞도록 작업하시오.   (30점)

≪출력형태≫

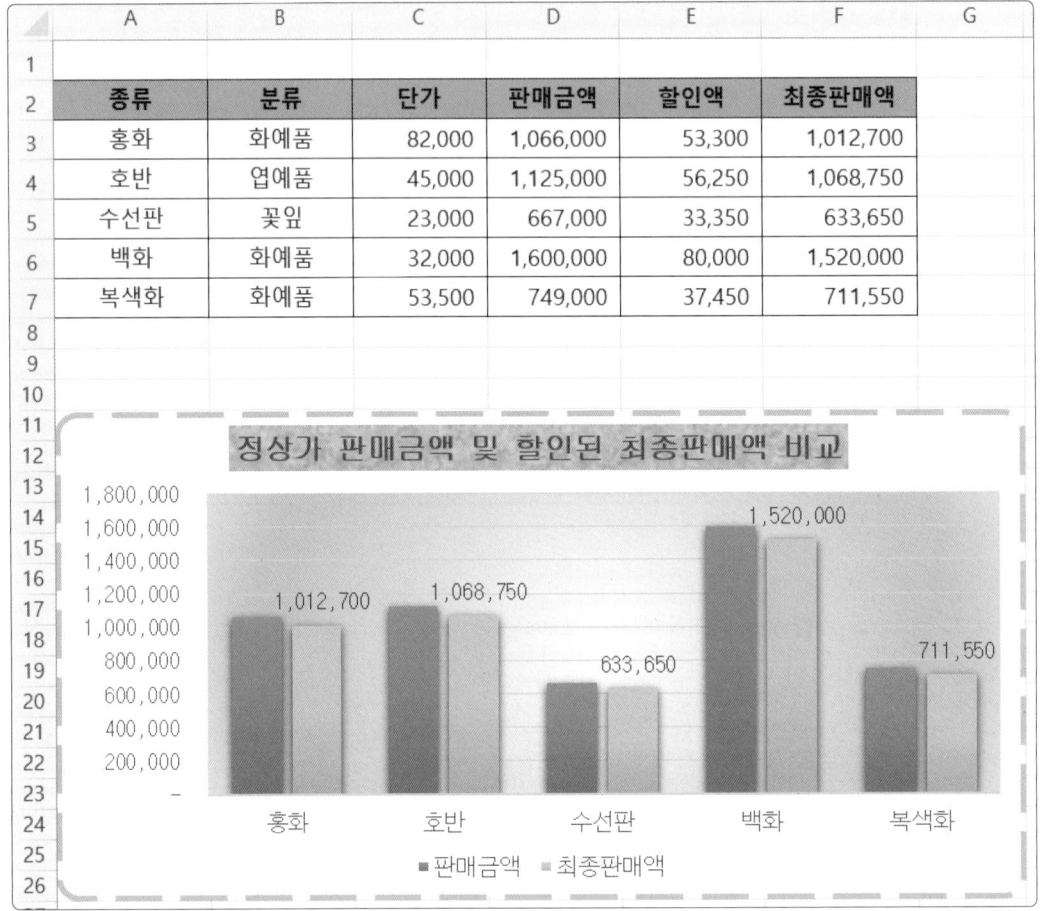

≪처리조건≫

▶ "차트" 시트에 주어진 표를 이용하여 '묶은 세로 막대형' 차트를 작성하시오.
　－ 데이터 범위 : 현재 시트 [A2:A7], [D2:D7], [F2:F7]의 데이터를 이용하여 작성하고, 행/열 전환은 '열'로 지정
　－ 차트 제목("정상가 판매금액 및 할인된 최종판매액 비교")
　－ 차트 스타일 : 색 변경(색상형 – 다양한 색상표 3, 스타일 14)
　－ 차트 위치 : 현재 시트에 [A11:G26] 크기에 정확하게 맞추시오.
　－ 차트 영역 서식 : 글꼴(돋움체, 11pt), 테두리 색(실선, 색 : 주황), 테두리 스타일(너비 : 3pt,
　　　　　　　　　　겹선 종류 : 단순형, 대시 종류 : 긴 파선, 둥근 모서리)
　－ 차트 제목 서식 : 글꼴(굴림체, 15pt, 굵게), 채우기(그림 또는 질감 채우기, 질감 : 분홍 박엽지)
　－ 그림 영역 서식 : 채우기(그라데이션 채우기, 그라데이션 미리 설정 : 밝은 그라데이션 – 강조 2,
　　　　　　　　　　종류 : 방사형, 방향 : 가운데에서)
　－ 범례 위치 : 아래쪽
　－ 데이터 레이블 추가 : '최종판매액' 계열에 "값" 표시

▶ 지시사항이 없는 경우는 ≪출력형태≫와 동일하게 작성하시오.

제 10 회 정보기술자격(ITQ) 출제예상 모의고사

작성 시간 / 시험 시간	채점 결과
분 / 40분	점 / 200점

☑ 시험과목 : 스프레드시트(엑셀)
☑ 시험일자 : 20XX. XX. XX. (X)
☑ 응시자 기재사항 및 감독 위원 확인

MS Office 2021 버전용

수검번호	DIS - XXXX -	감독위원 확인
성 명		

· 응시자 유의사항 ·

1. 응시자는 신분증을 지참하여야 시험에 응시할 수 있으며, 시험이 종료될 때까지 신분증을 제시하지 못 할 경우 해당 시험은 0점 처리됩니다.

2. 시스템(PC 작동 여부, 네트워크 상태 등)의 이상 여부를 반드시 확인하여야 하며, 시스템 이상이 있을 시 감독 위원에게 조치를 받으셔야 합니다.

3. 시험 중 부주의 또는 고의로 시스템을 파손한 경우는 응시자 부담으로 합니다.

4. 답안 전송 프로그램을 통해 다운로드 받은 파일을 이용하여 답안 파일을 작성하시기 바랍니다.

5. 작성한 답안 파일은 답안 전송 프로그램을 통하여 전송됩니다. 감독 위원의 지시에 따라 주시기 바랍니다.

6. 다음 사항의 경우 실격(0점) 혹은 부정행위 처리됩니다.
    1) 답안 파일을 저장하지 않았거나, 저장한 파일이 손상되었을 경우
    2) 답안 파일을 지정된 폴더(바탕화면 – "KAIT" 폴더)에 저장하지 않았을 경우
        ※ 답안 전송 프로그램 로그인 시 바탕화면에 자동 생성됨
    3) 답안 파일을 다른 보조기억장치(USB) 혹은 네트워크(메신저, 게시판 등)로 전송할 경우
    4) 휴대용 전화기 등 통신기기를 사용할 경우

7. 시트는 반드시 순서대로 작성해야 하며, 순서가 다를 경우 "0"점 처리됩니다.

8. 시험지에 제시된 글꼴이 응시 프로그램에 없는 경우, 반드시 감독 위원에게 해당 내용을 통보한 뒤 조치를 받아야 합니다.

9. 시험의 완료는 작성이 완료된 답안을 저장하고, 답안 전송이 완료된 상태를 확인한 것으로 합니다. 답안 전송 확인 후 문제지는 감독 위원에게 제출한 후 퇴실하여야 합니다.

10. 답안 전송을 완료한 경우는 수정 또는 정정이 불가합니다.

11. 시험 시행 후 합격자 발표는 홈페이지(www.ihd.or.kr)에서 확인하시기 바랍니다.
    1) 문제 및 정답 공개 : 20XX. XX. XX. (X)
    2) 합격자 발표 : 20XX. XX. XX. (X)

| 디지털정보활용능력 | 스프레드시트[엑셀] 2021 [시험시간 : 40분] |

【문제 1】 "**사용현황**" 시트를 참조하여 다음 ≪처리조건≫에 맞도록 작업하시오. (50점)

≪출력형태≫

	A	B	C	D	E	F	G	H	I
1				업무추진비 사용현황					
2	사용장소	사용내역	결제방법	7월	8월	9월	총비용	순위	비고
3	워크스테이지	업무추진비	카드	746,000	906,000	416,000	2,068,000원	1위	내역첨부
4	프레시청과	경조사비	현금	176,000	779,000	533,000	1,488,000원	7위	
5	열일문구	물품구입비	카드	477,000	599,000	574,000	1,650,000원	6위	
6	동해바다	업무추진비	카드	559,000	171,000	366,000	1,096,000원	10위	
7	가나조합	물품구입비	계좌입금	315,000	332,000	839,000	1,486,000원	8위	
8	해피해피	경조사비	현금	885,000	548,000	404,000	1,837,000원	4위	내역첨부
9	에스앤마트	물품구입비	카드	318,000	636,000	963,000	1,917,000원	3위	내역첨부
10	준인청과	경조사비	계좌입금	846,000	221,000	347,000	1,414,000원	9위	
11	전통시장	업무추진비	현금	706,000	572,000	452,000	1,730,000원	5위	
12	상원마라	업무추진비	계좌입금	267,000	956,000	794,000	2,017,000원	2위	내역첨부
13	'7월'의 최대값-최소값의 차이				709,000원				
14	'결제방법'이 "카드"인 '9월'의 평균				579,750원				
15	'7월' 중 두 번째로 작은 값				267,000원				

≪처리조건≫

▶ 1행의 행 높이를 '80'으로 설정하고, 2행~15행의 행 높이를 '18'로 설정하시오.
▶ 제목("업무추진비 사용현황") : 기본 도형의 '사각형: 빗면'을 이용하여 입력하시오.
  – 도형 : 위치([B1:H1]), 도형 스타일(테마 스타일 – '보통 효과 – 녹색, 강조 6')
  – 글꼴 : 궁서체, 30pt, 굵게
  – 도형 서식 : 도형 옵션 – 크기 및 속성(텍스트 상자(세로 맞춤 : 정가운데, 텍스트 방향 : 가로))

▶ 셀 서식을 아래 조건에 맞게 작성하시오.
  – [A2:I15] : 테두리(안쪽, 윤곽선 모두 실선, '검정, 텍스트 1'), 전체 가운데 맞춤
  – [A13:D13], [A14:D14], [A15:D15] : 각각 병합하고 가운데 맞춤
  – [A2:I2], [A13:D15] : 채우기 색('녹색, 강조 6, 80% 더 밝게'), 글꼴(굵게)
  – [D3:F12] : 셀 서식의 표시 형식-숫자를 이용하여 1000 단위 구분 기호 표시
  – [G3:G12], [E13:G15] : 셀 서식의 표시 형식-사용자 지정을 이용하여 #,##0"원"자를 추가
  – [H3:H12] : 셀 서식의 표시 형식-사용자 지정을 이용하여 #"위"자를 추가
  – 조건부 서식[A3:I12] : '8월'이 400000 이하인 경우 레코드 전체에 글꼴(진한 파랑, 굵은 기울임꼴) 적용
  – 지시사항이 없는 경우는 주어진 문제 파일의 서식을 그대로 사용하시오.

▶ ① 순위[H3:H12] : '총비용'을 기준으로 큰 순으로 순위를 구하시오. (RANK.EQ 함수)
▶ ② 비고[I3:I12] : '총비용'이 1800000 이상이면 "내역첨부", 그렇지 않으면 공백으로 구하시오. (IF 함수)
▶ ③ 최대값-최소값[E13:G13] : '7월'의 최대값과 최소값의 차이를 구하시오. (MAX, MIN 함수)
▶ ④ 평균[E14:G14] : '결제방법'이 "카드"인 '9월'의 평균을 구하시오. (DAVERAGE 함수)
▶ ⑤ 순위[E15:G15] : '7월' 중 두 번째로 작은 값을 구하시오. (SMALL 함수)

【문제 2】 "**부분합**" 시트를 참조하여 다음 ≪처리조건≫에 맞도록 작업하시오. (30점)

≪출력형태≫

	A	B	C	D	E	F	G
1							
2	사용장소	사용내역	결제방법	7월	8월	9월	총비용
3	프레시청과	경조사비	현금	176,000	779,000	533,000	1,488,000
4	해피해피	경조사비	현금	885,000	548,000	404,000	1,837,000
5	전통시장	업무추진비	현금	706,000	572,000	452,000	1,730,000
6			현금 평균	589,000	633,000	463,000	1,685,000
7			현금 최대	885,000	779,000	533,000	
8	워크스테이지	업무추진비	카드	746,000	906,000	416,000	2,068,000
9	열일문구	물품구입비	카드	477,000	599,000	574,000	1,650,000
10	동해바다	업무추진비	카드	559,000	171,000	366,000	1,096,000
11	에스앤마트	물품구입비	카드	318,000	636,000	963,000	1,917,000
12			카드 평균	525,000	578,000	579,750	1,682,750
13			카드 최대	746,000	906,000	963,000	
14	가나조합	물품구입비	계좌입금	315,000	332,000	839,000	1,486,000
15	준인청과	경조사비	계좌입금	846,000	221,000	347,000	1,414,000
16	상원마라	업무추진비	계좌입금	267,000	956,000	794,000	2,017,000
17			계좌입금 평균	476,000	503,000	660,000	1,639,000
18			계좌입금 최대	846,000	956,000	839,000	
19			전체 평균	529,500	572,000	568,800	1,670,300
20			전체 최대값	885,000	956,000	963,000	

≪처리조건≫

▶ 데이터를 '결제방법' 기준으로 내림차순 정렬하시오.

▶ 아래 조건에 맞는 부분합을 작성하시오.
 − '결제방법'으로 그룹화하여 '7월', '8월', '9월'의 최대를 구하는 부분합을 만드시오.
 − '결제방법'으로 그룹화하여 '7월', '8월', '9월', '총비용'의 평균을 구하는 부분합을 만드시오.
  (새로운 값으로 대치하지 말 것)
 − [D3:G20] 영역에 셀 서식의 표시 형식−숫자를 이용하여 1000 단위 구분 기호를 표시하시오.

▶ D~F열을 선택하여 그룹을 설정하시오.

▶ 최대와 평균의 부분합 순서는 ≪출력형태≫와 다를 수 있음

▶ 지시사항이 없는 경우는 기본 값을 적용하시오.

디지털정보활용능력 > 스프레드시트[엑셀] 2021 [시험시간 : 40분]

【문제 3】 "필터"와 "시나리오" 시트를 참조하여 다음 ≪처리조건≫에 맞도록 작업하시오. (60점)

(1) 필터

≪출력형태≫

	A	B	C	D	E	F	G
1							
2	사용장소	사용내역	결제방법	7월	8월	9월	총비용
3	워크스테이지	업무추진비	카드	746,000	906,000	416,000	2,068,000
4	프레시청과	경조사비	현금	176,000	779,000	533,000	1,488,000
5	열일문구	물품구입비	카드	477,000	599,000	574,000	1,650,000
6	동해바다	업무추진비	카드	559,000	171,000	366,000	1,096,000
7	가나조합	물품구입비	계좌입금	315,000	332,000	839,000	1,486,000
8	해피해피	경조사비	현금	885,000	548,000	404,000	1,837,000
9	에스앤마트	물품구입비	카드	318,000	636,000	963,000	1,917,000
10	준인청과	경조사비	계좌입금	846,000	221,000	347,000	1,414,000
11	전통시장	업무추진비	현금	706,000	572,000	452,000	1,730,000
12	상원마라	업무추진비	계좌입금	267,000	956,000	794,000	2,017,000
13							
14	조건						
15	TRUE						
16							
17							
18	사용장소	결제방법	7월	8월	9월		
19	워크스테이지	카드	746,000	906,000	416,000		
20	전통시장	현금	706,000	572,000	452,000		
21	상원마라	계좌입금	267,000	956,000	794,000		

≪처리조건≫

▶ "필터" 시트의 [A2:G12]를 아래 조건에 맞게 고급 필터를 사용하여 작성하시오.
- '사용내역'이 "업무추진비"이고 '총비용'이 1700000 이상인 데이터를 '사용장소', '결제방법', '7월', '8월', '9월'의 데이터만 필터링 하시오.
- 조건 위치 : 조건 함수는 [A15] 한 셀에 작성(AND 함수 이용)
- 결과 위치 : [A18]부터 출력

▶ 지시사항이 없는 경우는 ≪출력형태≫와 동일하게 작성하시오.

(2) 시나리오

≪출력형태≫

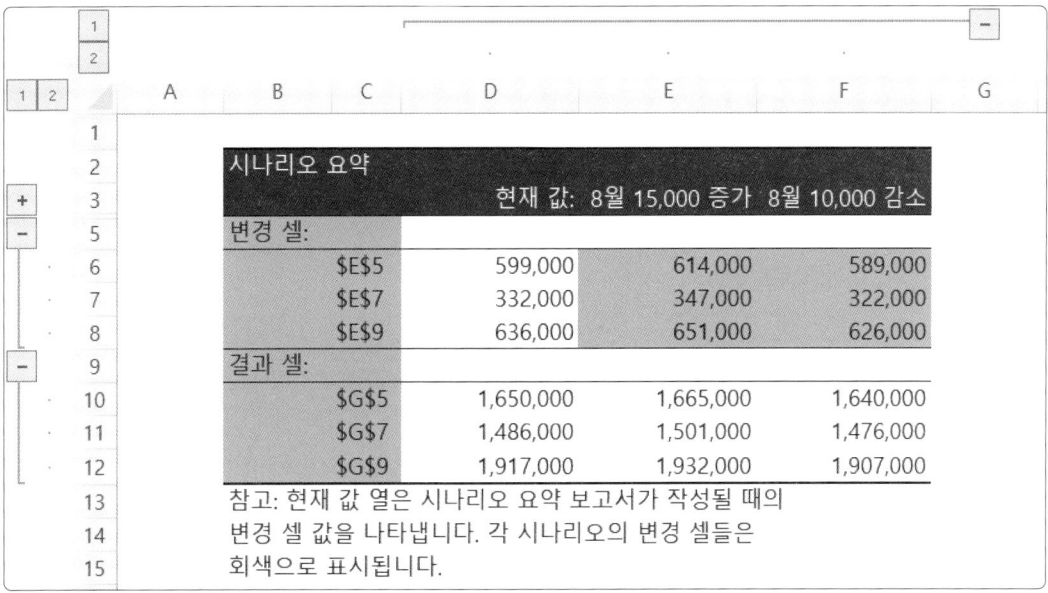

≪처리조건≫

▶ "시나리오" 시트의 [A2:G12]를 이용하여 '사용내역'이 "물품구입비"인 경우, '8월'이 변동할 때 '총비용'이 변동하는 가상분석(시나리오)을 작성하시오.

　- 시나리오1 : 시나리오 이름은 "8월 15,000 증가", '8월'에 15000을 증가시킨 값 설정.
　- 시나리오2 : 시나리오 이름은 "8월 10,000 감소", '8월'에 10000을 감소시킨 값 설정.
　- "시나리오 요약" 시트를 작성하시오.

▶ 지시사항이 없는 경우는 ≪출력형태≫와 동일하게 작성하시오.

| 디지털정보활용능력 | 스프레드시트[엑셀] 2021 [시험시간 : 40분] |

【문제 4】 "**피벗테이블**" 시트를 참조하여 다음 ≪처리조건≫에 맞도록 작업하시오. (30점)

≪출력형태≫

	A	B	C	D	E
1					
2					
3			결제방법		
4	사용내역	값	계좌입금	카드	현금
5	물품구입비	최소 : 7월	315,000	318,000	**
6		최소 : 9월	839,000	574,000	**
7	업무추진비	최소 : 7월	267,000	559,000	706,000
8		최소 : 9월	794,000	366,000	452,000
9	전체 최소 : 7월		267,000	318,000	706,000
10	전체 최소 : 9월		794,000	366,000	452,000

≪처리조건≫

▶ "피벗테이블" 시트의 [A2:G12]를 이용하여 새로운 시트에 ≪출력형태≫와 같이 피벗테이블을 작성 후 시트명을 "피벗테이블 정답"으로 수정하시오.

▶ 사용내역(행)과 결제방법(열)를 기준으로 하여 ≪출력형태≫와 같이 구하시오.
 – '7월', '9월'의 최소를 구하시오.
 – 피벗 테이블 옵션을 이용하여 레이블이 있는 셀 병합 및 가운데 맞춤하고 빈 셀을 "**"로 표시한 후, 행의 총합계를 감추기 하시오.
 – 피벗 테이블 디자인에서 보고서 레이아웃은 '테이블 형식으로 표시', 피벗 테이블 스타일은 어둡게 – '진한 녹색, 피벗 스타일 어둡게 7'로 표시하시오.
 – 사용내역(행)은 "물품구입비", "업무추진비"만 출력되도록 표시하시오.
 – [C5:E10] 데이터는 셀 서식의 표시 형식–숫자를 이용하여 1000 단위 구분 기호를 표시하고, 가운데 맞춤하시오.

▶ 사용내역의 순서는 ≪출력형태≫와 다를 수 있음

▶ 지시사항이 없는 경우는 ≪출력형태≫와 동일하게 작성하시오.

【문제 5】 "**차트**" 시트를 참조하여 다음 ≪처리조건≫에 맞도록 작업하시오. (30점)

≪출력형태≫

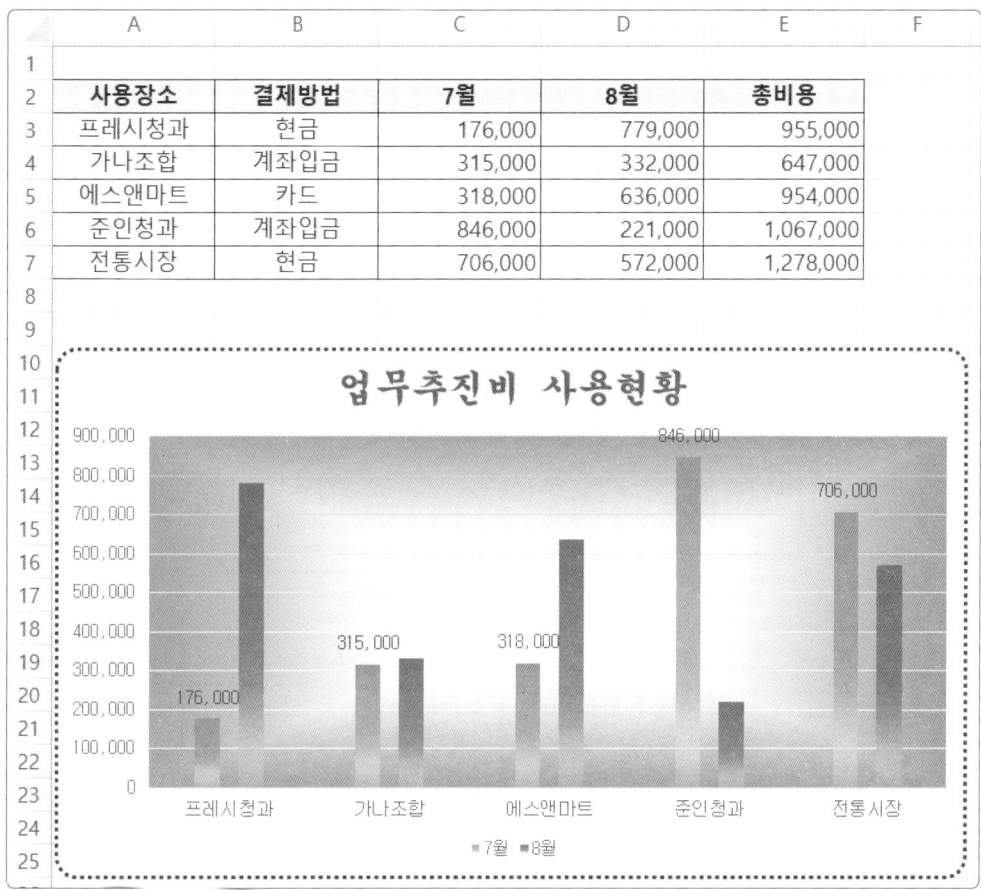

≪처리조건≫

▶ "차트" 시트에 주어진 표를 이용하여 '묶은 세로 막대형' 차트를 작성하시오.
- 데이터 범위 : 현재 시트 [A2:A7], [C2:D7]의 데이터를 이용하여 작성하고, 행/열 전환은 '열'로 지정
- 차트 제목("업무추진비 사용현황")
- 차트 스타일 : 색 변경(색상형 - 다양한 색상표 4, 스타일 9)
- 차트 위치 : 현재 시트에 [A10:F25] 크기에 정확하게 맞추시오.
- 차트 영역 서식 : 글꼴(굴림체, 9pt), 테두리 색(실선, 색 : 진한 파랑), 테두리 스타일(너비 : 2pt,
  겹선 : 단순형, 대시 종류 : 둥근 점선, 둥근 모서리)
- 차트 제목 서식 : 글꼴(궁서체, 18pt, 굵게), 채우기(그림 또는 질감 채우기, 질감 : 양피지)
- 그림 영역 서식 : 채우기(그라데이션 채우기, 그라데이션 미리 설정 : 위쪽 스포트라이트 강조 3,
  종류 : 사각형, 방향 : 가운데에서)
- 범례 위치 : 아래쪽
- 데이터 레이블 추가 : '7월' 계열에 "값" 표시

▶ 지시사항이 없는 경우는 ≪출력형태≫와 동일하게 작성하시오.

MEMO

PART 04
최신유형 기출문제

- ☑ 제 01 회 최신유형 기출문제
- ☑ 제 02 회 최신유형 기출문제
- ☑ 제 03 회 최신유형 기출문제
- ☑ 제 04 회 최신유형 기출문제
- ☑ 제 05 회 최신유형 기출문제
- ☑ 제 06 회 최신유형 기출문제
- ☑ 제 07 회 최신유형 기출문제
- ☑ 제 08 회 최신유형 기출문제

제 01 회 디지털정보활용능력 최신유형 기출문제

작성 시간 / 시험 시간	채점 결과
분 / 40분	점 / 200점

☑ 시험과목 : 스프레드시트(엑셀)
☑ 시험일자 : 20XX. XX. XX. (X)
☑ 응시자 기재사항 및 감독 위원 확인

MS Office 2021 버전용

수검번호	DIS - XXXX -	감독위원 확인
성 명		

· 응시자 유의사항 ·

1. 응시자는 신분증을 지참하여야 시험에 응시할 수 있으며, 시험이 종료될 때까지 신분증을 제시하지 못 할 경우 해당 시험은 0점 처리됩니다.
2. 시스템(PC 작동 여부, 네트워크 상태 등)의 이상 여부를 반드시 확인하여야 하며, 시스템 이상이 있을 시 감독 위원에게 조치를 받으셔야 합니다.
3. 시험 중 부주의 또는 고의로 시스템을 파손한 경우는 응시자 부담으로 합니다.
4. 답안 전송 프로그램을 통해 다운로드 받은 파일을 이용하여 답안 파일을 작성하시기 바랍니다.
5. 작성한 답안 파일은 답안 전송 프로그램을 통하여 전송됩니다. 감독 위원의 지시에 따라 주시기 바랍니다.
6. 다음 사항의 경우 실격(0점) 혹은 부정행위 처리됩니다.
   1) 답안 파일을 저장하지 않았거나, 저장한 파일이 손상되었을 경우
   2) 답안 파일을 지정된 폴더(바탕화면 – "KAIT" 폴더)에 저장하지 않았을 경우
      ※ 답안 전송 프로그램 로그인 시 바탕화면에 자동 생성됨
   3) 답안 파일을 다른 보조기억장치(USB) 혹은 네트워크(메신저, 게시판 등)로 전송할 경우
   4) 휴대용 전화기 등 통신기기를 사용할 경우
7. 시트는 반드시 순서대로 작성해야 하며, 순서가 다를 경우 "0"점 처리됩니다.
8. 시험지에 제시된 글꼴이 응시 프로그램에 없는 경우, 반드시 감독 위원에게 해당 내용을 통보한 뒤 조치를 받아야 합니다.
9. 시험의 완료는 작성이 완료된 답안을 저장하고, 답안 전송이 완료된 상태를 확인한 것으로 합니다. 답안 전송 확인 후 문제지는 감독 위원에게 제출한 후 퇴실하여야 합니다.
10. 답안 전송을 완료한 경우는 수정 또는 정정이 불가합니다.
11. 시험 시행 후 합격자 발표는 홈페이지(www.ihd.or.kr)에서 확인하시기 바랍니다.
    1) 문제 및 정답 공개 : 20XX. XX. XX. (X)
    2) 합격자 발표 : 20XX. XX. XX. (X)

디지털정보활용능력 　스프레드시트[엑셀] 2021 [시험시간 : 40분]

【문제 1】 "경매 현황" 시트를 참조하여 다음 《처리조건》에 맞도록 작업하시오. (50점)

≪출력형태≫

구분	난명	거래상태	수량	경매 시작가	최고 입찰가	경매금액	순위	비고
한국란	보춘화	거래완료	1503분	200,000	350,000	526,050,000	7	
중국란	호접란	거래진행중	270분	150,000	220,000	59,400,000	10	한정 수량
중국란	소심란	거래완료	3760분	180,000	300,000	1,128,000,000	4	
중국란	묵란	거래진행중	8900분	100,000	180,000	1,602,000,000	3	
한국란	새우란	거래완료	1687분	120,000	170,000	286,790,000	8	
한국란	솔란	거래완료	198분	300,000	450,000	89,100,000	9	한정 수량
한국란	광엽새우란	거래진행중	7689분	250,000	400,000	3,075,600,000	1	
중국란	석곡란	거래완료	7534분	220,000	320,000	2,410,880,000	2	
중국란	춘란	거래진행중	1697분	200,000	350,000	593,950,000	6	
한국란	한란	거래진행중	2945분	180,000	300,000	883,500,000	5	
'최고 입찰가'의 최대값-최소값 차이				280,000원				
'구분'이 "한국란"인 '경매금액'의 최소값				89,100,000원				
'경매 시작가' 중 두 번째로 작은 값				120,000원				

제목: 경매 현황표

≪처리조건≫

▶ 1행의 행 높이를 '80'으로 설정하고, 2행~15행의 행 높이를 '18'로 설정하시오.
▶ 제목("경매 현황표") : 순서도의 '순서도: 순차적 액세스 저장소'를 이용하여 입력하시오.
　- 도형 : 위치([B1:H1]), 도형 스타일(테마 스타일 – '강한 효과 – 녹색, 강조 6')
　- 글꼴 : 궁서체, 24pt, 굵게, 기울임꼴
　- 도형 서식 : 도형 옵션 – 크기 및 속성(텍스트 상자(세로 맞춤 : 정가운데, 텍스트 방향 : 가로))

▶ 셀 서식을 아래 조건에 맞게 작성하시오.
　- [A2:I15] : 테두리(안쪽, 윤곽선 모두 실선, '검정, 텍스트 1'), 전체 가운데 맞춤
　- [A13:D13], [A14:D14], [A15:D15] : 각각 병합하고 가운데 맞춤
　- [A2:I2], [A13:D15] : 채우기 색('녹색, 강조 6, 40% 더 밝게'), 글꼴(굵게)
　- [D3:D12] : 셀 서식의 표시 형식-사용자 지정을 이용하여 #"분"자를 추가
　- [E3:G12] : 셀 서식의 표시 형식-숫자를 이용하여 1000 단위 구분 기호 표시
　- [E13:G15] : 셀 서식의 표시 형식-사용자 지정을 이용하여 #,##0"원"자를 추가
　- 조건부 서식[A3:I12] : '수량'이 5000 이상인 경우 레코드 전체에 글꼴(녹색, 굵은 기울임꼴) 적용
　- 지시사항이 없는 경우는 주어진 문제 파일의 서식을 그대로 사용하시오.

▶ ① 순위[H3:H12] : '경매금액'을 기준으로 큰 순으로 순위를 구하시오. (RANK.EQ 함수)
▶ ② 비고[I3:I12] : '수량'이 1000 이하이면 "한정 수량", 그렇지 않으면 공백으로 구하시오. (IF 함수)
▶ ③ 최대값-최소값[E13:G13] : '최고 입찰가'의 최대값과 최소값의 차이를 구하시오. (MAX, MIN 함수)
▶ ④ 최소값[E14:G14] : '구분'이 "한국란"인 '경매금액'의 최소값을 구하시오. (DMIN 함수)
▶ ⑤ 순위[E15:G15] : '경매 시작가' 중 두 번째로 작은 값을 구하시오. (SMALL 함수)

【문제 2】 "부분합" 시트를 참조하여 다음 《처리조건》에 맞도록 작업하시오. (30점)

《출력형태》

	A	B	C	D	E	F	G
1							
2	구분	난명	거래상태	수량	경매 시작가	최고 입찰가	경매금액
3	한국란	보춘화	거래완료	1,503	200,000	350,000	526,050,000
4	한국란	새우란	거래완료	1,687	120,000	170,000	286,790,000
5	한국란	솔란	거래완료	198	300,000	450,000	89,100,000
6	한국란	광엽새우란	거래진행중	7,689	250,000	400,000	3,075,600,000
7	한국란	한란	거래진행중	2,945	180,000	300,000	883,500,000
8	한국란 최소				120,000	170,000	
9	한국란 최대				300,000	450,000	
10	중국란	호접란	거래진행중	270	150,000	220,000	59,400,000
11	중국란	소심란	거래완료	3,760	180,000	300,000	1,128,000,000
12	중국란	묵란	거래진행중	8,900	100,000	180,000	1,602,000,000
13	중국란	석곡란	거래완료	7,534	220,000	320,000	2,410,880,000
14	중국란	춘란	거래진행중	1,697	200,000	350,000	593,950,000
15	중국란 최소				100,000	180,000	
16	중국란 최대				220,000	350,000	
17	전체 최소값				100,000	170,000	
18	전체 최대값				300,000	450,000	
19							

《처리조건》

▶ 데이터를 '구분' 기준으로 내림차순 정렬하시오.

▶ 아래 조건에 맞는 부분합을 작성하시오.
  - '구분'으로 그룹화하여 '경매 시작가', '최고 입찰가'의 최대를 구하는 부분합을 만드시오.
  - '구분'으로 그룹화하여 '경매 시작가', '최고 입찰가'의 최소를 구하는 부분합을 만드시오.
    (새로운 값으로 대치하지 말 것)
  - [D3:G18] 영역에 셀 서식의 표시 형식-숫자를 이용하여 1000 단위 구분 기호를 표시하시오.

▶ E~F열을 선택하여 그룹을 설정하시오.

▶ 최대와 최소의 부분합 순서는 《출력형태》와 다를 수 있음

▶ 지시사항이 없는 경우는 기본값을 적용하시오.

디지털정보활용능력 › 스프레드시트[엑셀] 2021 [시험시간 : 40분]

【문제 3】 "**필터**"와 "**시나리오**" 시트를 참조하여 다음 《처리조건》에 맞도록 작업하시오. (60점)

(1) 필터

≪출력형태≫

	A	B	C	D	E	F	G
1							
2	구분	난명	거래상태	수량	경매 시작가	최고 입찰가	경매금액
3	한국란	보춘화	거래완료	1,503	200,000	350,000	526,050,000
4	중국란	호접란	거래진행중	270	150,000	220,000	59,400,000
5	중국란	소심란	거래완료	3,760	180,000	300,000	1,128,000,000
6	중국란	묵란	거래진행중	8,900	100,000	180,000	1,602,000,000
7	한국란	새우란	거래완료	1,687	120,000	170,000	286,790,000
8	한국란	솔란	거래완료	198	300,000	450,000	89,100,000
9	한국란	광엽새우란	거래진행중	7,689	250,000	400,000	3,075,600,000
10	중국란	석곡란	거래완료	7,534	220,000	320,000	2,410,880,000
11	중국란	춘란	거래진행중	1,697	200,000	350,000	593,950,000
12	한국란	한란	거래진행중	2,945	180,000	300,000	883,500,000
13							
14	조건						
15	TRUE						
16							
17							
18	난명	거래상태	경매 시작가	최고 입찰가	경매금액		
19	보춘화	거래완료	200,000	350,000	526,050,000		
20	묵란	거래진행중	100,000	180,000	1,602,000,000		
21	새우란	거래완료	120,000	170,000	286,790,000		
22	솔란	거래완료	300,000	450,000	89,100,000		
23	광엽새우란	거래진행중	250,000	400,000	3,075,600,000		
24	석곡란	거래완료	220,000	320,000	2,410,880,000		
25	한란	거래진행중	180,000	300,000	883,500,000		
26							

≪처리조건≫

▶ "필터" 시트의 [A2:G12]를 아래 조건에 맞게 고급 필터를 사용하여 작성하시오.
  - '구분'이 "한국란"이거나 '수량'이 5000 이상인 데이터를 '난명', '거래상태', '경매 시작가', '최고 입찰가', '경매금액'의 데이터만 필터링 하시오.
  - 조건 위치 : 조건 함수는 [A15] 한 셀에 작성(OR 함수 이용)
  - 결과 위치 : [A18]부터 출력

▶ 지시사항이 없는 경우는 《출력형태》와 동일하게 작성하시오.

(2) 시나리오

≪출력형태≫

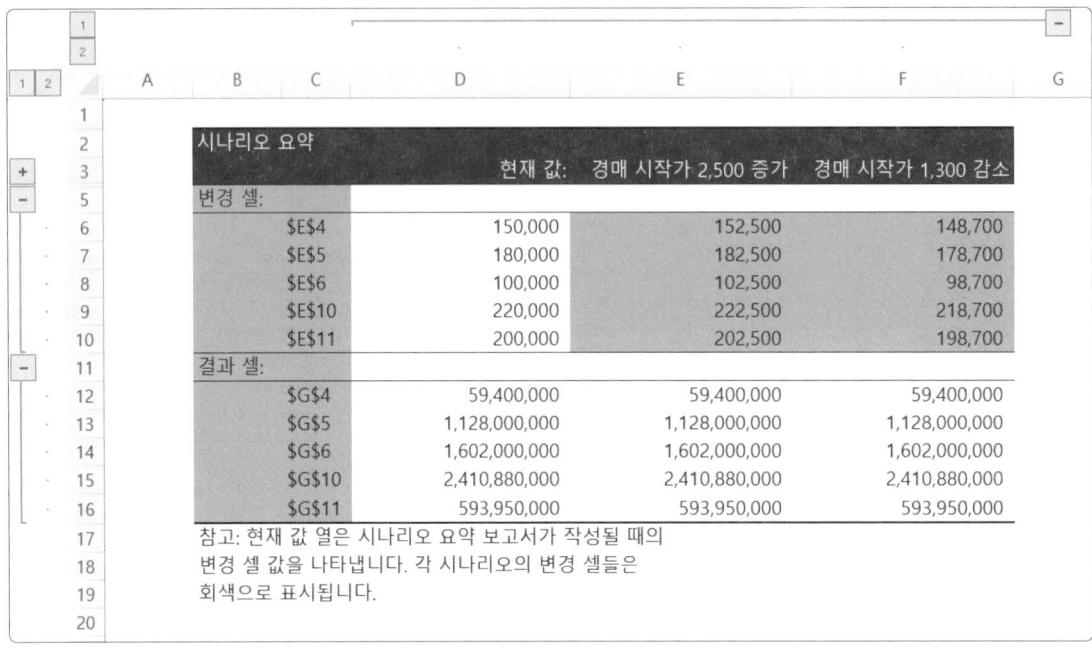

≪처리조건≫

▶ "시나리오" 시트의 [A2:G12]를 이용하여 '구분'이 "중국란"인 경우, '경매 시작가'가 변동할 때 '경매금액'이 변동하는 가상분석(시나리오)을 작성하시오.

 - 시나리오1 : 시나리오 이름은 "경매 시작가 2,500 증가", '경매 시작가'에 2500을 증가시킨 값 설정.
 - 시나리오2 : 시나리오 이름은 "경매 시작가 1,300 감소", '경매 시작가'에 1300을 감소시킨 값 설정.
 - "시나리오 요약" 시트를 작성하시오.

▶ 지시사항이 없는 경우는 ≪출력형태≫와 동일하게 작성하시오.

【문제 4】 "피벗테이블" 시트를 참조하여 다음 《처리조건》에 맞도록 작업하시오. (30점)

≪출력형태≫

	A	B	C	D
1				
2				
3			거래상태 ▼	
4	난명 ▼	값	거래완료	거래진행중
5		최소 : 경매 시작가	200,000	**
6	보춘화	최소 : 최고 입찰가	350,000	**
7		최소 : 경매금액	526,050,000	**
8		최소 : 경매 시작가	120,000	**
9	새우란	최소 : 최고 입찰가	170,000	**
10		최소 : 경매금액	286,790,000	**
11		최소 : 경매 시작가	220,000	**
12	석곡란	최소 : 최고 입찰가	320,000	**
13		최소 : 경매금액	2,410,880,000	**
14		최소 : 경매 시작가	**	150,000
15	호접란	최소 : 최고 입찰가	**	220,000
16		최소 : 경매금액	**	59,400,000
17	전체 최소 : 경매 시작가		120,000	150,000
18	전체 최소 : 최고 입찰가		170,000	220,000
19	전체 최소 : 경매금액		286,790,000	59,400,000
20				

≪처리조건≫

▶ "피벗테이블" 시트의 [A2:G12]를 이용하여 새로운 시트에 《출력형태》와 같이 피벗테이블을 작성 후 시트명을 "피벗테이블 정답"으로 수정하시오.

▶ 난명(행)과 거래상태(열)를 기준으로 하여 《출력형태》와 같이 구하시오.
 - '경매 시작가', '최고 입찰가', '경매금액'의 최소를 구하시오.
 - 피벗 테이블 옵션을 이용하여 레이블이 있는 셀 병합 및 가운데 맞춤하고 빈 셀을 "**"로 표시한 후, 행의 총 합계를 감추기 하시오.
 - 피벗 테이블 디자인에서 보고서 레이아웃은 '테이블 형식으로 표시', 피벗 테이블 스타일은 중간 - '연한 녹색, 피벗 스타일 보통 14'로 표시하시오.
 - 난명(행)은 "보춘화", "새우란", "석곡란", "호접란"만 출력되도록 표시하시오.
 - [C5:D19] 데이터는 셀 서식의 표시 형식-숫자를 이용하여 1000 단위 구분 기호를 표시하고, 가운데 맞춤하시오.

▶ 난명의 순서는 《출력형태》와 다를 수 있음

▶ 지시사항이 없는 경우는 《출력형태》와 동일하게 작성하시오.

【문제 5】 "차트" 시트를 참조하여 다음 《처리조건》에 맞도록 작업하시오. (30점)

《출력형태》

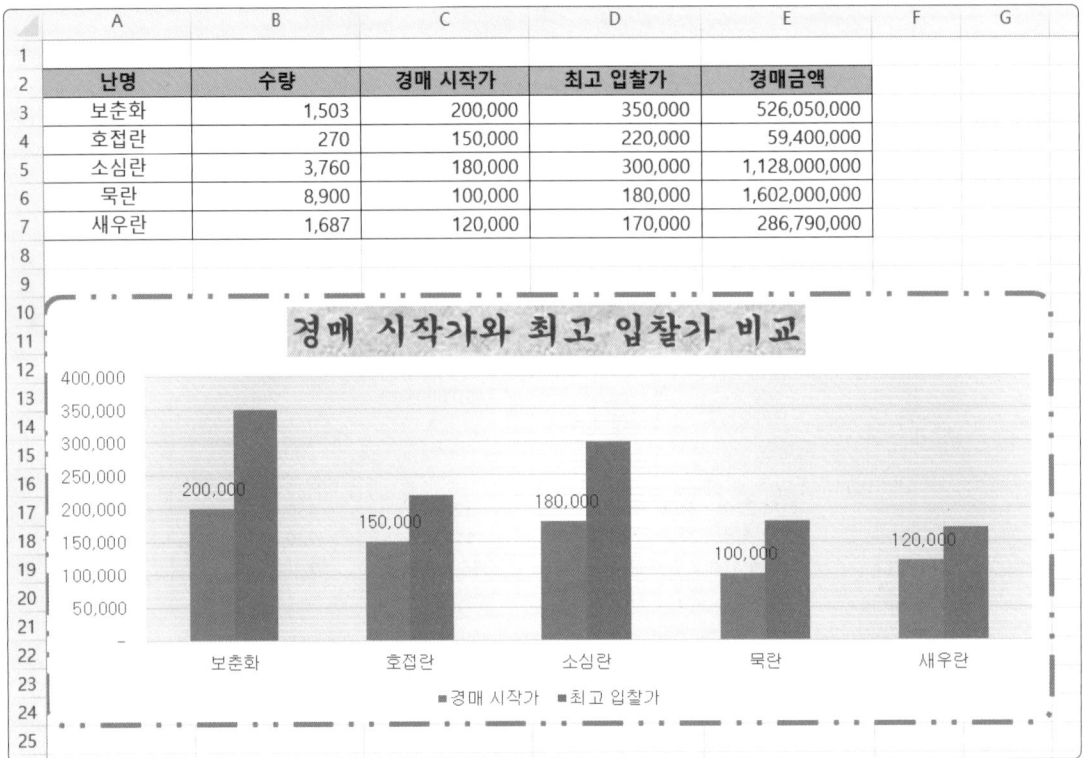

《처리조건》

▶ "차트" 시트에 주어진 표를 이용하여 '묶은 세로 막대형' 차트를 작성하시오.
  - 데이터 범위 : 현재 시트 [A2:A7], [C2:D7]의 데이터를 이용하여 작성하고, 행/열 전환은 '열'로 지정
  - 차트 제목("경매 시작가와 최고 입찰가 비교")
  - 차트 스타일 : 색 변경(색상형 - 다양한 색상표 4, 스타일 11)
  - 차트 위치 : 현재 시트에 [A10:G24] 크기에 정확하게 맞추시오.
  - 차트 영역 서식 : 글꼴(굴림, 10pt), 테두리 색(실선, 색 : 녹색, 강조 6), 테두리 스타일(너비 : 3pt, 겹선 종류 : 단순형, 대시 종류 : 긴 파선-점선-점선, 둥근 모서리)
  - 차트 제목 서식 : 글꼴(궁서체, 20pt, 굵게), 채우기(그림 또는 질감 채우기, 질감 : 편지지)
  - 그림 영역 서식 : 채우기(그라데이션 채우기, 그라데이션 미리 설정 : 밝은 그라데이션 - 강조 4, 종류 : 방사형, 방향 : 가운데에서)
  - 범례 위치 : 아래쪽
  - 데이터 레이블 추가 : '경매 시작가' 계열에 "값" 표시

▶ 지시사항이 없는 경우는 《출력형태》와 동일하게 작성하시오.

제 02 회 디지털정보활용능력 최신유형 기출문제

작성 시간 / 시험 시간	채점 결과
분 / 40분	점 / 200점

☑ 시험과목 : 스프레드시트(엑셀)
☑ 시험일자 : 20XX. XX. XX. (X)
☑ 응시자 기재사항 및 감독 위원 확인

MS Office 2021 버전용

수검번호	DIS - XXXX -	감독위원 확인
성 명		

· 응시자 유의사항 ·

1. 응시자는 신분증을 지참하여야 시험에 응시할 수 있으며, 시험이 종료될 때까지 신분증을 제시하지 못 할 경우 해당 시험은 0점 처리됩니다.

2. 시스템(PC 작동 여부, 네트워크 상태 등)의 이상 여부를 반드시 확인하여야 하며, 시스템 이상이 있을 시 감독 위원에게 조치를 받으셔야 합니다.

3. 시험 중 부주의 또는 고의로 시스템을 파손한 경우는 응시자 부담으로 합니다.

4. 답안 전송 프로그램을 통해 다운로드 받은 파일을 이용하여 답안 파일을 작성하시기 바랍니다.

5. 작성한 답안 파일은 답안 전송 프로그램을 통하여 전송됩니다. 감독 위원의 지시에 따라 주시기 바랍니다.

6. 다음 사항의 경우 실격(0점) 혹은 부정행위 처리됩니다.
   1) 답안 파일을 저장하지 않았거나, 저장한 파일이 손상되었을 경우
   2) 답안 파일을 지정된 폴더(바탕화면 – "KAIT" 폴더)에 저장하지 않았을 경우
      ※ 답안 전송 프로그램 로그인 시 바탕화면에 자동 생성됨
   3) 답안 파일을 다른 보조기억장치(USB) 혹은 네트워크(메신저, 게시판 등)로 전송할 경우
   4) 휴대용 전화기 등 통신기기를 사용할 경우

7. 시트는 반드시 순서대로 작성해야 하며, 순서가 다를 경우 "0"점 처리됩니다.

8. 시험지에 제시된 글꼴이 응시 프로그램에 없는 경우, 반드시 감독 위원에게 해당 내용을 통보한 뒤 조치를 받아야 합니다.

9. 시험의 완료는 작성이 완료된 답안을 저장하고, 답안 전송이 완료된 상태를 확인한 것으로 합니다. 답안 전송 확인 후 문제지는 감독 위원에게 제출한 후 퇴실하여야 합니다.

10. 답안 전송을 완료한 경우는 수정 또는 정정이 불가합니다.

11. 시험 시행 후 합격자 발표는 홈페이지(www.ihd.or.kr)에서 확인하시기 바랍니다.
    1) 문제 및 정답 공개 : 20XX. XX. XX. (X)
    2) 합격자 발표 : 20XX. XX. XX. (X)

디지털정보활용능력 > 스프레드시트[엑셀] 2021 [시험시간 : 40분]   1/6

【문제 1】 "관람 현황" 시트를 참조하여 다음 《처리조건》에 맞도록 작업하시오. (50점)

≪출력형태≫

	A	B	C	D	E	F	G	H	I
1				영화관람 현황					
2	구분	장르	영화제목	상영관	관람인원	티켓 가격	총 매출액	순위	비고
3	2D	SF	크로노스 코드	1관	356명	12,000	4,272,000원	10	미상영 예정
4	2D	뮤지컬	블랙 타겟	2관	2897명	13,000	37,661,000원	5	
5	3D	SF	네뷸라의 유산	1관	1375명	17,000	23,375,000원	7	
6	3D	애니메이션	별의 연대기	3관	467명	16,000	7,472,000원	8	미상영 예정
7	2D	액션	새우란	2관	1899명	13,000	24,687,000원	6	
8	*2D*	*SF*	*제로 호라이즌*	*1관*	*6750명*	*12,000*	*81,000,000원*	*3*	
9	3D	애니메이션	숲의 노래	3관	2456명	18,000	44,208,000원	4	
10	*2D*	*SF*	*퀀텀 리프트*	*1관*	*8421명*	*12,000*	*101,052,000원*	*2*	
11	2D	뮤지컬	쉐도우 스틸	2관	597명	12,000	7,164,000원	9	미상영 예정
12	*2D*	*애니메이션*	*클라우드 에이리언*	*1관*	*9647명*	*12,000*	*115,764,000원*	*1*	
13	'관람 인원'의 최대값-최소값 차이				9291명				
14	'장르'가 "SF"인 '총 매출액'의 최대값				101,052,000원				
15	'총 매출액' 중 가장 작은 값				4,272,000원				

≪처리조건≫

▶ 1행의 행 높이를 '80'으로 설정하고, 2행~15행의 행 높이를 '18'로 설정하시오.
▶ 제목("영화관람 현황") : 기본 도형의 '구름'을 이용하여 입력하시오.
  – 도형 : 위치([B1:H1]), 도형 스타일(테마 스타일 – '미세 효과 – 황금색, 강조 4')
  – 글꼴 : 돋움체, 26pt, 굵게
  – 도형 서식 : 도형 옵션 – 크기 및 속성(텍스트 상자(세로 맞춤 : 정가운데, 텍스트 방향 : 가로))

▶ 셀 서식을 아래 조건에 맞게 작성하시오.
  – [A2:I15] : 테두리(안쪽, 윤곽선 모두 실선, '검정 텍스트 1'), 전체 가운데 맞춤
  – [A13:D13], [A14:D14], [A15:D15] : 각각 병합하고 가운데 맞춤
  – [A2:I2], [A13:D15] : 채우기 색('황금색, 강조 4, 60% 더 밝게'), 글꼴(굵게)
  – [E3:E12], [E13:G13] : 셀 서식의 표시 형식–사용자 지정을 이용하여 #"명"자를 추가
  – [F3:F12] : 셀 서식의 표시 형식–숫자를 이용하여 1000 단위 구분 기호 표시
  – [G3:G12], [E14:G15] : 셀 서식의 표시 형식–사용자 지정을 이용하여 #,##0"원"자를 추가
  – 조건부 서식[A3:I12] : '관람인원'이 5500 이상인 경우 레코드 전체에 글꼴(자주, 굵은 기울임꼴) 적용
  – 지시사항이 없는 경우는 주어진 문제 파일의 서식을 그대로 사용하시오.

▶ ① 순위[H3:H12] : '총 매출액'을 기준으로 큰 순으로 순위를 구하시오. (RANK.EQ 함수)
▶ ② 비고[I3:I12] : '관람인원'이 1000 이하이면 "미상영 예정", 그렇지 않으면 공백으로 구하시오. (IF 함수)
▶ ③ 최대값-최소값[E13:G13] : '관람인원'의 최대값과 최소값의 차이를 구하시오. (MAX, MIN 함수)
▶ ④ 최대값[E14:G14] : '장르'가 "SF"인 '총 매출액'의 최대값을 구하시오. (DMAX 함수)
▶ ⑤ 순위[E15:G15] : '총 매출액' 중 가장 작은 값을 구하시오. (SMALL 함수)

【문제 2】 "부분합" 시트를 참조하여 다음 《처리조건》에 맞도록 작업하시오. (30점)

≪출력형태≫

구분	장르	영화제목	상영관	관람인원	티켓 가격	총 매출액
2D	액션	새우란	2관	1,899	13,000	24,687,000
	액션 평균			1,899		24,687,000
	액션 최소			1,899	13,000	
3D	애니메이션	별의 연대기	3관	467	16,000	7,472,000
3D	애니메이션	숲의 노래	3관	2,456	18,000	44,208,000
2D	애니메이션	클라우드 에이리언	1관	9,647	12,000	115,764,000
	애니메이션 평균			4,190		55,814,667
	애니메이션 최소			467	12,000	
2D	뮤지컬	블랙 타겟	2관	2,897	13,000	37,661,000
2D	뮤지컬	쉐도우 스틸	2관	597	12,000	7,164,000
	뮤지컬 평균			1,747		22,412,500
	뮤지컬 최소			597	12,000	
2D	SF	크로노스 코드	1관	356	12,000	4,272,000
3D	SF	네뷸라의 유산	1관	1,375	17,000	23,375,000
2D	SF	제로 호라이즌	1관	6,750	12,000	81,000,000
2D	SF	퀀텀 리프트	1관	8,421	12,000	101,052,000
	SF 평균			4,226		52,424,750
	SF 최소			356	12,000	
	전체 평균			3,487		44,665,500
	전체 최소값			356	12,000	

≪처리조건≫

▶ 데이터를 '장르' 기준으로 내림차순 정렬하시오.

▶ 아래 조건에 맞는 부분합을 작성하시오.
  − '장르'로 그룹화하여 '관람인원', '티켓 가격'의 최소를 구하는 부분합을 만드시오.
  − '장르'로 그룹화하여 '관람인원', '총 매출액'의 평균을 구하는 부분합을 만드시오.
    (새로운 값으로 대치하지 말 것)
  − [E3:G22] 영역에 셀 서식의 표시 형식-숫자를 이용하여 1000 단위 구분 기호를 표시하시오.

▶ E~F열을 선택하여 그룹을 설정하시오.

▶ 최소와 평균의 부분합 순서는 《출력형태》와 다를 수 있음

▶ 지시사항이 없는 경우는 기본값을 적용하시오.

디지털정보활용능력 › 스프레드시트[엑셀] 2021 [시험시간 : 40분]

【문제 3】 "필터"와 "시나리오" 시트를 참조하여 다음 《처리조건》에 맞도록 작업하시오. (60점)

(1) 필터

《출력형태》

	A	B	C	D	E	F	G
1							
2	구분	장르	영화제목	상영관	관람인원	티켓 가격	총 매출액
3	2D	SF	크로노스 코드	1관	356	12000	4272000
4	2D	뮤지컬	블랙 타겟	2관	2897	13000	37661000
5	3D	SF	네불라의 유산	1관	1375	17000	23375000
6	3D	애니메이션	별의 연대기	3관	467	16000	7472000
7	2D	액션	새우란	2관	1899	13000	24687000
8	2D	SF	제로 호라이즌	1관	6750	12000	81000000
9	3D	애니메이션	숲의 노래	3관	2456	18000	44208000
10	2D	SF	퀀텀 리프트	1관	8421	12000	101052000
11	2D	뮤지컬	쉐도우 스틸	2관	597	12000	7164000
12	2D	애니메이션	클라우드 에이리언	1관	9647	12000	115764000
13							
14	조건						
15	FALSE						
16							
17							
18	장르	영화제목	관람인원	티켓 가격	총 매출액		
19	뮤지컬	블랙 타겟	2897	13000	37661000		
20	액션	새우란	1899	13000	24687000		
21	SF	제로 호라이즌	6750	12000	81000000		
22	SF	퀀텀 리프트	8421	12000	101052000		
23	애니메이션	클라우드 에이리언	9647	12000	115764000		
24							

《처리조건》

▶ "필터" 시트의 [A2:G12]를 아래 조건에 맞게 고급 필터를 사용하여 작성하시오.
  - '구분'이 "2D"이고 '관람인원'이 1500 이상인 데이터를 '장르', '영화제목', '관람인원', '티켓 가격', '총 매출액'의 데이터만 필터링 하시오.
  - 조건 위치 : 조건 함수는 [A15] 한 셀에 작성(AND 함수 이용)
  - 결과 위치 : [A18]부터 출력

▶ 지시사항이 없는 경우는 《출력형태》와 동일하게 작성하시오.

(2) 시나리오

≪출력형태≫

		현재 값:	티켓 가격 1,200 증가	티켓 가격 1,000 감소
시나리오 요약				
변경 셀:				
	$F$3	12,000	13,200	11,000
	$F$5	17,000	18,200	16,000
	$F$8	12,000	13,200	11,000
	$F$10	12,000	13,200	11,000
결과 셀:				
	$G$3	4,272,000	4,699,200	3,916,000
	$G$5	23,375,000	25,025,000	22,000,000
	$G$8	81,000,000	89,100,000	74,250,000
	$G$10	101,052,000	111,157,200	92,631,000

참고: 현재 값 열은 시나리오 요약 보고서가 작성될 때의 변경 셀 값을 나타냅니다. 각 시나리오의 변경 셀들은 회색으로 표시됩니다.

≪처리조건≫

▶ "시나리오" 시트의 [A2:G12]를 이용하여 '장르'가 "SF"인 경우, '티켓 가격'이 변동할 때 '총 매출액'이 변동하는 가상분석(시나리오)을 작성하시오.

- 시나리오1 : 시나리오 이름은 "티켓 가격 1,200 증가", '티켓 가격'에 1200을 증가시킨 값 설정.
- 시나리오2 : 시나리오 이름은 "티켓 가격 1,000 감소", '티켓 가격'에 1000을 감소시킨 값 설정.
- "시나리오 요약" 시트를 작성하시오.

▶ 지시사항이 없는 경우는 ≪출력형태≫와 동일하게 작성하시오.

【문제 4】 "피벗테이블" 시트를 참조하여 다음 《처리조건》에 맞도록 작업하시오. (30점)

≪출력형태≫

	A	B	C	D	E	F
1						
2						
3			영화제목 ▼			
4	장르 ▼	값	네뷸라의 유산	별의 연대기	새우란	쉐도우 스틸
5	SF	합계 : 관람인원	1,375	**	**	**
6		합계 : 총 매출액	23,375,000	**	**	**
7	뮤지컬	합계 : 관람인원	**	**	**	597
8		합계 : 총 매출액	**	**	**	7,164,000
9	애니메이션	합계 : 관람인원	**	467	**	**
10		합계 : 총 매출액	**	7,472,000	**	**
11	액션	합계 : 관람인원	**	**	1,899	**
12		합계 : 총 매출액	**	**	24,687,000	**
13	전체 합계 : 관람인원		1,375	467	1,899	597
14	전체 합계 : 총 매출액		23,375,000	7,472,000	24,687,000	7,164,000
15						

≪처리조건≫

▶ "피벗테이블" 시트의 [A2:G12]를 이용하여 새로운 시트에 《출력형태》와 같이 피벗테이블을 작성 후 시트명을 "피벗테이블 정답"으로 수정하시오.

▶ 장르(행)와 영화제목(열)을 기준으로 하여 《출력형태》와 같이 구하시오.
  - '관람인원', '총 매출액'의 합계를 구하시오.
  - 피벗 테이블 옵션을 이용하여 레이블이 있는 셀 병합 및 가운데 맞춤하고 빈 셀을 "**"로 표시한 후, 행의 총 합계를 감추기 하시오.
  - 피벗 테이블 디자인에서 보고서 레이아웃은 '테이블 형식으로 표시', 피벗 테이블 스타일은 중간 – '연한 파랑, 피벗 스타일 보통 9'로 표시하시오.
  - 영화제목(열)은 "네뷸라의 유산", "별의 연대기", "새우란", "쉐도우 스틸"만 출력되도록 표시하시오.
  - [C5:F14] 데이터는 셀 서식의 표시 형식–숫자를 이용하여 1000 단위 구분 기호를 표시하고, 가운데 맞춤하시오.

▶ 장르의 순서는 《출력형태》와 다를 수 있음

▶ 지시사항이 없는 경우는 《출력형태》와 동일하게 작성하시오.

【문제 5】 "차트" 시트를 참조하여 다음《처리조건》에 맞도록 작업하시오. (30점)

≪출력형태≫

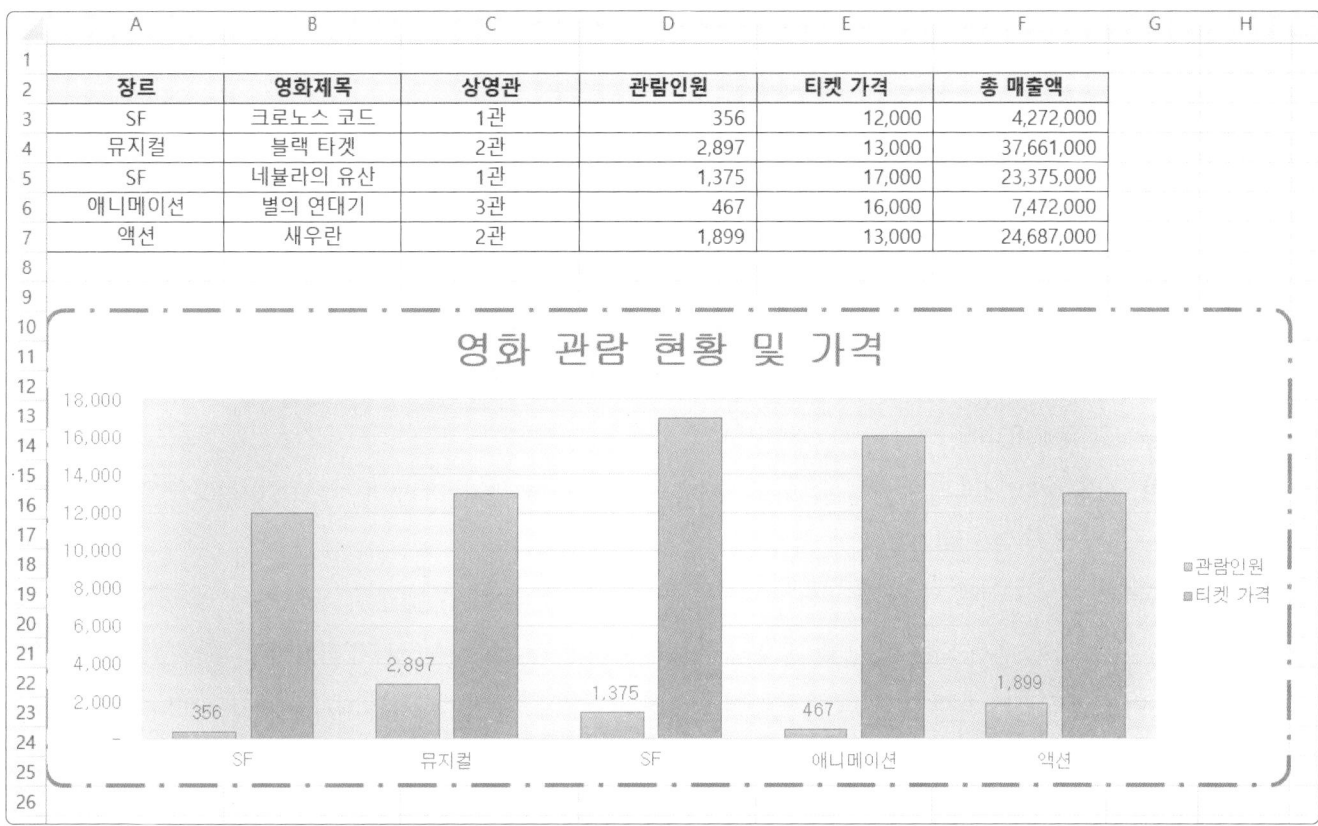

≪처리조건≫

▶ "차트" 시트에 주어진 표를 이용하여 '묶은 세로 막대형' 차트를 작성하시오.
- 데이터 범위 : 현재 시트 [A2:A7], [D2:E7]의 데이터를 이용하여 작성하고, 행/열 전환은 '열'로 지정
- 차트 제목("영화 관람 현황 및 가격")
- 차트 스타일 : 색 변경(색상형 – 다양한 색상표 4, 스타일 5)
- 차트 위치 : 현재 시트에 [A10:H25] 크기에 정확하게 맞추시오.
- 차트 영역 서식 : 글꼴(돋움, 10pt), 테두리 색(실선, 색 : 파랑, 강조 5), 테두리 스타일(너비 : 2.75pt, 겹선 종류 : 단순형, 대시 종류 : 긴 파선-점선, 둥근 모서리)
- 차트 제목 서식 : 글꼴(굴림체, 22pt, 굵게), 채우기(그림 또는 질감 채우기, 질감 : 양피지)
- 그림 영역 서식 : 채우기(그라데이션 채우기, 그라데이션 미리 설정 : 밝은 그라데이션 – 강조 3, 종류 : 방사형, 방향 : 가운데에서)
- 범례 위치 : 오른쪽
- 데이터 레이블 추가 : '관람인원' 계열에 "값" 표시

▶ 지시사항이 없는 경우는《출력형태》와 동일하게 작성하시오.

제 03 회 디지털정보활용능력 최신유형 기출문제

작성 시간 / 시험 시간	채점 결과
분 / 40분	점 / 200점

☑ 시험과목 : 스프레드시트(엑셀)
☑ 시험일자 : 20XX. XX. XX. (X)
☑ 응시자 기재사항 및 감독 위원 확인

MS Office 2021 버전용

수검번호	DIS - XXXX -	감독위원 확인
성 명		

• 응시자 유의사항 •

1. 응시자는 신분증을 지참하여야 시험에 응시할 수 있으며, 시험이 종료될 때까지 신분증을 제시하지 못 할 경우 해당 시험은 0점 처리됩니다.

2. 시스템(PC 작동 여부, 네트워크 상태 등)의 이상 여부를 반드시 확인하여야 하며, 시스템 이상이 있을 시 감독 위원에게 조치를 받으셔야 합니다.

3. 시험 중 부주의 또는 고의로 시스템을 파손한 경우는 응시자 부담으로 합니다.

4. 답안 전송 프로그램을 통해 다운로드 받은 파일을 이용하여 답안 파일을 작성하시기 바랍니다.

5. 작성한 답안 파일은 답안 전송 프로그램을 통하여 전송됩니다. 감독 위원의 지시에 따라 주시기 바랍니다.

6. 다음 사항의 경우 실격(0점) 혹은 부정행위 처리됩니다.
   1) 답안 파일을 저장하지 않았거나, 저장한 파일이 손상되었을 경우
   2) 답안 파일을 지정된 폴더(바탕화면 – "KAIT" 폴더)에 저장하지 않았을 경우
      ※ 답안 전송 프로그램 로그인 시 바탕화면에 자동 생성됨
   3) 답안 파일을 다른 보조기억장치(USB) 혹은 네트워크(메신저, 게시판 등)로 전송할 경우
   4) 휴대용 전화기 등 통신기기를 사용할 경우

7. 시트는 반드시 순서대로 작성해야 하며, 순서가 다를 경우 "0"점 처리됩니다.

8. 시험지에 제시된 글꼴이 응시 프로그램에 없는 경우, 반드시 감독 위원에게 해당 내용을 통보한 뒤 조치를 받아야 합니다.

9. 시험의 완료는 작성이 완료된 답안을 저장하고, 답안 전송이 완료된 상태를 확인한 것으로 합니다. 답안 전송 확인 후 문제지는 감독 위원에게 제출한 후 퇴실하여야 합니다.

10. 답안 전송을 완료한 경우는 수정 또는 정정이 불가합니다.

11. 시험 시행 후 합격자 발표는 홈페이지(www.ihd.or.kr)에서 확인하시기 바랍니다.
    1) 문제 및 정답 공개 : 20XX. XX. XX. (X)
    2) 합격자 발표 : 20XX. XX. XX. (X)

디지털정보활용능력 스프레드시트[엑셀] 2021 [시험시간 : 40분]

【문제 1】 "판매 현황" 시트를 참조하여 다음 《처리조건》에 맞도록 작업하시오. (50점)

≪출력형태≫

지역별 음료판매 현황

판매지역	카테고리	음료명	판매수량	재고수량	단가	총 매출액	순위	비고
서울	커피	아메리카노	1,200	300	4,000원	4,800,000원	4위	
부산	커피	카페라떼	800	200	4,500원	3,600,000원	5위	
대구	커피	바닐라라떼	1,700	150	5,000원	8,500,000원	2위	
인천	에이드	레몬 에이드	500	100	3,500원	1,750,000원	9위	원재료 구입
대전	스무디	망고 스무디	1,123	200	5,500원	6,176,500원	3위	
광주	커피	초콜릿 프라푸치노	350	150	6,000원	2,100,000원	6위	
울산	에이드	자몽 에이드	300	200	6,500원	1,950,000원	7위	
수원	에이드	복숭아 에이드	2,510	250	7,000원	17,570,000원	1위	
청주	커피	아메리카노	400	100	4,500원	1,800,000원	8위	원재료 구입
제주	커피	아메리카노	200	300	3,000원	600,000원	10위	
'판매수량'의 최대값-최소값 차이				2,310				
'카테고리'가 "커피"인 '총 매출액'의 합계				21,400,000원				
'총 매출액' 중 두 번째로 큰 값				8,500,000원				

≪처리조건≫

▶ 1행의 행 높이를 '80'으로 설정하고, 2행~15행의 행 높이를 '18'로 설정하시오.
▶ 제목("지역별 음료판매 현황") : 기본 도형의 '정육면체'를 이용하여 입력하시오.
  - 도형 : 위치([B1:H1]), 도형 스타일(테마 스타일 – '미세 효과 – 파랑, 강조 1')
  - 글꼴 : 돋움체, 30pt, 굵게
  - 도형 서식 : 도형 옵션 – 크기 및 속성(텍스트 상자(세로 맞춤 : 정가운데, 텍스트 방향 : 가로))

▶ 셀 서식을 아래 조건에 맞게 작성하시오.
  - [A2:I15] : 테두리(안쪽, 윤곽선 모두 실선, '검정, 텍스트 1'), 전체 가운데 맞춤
  - [A13:D13], [A14:D14], [A15:D15] : 각각 병합하고 가운데 맞춤
  - [A2:I2], [A13:D15] : 채우기 색('청회색, 텍스트 2, 60% 더 밝게'), 글꼴(굵게)
  - [D3:E12], [E13:G13] : 셀 서식의 표시 형식-숫자를 이용하여 1000 단위 구분 기호 표시
  - [H3:H12] : 셀 서식의 표시 형식-사용자 지정을 이용하여 #"위"자를 추가
  - [F3:G12], [E14:G15] : 셀 서식의 표시 형식-사용자 지정을 이용하여 #,##0"원"자를 추가
  - 조건부 서식[A3:I12] : '판매수량'이 1000 이상인 경우 레코드 전체에 글꼴(연한 파랑, 굵은 기울임꼴) 적용
  - 지시사항이 없는 경우는 주어진 문제 파일의 서식을 그대로 사용하시오.

▶ ① 순위[H3:H12] : '총 매출액'을 기준으로 큰 순으로 순위를 구하시오. (RANK.EQ 함수)
▶ ② 비고[I3:I12] : '재고수량'이 120 이하이면 "원재료 구입", 그렇지 않으면 공백으로 구하시오. (IF 함수)
▶ ③ 최대값-최소값[E13:G13] : '판매수량'의 최대값과 최소값의 차이를 구하시오. (MAX, MIN 함수)
▶ ④ 합계[E14:G14] : '카테고리'가 "커피"인 '총 매출액'의 합계를 구하시오. (DSUM 함수)
▶ ⑤ 순위[E15:G15] : '총 매출액' 중 두 번째로 큰 값을 구하시오. (LARGE 함수)

디지털정보활용능력 › 스프레드시트[엑셀] 2021 [시험시간 : 40분]

【문제 2】 "부분합" 시트를 참조하여 다음 《처리조건》에 맞도록 작업하시오. (30점)

《출력형태》

	A	B	C	D	E	F	G
1							
2	판매지역	카테고리	음료명	판매수량	재고수량	단가	총 매출액
3	대전	스무디	망고 스무디	1,123	200	5,500	6,176,500
4		스무디 평균				5,500	6,176,500
5		스무디 개수		1	1		
6	인천	에이드	레몬 에이드	500	100	3,500	1,750,000
7	울산	에이드	자몽 에이드	300	200	6,500	1,950,000
8	수원	에이드	복숭아 에이드	2,510	250	7,000	17,570,000
9		에이드 평균				5,667	7,090,000
10		에이드 개수		3	3		
11	서울	커피	아메리카노	1,200	300	4,000	4,800,000
12	부산	커피	카페라떼	800	200	4,500	3,600,000
13	대구	커피	바닐라라떼	1,700	150	5,000	8,500,000
14	광주	커피	초콜릿 프라푸치노	350	150	6,000	2,100,000
15	청주	커피	아메리카노	400	100	4,500	1,800,000
16	제주	커피	아메리카노	200	300	3,000	600,000
17		커피 평균				4,500	3,566,667
18		커피 개수		6	6		
19		전체 평균				4,950	4,884,650
20		전체 개수		10	10		
21							

《처리조건》

▶ 데이터를 '카테고리' 기준으로 오름차순 정렬하시오.

▶ 아래 조건에 맞는 부분합을 작성하시오.
 - '카테고리'로 그룹화하여 '판매수량', '재고수량'의 개수를 구하는 부분합을 만드시오.
 - '카테고리'로 그룹화하여 '단가', '총 매출액'의 평균을 구하는 부분합을 만드시오.
  (새로운 값으로 대치하지 말 것)
 - [D3:G20] 영역에 셀 서식의 표시 형식-숫자를 이용하여 1000 단위 구분 기호를 표시하시오.

▶ D~E열을 선택하여 그룹을 설정하시오.

▶ 개수와 평균의 부분합 순서는《출력형태》와 다를 수 있음

▶ 지시사항이 없는 경우는 기본값을 적용하시오.

디지털정보활용능력 > 스프레드시트[엑셀] 2021 [시험시간 : 40분]

【문제 3】 "필터"와 "시나리오" 시트를 참조하여 다음 《처리조건》에 맞도록 작업하시오. (60점)

(1) 필터

《출력형태》

	A	B	C	D	E	F	G
1							
2	판매지역	카테고리	음료명	판매수량	재고수량	단가	총 매출액
3	서울	커피	아메리카노	1,200	300	4,000	4,800,000
4	부산	커피	카페라떼	800	200	4,500	3,600,000
5	대구	커피	바닐라라떼	1,700	150	5,000	8,500,000
6	인천	에이드	레몬 에이드	500	100	3,500	1,750,000
7	대전	스무디	망고 스무디	1,123	200	5,500	6,176,500
8	광주	커피	초콜릿 프라푸치노	350	150	6,000	2,100,000
9	울산	에이드	자몽 에이드	300	200	6,500	1,950,000
10	수원	에이드	복숭아 에이드	2,510	250	7,000	17,570,000
11	청주	커피	아메리카노	400	100	4,500	1,800,000
12	제주	커피	아메리카노	200	300	3,000	600,000
13							
14	조건						
15	TRUE						
16							
17							
18	판매지역	음료명	판매수량	총 매출액			
19	서울	아메리카노	1,200	4,800,000			
20	부산	카페라떼	800	3,600,000			
21	대구	바닐라라떼	1,700	8,500,000			
22	광주	초콜릿 프라푸치노	350	2,100,000			
23	수원	복숭아 에이드	2,510	17,570,000			
24	청주	아메리카노	400	1,800,000			
25	제주	아메리카노	200	600,000			
26							

《처리조건》

▶ "필터" 시트의 [A2:G12]를 아래 조건에 맞게 고급 필터를 사용하여 작성하시오.
   - '카테고리'가 "커피"이거나 '판매수량'이 1500 이상인 데이터를 '판매지역', '음료명', '판매수량', 총 매출액'의 데이터만 필터링 하시오.
   - 조건 위치 : 조건 함수는 [A15] 한 셀에 작성(OR 함수 이용)
   - 결과 위치 : [A18]부터 출력

▶ 지시사항이 없는 경우는 《출력형태》와 동일하게 작성하시오.

(2) 시나리오

≪출력형태≫

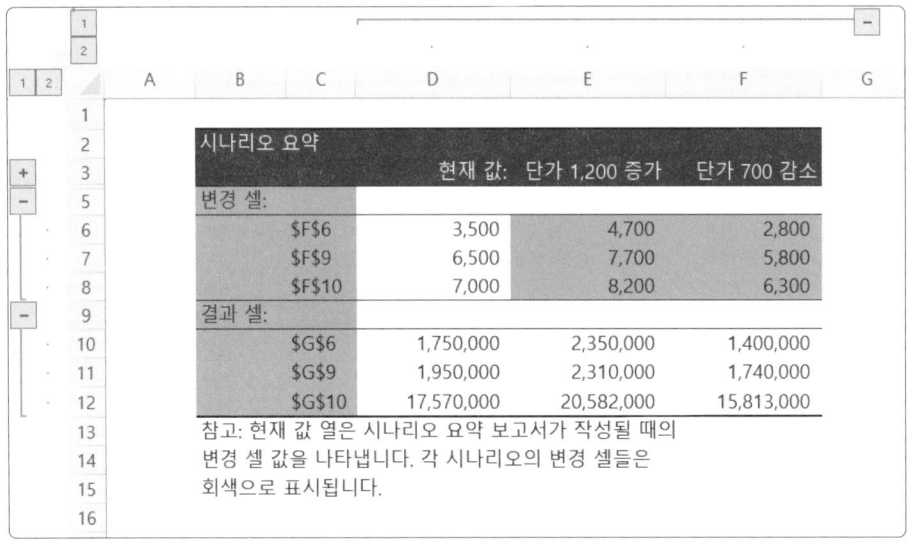

≪처리조건≫

▶ "시나리오" 시트의 [A2:G12]를 이용하여 '카테고리'가 "에이드"인 경우, '단가'가 변동할 때 '총 매출액'이 변동하는 가상분석(시나리오)을 작성하시오.

 - 시나리오1 : 시나리오 이름은 "단가 1,200 증가", '단가'에 1200을 증가시킨 값 설정.
 - 시나리오2 : 시나리오 이름은 "단가 700 감소", '단가'에 700을 감소시킨 값 설정.
 - "시나리오 요약" 시트를 작성하시오.

▶ 지시사항이 없는 경우는 ≪출력형태≫와 동일하게 작성하시오.

디지털정보활용능력 > 스프레드시트[엑셀] 2021 [시험시간 : 40분]

【문제 4】 "피벗테이블" 시트를 참조하여 다음 《처리조건》에 맞도록 작업하시오. (30점)

≪출력형태≫

	A	B	C	D	E	F
1						
2						
3			음료명 ⫶			
4	판매지역 ⫶	값	레몬 에이드	망고 스무디	아메리카노	자몽 에이드
5	대전	최대 : 판매수량	***	1,123	***	***
6		최대 : 재고수량	***	200	***	***
7	서울	최대 : 판매수량	***	***	1,200	***
8		최대 : 재고수량	***	***	300	***
9	울산	최대 : 판매수량	***	***	***	300
10		최대 : 재고수량	***	***	***	200
11	인천	최대 : 판매수량	500	***	***	***
12		최대 : 재고수량	100	***	***	***
13	제주	최대 : 판매수량	***	***	200	***
14		최대 : 재고수량	***	***	300	***
15	청주	최대 : 판매수량	***	***	400	***
16		최대 : 재고수량	***	***	100	***
17	전체 최대 : 판매수량		500	1,123	1,200	300
18	전체 최대 : 재고수량		100	200	300	200
19						

≪처리조건≫

▶ "피벗테이블" 시트의 [A2:G12]를 이용하여 새로운 시트에 《출력형태》와 같이 피벗테이블을 작성 후 시트명을 "피벗테이블 정답"으로 수정하시오.

▶ 판매지역(행)과 음료명(열)을 기준으로 하여 《출력형태》와 같이 구하시오.
 - '판매수량', '재고수량'의 최대를 구하시오.
 - 피벗 테이블 옵션을 이용하여 레이블이 있는 셀 병합 및 가운데 맞춤하고 빈 셀을 "***"로 표시한 후, 행의 총합계를 감추기 하시오.
 - 피벗 테이블 디자인에서 보고서 레이아웃은 '테이블 형식으로 표시', 피벗 테이블 스타일은 밝게 - '흰색, 피벗 스타일 밝게 5'로 표시하시오.
 - 음료명(열)은 "레몬 에이드", "망고 스무디", "아메리카노", "자몽 에이드"만 출력되도록 표시하시오.
 - [C5:F18] 데이터는 셀 서식의 표시 형식-숫자를 이용하여 1000 단위 구분 기호를 표시하고, 가운데 맞춤하시오.

▶ 판매지역의 순서는 《출력형태》와 다를 수 있음

▶ 지시사항이 없는 경우는 《출력형태》와 동일하게 작성하시오.

【문제 5】 "**차트**" 시트를 참조하여 다음 《처리조건》에 맞도록 작업하시오. (30점)

≪출력형태≫

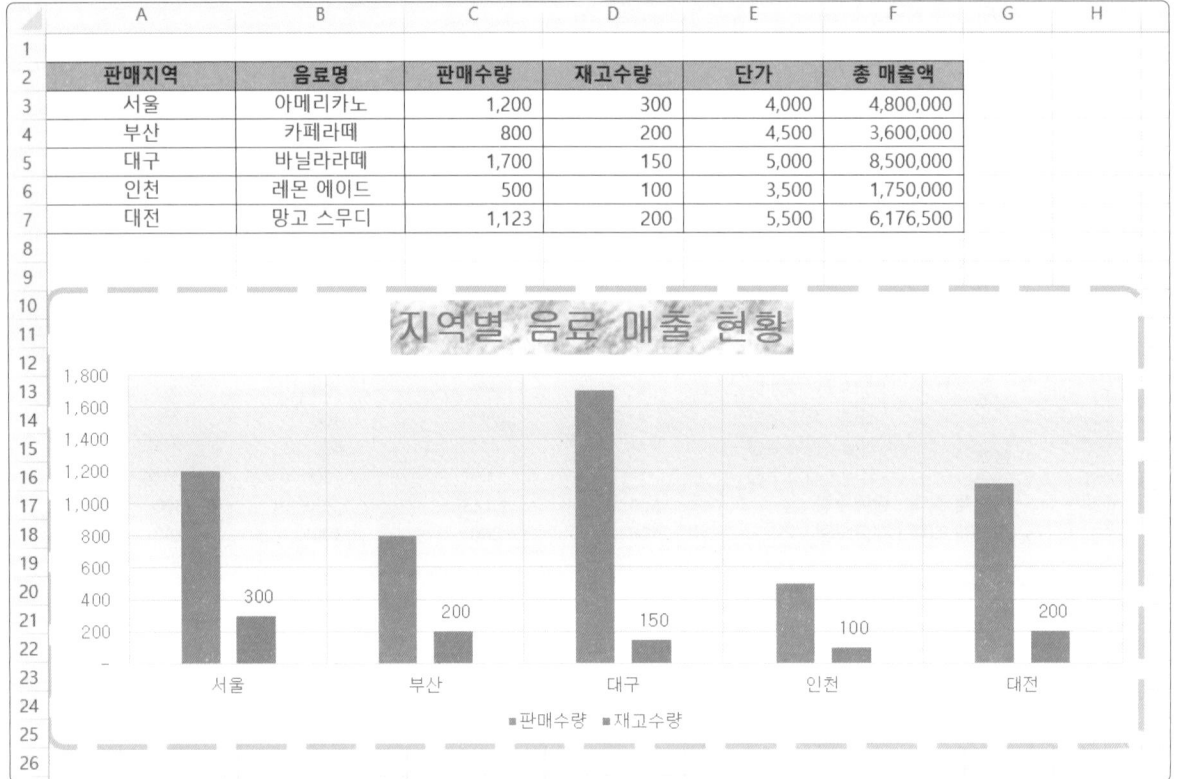

≪처리조건≫

▶ "차트" 시트에 주어진 표를 이용하여 '묶은 세로 막대형' 차트를 작성하시오.
  - 데이터 범위 : 현재 시트 [A2:A7], [C2:D7]의 데이터를 이용하여 작성하고, 행/열 전환은 '열'로 지정
  - 차트 제목("지역별 음료 매출 현황")
  - 차트 스타일 : 색 변경(색상형 – 다양한 색상표 4, 스타일 7)
  - 차트 위치 : 현재 시트에 [A10:H25] 크기에 정확하게 맞추시오.
  - 차트 영역 서식 : 글꼴(돋움, 10pt), 테두리 색(실선, 색 : 황금색, 강조 4), 테두리 스타일(너비 : 3.75pt, 겹선 종류 : 단순형, 대시 종류 : 긴 파선, 둥근 모서리)
  - 차트 제목 서식 : 글꼴(굴림체, 22pt, 굵게), 채우기(그림 또는 질감 채우기, 질감 : 흰색 대리석)
  - 그림 영역 서식 : 채우기(그라데이션 채우기, 그라데이션 미리 설정 : 밝은 그라데이션 – 강조 4, 종류 : 선형, 방향 : 선형 위쪽)
  - 범례 위치 : 아래쪽
  - 데이터 레이블 추가 : '재고수량' 계열에 "값" 표시

▶ 지시사항이 없는 경우는 《출력형태》와 동일하게 작성하시오.

제 04 회 디지털정보활용능력 최신유형 기출문제

작성 시간 / 시험 시간	채점 결과
분 / 40분	점 / 200점

☑ 시험과목 : 스프레드시트(엑셀)
☑ 시험일자 : 20XX. XX. XX. (X)
☑ 응시자 기재사항 및 감독 위원 확인

MS Office 2021 버전용

수검번호	DIS - XXXX -	감독위원 확인
성 명		

응시자 유의사항

1. 응시자는 신분증을 지참하여야 시험에 응시할 수 있으며, 시험이 종료될 때까지 신분증을 제시하지 못 할 경우 해당 시험은 0점 처리됩니다.

2. 시스템(PC 작동 여부, 네트워크 상태 등)의 이상 여부를 반드시 확인하여야 하며, 시스템 이상이 있을 시 감독 위원에게 조치를 받으셔야 합니다.

3. 시험 중 부주의 또는 고의로 시스템을 파손한 경우는 응시자 부담으로 합니다.

4. 답안 전송 프로그램을 통해 다운로드 받은 파일을 이용하여 답안 파일을 작성하시기 바랍니다.

5. 작성한 답안 파일은 답안 전송 프로그램을 통하여 전송됩니다. 감독 위원의 지시에 따라 주시기 바랍니다.

6. 다음 사항의 경우 실격(0점) 혹은 부정행위 처리됩니다.
    1) 답안 파일을 저장하지 않았거나, 저장한 파일이 손상되었을 경우
    2) 답안 파일을 지정된 폴더(바탕화면 – "KAIT" 폴더)에 저장하지 않았을 경우
        ※ 답안 전송 프로그램 로그인 시 바탕화면에 자동 생성됨
    3) 답안 파일을 다른 보조기억장치(USB) 혹은 네트워크(메신저, 게시판 등)로 전송할 경우
    4) 휴대용 전화기 등 통신기기를 사용할 경우

7. 시트는 반드시 순서대로 작성해야 하며, 순서가 다를 경우 "0"점 처리됩니다.

8. 시험지에 제시된 글꼴이 응시 프로그램에 없는 경우, 반드시 감독 위원에게 해당 내용을 통보한 뒤 조치를 받아야 합니다.

9. 시험의 완료는 작성이 완료된 답안을 저장하고, 답안 전송이 완료된 상태를 확인한 것으로 합니다. 답안 전송 확인 후 문제지는 감독 위원에게 제출한 후 퇴실하여야 합니다.

10. 답안 전송을 완료한 경우는 수정 또는 정정이 불가합니다.

11. 시험 시행 후 합격자 발표는 홈페이지(www.ihd.or.kr)에서 확인하시기 바랍니다.
    1) 문제 및 정답 공개 : 20XX. XX. XX. (X)
    2) 합격자 발표 : 20XX. XX. XX. (X)

디지털정보활용능력 > 스프레드시트[엑셀] 2021 [시험시간 : 40분]

【문제 1】 "**치료현황**" 시트를 참조하여 다음 《처리조건》에 맞도록 작업하시오. (50점)

≪출력형태≫

피부과 고객 치료현황

치료 구분	세부정보	환자명	치료 횟수	치료제 원가	시술 처치료	청구금액	순위	비고
홍조	아그네스 레이저	이예은	3회	280,000	150,000	430,000원	5	
모공과 피지	피코레이저	이우형	6회	250,000	125,000	375,000원	6	
모공과 피지	필링	김려원	4회	190,000	90,000	280,000원	9	
흉터	프락셀 레이저	노다훈	10회	420,000	200,000	620,000원	2	
흉터	레이저 토닝	민정우	5회	200,000	75,000	275,000원	10	
여드름	약물	심은우	7회	340,000	125,000	465,000원	4	
여드름	플라즈마	이정민	20회	350,000	145,000	495,000원	3	VIP 지정
여드름	레이저	신은겸	15회	260,000	80,000	340,000원	7	VIP 지정
홍조	냉각	박용성	8회	159,000	130,000	289,000원	8	
홍조	광치료(IPL)	김려찬	12회	470,000	195,000	665,000원	1	
'치료제 원가'의 최대값-최소값 차이						311,000원		
'치료 구분'이 "홍조"인 '시술 처치료'의 최대값						195,000원		
'청구금액' 중 세 번째로 큰 값						495,000원		

≪처리조건≫

▶ 1행의 행 높이를 '80'으로 설정하고, 2행~15행의 행 높이를 '18'로 설정하시오.

▶ 제목("피부과 고객 치료현황") : 기본 도형의 '사각형: 빗면'을 이용하여 입력하시오.
  - 도형 : 위치([B1:H1]), 도형 스타일(테마 스타일 – '미세 효과 – 황금색, 강조 4')
  - 글꼴 : 궁서체, 32pt, 굵게, 기울임꼴
  - 도형 서식 : 도형 옵션 – 크기 및 속성(텍스트 상자(세로 맞춤 : 정가운데, 텍스트 방향 : 가로))

▶ 셀 서식을 아래 조건에 맞게 작성하시오.
  - [A2:I15] : 테두리(안쪽, 윤곽선 모두 실선, '검정, 텍스트 1'), 전체 가운데 맞춤
  - [A13:D13], [A14:D14], [A15:D15] : 각각 병합하고 가운데 맞춤
  - [A2:I2], [A13:D15] : 채우기 색('황금색, 강조 4, 80% 더 밝게'), 글꼴(굵게)
  - [D3:D12] : 셀 서식의 표시 형식-사용자 지정을 이용하여 #"회"자를 추가
  - [E3:F12] : 셀 서식의 표시 형식-숫자를 이용하여 1000 단위 구분 기호 표시
  - [G3:G12],[E13:G15] : 셀 서식의 표시 형식-사용자 지정을 이용하여 #,##0"원"자를 추가
  - 조건부 서식[A3:I12] : '치료 횟수'가 10 이상인 경우 레코드 전체에 글꼴(녹색, 굵은 기울임꼴) 적용
  - 지시사항이 없는 경우는 주어진 문제 파일의 서식을 그대로 사용하시오.

▶ ① 순위[H3:H12] : '청구금액'을 기준으로 큰 순으로 순위를 구하시오. (RANK.EQ 함수)
▶ ② 비고[I3:I12] : '치료 횟수'가 15 이상이면 "VIP 지정", 그렇지 않으면 공백으로 구하시오. (IF 함수)
▶ ③ 최대값-최소값[E13:G13] : '치료제 원가'의 최대값과 최소값의 차이를 구하시오. (MAX, MIN 함수)
▶ ④ 최대값[E14:G14] : '치료 구분'이 "홍조"인 '시술 처치료'의 최대값을 구하시오. (DMAX 함수)
▶ ⑤ 순위[E15:G15] : '청구금액' 중 세 번째로 큰 값을 구하시오. (LARGE 함수)

【문제 2】 "부분합" 시트를 참조하여 다음 《처리조건》에 맞도록 작업하시오. (30점)

≪출력형태≫

	A	B	C	D	E	F	G
1							
2	치료 구분	세부정보	환자명	치료 횟수	치료제 원가	시술 처치료	청구금액
3	모공과 피지	피코레이저	이우형	6	250,000	125,000	375,000
4	모공과 피지	필링	김려원	4	190,000	90,000	280,000
5	모공과 피지 최대				250,000	125,000	375,000
6	모공과 피지 최소				190,000	90,000	
7	여드름	약물	심은우	7	340,000	125,000	465,000
8	여드름	플라즈마	이정민	20	350,000	145,000	495,000
9	여드름	레이저	신은겸	15	260,000	80,000	340,000
10	여드름 최대				350,000	145,000	495,000
11	여드름 최소				260,000	80,000	
12	홍조	아그네스 레이저	이예은	3	280,000	150,000	430,000
13	홍조	냉각	박용성	8	159,000	130,000	289,000
14	홍조	광치료(IPL)	김려찬	12	470,000	195,000	665,000
15	홍조 최대				470,000	195,000	665,000
16	홍조 최소				159,000	130,000	
17	흉터	프락셀 레이저	노다흔	10	420,000	200,000	620,000
18	흉터	레이저 토닝	민정우	5	200,000	75,000	275,000
19	흉터 최대				420,000	200,000	620,000
20	흉터 최소				200,000	75,000	
21	전체 최대값				470,000	200,000	665,000
22	전체 최소값				159,000	75,000	
23							

≪처리조건≫

▶ 데이터를 '치료 구분' 기준으로 오름차순 정렬하시오.

▶ 아래 조건에 맞는 부분합을 작성하시오.
 - '치료 구분'으로 그룹화하여 '치료제 원가', '시술 처치료'의 최소를 구하는 부분합을 만드시오.
 - '치료 구분'으로 그룹화하여 '치료제 원가', '시술 처치료', '청구금액'의 최대를 구하는 부분합을 만드시오.
  (새로운 값으로 대치하지 말 것)
 - [E3:G22] 영역에 셀 서식의 표시 형식-숫자를 이용하여 1000 단위 구분 기호를 표시하시오.

▶ E~F열을 선택하여 그룹을 설정하시오.

▶ 최소와 최대의 부분합 순서는 《출력형태》와 다를 수 있음

▶ 지시사항이 없는 경우는 기본값을 적용하시오.

디지털정보활용능력 › 스프레드시트[엑셀] 2021 [시험시간 : 40분]

【문제 3】 "필터"와 "시나리오" 시트를 참조하여 다음 《처리조건》에 맞도록 작업하시오. (60점)

(1) 필터

《출력형태》

	A	B	C	D	E	F	G
1							
2	치료 구분	세부정보	환자명	치료 횟수	치료제 원가	시술 처치료	청구금액
3	홍조	아그네스 레이저	이예은	3	280,000	150,000	430,000
4	모공과 피지	피코레이저	이우형	6	250,000	125,000	375,000
5	모공과 피지	필링	김려원	4	190,000	90,000	280,000
6	흉터	프락셀 레이저	노다흔	10	420,000	200,000	620,000
7	흉터	레이저 토닝	민정우	5	200,000	75,000	275,000
8	여드름	약물	심은우	7	340,000	125,000	465,000
9	여드름	플라즈마	이정민	20	350,000	145,000	495,000
10	여드름	레이저	신은겸	15	260,000	80,000	340,000
11	홍조	냉각	박용성	8	159,000	130,000	289,000
12	홍조	광치료(IPL)	김려찬	12	470,000	195,000	665,000
13							
14	조건						
15	TRUE						
16							
17							
18	세부정보	환자명	치료제 원가	시술 처치료	청구금액		
19	아그네스 레이저	이예은	280,000	150,000	430,000		
20	플라즈마	이정민	350,000	145,000	495,000		
21	레이저	신은겸	260,000	80,000	340,000		
22	냉각	박용성	159,000	130,000	289,000		
23	광치료(IPL)	김려찬	470,000	195,000	665,000		
24							

《처리조건》

▶ "필터" 시트의 [A2:G12]를 아래 조건에 맞게 고급 필터를 사용하여 작성하시오.
  - '치료 구분'이 "홍조"이거나 '치료 횟수'가 15 이상인 데이터를 '세부정보', '환자명', '치료제 원가', '시술 처치료', '청구금액'의 데이터만 필터링 하시오.
  - 조건 위치 : 조건 함수는 [A15] 한 셀에 작성(OR 함수 이용)
  - 결과 위치 : [A18]부터 출력

▶ 지시사항이 없는 경우는 《출력형태》와 동일하게 작성하시오.

(2) 시나리오

≪출력형태≫

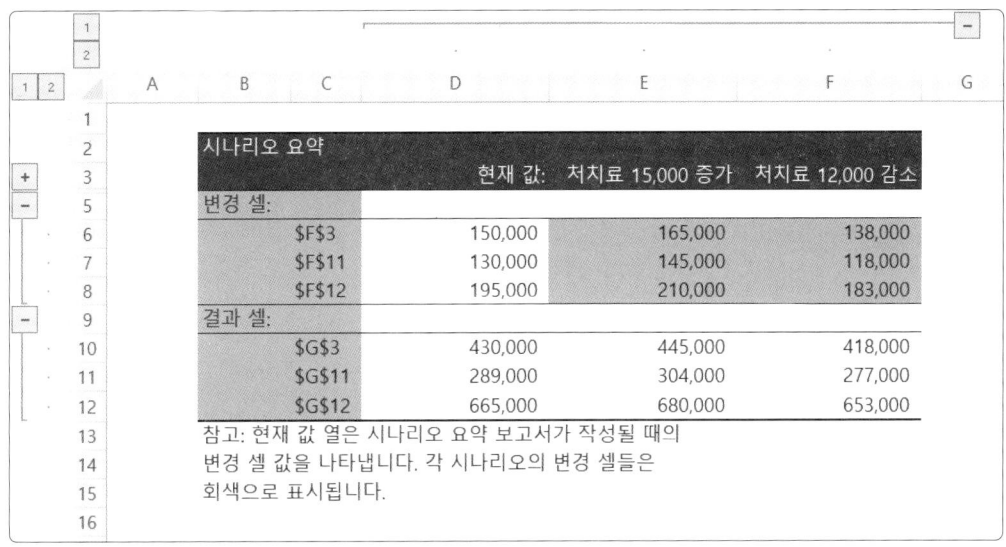

≪처리조건≫

▶ "시나리오" 시트의 [A2:G12]를 이용하여 '치료 구분'이 "홍조"인 경우, '시술 처치료'가 변동할 때 '청구금액'이 변동하는 가상분석(시나리오)을 작성하시오.

- 시나리오1 : 시나리오 이름은 "처치료 15,000 증가", '시술 처치료'에 15000을 증가시킨 값 설정.
- 시나리오2 : 시나리오 이름은 "처치료 12,000 감소", '시술 처치료'에 12000을 감소시킨 값 설정.
- "시나리오 요약" 시트를 작성하시오.

▶ 지시사항이 없는 경우는 ≪출력형태≫와 동일하게 작성하시오.

【문제 4】 "피벗테이블" 시트를 참조하여 다음 《처리조건》에 맞도록 작업하시오. (30점)

《출력형태》

	A	B	C	D	E	F
1						
2						
3			치료 구분 ▼			
4	세부정보 ▼	값	모공과 피지	여드름	홍조	흉터
5	광치료(IPL)	최대 : 치료제 원가	***	***	470,000	***
6		최대 : 시술 처치료	***	***	195,000	***
7	레이저 토닝	최대 : 치료제 원가	***	***	***	200,000
8		최대 : 시술 처치료	***	***	***	75,000
9	프락셀 레이져	최대 : 치료제 원가	***	***	***	420,000
10		최대 : 시술 처치료	***	***	***	200,000
11	플라즈마	최대 : 치료제 원가	***	350,000	***	***
12		최대 : 시술 처치료	***	145,000	***	***
13	피코레이져	최대 : 치료제 원가	250,000	***	***	***
14		최대 : 시술 처치료	125,000	***	***	***
15	전체 최대 : 치료제 원가		250,000	350,000	470,000	420,000
16	전체 최대 : 시술 처치료		125,000	145,000	195,000	200,000
17						

《처리조건》

▶ "피벗테이블" 시트의 [A2:G12]를 이용하여 새로운 시트에 《출력형태》와 같이 피벗테이블을 작성 후 시트명을 "피벗테이블 정답"으로 수정하시오.

▶ 세부정보(행)와 치료 구분(열)을 기준으로 하여 《출력형태》와 같이 구하시오.
 – '치료제 원가', '시술 처치료'의 최대를 구하시오.
 – 피벗 테이블 옵션을 이용하여 레이블이 있는 셀 병합 및 가운데 맞춤하고 빈 셀을 "***"로 표시한 후, 행의 총합계를 감추기 하시오.
 – 피벗 테이블 디자인에서 보고서 레이아웃은 '테이블 형식으로 표시', 피벗 테이블 스타일은 밝게 – '연한 주황, 피벗 스타일 밝게 17'로 표시하시오.
 – 세부정보(행)는 "광치료(IPL)", "레이저 토닝", "프락셀 레이져", "플라즈마", "피코레이져"만 출력되도록 표시하시오.
 – [C5:F16] 데이터는 셀 서식의 표시 형식-숫자를 이용하여 1000 단위 구분 기호를 표시하고, 가운데 맞춤하시오.

▶ 세부정보의 순서는 《출력형태》와 다를 수 있음

▶ 지시사항이 없는 경우는 《출력형태》와 동일하게 작성하시오.

【문제 5】 "**차트**" 시트를 참조하여 다음 《처리조건》에 맞도록 작업하시오. (30점)

≪출력형태≫

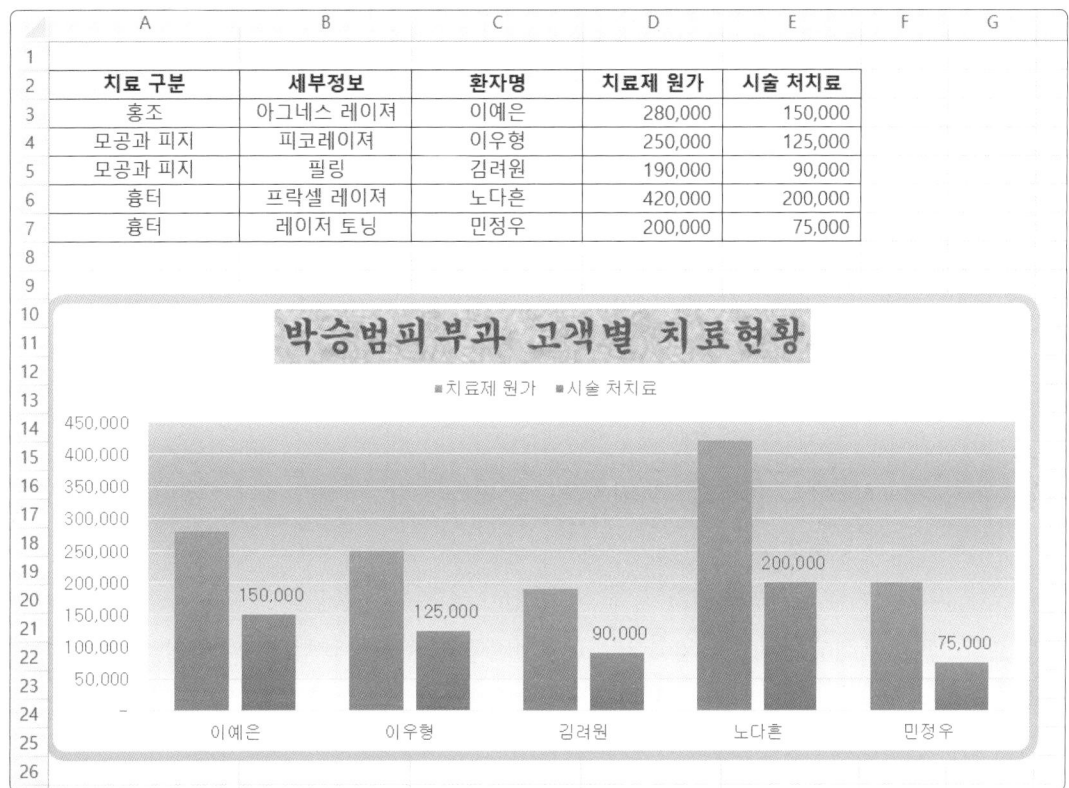

≪처리조건≫

▶ "차트" 시트에 주어진 표를 이용하여 '묶은 세로 막대형' 차트를 작성하시오.
  - 데이터 범위 : 현재 시트 [C2:E7]의 데이터를 이용하여 작성하고, 행/열 전환은 '열'로 지정
  - 차트 제목("박승범피부과 고객별 치료현황")
  - 차트 스타일 : 색 변경(색상형 - 다양한 색상표 4, 스타일 6)
  - 차트 위치 : 현재 시트에 [A10:G25] 크기에 정확하게 맞추시오.
  - 차트 영역 서식 : 글꼴(굴림, 10pt), 테두리 색(실선, 색 : 황금색, 강조 4), 테두리 스타일(너비 : 5.5pt, 겹선 종류 : 단순형, 대시 종류 : 실선, 둥근 모서리)
  - 차트 제목 서식 : 글꼴(궁서체, 22pt, 굵게), 채우기(그림 또는 질감 채우기, 질감 : 분홍 박엽지)
  - 그림 영역 서식 : 채우기(그라데이션 채우기, 그라데이션 미리 설정 : 밝은 그라데이션 - 강조 1, 종류 : 선형, 방향 : 선형 위쪽)
  - 범례 위치 : 위쪽
  - 데이터 레이블 추가 : '시술 처치료' 계열에 "값" 표시

▶ 지시사항이 없는 경우는 《출력형태》와 동일하게 작성하시오.

제 05 회 디지털정보활용능력 최신유형 기출문제

작성 시간 / 시험 시간	채점 결과
분 / 40분	점 / 200점

- ☑ 시험과목 : 스프레드시트(엑셀)
- ☑ 시험일자 : 20XX. XX. XX. (X)
- ☑ 응시자 기재사항 및 감독 위원 확인

MS Office 2021 버전용

수검번호	DIS - XXXX -	감독위원 확인
성 명		

· 응시자 유의사항 ·

1. 응시자는 신분증을 지참하여야 시험에 응시할 수 있으며, 시험이 종료될 때까지 신분증을 제시하지 못 할 경우 해당 시험은 0점 처리됩니다.
2. 시스템(PC 작동 여부, 네트워크 상태 등)의 이상 여부를 반드시 확인하여야 하며, 시스템 이상이 있을 시 감독 위원에게 조치를 받으셔야 합니다.
3. 시험 중 부주의 또는 고의로 시스템을 파손한 경우는 응시자 부담으로 합니다.
4. 답안 전송 프로그램을 통해 다운로드 받은 파일을 이용하여 답안 파일을 작성하시기 바랍니다.
5. 작성한 답안 파일은 답안 전송 프로그램을 통하여 전송됩니다. 감독 위원의 지시에 따라 주시기 바랍니다.
6. 다음 사항의 경우 실격(0점) 혹은 부정행위 처리됩니다.
   1) 답안 파일을 저장하지 않았거나, 저장한 파일이 손상되었을 경우
   2) 답안 파일을 지정된 폴더(바탕화면 – "KAIT" 폴더)에 저장하지 않았을 경우
       ※ 답안 전송 프로그램 로그인 시 바탕화면에 자동 생성됨
   3) 답안 파일을 다른 보조기억장치(USB) 혹은 네트워크(메신저, 게시판 등)로 전송할 경우
   4) 휴대용 전화기 등 통신기기를 사용할 경우
7. 시트는 반드시 순서대로 작성해야 하며, 순서가 다를 경우 "0"점 처리됩니다.
8. 시험지에 제시된 글꼴이 응시 프로그램에 없는 경우, 반드시 감독 위원에게 해당 내용을 통보한 뒤 조치를 받아야 합니다.
9. 시험의 완료는 작성이 완료된 답안을 저장하고, 답안 전송이 완료된 상태를 확인한 것으로 합니다. 답안 전송 확인 후 문제지는 감독 위원에게 제출한 후 퇴실하여야 합니다.
10. 답안 전송을 완료한 경우는 수정 또는 정정이 불가합니다.
11. 시험 시행 후 합격자 발표는 홈페이지(www.ihd.or.kr)에서 확인하시기 바랍니다.
    1) 문제 및 정답 공개 : 20XX. XX. XX. (X)
    2) 합격자 발표 : 20XX. XX. XX. (X)

디지털정보활용능력 스프레드시트[엑셀] 2021 [시험시간 : 40분]

【문제 1】 "비용현황" 시트를 참조하여 다음 《처리조건》에 맞도록 작업하시오. (50점)

≪출력형태≫

포장이사 고객별 비용현황

신청자	분류	이동거리	기본요금	무게 추가비용	거리 추가비용	납부금액	순위	비고
오나경	가정이사	60km	670,000	70,000	10,000	750,000원	6	
김영이	사무실이사	234km	900,000	50,000	25,000	975,000원	5	
정옥선	소형이사	152km	350,000	25,000	43,000	418,000원	9	
김을임	가정이사	75km	690,000	33,000	11,000	734,000원	7	
김태정	가정이사	200km	850,000	125,000	22,000	997,000원	4	10% 할인
곽양엽	소형이사	168km	400,000	56,000	59,000	515,000원	8	
김남두	소형이사	88km	250,000	49,000	29,000	328,000원	10	
임경숙	사무실이사	94km	895,000	176,000	77,000	1,148,000원	3	10% 할인
백중필	사무실이사	135km	1,150,000	151,000	102,000	1,403,000원	2	10% 할인
이천영	사무실이사	170km	1,430,000	35,000	12,500	1,477,500원	1	
'기본요금'의 최대값-최소값 차이				1,180,000원				
'분류'가 "가정이사"인 '납부금액'의 합계				2,481,000원				
'납부금액' 중 두 번째로 작은 값				418,000원				

≪처리조건≫

▶ 1행의 행 높이를 '80'으로 설정하고, 2행~15행의 행 높이를 '18'로 설정하시오.
▶ 제목("포장이사 고객별 비용현황") : 기본 도형의 '십이각형'을 이용하여 입력하시오.
  - 도형 : 위치([B1:H1]), 도형 스타일(테마 스타일 - '보통 효과 - 주황, 강조 2')
  - 글꼴 : 굴림체, 24pt, 굵게, 기울임꼴
  - 도형 서식 : 도형 옵션 - 크기 및 속성(텍스트 상자(세로 맞춤 : 정가운데, 텍스트 방향 : 가로))

▶ 셀 서식을 아래 조건에 맞게 작성하시오.
  - [A2:I15] : 테두리(안쪽, 윤곽선 모두 실선, '검정, 텍스트 1'), 전체 가운데 맞춤
  - [A13:D13], [A14:D14], [A15:D15] : 각각 병합하고 가운데 맞춤
  - [A2:I2], [A13:D15] : 채우기 색('주황, 강조 2, 80% 더 밝게'), 글꼴(굵게)
  - [C3:C12] : 셀 서식의 표시 형식-사용자 지정을 이용하여 #"km"자를 추가
  - [D3:F12] : 셀 서식의 표시 형식-숫자를 이용하여 1000 단위 구분 기호 표시
  - [G3:G12], [E13:G15] : 셀 서식의 표시 형식-사용자 지정을 이용하여 #,##0"원"자를 추가
  - 조건부 서식[A3:I12] : '이동거리'가 200 이상인 경우 레코드 전체에 글꼴(자주, 굵은 기울임꼴) 적용
  - 지시사항이 없는 경우는 주어진 문제 파일의 서식을 그대로 사용하시오.

▶ ① 순위[H3:H12] : '납부금액'을 기준으로 큰 순으로 순위를 구하시오. (RANK.EQ 함수)
▶ ② 비고[I3:I12] : '무게 추가비용'이 100000 이상이면 "10% 할인", 그렇지 않으면 공백으로 구하시오. (IF 함수)
▶ ③ 최대값-최소값[E13:G13] : '기본요금'의 최대값과 최소값의 차이를 구하시오. (MAX, MIN 함수)
▶ ④ 합계[E14:G14] : '분류'가 "가정이사"인 '납부금액'의 합계를 구하시오. (DSUM 함수)
▶ ⑤ 순위[E15:G15] : '납부금액' 중 두 번째로 작은 값을 구하시오. (SMALL 함수)

【문제 2】 "**부분합**" 시트를 참조하여 다음 《처리조건》에 맞도록 작업하시오. (30점)

《출력형태》

	A	B	C	D	E	F	G
1							
2	신청자	분류	이동거리	기본요금	무게 추가비용	거리 추가비용	납부금액
3	정옥선	소형이사	152	350,000	25,000	43,000	418,000
4	곽양엽	소형이사	168	400,000	56,000	59,000	515,000
5	김남두	소형이사	88	250,000	49,000	29,000	328,000
6		소형이사 요약		1,000,000			1,261,000
7		소형이사 최대		400,000			515,000
8	김영이	사무실이사	234	900,000	50,000	25,000	975,000
9	임경숙	사무실이사	94	895,000	176,000	77,000	1,148,000
10	백종필	사무실이사	135	1,150,000	151,000	102,000	1,403,000
11	이천영	사무실이사	170	1,430,000	35,000	12,500	1,477,500
12		사무실이사 요약		4,375,000			5,003,500
13		사무실이사 최대		1,430,000			1,477,500
14	오나경	가정이사	60	670,000	70,000	10,000	750,000
15	김을임	가정이사	75	690,000	33,000	11,000	734,000
16	김태정	가정이사	200	850,000	125,000	22,000	997,000
17		가정이사 요약		2,210,000			2,481,000
18		가정이사 최대		850,000			997,000
19		총합계		7,585,000			8,745,500
20		전체 최대값		1,430,000			1,477,500
21							

《처리조건》

▶ 데이터를 '분류' 기준으로 내림차순 정렬하시오.

▶ 아래 조건에 맞는 부분합을 작성하시오.
  - '분류'로 그룹화하여 '기본요금', '납부금액'의 최대를 구하는 부분합을 만드시오.
  - '분류'로 그룹화하여 '기본요금', '납부금액'의 합계를 구하는 부분합을 만드시오.
    (새로운 값으로 대치하지 말 것)
  - [D3:G20] 영역에 셀 서식의 표시 형식-숫자를 이용하여 1000 단위 구분 기호를 표시하시오.

▶ D~E열을 선택하여 그룹을 설정하시오.

▶ 최대와 합계의 부분합 순서는 《출력형태》와 다를 수 있음

▶ 지시사항이 없는 경우는 기본값을 적용하시오.

디지털정보활용능력 > 스프레드시트[엑셀] 2021 [시험시간 : 40분]

【문제 3】 "필터"와 "시나리오" 시트를 참조하여 다음《처리조건》에 맞도록 작업하시오. (60점)

(1) 필터

《출력형태》

	A	B	C	D	E	F	G
1							
2	신청자	분류	이동거리	기본요금	무게 추가비용	거리 추가비용	납부금액
3	오나경	가정이사	60	670,000	70,000	10,000	750,000
4	김영이	사무실이사	234	900,000	50,000	25,000	975,000
5	정옥선	소형이사	152	350,000	25,000	43,000	418,000
6	김을임	가정이사	75	690,000	33,000	11,000	734,000
7	김태정	가정이사	200	850,000	125,000	22,000	997,000
8	곽양엽	소형이사	168	400,000	56,000	59,000	515,000
9	김남두	소형이사	88	250,000	49,000	29,000	328,000
10	임경숙	사무실이사	94	895,000	176,000	77,000	1,148,000
11	백종필	사무실이사	135	1,150,000	151,000	102,000	1,403,000
12	이천영	사무실이사	170	1,430,000	35,000	12,500	1,477,500
13							
14	조건						
15	FALSE						
16							
17							
18	신청자	이동거리	기본요금	납부금액			
19	김영이	234	900,000	975,000			
20	김태정	200	850,000	997,000			
21	임경숙	94	895,000	1,148,000			
22	백종필	135	1,150,000	1,403,000			
23	이천영	170	1,430,000	1,477,500			
24							

《처리조건》

▶ "필터" 시트의 [A2:G12]를 아래 조건에 맞게 고급 필터를 사용하여 작성하시오.
  - '분류'가 "사무실이사"이거나 '이동거리'가 200 이상인 데이터를 '신청자', '이동거리', '기본요금', '납부금액'의 데이터만 필터링 하시오.
  - 조건 위치 : 조건 함수는 [A15] 한 셀에 작성(OR 함수 이용)
  - 결과 위치 : [A18]부터 출력

▶ 지시사항이 없는 경우는《출력형태》와 동일하게 작성하시오.

(2) 시나리오

≪출력형태≫

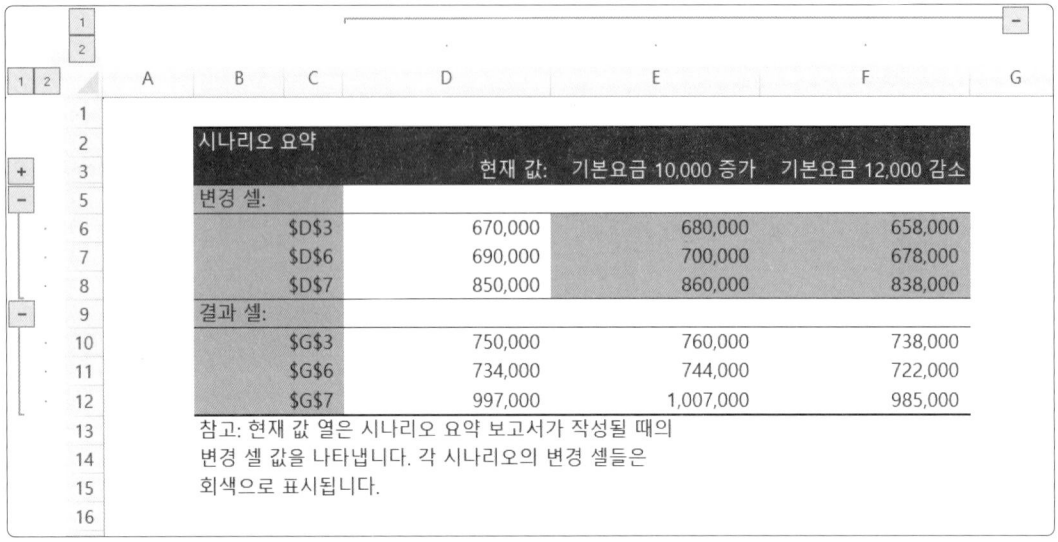

≪처리조건≫

▶ "시나리오" 시트의 [A2:G12]를 이용하여 '분류'가 "가정이사"인 경우, '기본요금'이 변동할 때 '납부금액'이 변동하는 가상분석(시나리오)을 작성하시오.

 - 시나리오1 : 시나리오 이름은 "기본요금 10,000 증가", '기본요금'에 10000을 증가시킨 값 설정.
 - 시나리오2 : 시나리오 이름은 "기본요금 12,000 감소", '기본요금'에 12000을 감소시킨 값 설정.
 - "시나리오 요약" 시트를 작성하시오.

▶ 지시사항이 없는 경우는 ≪출력형태≫와 동일하게 작성하시오.

【문제 4】 "피벗테이블" 시트를 참조하여 다음 《처리조건》에 맞도록 작업하시오. (30점)

≪출력형태≫

	A	B	C	D	E
1					
2					
3			분류		
4	신청자	값	가정이사	사무실이사	소형이사
5	김영이	최대 : 기본요금	**	900,000	**
6		최대 : 납부금액	**	975,000	**
7	김을임	최대 : 기본요금	690,000	**	**
8		최대 : 납부금액	734,000	**	**
9	임경숙	최대 : 기본요금	**	895,000	**
10		최대 : 납부금액	**	1,148,000	**
11	정옥선	최대 : 기본요금	**	**	350,000
12		최대 : 납부금액	**	**	418,000
13	전체 최대 : 기본요금		690,000	900,000	350,000
14	전체 최대 : 납부금액		734,000	1,148,000	418,000
15					

≪처리조건≫

▶ "피벗테이블" 시트의 [A2:G12]를 이용하여 새로운 시트에 《출력형태》와 같이 피벗테이블을 작성 후 시트명을 "피벗테이블 정답"으로 수정하시오.

▶ 신청자(행)와 분류(열)를 기준으로 하여 《출력형태》와 같이 구하시오.
  - '기본요금', '납부금액'의 최대를 구하시오.
  - 피벗 테이블 옵션을 이용하여 레이블이 있는 셀 병합 및 가운데 맞춤하고 빈 셀을 "**"로 표시한 후, 행의 총합계를 감추기 하시오.
  - 피벗 테이블 디자인에서 보고서 레이아웃은 '테이블 형식으로 표시', 피벗 테이블 스타일은 밝게 – '연한 녹색, 피벗 스타일 밝게 21'로 표시하시오.
  - 신청자(행)는 "김영이", "김을임", "임경숙", "정옥선"만 출력되도록 표시하시오.
  - [C5:E14] 데이터는 셀 서식의 표시 형식–숫자를 이용하여 1000 단위 구분 기호를 표시하고, 가운데 맞춤하시오.

▶ 신청자의 순서는 《출력형태》와 다를 수 있음

▶ 지시사항이 없는 경우는 《출력형태》와 동일하게 작성하시오.

【문제 5】 "**차트**" 시트를 참조하여 다음 《처리조건》에 맞도록 작업하시오. (30점)

≪출력형태≫

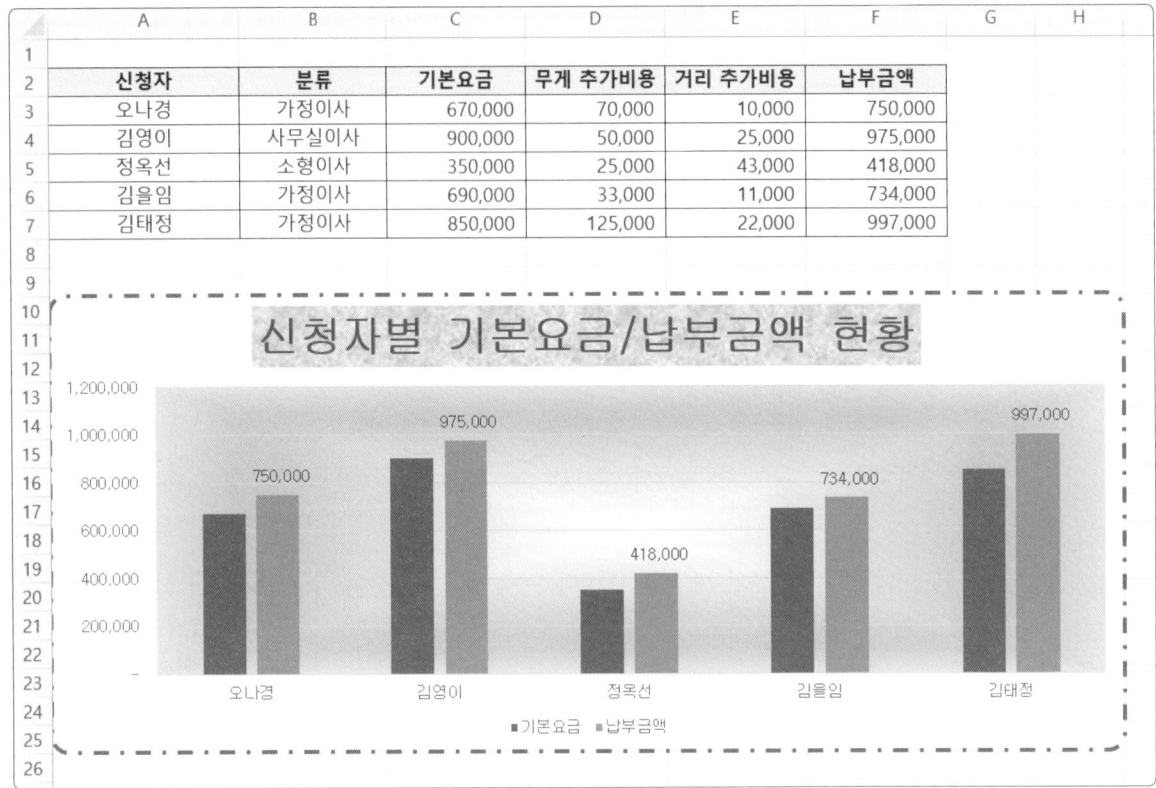

≪처리조건≫

▶ "차트" 시트에 주어진 표를 이용하여 '묶은 세로 막대형' 차트를 작성하시오.
- 데이터 범위 : 현재 시트 [A2:A7], [C2:C7], [F2:F7]의 데이터를 이용하여 작성하고, 행/열 전환은 '열'로 지정
- 차트 제목("신청자별 기본요금/납부금액 현황")
- 차트 스타일 : 색 변경(색상형 - 다양한 색상표 2, 스타일 1)
- 차트 위치 : 현재 시트에 [A10:H25] 크기에 정확하게 맞추시오.
- 차트 영역 서식 : 글꼴(굴림, 10pt), 테두리 색(실선, 색 : 파랑, 강조 1), 테두리 스타일(너비 : 2.25pt, 겹선 종류 : 단순형, 대시 종류 : 파선-점선, 둥근 모서리)
- 차트 제목 서식 : 글꼴(굴림체, 25pt, 굵게), 채우기(그림 또는 질감 채우기, 질감 : 꽃다발)
- 그림 영역 서식 : 채우기(그라데이션 채우기, 그라데이션 미리 설정 : 밝은 그라데이션 - 강조 5, 종류 : 사각형, 방향 : 가운데에서)
- 범례 위치 : 아래쪽
- 데이터 레이블 추가 : '납부금액' 계열에 "값" 표시

▶ 지시사항이 없는 경우는 《출력형태》와 동일하게 작성하시오.

제 06 회 디지털정보활용능력 최신유형 기출문제

작성 시간 / 시험 시간	채점 결과
분 / 40분	점 / 200점

☑ 시험과목 : 스프레드시트(엑셀)
☑ 시험일자 : 20XX. XX. XX. (X)
☑ 응시자 기재사항 및 감독 위원 확인

MS Office 2021 버전용

수검번호	DIS - XXXX -	감독위원 확인
성 명		

· 응시자 유의사항 ·

1. 응시자는 신분증을 지참하여야 시험에 응시할 수 있으며, 시험이 종료될 때까지 신분증을 제시하지 못 할 경우 해당 시험은 0점 처리됩니다.
2. 시스템(PC 작동 여부, 네트워크 상태 등)의 이상 여부를 반드시 확인하여야 하며, 시스템 이상이 있을 시 감독 위원에게 조치를 받으셔야 합니다.
3. 시험 중 부주의 또는 고의로 시스템을 파손한 경우는 응시자 부담으로 합니다.
4. 답안 전송 프로그램을 통해 다운로드 받은 파일을 이용하여 답안 파일을 작성하시기 바랍니다.
5. 작성한 답안 파일은 답안 전송 프로그램을 통하여 전송됩니다. 감독 위원의 지시에 따라 주시기 바랍니다.
6. 다음 사항의 경우 실격(0점) 혹은 부정행위 처리됩니다.
   1) 답안 파일을 저장하지 않았거나, 저장한 파일이 손상되었을 경우
   2) 답안 파일을 지정된 폴더(바탕화면 – "KAIT" 폴더)에 저장하지 않았을 경우
      ※ 답안 전송 프로그램 로그인 시 바탕화면에 자동 생성됨
   3) 답안 파일을 다른 보조기억장치(USB) 혹은 네트워크(메신저, 게시판 등)로 전송할 경우
   4) 휴대용 전화기 등 통신기기를 사용할 경우
7. 시트는 반드시 순서대로 작성해야 하며, 순서가 다를 경우 "0"점 처리됩니다.
8. 시험지에 제시된 글꼴이 응시 프로그램에 없는 경우, 반드시 감독 위원에게 해당 내용을 통보한 뒤 조치를 받아야 합니다.
9. 시험의 완료는 작성이 완료된 답안을 저장하고, 답안 전송이 완료된 상태를 확인한 것으로 합니다. 답안 전송 확인 후 문제지는 감독 위원에게 제출한 후 퇴실하여야 합니다.
10. 답안 전송을 완료한 경우는 수정 또는 정정이 불가합니다.
11. 시험 시행 후 합격자 발표는 홈페이지(www.ihd.or.kr)에서 확인하시기 바랍니다.
    1) 문제 및 정답 공개 : 20XX. XX. XX. (X)
    2) 합격자 발표 : 20XX. XX. XX. (X)

디지털정보활용능력 > 스프레드시트[엑셀] 2021 [시험시간 : 40분]

【문제 1】 "세차관리 현황" 시트를 참조하여 다음 《처리조건》에 맞도록 작업하시오. (50점)

≪출력형태≫

세차장명	청소명	분류	차종명	세차대수	단가	세차금액	순위	비고
행복세차장	코팅왁스	경차	모닝	250대	25,000	6,250,000원	7	
동진세차장	실내살균	소형	니로	310대	30,000	9,300,000원	5	
빛나리세차장	스노우폼 세차	경차	쉐보레	125대	27,500	3,437,500원	9	
행복세차장	자동세차	경차	레이EV	114대	26,000	2,964,000원	10	
빛나리세차장	자동세차	중형	지프	168대	38,000	6,384,000원	6	
행복세차장	자동세차	중형	K5	264대	40,000	10,560,000원	4	
행복세차장	실내살균	소형	EV3	284대	37,500	10,650,000원	3	
동진세차장	코팅왁스	승합	토비	362대	55,000	19,910,000원	1	일일 최다
동진세차장	코팅왁스	소형	코나	156대	37,000	5,772,000원	8	
동진세차장	스노우폼 세차	소형	티볼리	456대	29,000	13,224,000원	2	일일 최다
'세차대수'의 최대값-최소값 차이				342대				
'세차장명'이 "행복세차장"인 '세차금액'의 평균				7,606,000원				
'단가' 중 가장 큰 값				55,000원				

≪처리조건≫

▶ 1행의 행 높이를 '80'으로 설정하고, 2행~15행의 행 높이를 '18'로 설정하시오.
▶ 제목("세차장별 세차관리 현황") : 기본 도형의 '원통형'을 이용하여 입력하시오.
  - 도형 : 위치([B1:H1]), 도형 스타일(테마 스타일 - '미세 효과 - 파랑, 강조 1')
  - 글꼴 : 굴림체, 35pt, 굵게
  - 도형 서식 : 도형 옵션 - 크기 및 속성(테스트 상자(세로 맞춤 : 정가운데, 텍스트 방향 : 가로))

▶ 셀 서식을 아래 조건에 맞게 작성하시오.
  - [A2:I15] : 테두리(안쪽, 윤곽선 모두 실선, '검정, 텍스트 1'), 전체 가운데 맞춤
  - [A13:D13], [A14:D14], [A15:D15] : 각각 병합하고 가운데 맞춤
  - [A2:I2], [A13:D15] : 채우기 색('황금색, 강조 4, 40% 더 밝게'), 글꼴(굵게)
  - [E3:E12], [E13:G13] : 셀 서식의 표시 형식-사용자 지정을 이용하여 #"대"자를 추가
  - [F3:F12] : 셀 서식의 표시 형식-숫자를 이용하여 1000 단위 구분 기호 표시
  - [G3:G12], [E14:G15] : 셀 서식의 표시 형식-사용자 지정을 이용하여 #,##0"원"자를 추가
  - 조건부 서식[A3:I12] : '세차대수'가 300 이상인 경우 레코드 전체에 글꼴(녹색, 굵은 기울임꼴) 적용
  - 지시사항이 없는 경우는 주어진 문제 파일의 서식을 그대로 사용하시오.

▶ ① 순위[H3:H12] : '세차금액'을 기준으로 큰 순으로 순위를 구하시오. (RANK.EQ 함수)
▶ ② 비고[I3:I12] : '세차대수'가 350 이상이면 "일일 최다", 그렇지 않으면 공백으로 구하시오. (IF 함수)
▶ ③ 최대값-최소값[E13:G13] : '세차대수'의 최대값과 최소값의 차이를 구하시오. (MAX, MIN 함수)
▶ ④ 평균[E14:G14] : '세차장명'이 "행복세차장"인 '세차금액'의 평균을 구하시오. (DAVERAGE 함수)
▶ ⑤ 순위[E15:G15] : '단가' 중 가장 큰 값을 구하시오. (LARGE 함수)

【문제 2】 "부분합" 시트를 참조하여 다음 《처리조건》에 맞도록 작업하시오. (30점)

≪출력형태≫

	세차장명	청소명	분류	차종명	세차대수	단가	세차금액
3	행복세차장	코팅왁스	경차	모닝	250	25,000	6,250,000
4	빛나리세차장	스노우폼 세차	경차	쉐보레	125	27,500	3,437,500
5	행복세차장	자동세차	경차	레이EV	114	26,000	2,964,000
6			경차 최대			27,500	6,250,000
7			경차 평균			26,167	4,217,167
8	동진세차장	실내살균	소형	니로	310	30,000	9,300,000
9	행복세차장	실내살균	소형	EV3	284	37,500	10,650,000
10	동진세차장	코팅왁스	소형	코나	156	37,000	5,772,000
11	동진세차장	스노우폼 세차	소형	티볼리	456	29,000	13,224,000
12			소형 최대			37,500	13,224,000
13			소형 평균			33,375	9,736,500
14	동진세차장	코팅왁스	승합	토비	362	55,000	19,910,000
15			승합 최대			55,000	19,910,000
16			승합 평균			55,000	19,910,000
17	빛나리세차장	자동세차	중형	지프	168	38,000	6,384,000
18	행복세차장	자동세차	중형	K5	264	40,000	10,560,000
19			중형 최대			40,000	10,560,000
20			중형 평균			39,000	8,472,000
21			전체 최대값			55,000	19,910,000
22			전체 평균			34,500	8,845,150

≪처리조건≫

▶ 데이터를 '분류' 기준으로 오름차순 정렬하시오.

▶ 아래 조건에 맞는 부분합을 작성하시오.
 - '분류'로 그룹화하여 '단가', '세차금액'의 평균을 구하는 부분합을 만드시오.
 - '분류'로 그룹화하여 '단가', '세차금액'의 최대를 구하는 부분합을 만드시오.
  (새로운 값으로 대치하지 말 것)
 - [F3:G22] 영역에 셀 서식의 표시 형식-숫자를 이용하여 1000 단위 구분 기호를 표시하시오.

▶ E~F열을 선택하여 그룹을 설정하시오.

▶ 평균과 최대의 부분합 순서는 《출력형태》와 다를 수 있음

▶ 지시사항이 없는 경우는 기본값을 적용하시오.

【문제 3】 "필터"와 "시나리오" 시트를 참조하여 다음 《처리조건》에 맞도록 작업하시오. (60점)

(1) 필터

≪출력형태≫

	A	B	C	D	E	F	G
1							
2	세차장명	청소명	분류	차종명	세차대수	단가	세차금액
3	행복세차장	코팅왁스	경차	모닝	250	25,000	6,250,000
4	동진세차장	실내살균	소형	니로	310	30,000	9,300,000
5	빛나리세차장	스노우폼 세차	경차	쉐보레	125	27,500	3,437,500
6	행복세차장	자동세차	경차	레이EV	114	26,000	2,964,000
7	빛나리세차장	자동세차	중형	지프	168	38,000	6,384,000
8	행복세차장	자동세차	중형	K5	264	40,000	10,560,000
9	행복세차장	실내살균	소형	EV3	284	37,500	10,650,000
10	동진세차장	코팅왁스	승합	토비	362	55,000	19,910,000
11	동진세차장	코팅왁스	소형	코나	156	37,000	5,772,000
12	동진세차장	스노우폼 세차	소형	티볼리	456	29,000	13,224,000
13							
14	조건						
15	FALSE						
16							
17							
18	세차장명	청소명	분류	차종명	세차금액		
19	동진세차장	실내살균	소형	니로	9,300,000		
20	행복세차장	실내살균	소형	EV3	10,650,000		
21	동진세차장	코팅왁스	승합	토비	19,910,000		
22	동진세차장	코팅왁스	소형	코나	5,772,000		
23	동진세차장	스노우폼 세차	소형	티볼리	13,224,000		
24							

≪처리조건≫

▶ "필터" 시트의 [A2:G12]를 아래 조건에 맞게 고급 필터를 사용하여 작성하시오.
  - '세차장명'이 "동진세차장"이거나 '세차대수'가 280 이상인 데이터를 '세차장명', '청소명', '분류', '차종명', '세차금액'의 데이터만 필터링 하시오.
  - 조건 위치 : 조건 함수는 [A15] 한 셀에 작성(OR 함수 이용)
  - 결과 위치 : [A18]부터 출력

▶ 지시사항이 없는 경우는 《출력형태》와 동일하게 작성하시오.

(2) 시나리오

≪출력형태≫

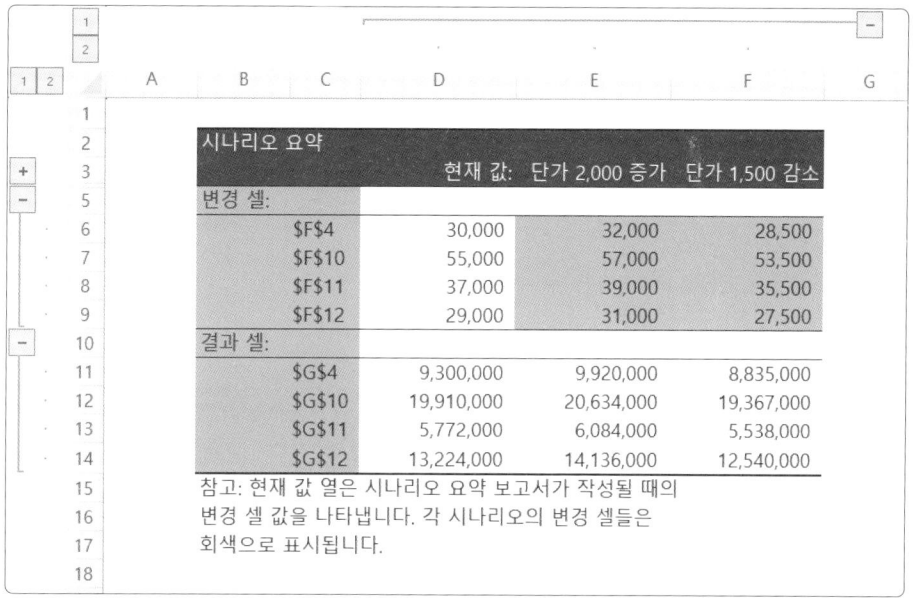

≪처리조건≫

▶ "시나리오" 시트의 [A2:G12]를 이용하여 '세차장명'이 "동진세차장"인 경우, '단가'가 변동할 때 '세차금액'이 변동하는 가상분석(시나리오)를 작성하시오.

 - 시나리오1 : 시나리오 이름은 "단가 2,000 증가", '단가'에 2000을 증가시킨 값 설정.
 - 시나리오2 : 시나리오 이름은 "단가 1,500 감소", '단가'에 1500을 감소시킨 값 설정.
 - "시나리오 요약" 시트를 작성하시오.

▶ 지시사항이 없는 경우는 ≪출력형태≫와 동일하게 작성하시오.

【문제 4】 "피벗테이블" 시트를 참조하여 다음 《처리조건》에 맞도록 작업하시오. (30점)

≪출력형태≫

차종명	값	청소명 스노우폼 세차	실내살균	자동세차	코팅왁스
EV3	평균 : 단가	**	37,500	**	**
	평균 : 세차금액	**	10,650,000	**	**
레이EV	평균 : 단가	**	**	26,000	**
	평균 : 세차금액	**	**	2,964,000	**
모닝	평균 : 단가	**	**	**	25,000
	평균 : 세차금액	**	**	**	6,250,000
쉐보레	평균 : 단가	27,500	**	**	**
	평균 : 세차금액	3,437,500	**	**	**
티볼리	평균 : 단가	29,000	**	**	**
	평균 : 세차금액	13,224,000	**	**	**
전체 평균 : 단가		28,250	37,500	26,000	25,000
전체 평균 : 세차금액		8,330,750	10,650,000	2,964,000	6,250,000

≪처리조건≫

▶ "피벗테이블" 시트의 [A2:G12]를 이용하여 새로운 시트에 《출력형태》와 같이 피벗테이블을 작성 후 시트명을 "피벗테이블 정답"으로 수정하시오.

▶ 차종명(행)과 청소명(열)을 기준으로 하여 《출력형태》와 같이 구하시오.
 – '단가', '세차금액'의 평균을 구하시오.
 – 피벗 테이블 옵션을 이용하여 레이블이 있는 셀 병합 및 가운데 맞춤하고 빈 셀을 "**"로 표시한 후, 행의 총합계를 감추기 하시오.
 – 피벗 테이블 디자인에서 보고서 레이아웃은 '테이블 형식으로 표시', 피벗 테이블 스타일은 중간 – '연한 녹색, 피벗 스타일 보통 14'로 표시하시오.
 – 차종명(행)은 "EV3", "레이EV", "모닝", "쉐보레", "티볼리"만 출력되도록 표시하시오.
 – [C5:F16] 데이터는 셀 서식의 표시 형식–숫자를 이용하여 1000 단위 구분 기호를 표시하고, 가운데 맞춤하시오.

▶ 차종명의 순서는 《출력형태》와 다를 수 있음

▶ 지시사항이 없는 경우는 《출력형태》와 동일하게 작성하시오.

【문제 5】 "**차트**" 시트를 참조하여 다음 《처리조건》에 맞도록 작업하시오. (30점)

≪출력형태≫

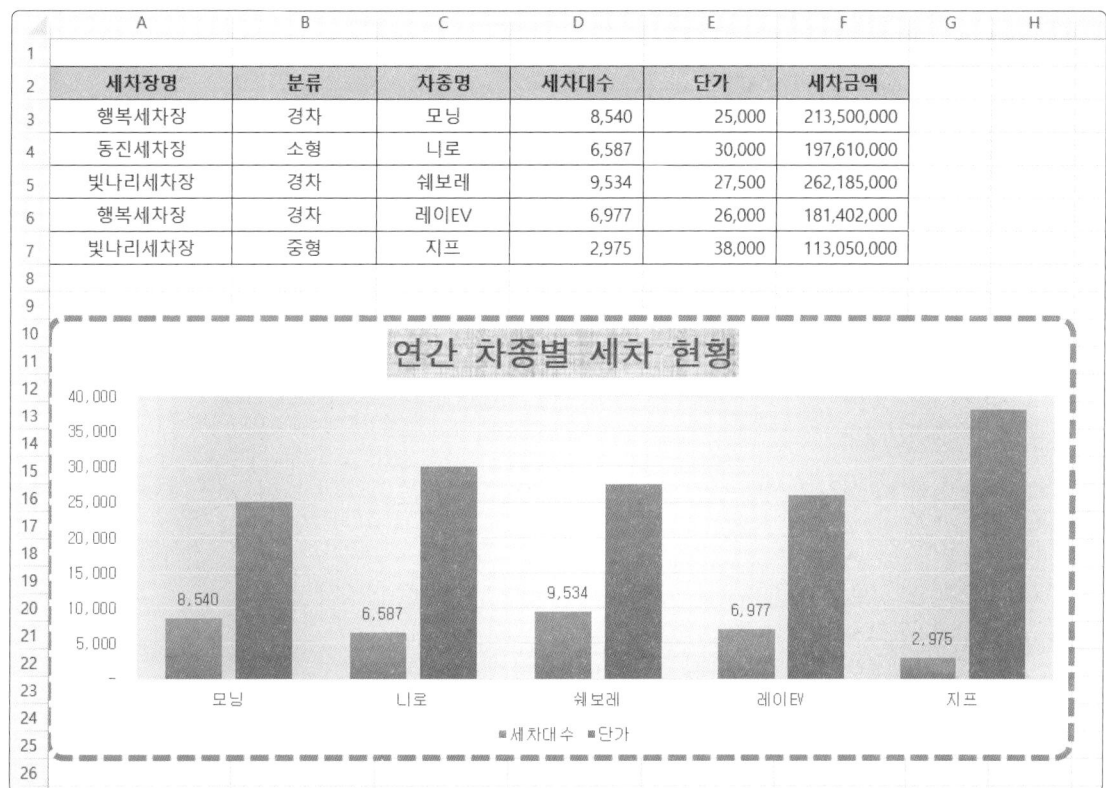

≪처리조건≫

▶ "차트" 시트에 주어진 표를 이용하여 '묶은 세로 막대형' 차트를 작성하시오.
  – 데이터 범위 : 현재 시트 [C2:E7]의 데이터를 이용하여 작성하고, 행/열 전환은 '열'로 지정
  – 차트 제목("연간 차종별 세차 현황")
  – 차트 스타일 : 색 변경(색상형 – 다양한 색상표 4, 스타일 6)
  – 차트 위치 : 현재 시트에 [A10:H25] 크기에 정확하게 맞추시오.
  – 차트 영역 서식 : 글꼴(굴림체, 10pt), 테두리 색(실선, 색 : 녹색, 강조 6), 테두리 스타일(너비 : 3.75pt, 겹선
                종류 : 단순형, 대시 종류 : 사각 점선, 둥근 모서리)
  – 차트 제목 서식 : 글꼴(돋움체, 20pt, 굵게), 채우기(그림 또는 질감 채우기, 질감 : 파피루스)
  – 그림 영역 서식 : 채우기(그라데이션 채우기, 그라데이션 미리 설정 : 밝은 그라데이션 – 강조 3, 종류 : 방사형,
                방향 : 가운데에서)
  – 범례 위치 : 아래쪽
  – 데이터 레이블 추가 : '세차대수' 계열에 "값" 표시

▶ 지시사항이 없는 경우는 《출력형태》와 동일하게 작성하시오.

제 07 회 디지털정보활용능력 최신유형 기출문제

작성 시간 / 시험 시간	채점 결과
분 / 40분	점 / 200점

- ☑ 시험과목 : 스프레드시트(엑셀)
- ☑ 시험일자 : 20XX. XX. XX. (X)
- ☑ 응시자 기재사항 및 감독 위원 확인

MS Office 2021 버전용

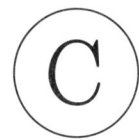

수 검 번 호	DIS - XXXX -	감독위원 확인
성 명		

· 응시자 유의사항 ·

1. 응시자는 신분증을 지참하여야 시험에 응시할 수 있으며, 시험이 종료될 때까지 신분증을 제시하지 못 할 경우 해당 시험은 0점 처리됩니다.
2. 시스템(PC 작동 여부, 네트워크 상태 등)의 이상 여부를 반드시 확인하여야 하며, 시스템 이상이 있을 시 감독 위원에게 조치를 받으셔야 합니다.
3. 시험 중 부주의 또는 고의로 시스템을 파손한 경우는 응시자 부담으로 합니다.
4. 답안 전송 프로그램을 통해 다운로드 받은 파일을 이용하여 답안 파일을 작성하시기 바랍니다.
5. 작성한 답안 파일은 답안 전송 프로그램을 통하여 전송됩니다. 감독 위원의 지시에 따라 주시기 바랍니다.
6. 다음 사항의 경우 실격(0점) 혹은 부정행위 처리됩니다.
   1) 답안 파일을 저장하지 않았거나, 저장한 파일이 손상되었을 경우
   2) 답안 파일을 지정된 폴더(바탕화면 – "KAIT" 폴더)에 저장하지 않았을 경우
      ※ 답안 전송 프로그램 로그인 시 바탕화면에 자동 생성됨
   3) 답안 파일을 다른 보조기억장치(USB) 혹은 네트워크(메신저, 게시판 등)로 전송할 경우
   4) 휴대용 전화기 등 통신기기를 사용할 경우
7. 시트는 반드시 순서대로 작성해야 하며, 순서가 다를 경우 "0"점 처리됩니다.
8. 시험지에 제시된 글꼴이 응시 프로그램에 없는 경우, 반드시 감독 위원에게 해당 내용을 통보한 뒤 조치를 받아야 합니다.
9. 시험의 완료는 작성이 완료된 답안을 저장하고, 답안 전송이 완료된 상태를 확인한 것으로 합니다. 답안 전송 확인 후 문제지는 감독 위원에게 제출한 후 퇴실하여야 합니다.
10. 답안 전송을 완료한 경우는 수정 또는 정정이 불가합니다.
11. 시험 시행 후 합격자 발표는 홈페이지(www.ihd.or.kr)에서 확인하시기 바랍니다.
    1) 문제 및 정답 공개 : 20XX. XX. XX. (X)
    2) 합격자 발표 : 20XX. XX. XX. (X)

| 디지털정보활용능력 | 스프레드시트[엑셀] 2021 [시험시간 : 40분] | 1/6 |

【문제 1】 "매출현황" 시트를 참조하여 다음 《처리조건》에 맞도록 작업하시오. (50점)

≪출력형태≫

업체명	매출유형	품목	전년도	상반기	하반기	합계	순위	비고
삼선전자	렌탈	안마기	8,437	5,198	4,538	9,736만원	2위	
코쿠웨이	서비스	필터교체	7,600	3,498	3,322	6,820만원	3위	
OK매직	일시불	비데	4,037	1,920	1,873	3,793만원	7위	
에스홈시스	서비스	용역	2,210	1,292	1,250	2,542만원	10위	상반기 부진
코쿠웨이	일시불	정수기	7,820	3,384	3,151	6,535만원	5위	
삼선전자	서비스	애프터서비스	4,918	2,933	2,382	5,315만원	6위	
에스홈시스	렌탈	공기청정기	9,055	4,735	5,478	10,213만원	1위	
삼선전자	일시불	가전제품	4,415	1,565	2,036	3,601만원	8위	
코쿠웨이	렌탈	이전설치	6,238	3,600	3,142	6,742만원	4위	
OK매직	서비스	제품설치	3,540	1,418	1,325	2,743만원	9위	상반기 부진
'하반기' 중 두 번째로 작은 값				1,325만원				
'업체명'이 "삼선전자"인 '전년도'의 최소값				4,415만원				
'하반기'의 최대값-최소값 차이				4,228만원				

제목: 가전업체 매출 현황

≪처리조건≫

▶ 1행의 행 높이를 '80'으로 설정하고, 2행~15행의 행 높이를 '18'로 설정하시오.
▶ 제목("가전업체 매출 현황") : 기본 도형의 '사각형: 모서리가 접힌 도형'을 이용하여 입력하시오.
  - 도형 : 위치([B1:H1]), 도형 스타일(테마 스타일 – '색 채우기 – 파랑, 강조 5'))
  - 글꼴 : 궁서체, 32pt, 굵게
  - 도형 서식 : 도형 옵션 – 크기 및 속성(텍스트 상자(세로 맞춤 : 정가운데, 텍스트 방향 : 가로))

▶ 셀 서식을 아래 조건에 맞게 작성하시오.
  - [A2:I15] : 테두리(안쪽, 윤곽선 모두 실선, '검정, 텍스트 1'), 전체 가운데 맞춤
  - [A13:D13], [A14:D14], [A15:D15] : 각각 병합하고 가운데 맞춤
  - [A2:I2], [A13:D15] : 채우기 색('파랑, 강조 5, 80% 더 밝게'), 글꼴(굵게)
  - [D3:F12] : 셀 서식의 표시 형식-숫자를 이용하여 1000 단위 구분 기호 표시
  - [G3:G12], [E13:G15] : 셀 서식의 표시 형식-사용자 지정을 이용하여 #,##0"만원"자를 추가
  - [H3:H12] : 셀 서식의 표시 형식-사용자 지정을 이용하여 #"위"자를 추가
  - 조건부 서식[A3:I12] : '전년도'가 7000 이상인 경우 레코드 전체에 글꼴(진한 파랑, 굵게) 적용
  - 지시사항이 없는 경우는 주어진 문제 파일의 서식을 그대로 사용하시오.

▶ ① 순위[H3:H12] : '합계'를 기준으로 큰 순으로 순위를 구하시오. (RANK.EQ 함수)
▶ ② 비고[I3:I12] : '상반기'가 1500 이하이면 "상반기 부진", 그렇지 않으면 공백으로 구하시오. (IF 함수)
▶ ③ 순위[E13:G13] : '하반기' 중 두 번째로 작은 값을 구하시오. (SMALL 함수)
▶ ④ 최소값[E14:G14] : '업체명'이 "삼선전자"인 '전년도'의 최소값을 구하시오. (DMIN 함수)
▶ ⑤ 최대값-최소값[E15:G15] : '하반기'의 최대값-최소값의 차이를 구하시오. (MAX, MIN 함수)

【문제 2】 "부분합" 시트를 참조하여 다음 《처리조건》에 맞도록 작업하시오. (30점)

《출력형태》

	업체명	매출유형	품목	전년도	상반기	하반기	합계
3	삼선전자	렌탈	안마기	8,437	5,198	4,538	9,736
4	에스홈시스	렌탈	공기청정기	9,055	4,735	5,478	10,213
5	코쿠웨이	렌탈	이전설치	6,238	3,600	3,142	6,742
6		렌탈 최대			5,198	5,478	
7		렌탈 평균		7,910			8,897
8	코쿠웨이	서비스	필터교체	7,600	3,498	3,322	6,820
9	에스홈시스	서비스	용역	2,210	1,292	1,250	2,542
10	삼선전자	서비스	애프터서비스	4,918	2,933	2,382	5,315
11	OK매직	서비스	제품설치	3,540	1,418	1,325	2,743
12		서비스 최대			3,498	3,322	
13		서비스 평균		4,567			4,355
14	OK매직	일시불	비데	4,037	1,920	1,873	3,793
15	코쿠웨이	일시불	정수기	7,820	3,384	3,151	6,535
16	삼선전자	일시불	가전제품	4,415	1,565	2,036	3,601
17		일시불 최대			3,384	3,151	
18		일시불 평균		5,424			4,643
19		전체 최대값			5,198	5,478	
20		전체 평균		5,827			5,804

《처리조건》

▶ 데이터를 '매출유형' 기준으로 오름차순 정렬하시오.

▶ 아래 조건에 맞는 부분합을 작성하시오.
 - '매출유형'으로 그룹화하여 '전년도', '합계'의 평균을 구하는 부분합을 만드시오.
 - '매출유형'으로 그룹화하여 '상반기', '하반기'의 최대를 구하는 부분합을 만드시오.
  (새로운 값으로 대치하지 말 것)
 - [D3:G20] 영역에 셀 서식의 표시 형식-숫자를 이용하여 1000 단위 구분 기호를 표시하시오.

▶ E~F열을 선택하여 그룹을 설정하시오.

▶ 평균과 최대의 부분합 순서는《출력형태》와 다를 수 있음

▶ 지시사항이 없는 경우는 기본값을 적용하시오.

디지털정보활용능력 > 스프레드시트[엑셀] 2021 [시험시간 : 40분]

【문제 3】 "필터"와 "시나리오" 시트를 참조하여 다음 《처리조건》에 맞도록 작업하시오. (60점)

(1) 필터

≪출력형태≫

	A	B	C	D	E	F	G
1							
2	업체명	매출유형	품목	전년도	상반기	하반기	합계
3	삼선전자	렌탈	안마기	8,437	5,198	4,538	9,736
4	코쿠웨이	서비스	필터교체	7,600	3,498	3,322	6,820
5	OK매직	일시불	비데	4,037	1,920	1,873	3,793
6	에스홈시스	서비스	용역	2,210	1,292	1,250	2,542
7	코쿠웨이	일시불	정수기	7,820	3,384	3,151	6,535
8	삼선전자	서비스	애프터서비스	4,918	2,933	2,382	5,315
9	에스홈시스	렌탈	공기청정기	9,055	4,735	5,478	10,213
10	삼선전자	일시불	가전제품	4,415	1,565	2,036	3,601
11	코쿠웨이	렌탈	이전설치	6,238	3,600	3,142	6,742
12	OK매직	서비스	제품설치	3,540	1,418	1,325	2,743
13							
14	조건						
15	TRUE						
16							
17							
18	업체명	품목	상반기	하반기			
19	삼선전자	안마기	5,198	4,538			
20	에스홈시스	용역	1,292	1,250			
21	에스홈시스	공기청정기	4,735	5,478			
22	코쿠웨이	이전설치	3,600	3,142			
23	OK매직	제품설치	1,418	1,325			

≪처리조건≫

▶ "필터" 시트의 [A2:G12]를 아래 조건에 맞게 고급 필터를 사용하여 작성하시오.
  - '매출유형'이 "렌탈"이거나, '전년도'가 4000 이하인 데이터를 '업체명', '품목', '상반기', '하반기'의 데이터만 필터링 하시오.
  - 조건 위치 : 조건 함수는 [A15] 한 셀에 작성(OR 함수 이용)
  - 결과 위치 : [A18]부터 출력

▶ 지시사항이 없는 경우는 《출력형태》와 동일하게 작성하시오.

(2) 시나리오

≪출력형태≫

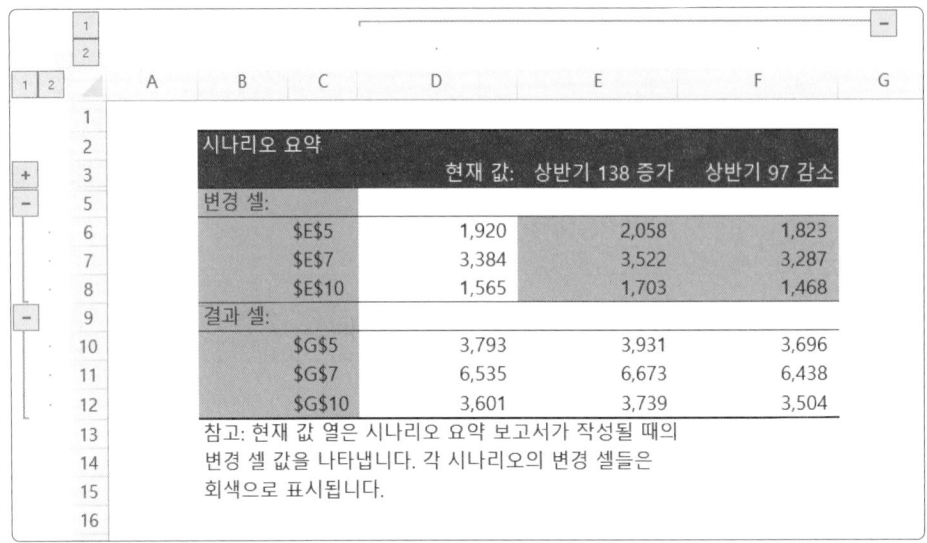

≪처리조건≫

▶ "시나리오" 시트의 [A2:G12]를 이용하여 '매출유형'이 "일시불"인 경우, '상반기'가 변동할 때 '합계'가 변동하는 가상분석(시나리오)을 작성하시오.

- 시나리오1 : 시나리오 이름은 "상반기 138 증가", '상반기'에 138을 증가시킨 값 설정.
- 시나리오2 : 시나리오 이름은 "상반기 97 감소", '상반기'에 97을 감소시킨 값 설정.
- "시나리오 요약" 시트를 작성하시오.

▶ 지시사항이 없는 경우는 ≪출력형태≫와 동일하게 작성하시오.

【문제 4】 "**피벗테이블**" 시트를 참조하여 다음 《처리조건》에 맞도록 작업하시오. (30점)

≪출력형태≫

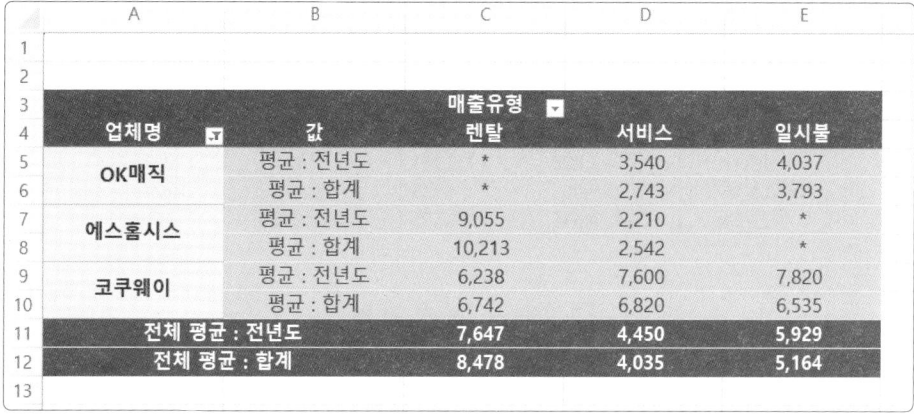

≪처리조건≫

▶ "피벗테이블" 시트의 [A2:G12]를 이용하여 새로운 시트에 《출력형태》와 같이 피벗테이블을 작성 후 시트명을 "피벗테이블 정답"으로 수정하시오.

▶ 업체명(행)과 매출유형(열)을 기준으로 하여 《출력형태》와 같이 구하시오.
 - '전년도', '합계'의 평균을 구하시오.
 - 피벗 테이블 옵션을 이용하여 레이블이 있는 셀 병합 및 가운데 맞춤하고 빈 셀을 "*"로 표시한 후, 행의 총합계를 감추기 하시오.
 - 피벗 테이블 디자인에서 보고서 레이아웃은 '테이블 형식으로 표시', 피벗 테이블 스타일은 어둡게 - '진한 파랑, 피벗 스타일 어둡게 6'으로 표시하시오.
 - 업체명(행)은 "OK매직", "에스홈시스", "코쿠웨이"만 출력되도록 표시하시오.
 - [C5:E12] 데이터는 셀 서식의 표시 형식-숫자를 이용하여 1000 단위 구분 기호를 표시하고, 가운데 맞춤하시오.

▶ 업체명의 순서는 《출력형태》와 다를 수 있음

▶ 지시사항이 없는 경우는 《출력형태》와 동일하게 작성하시오.

【문제 5】 "**차트**" 시트를 참조하여 다음 《처리조건》에 맞도록 작업하시오. (30점)

≪출력형태≫

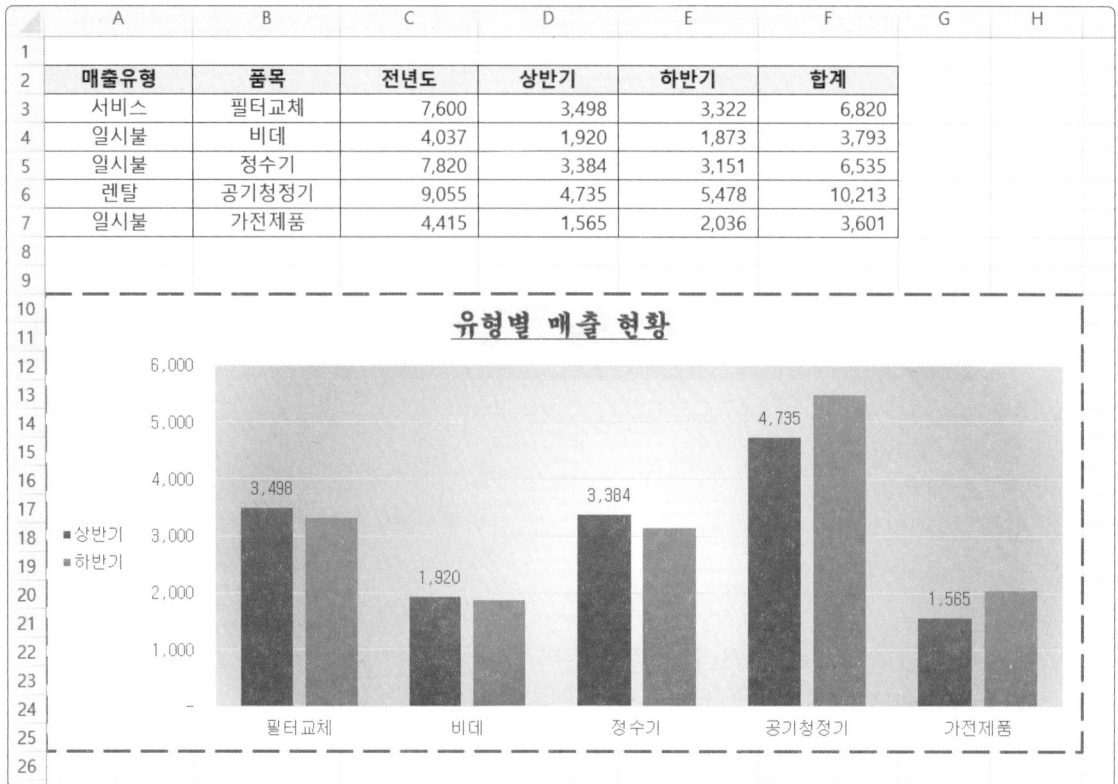

≪처리조건≫

▶ "차트" 시트에 주어진 표를 이용하여 '묶은 세로 막대형' 차트를 작성하시오.
- 데이터 범위 : 현재 시트 [B2:B7], [D2:E7]의 데이터를 이용하여 작성하고, 행/열 전환은 '열'로 지정
- 차트 제목("유형별 매출 현황")
- 차트 스타일 : 색 변경(색상형 – 다양한 색상표 1, 스타일 6)
- 차트 위치 : 현재 시트에 [A10:H25] 크기에 정확하게 맞추시오.
- 차트 영역 서식 : 글꼴(굴림체, 10pt), 테두리 색(실선, 색 : 파랑), 테두리 스타일(너비 : 2pt, 겹선 종류 : 단순형, 대시 종류 : 긴 파선)
- 차트 제목 서식 : 글꼴(궁서체, 16pt, 진하게, 밑줄), 채우기(그림 또는 질감 채우기, 질감 : 양피지)
- 그림 영역 서식 : 채우기(그라데이션 채우기, 그라데이션 미리 설정 : 밝은 그라데이션 – 강조 5, 종류 : 방사형, 방향 : 가운데에서)
- 범례 위치 : 왼쪽
- 데이터 레이블 추가 : '상반기' 계열에 "값" 표시

▶ 지시사항이 없는 경우는 《출력형태》와 동일하게 작성하시오.

제 08 회 디지털정보활용능력 최신유형 기출문제

작성 시간 / 시험 시간	채점 결과
분 / 40분	점 / 200점

- ☑ 시험과목 : 스프레드시트(엑셀)
- ☑ 시험일자 : 20XX. XX. XX. (X)
- ☑ 응시자 기재사항 및 감독 위원 확인

MS Office 2021 버전용

수검번호	DIS - XXXX -	감독위원 확인
성 명		

· 응시자 유의사항 ·

1. 응시자는 신분증을 지참하여야 시험에 응시할 수 있으며, 시험이 종료될 때까지 신분증을 제시하지 못 할 경우 해당 시험은 0점 처리됩니다.
2. 시스템(PC 작동 여부, 네트워크 상태 등)의 이상 여부를 반드시 확인하여야 하며, 시스템 이상이 있을 시 감독 위원에게 조치를 받으셔야 합니다.
3. 시험 중 부주의 또는 고의로 시스템을 파손한 경우는 응시자 부담으로 합니다.
4. 답안 전송 프로그램을 통해 다운로드 받은 파일을 이용하여 답안 파일을 작성하시기 바랍니다.
5. 작성한 답안 파일은 답안 전송 프로그램을 통하여 전송됩니다. 감독 위원의 지시에 따라 주시기 바랍니다.
6. 다음 사항의 경우 실격(0점) 혹은 부정행위 처리됩니다.
    1) 답안 파일을 저장하지 않았거나, 저장한 파일이 손상되었을 경우
    2) 답안 파일을 지정된 폴더(바탕화면 – "KAIT" 폴더)에 저장하지 않았을 경우
        ※ 답안 전송 프로그램 로그인 시 바탕화면에 자동 생성됨
    3) 답안 파일을 다른 보조기억장치(USB) 혹은 네트워크(메신저, 게시판 등)로 전송할 경우
    4) 휴대용 전화기 등 통신기기를 사용할 경우
7. 시트는 반드시 순서대로 작성해야 하며, 순서가 다를 경우 "0"점 처리됩니다.
8. 시험지에 제시된 글꼴이 응시 프로그램에 없는 경우, 반드시 감독 위원에게 해당 내용을 통보한 뒤 조치를 받아야 합니다.
9. 시험의 완료는 작성이 완료된 답안을 저장하고, 답안 전송이 완료된 상태를 확인한 것으로 합니다. 답안 전송 확인 후 문제지는 감독 위원에게 제출한 후 퇴실하여야 합니다.
10. 답안 전송을 완료한 경우는 수정 또는 정정이 불가합니다.
11. 시험 시행 후 합격자 발표는 홈페이지(www.ihd.or.kr)에서 확인하시기 바랍니다.
    1) 문제 및 정답 공개 : 20XX. XX. XX. (X)
    2) 합격자 발표 : 20XX. XX. XX. (X)

| 디지털정보활용능력 | 스프레드시트[엑셀] 2021 [시험시간 : 40분] | 1/6 |

【문제 1】 "**장서현황**" 시트를 참조하여 다음《처리조건》에 맞도록 작업하시오. (50점)

≪출력형태≫

	A	B	C	D	E	F	G	H	I
1				대학별 도서관 장서 현황					
2	분류	학교	구분	2022년	2023년	2024년	3년 평균	순위	비고
3	국내서	태양대학교	철학	1,063	1,074	950	1,029권	8	
4	서양서	현대대학교	종교	942	772	686	800권	10	
5	동양서	태양대학교	사회과학	1,031	1,248	1,177	1,152권	3	정리 검토
6	국내서	최고대학교	순수과학	1,211	1,304	1,100	1,205권	1	정리 검토
7	동양서	최고대학교	기술과학	1,196	1,277	1,016	1,163권	2	
8	서양서	태양대학교	예술	880	1,029	995	968권	9	
9	국내서	현대대학교	언어	969	1,030	1,112	1,037권	7	정리 검토
10	서양서	최고대학교	문학	1,034	1,133	1,079	1,082권	6	
11	동양서	태양대학교	역사	1,127	1,165	1,092	1,128권	4	
12	서양서	최고대학교	총류	1,052	1,098	1,156	1,102권	5	정리 검토
13	'분류'가 '국내서'인 '2024년'의 합계					3,162권			
14	'2023년'의 최대값-최소값 차이					532권			
15	'2024년' 중 세 번째로 작은 값					995권			
16									

≪처리조건≫

▶ 1행의 행 높이를 '80'으로 설정하고, 2행~15행의 행 높이를 '18'로 설정하시오.
▶ 제목("대학별 도서관 장서 현황") : 기본 도형의 '정육면체'를 이용하여 입력하시오.
  - 도형 : 위치([B1:H1]), 도형 스타일(테마 스타일 – '미세 효과 – 녹색, 강조 6')
  - 글꼴 : 궁서체, 32pt, 밑줄
  - 도형 서식 : 도형 옵션 – 크기 및 속성(텍스트 상자(세로 맞춤 : 정가운데, 텍스트 방향 : 가로))

▶ 셀 서식을 아래 조건에 맞게 작성하시오.
  - [A2:I15] : 테두리(안쪽, 윤곽선 모두 실선, '검정, 텍스트 1'), 전체 가운데 맞춤
  - [A13:D13], [A14:D14], [A15:D15] : 각각 병합하고 가운데 맞춤
  - [A2:I2], [A13:D15] : 채우기 색('녹색, 강조 6, 80% 더 밝게'), 글꼴(굵게)
  - [B3:B12] : 셀 서식의 표시 형식-사용자 지정을 이용하여 @"대학교"자를 추가
  - [D3:F12] : 셀 서식의 표시 형식-숫자를 이용하여 1000 단위 구분 기호 표시
  - [G3:G12], [E13:G15] : 셀 서식의 표시 형식-사용자 지정을 이용하여 #,##0"권"자를 추가
  - 조건부 서식[A3:I12] : '2022년'이 1000 이하인 경우 레코드 전체에 글꼴(파랑, 굵게) 적용
  - 지시사항이 없는 경우는 주어진 문제 파일의 서식을 그대로 사용하시오.

▶ ① 순위[H3:H12] : '3년 평균'을 기준으로 큰 순으로 순위를 구하시오. (RANK.EQ 함수)
▶ ② 비고[I3:I12] : '2024년'이 1100 이상이면 "정리 검토", 그렇지 않으면 공백으로 구하시오. (IF 함수)
▶ ③ 합계[E13:G13] : '분류'가 "국내서"인 '2024년'의 합계를 구하시오. (DSUM 함수)
▶ ④ 최대값-최소값[E14:G14] : '2023년'의 최대값과 최소값의 차이를 구하시오. (MAX, MIN 함수)
▶ ⑤ 순위[E15:G15] : '2024년' 중 세 번째로 작은 값을 구하시오. (SMALL 함수)

【문제 2】 "**부분합**" 시트를 참조하여 다음 《처리조건》에 맞도록 작업하시오. (30점)

《출력형태》

	분류	학교	구분	2022년	2023년	2024년	3년 평균
	국내서	최고대학교	순수과학	1,211	1,304	1,100	1,205
	동양서	최고대학교	기술과학	1,196	1,277	1,016	1,163
	서양서	최고대학교	문학	1,034	1,133	1,079	1,082
	서양서	최고대학교	총류	1,052	1,098	1,156	1,102
		최고대학교 최소					1,082
		최고대학교 평균		1,123	1,203	1,088	
	국내서	태양대학교	철학	1,063	1,074	950	1,029
	동양서	태양대학교	사회과학	1,031	1,248	1,177	1,152
	서양서	태양대학교	예술	880	1,029	995	968
	동양서	태양대학교	역사	1,127	1,165	1,092	1,128
		태양대학교 최소					968
		태양대학교 평균		1,025	1,129	1,054	
	서양서	현대대학교	종교	942	772	686	800
	국내서	현대대학교	언어	969	1,030	1,112	1,037
		현대대학교 최소					800
		현대대학교 평균		956	901	899	
		전체 최소값					800
		전체 평균		1,051	1,113	1,036	

《처리조건》

▶ 데이터를 '학교' 기준으로 오름차순 정렬하시오.

▶ 아래 조건에 맞는 부분합을 작성하시오.
  − '학교'로 그룹화하여 '2022년', '2023년', '2024년'의 평균을 구하는 부분합을 만드시오.
  − '학교'로 그룹화하여 '3년 평균'의 최소를 구하는 부분합을 만드시오.
    (새로운 값으로 대치하지 말 것)
  − [D3:G20] 영역에 셀 서식의 표시 형식−숫자를 이용하여 1000 단위 구분 기호를 표시하시오.

▶ D~F열을 선택하여 그룹을 설정하시오.

▶ 평균과 최소의 부분합 순서는 《출력형태》와 다를 수 있음

▶ 지시사항이 없는 경우는 기본값을 적용하시오.

디지털정보활용능력 - 스프레드시트[엑셀] 2021 [시험시간 : 40분]

【문제 3】 "필터"와 "시나리오" 시트를 참조하여 다음 《처리조건》에 맞도록 작업하시오. (60점)

(1) 필터

《출력형태》

	A	B	C	D	E	F	G
1							
2	분류	학교	구분	2022년	2023년	2024년	3년 평균
3	국내서	태양대학교	철학	1,063	1,074	950	1,029
4	서양서	현대대학교	종교	942	772	686	800
5	동양서	태양대학교	사회과학	1,031	1,248	1,177	1,152
6	국내서	최고대학교	순수과학	1,211	1,304	1,100	1,205
7	동양서	최고대학교	기술과학	1,196	1,277	1,016	1,163
8	서양서	태양대학교	예술	880	1,029	995	968
9	국내서	현대대학교	언어	969	1,030	1,112	1,037
10	서양서	최고대학교	문학	1,034	1,133	1,079	1,082
11	동양서	태양대학교	역사	1,127	1,165	1,092	1,128
12	서양서	최고대학교	총류	1,052	1,098	1,156	1,102
13							
14	조건						
15	FALSE						
16							
17							
18	학교	구분	3년 평균				
19	태양대학교	사회과학	1,152				
20	최고대학교	순수과학	1,205				
21	최고대학교	기술과학	1,163				
22	태양대학교	역사	1,128				
23							

《처리조건》

▶ "필터" 시트의 [A2:G12]를 아래 조건에 맞게 고급 필터를 사용하여 작성하시오.
　- '분류'가 "동양서"이거나, '2023년'이 1300 이상인 데이터를 '학교', '구분', '3년 평균'의 데이터만 필터링 하시오.
　- 조건 위치 : 조건 함수는 [A15] 한 셀에 작성(OR 함수 이용)
　- 결과 위치 : [A18]부터 출력

▶ 지시사항이 없는 경우는 《출력형태》와 동일하게 작성하시오.

(2) 시나리오

≪출력형태≫

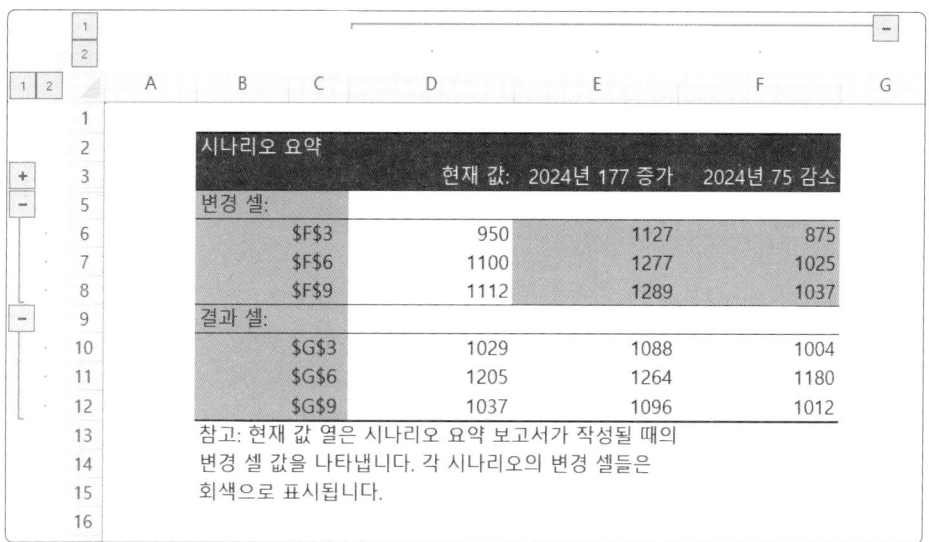

≪처리조건≫

▶ "시나리오" 시트의 [A2:G12]를 이용하여 '분류'가 "국내서"인 경우, '2024년'이 변동할 때 '3년 평균'이 변동하는 가상분석(시나리오)을 작성하시오.

- 시나리오1 : 시나리오 이름은 "2024년 177 증가", '2024년'에 177을 증가시킨 값 설정.
- 시나리오2 : 시나리오 이름은 "2024년 75 감소", '2024년'에 75를 감소시킨 값 설정.
- "시나리오 요약" 시트를 작성하시오.

▶ 지시사항이 없는 경우는 ≪출력형태≫와 동일하게 작성하시오.

【문제 4】 "피벗테이블" 시트를 참조하여 다음 《처리조건》에 맞도록 작업하시오. (30점)

≪출력형태≫

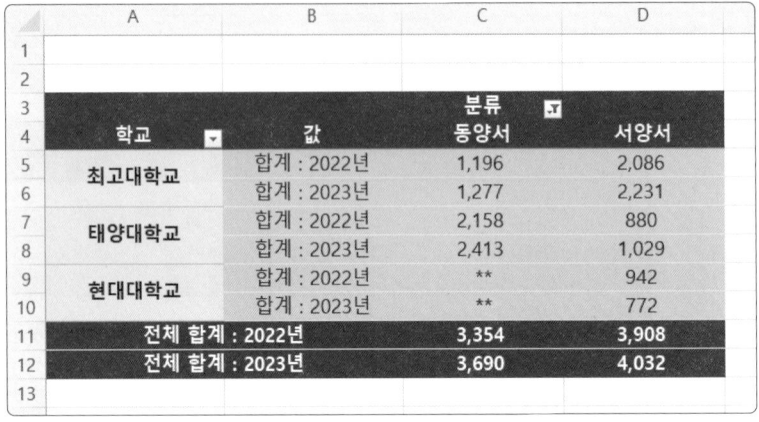

≪처리조건≫

▶ "피벗테이블" 시트의 [A2:G12]를 이용하여 새로운 시트에 《출력형태》와 같이 피벗테이블을 작성 후 시트명을 "피벗테이블 정답"으로 수정하시오.

▶ 학교(행)와 분류(열)를 기준으로 하여 《출력형태》와 같이 구하시오.
 - '2022년', '2023년'의 합계를 구하시오.
 - 피벗 테이블 옵션을 이용하여 레이블이 있는 셀 병합 및 가운데 맞춤하고 빈 셀을 "**"로 표시한 후, 행의 총합계를 감추기 하시오.
 - 피벗 테이블 디자인에서 보고서 레이아웃은 '테이블 형식으로 표시', 피벗 테이블 스타일은 어둡게 - '진한 녹색, 피벗 스타일 어둡게 7'로 표시하시오.
 - 분류(열)는 "동양서", "서양서"만 출력되도록 표시하시오.
 - [C5:D12] 데이터는 셀 서식의 표시 형식-숫자를 이용하여 1000 단위 구분 기호를 표시하고, 가운데 맞춤하시오.

▶ 학교의 순서는 《출력형태》와 다를 수 있음

▶ 지시사항이 없는 경우는 《출력형태》와 동일하게 작성하시오.

【문제 5】 "차트" 시트를 참조하여 다음 《처리조건》에 맞도록 작업하시오. (30점)

≪출력형태≫

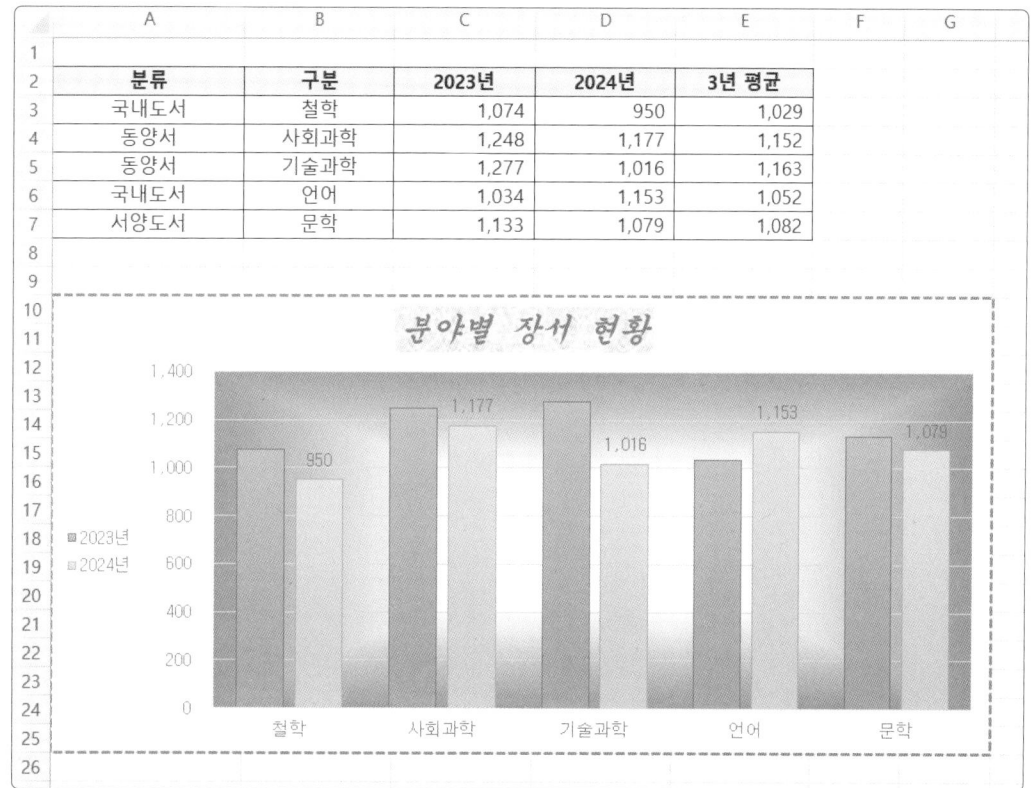

≪처리조건≫

▶ "차트" 시트에 주어진 표를 이용하여 '묶은 세로 막대형' 차트를 작성하시오.
- 데이터 범위 : 현재 시트 [B2:D7]의 데이터를 이용하여 작성하고, 행/열 전환은 '열'로 지정
- 차트 제목("분야별 장서 현황")
- 차트 스타일 : 색 변경(단색형 - 단색 색상표 6, 스타일 5)
- 차트 위치 : 현재 시트에 [A10:G25] 크기에 정확하게 맞추시오.
- 차트 영역 서식 : 글꼴(돋움체, 10pt), 테두리 색(실선, 색 : 녹색), 테두리 스타일(너비 : 1.75pt, 겹선 종류 : 단순형, 대시 종류 : 사각 점선)
- 차트 제목 서식 : 글꼴(궁서체, 18pt, 기울임꼴), 채우기(그림 또는 질감 채우기, 질감 : 파랑 박엽지)
- 그림 영역 서식 : 채우기(그라데이션 채우기, 그라데이션 미리 설정 : 위쪽 스포트라이트 강조 3, 종류 : 사각형, 방향 : 가운데에서)
- 범례 위치 : 왼쪽
- 데이터 레이블 추가 : '2024년' 계열에 "값" 표시

▶ 지시사항이 없는 경우는 《출력형태》와 동일하게 작성하시오.

MEMO

MS Office 2021 버전용

디지털정보활용능력

(**DIAT**; Digital Information Ability Test)

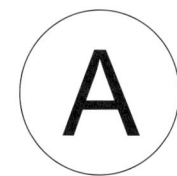

- 시험과목 : 스프레드시트(엑셀)
- 시험일자 : 20××. ××. ××.(×)
- 응시자 기재사항 및 감독 위원 확인

수 검 번 호	DIS - ×××× -	감독위원 확인
성 명		

응시자 유의사항

1. 응시자는 신분증을 지참하여야 시험에 응시할 수 있으며, 시험이 종료될 때까지 신분증을 제시하지 못 할 경우 해당 시험은 0점 처리됩니다.
2. 시스템(PC 작동 여부, 네트워크 상태 등)의 이상 여부를 반드시 확인하여야 하며, 시스템 이상이 있을 시 감독 위원에게 조치를 받으셔야 합니다.
3. 시험 중 부주의 또는 고의로 시스템을 파손한 경우는 응시자 부담으로 합니다.
4. 답안 전송 프로그램을 통해 다운로드 받은 파일을 이용하여 답안 파일을 작성하시기 바랍니다.
5. 작성한 답안 파일은 답안 전송 프로그램을 통하여 전송됩니다. 감독 위원의 지시에 따라 주시기바랍니다.
6. 다음 사항의 경우 실격(0점) 혹은 무성행위 처리됩니다.
   1) 답안 파일을 저장하지 않았거나, 저장한 파일이 손상되었을 경우
   2) 답안 파일을 지정된 폴더(바탕화면 - "KAIT" 폴더)에 저장하지 않았을 경우
      ※ 답안 전송 프로그램 로그인 시 바탕화면에 자동 생성됨
   3) 답안 파일을 다른 보조기억장치(USB) 혹은 네트워크(메신저, 게시판 등)로 전송할 경우
   4) 휴대용 전화기 등 통신기기를 사용할 경우
7. 시트는 반드시 순서대로 작성해야 하며, 순서가 다를 경우 "0"점 처리 됩니다.
8. 시험지에 제시된 글꼴이 응시 프로그램에 없는 경우, 반드시 감독 위원에게 해당 내용을 통보한 뒤 조치를 받아야 합니다.
9. 시험의 완료는 작성이 완료된 답안을 저장하고, 답안 전송이 완료된 상태를 확인한 것으로 합니다. 답안 전송 확인 후 문제지는 감독 위원에게 제출한 후 퇴실하여야 합니다.
10. 답안 전송이 완료한 경우는 수정 또는 정정이 불가능합니다.
11. 시험 시행 후 합격자 발표는 홈페이지(www.ihd.or.kr)에서 확인하시기 바랍니다.
    1) 문제 및 정답 공개 : 20××. ××. ××. (×)
    2) 합격자 발표 : 20××. ××. ××. (×)

디지털정보활용능력 **스프레드시트[엑셀] 2021** ────── (시험시간 : 40분)

【문제 1】 "가격현황" 시트를 참조하여 다음 《 처리조건 》 에 맞도록 작업하시오. (50점)

《 출력형태 》

시장이름	분류	품목	금월	전월	전년	2달 평균	순위	비고
으뜸시장	채소류	배추 1포기	2,500	2,000	4,000	2,250원	7	
신선직판시장	축산물	쇠고기 100g	7,800	7,000	8,500	7,400원	1	
사고파시장	과일류	배 1개	3,000	2,800	2,500	2,900원	6	가격 양호
으뜸시장	축산물	닭고기 1kg	5,500	6,000	4,400	5,750원	2	
제철시장	채소류	깐마늘 500g	3,500	3,300	4,000	3,400원	5	
사고파시장	채소류	무 1개	2,000	1,500	2,500	1,750원	10	가격 양호
신선직판시장	과일류	사과 1개	2,100	2,300	2,000	2,200원	8	가격 양호
으뜸시장	축산물	돼지고기 100g	2,000	2,400	1,800	2,200원	8	가격 양호
제철시장	채소류	풋고추 500g	4,000	5,000	4,500	4,500원	4	
사고파시장	축산물	계란 30개	4,500	4,800	4,000	4,650원	3	
'금월'의 최대값-최소값 차이				5,800원				
'분류'가 "채소류"인 '전년'의 평균				3,750원				
'전월' 중 두 번째로 작은 값				2,000원				

제목: 농수산물 소매가격 현황

《 처리조건 》

▶ 1행의 행 높이를 '80'으로 설정하고, 2행~15행의 행 높이를 '18'로 설정하시오.

▶ 제목("농수산물 소매가격 현황") : 기본 도형의 '사각형: 빗면'을 이용하여 입력하시오.
  - 도형 : 위치([B1:H1]), 도형 스타일(테마 스타일 - '강한 효과 - 파랑, 강조 1')
  - 글꼴 : 궁서체, 28pt, 기울임꼴
  - 도형 서식 : 도형 옵션 - 크기 및 속성(텍스트 상자(세로 맞춤 : 정가운데, 텍스트 방향 : 가로))

▶ 셀 서식을 아래 조건에 맞게 작성하시오.
  - [A2:I15] : 테두리(안쪽, 윤곽선 모두 실선, '검정, 텍스트 1'), 전체 가운데 맞춤
  - [A13:D13], [A14:D14], [A15:D15] : 각각 병합하고 가운데 맞춤
  - [A2:I2], [A13:D15] : 채우기 색('파랑, 강조 5, 80% 더 밝게'), 글꼴(굵게)
  - [A3:A12] : 셀 서식의 표시 형식-사용자 지정을 이용하여 @"시장"자를 추가
  - [D3:F12] : 셀 서식의 표시 형식-숫자를 이용하여 1000 단위 구분 기호 표시
  - [G3:G12], [E13:G15] : 셀 서식의 표시 형식-사용자 지정을 이용하여 #,##0"원"자를 추가
  - 조건부 서식[A3:I12] : '금월'이 4500 이상인 경우 레코드 전체에 글꼴(진한 파랑, 굵은 기울임꼴) 적용
  - 지시사항이 없는 경우는 주어진 문제 파일의 서식을 그대로 사용하시오.

▶ ① 순위[H3:H12] : '2달 평균'을 기준으로 큰 순으로 순위를 구하시오. (RANK.EQ 함수)

▶ ② 비고[I3:I12] : '전년'이 3000 이하이면 "가격 양호", 그렇지 않으면 공백으로 구하시오. (IF 함수)

▶ ③ 최대값-최소값[E13:G13] : '금월'의 최대값과 최소값의 차이를 구하시오. (MAX, MIN 함수)

▶ ④ 평균[E14:G14] : '분류'가 "채소류"인 '전년'의 평균을 구하시오. (DAVERAGE 함수)

▶ ⑤ 순위[E15:G15] : '전월' 중 두 번째로 작은 값을 구하시오. (SMALL 함수)

【문제 5】 "차트" 시트를 참조하여 다음 《 처리조건 》에 맞도록 작업하시오. **(30점)**

《 출력형태 》

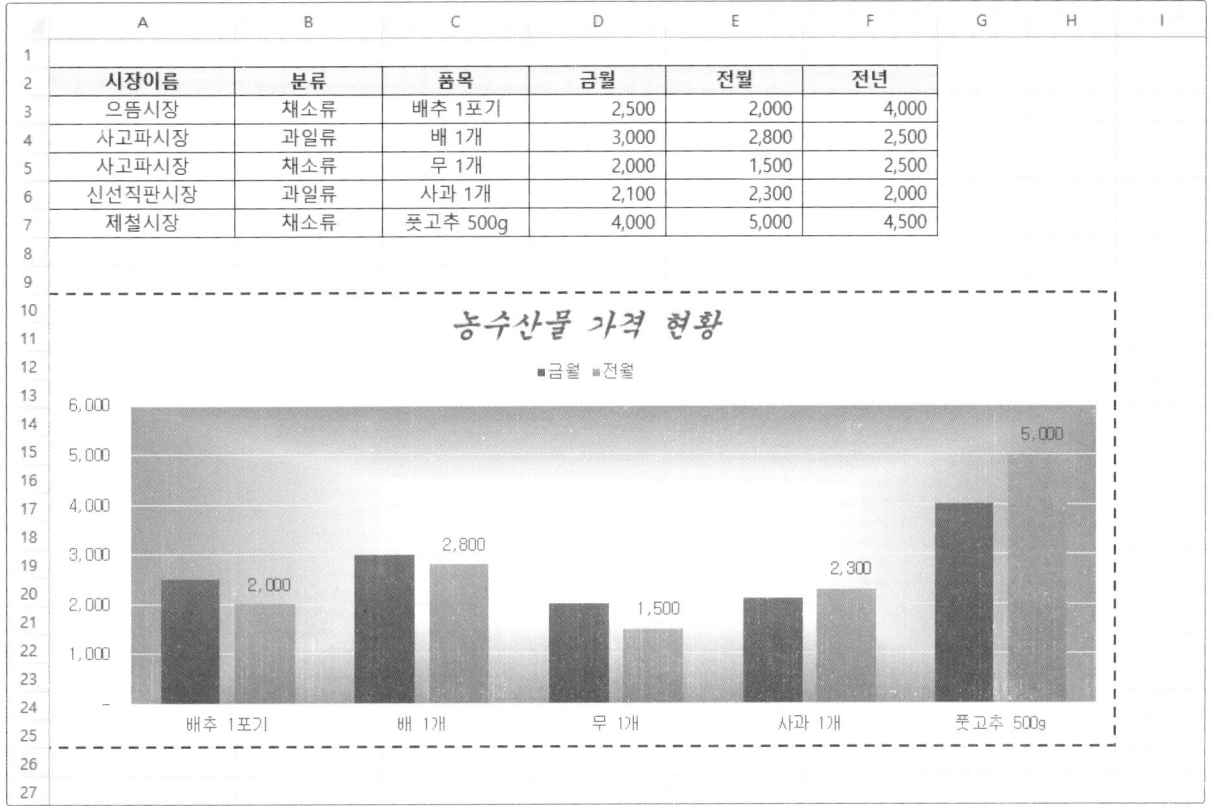

《 처리조건 》

▶ "차트" 시트에 주어진 표를 이용하여 '묶은 세로 막대형' 차트를 작성하시오.
 - 데이터 범위 : 현재 시트 [C2:E7]의 데이터를 이용하여 작성하고, 행/열 전환은 '열'로 지정
 - 차트 제목("농수산물 가격 현황")
 - 차트 스타일 : 색 변경(색상형 - 다양한 색상표 2, 스타일 6)
 - 차트 위치 : 현재 시트에 [A10:H25] 크기에 정확하게 맞추시오.
 - 차트 영역 서식 : 글꼴(굴림체, 10pt), 테두리 색(실선, 색 : 진한 파랑), 테두리 스타일(너비 : 1.5pt, 겹선 종류 : 단순형, 대시 종류 : 파선)
 - 차트 제목 서식 : 글꼴(궁서체, 18pt, 기울임꼴), 채우기(그림 또는 질감 채우기, 질감 : 양피지)
 - 그림 영역 서식 : 채우기(그라데이션 채우기, 그라데이션 미리 설정 : 위쪽 스포트라이트 강조 3, 종류 : 사각형, 방향 : 가운데에서)
 - 범례 위치 : 위쪽
 - 데이터 레이블 추가 : '전월' 계열에 "값" 표시

▶ 지시사항이 없는 경우는 《 출력형태 》와 동일하게 작성하시오.

academysoft Ⓢ

디지털정보활용능력 스프레드시트[엑셀] 2021   (시험시간 : 40분)

【문제 2】 "부분합" 시트를 참조하여 다음 《 처리조건 》에 맞도록 작업하시오. **(30점)**

《 출력형태 》

시장이름	분류	품목	금월	전월	전년	2달 평균
사고파시장	과일류	배 1개	3,000	2,800	2,500	2,900
신선직판시장	과일류	사과 1개	2,100	2,300	2,000	2,200
	과일류 최대		3,000	2,800		
	과일류 평균				2,250	2,550
으뜸시장	채소류	배추 1포기	2,500	2,000	4,000	2,250
제철시장	채소류	깐마늘 500g	3,500	3,300	4,000	3,400
사고파시장	채소류	무 1개	2,000	1,500	2,500	1,750
제철시장	채소류	풋고추 500g	4,000	5,000	4,500	4,500
	채소류 최대		4,000	5,000		
	채소류 평균				3,750	2,975
신선직판시장	축산물	쇠고기 100g	7,800	7,000	8,500	7,400
으뜸시장	축산물	닭고기 1kg	5,500	6,000	4,400	5,750
으뜸시장	축산물	돼지고기 100g	2,000	2,400	1,800	2,200
사고파시장	축산물	계란 30개	4,500	4,800	4,000	4,650
	축산물 최대		7,800	7,000		
	축산물 평균				4,675	5,000
	전체 최대값		7,800	7,000		
	전체 평균				3,820	3,700

《 처리조건 》

▶ 데이터를 '분류' 기준으로 오름차순 정렬하시오.

▶ 아래 조건에 맞는 부분합을 작성하시오.
 - '분류'로 그룹화하여 '전년', '2달 평균'의 평균을 구하는 부분합을 만드시오.
 - '분류'로 그룹화하여 '금월', '전월'의 최대를 구하는 부분합을 만드시오.
   (새로운 값으로 대치하지 말 것)
 - [D3:G20] 영역에 셀 서식의 표시 형식-숫자를 이용하여 1000 단위 구분 기호를 표시하시오.

▶ D~E열을 선택하여 그룹을 설정하시오.

▶ 평균과 최대의 부분합 순서는 《 출력형태 》와 다를 수 있음

▶ 지시사항이 없는 경우는 기본값을 적용하시오.

디지털정보활용능력 스프레드시트[엑셀] 2021 (시험시간 : 40분)

【문제 3】 "필터"와 "시나리오" 시트를 참조하여 다음 《 처리조건 》에 맞도록 작업하시오. **(60점)**

(1) 필터

《 출력형태 》

	A	B	C	D	E	F	G
1							
2	시장이름	분류	품목	금월	전월	전년	2달 평균
3	으뜸시장	채소류	배추 1포기	2,500	2,000	4,000	2,250
4	신선직판시장	축산물	쇠고기 100g	7,800	7,000	8,500	7,400
5	사고파시장	과일류	배 1개	3,000	2,800	2,500	2,900
6	으뜸시장	축산물	닭고기 1kg	5,500	6,000	4,400	5,750
7	제철시장	채소류	깐마늘 500g	3,500	3,300	4,000	3,400
8	사고파시장	채소류	무 1개	2,000	1,500	2,500	1,750
9	신선직판시장	과일류	사과 1개	2,100	2,300	2,000	2,200
10	으뜸시장	축산물	돼지고기 100g	2,000	2,400	1,800	2,200
11	제철시장	채소류	풋고추 500g	4,000	5,000	4,500	4,500
12	사고파시장	축산물	계란 30개	4,500	4,800	4,000	4,650
13							
14	조건						
15	TRUE						
16							
17							
18	시장이름	품목	금월	전월			
19	으뜸시장	배추 1포기	2,500	2,000			
20	제철시장	깐마늘 500g	3,500	3,300			
21	사고파시장	무 1개	2,000	1,500			
22							
23							

《 처리조건 》

▶ "필터" 시트의 [A2:G12]를 아래 조건에 맞게 고급 필터를 사용하여 작성하시오.
  - '분류'가 "채소류"이고 '2달 평균'이 4000 이하인 데이터를 '시장이름', '품목', '금월', '전월'의 데이터만 필터링 하시오.
  - 조건 위치 : 조건 함수는 [A15] 한 셀에 작성(AND 함수 이용)
  - 결과 위치 : [A18]부터 출력

▶ 지시사항이 없는 경우는 《 출력형태 》와 동일하게 작성하시오.

(2) 시나리오

《 출력형태 》

		현재 값:	금월 130 증가	금월 85 감소
시나리오 요약				
변경 셀:				
	$D$3	2,500	2,630	2,415
	$D$6	5,500	5,630	5,415
	$D$10	2,000	2,130	1,915
결과 셀:				
	$G$3	2,250	2,315	2,208
	$G$6	5,750	5,815	5,708
	$G$10	2,200	2,265	2,158

참고: 현재 값 열은 시나리오 요약 보고서가 작성될 때의 변경 셀 값을 나타냅니다. 각 시나리오의 변경 셀들은 회색으로 표시됩니다.

《 처리조건 》

▶ "시나리오" 시트의 [A2:G12]를 이용하여 '시장이름'이 "으뜸시장"인 경우, '금월'이 변동할 때 '2달 평균'이 변동하는 가상분석(시나리오)을 작성하시오.
  - 시나리오1 : 시나리오 이름은 "금월 130 증가", '금월'에 130을 증가시킨 값 설정.
  - 시나리오2 : 시나리오 이름은 "금월 85 감소", '금월'에 85를 감소시킨 값 설정.
  - "시나리오 요약" 시트를 작성하시오.

▶ 지시사항이 없는 경우는 《 출력형태 》와 동일하게 작성하시오.

【문제 4】 "피벗테이블" 시트를 참조하여 다음 《 처리조건 》에 맞도록 작업하시오. **(30점)**

《 출력형태 》

	A	B	C	D	E
1					
2					
3			시장이름		
4	분류	값	신선직판시장	으뜸시장	제철시장
5	과일류	최대 : 금월	2,100	*	*
6		최대 : 전월	2,300	*	*
7	채소류	최대 : 금월	*	2,500	4,000
8		최대 : 전월	*	2,000	5,000
9	축산물	최대 : 금월	7,800	5,500	*
10		최대 : 전월	7,000	6,000	*
11	전체 최대 : 금월		7,800	5,500	4,000
12	전체 최대 : 전월		7,000	6,000	5,000
13					
14					

《 처리조건 》

▶ "피벗테이블" 시트의 [A2:G12]를 이용하여 새로운 시트에 《 출력형태 》와 같이 피벗테이블을 작성 후 시트명을 "피벗테이블 정답"으로 수정하시오.

▶ 분류(행)와 시장이름(열)을 기준으로 하여 《 출력형태 》와 같이 구하시오.
 - '금월', '전월'의 최대를 구하시오.
 - 피벗 테이블 옵션을 이용하여 레이블이 있는 셀 병합 및 가운데 맞춤하고 빈 셀을 "*"로 표시한 후, 행의 총합계를 감추기 하시오.
 - 피벗 테이블 디자인에서 보고서 레이아웃은 '테이블 형식으로 표시', 피벗 테이블 스타일은 어둡게 - '진한 파랑, 피벗 스타일 어둡게 6'으로 표시하시오.
 - 시장이름(열)은 "신선직판장시장", "으뜸시장", "제철시장"만 출력되도록 표시하시오.
 - [C5:E12] 데이터는 셀 서식의 표시 형식-숫자를 이용하여 1000 단위 구분 기호를 표시하고, 가운데 맞춤하시오.

▶ 분류의 순서는 《 출력형태 》와 다를 수 있음

▶ 지시사항이 없는 경우는 《 출력형태 》와 동일하게 작성하시오.

MS Office 2021 버전용

디지털정보활용능력

(**DIAT**; Digital Information Ability Test)

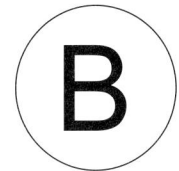

- 시험과목 : 스프레드시트(엑셀)
- 시험일자 : 20XX. XX. XX.(X)
- 응시자 기재사항 및 감독 위원 확인

수 검 번 호	DIS - XXXX -	감독위원 확인
성 명		

응시자 유의사항

1. 응시자는 신분증을 지참하여야 시험에 응시할 수 있으며, 시험이 종료될 때까지 신분증을 제시하지 못 할 경우 해당 시험은 0점 처리됩니다.
2. 시스템(PC 작동 여부, 네트워크 상태 등)의 이상 여부를 반드시 확인하여야 하며, 시스템 이상이 있을 시 감독 위원에게 조치를 받으셔야 합니다.
3. 시험 중 부주의 또는 고의로 시스템을 파손한 경우는 응시자 부담으로 합니다.
4. 답안 전송 프로그램을 통해 다운로드 받은 파일을 이용하여 답안 파일을 작성하시기 바랍니다.
5. 작성한 답안 파일은 답안 전송 프로그램을 통하여 전송됩니다. 감독 위원의 지시에 따라 주시기바랍니다.
6. 다음 사항의 경우 실격(0점) 혹은 부정행위 처리됩니다.
   1) 답안 파일을 저장하지 않았거나, 저장한 파일이 손상되었을 경우
   2) 답안 파일을 지정된 폴더(바탕화면 - "KAIT" 폴더)에 저장하지 않았을 경우
      ※ 답안 전송 프로그램 로그인 시 바탕화면에 자동 생성됨
   3) 답안 파일을 다른 보조기억장치(USB) 혹은 네트워크(메신저, 게시판 등)로 전송할 경우
   4) 휴대용 전화기 등 통신기기를 사용할 경우
7. 시트는 반드시 순서대로 작성해야 하며, 순서가 다를 경우 "0"점 처리 됩니다.
8. 시험지에 제시된 글꼴이 응시 프로그램에 없는 경우, 반드시 감독 위원에게 해당 내용을 통보한 뒤 조치를 받아야 합니다.
9. 시험의 완료는 작성이 완료된 답안을 저장하고, 답안 전송이 완료된 상태를 확인한 것으로 합니다. 답안 전송 확인 후 문제지는 감독 위원에게 제출한 후 퇴실하여야 합니다.
10. 답안 전송이 완료한 경우는 수정 또는 정정이 불가능합니다.
11. 시험 시행 후 합격자 발표는 홈페이지(www.ihd.or.kr)에서 확인하시기 바랍니다.
    1) 문제 및 정답 공개 : 20XX. XX. XX. (X)
    2) 합격자 발표 : 20XX. XX. XX. (X)

디지털정보활용능력 스프레드시트[엑셀] 2021 ──── (시험시간 : 40분)

【문제 1】 "매출현황" 시트를 참조하여 다음 《 처리조건 》에 맞도록 작업하시오. (50점)

《 출력형태 》

	A	B	C	D	E	F	G	H	I
1				최근 3년 소매점 매출 현황					
2	제조사	분류	브랜드	2022년	2023년	2024년	3년 평균	순위	비고
3	홈런제과	스낵	문어깡	1,858	1,976	1,009	1,009만원	1	
4	젤만나제과	초코케익	오맛나	1,507	1,474	1,484	484만원	10	
5	홈런제과	초코케익	달콤파이	1,421	1,572	1,516	516만원	7	
6	젤만나제과	스낵	양파칩	1,760	1,831	1,794	794만원	2	24년 우수
7	에이스제과	스낵	야채칩	1,339	1,486	1,586	586만원	5	
8	홈런제과	비스킷	땅콩볼	1,890	1,914	1,769	769만원	4	24년 우수
9	에이스제과	비스킷	커피맛샌드	1,478	1,564	1,491	491만원	9	
10	최고제과	스낵	바사삭스낵	1,536	1,561	1,563	563만원	6	
11	젤만나제과	비스킷	버터쿠키	1,432	1,474	1,504	504만원	8	
12	최고제과	초코케익	샤르르	1,849	1,852	1,794	794만원	2	24년 우수
13	'분류'가 "스낵"인 '2023년'의 최대값				1,976만원				
14	'2022년'의 최대값-최소값 차이				551만원				
15	'2024년' 중 세 번째로 큰 값				1,769만원				

《 처리조건 》

▶ 1행의 행 높이를 '80'으로 설정하고, 2행~15행의 행 높이를 '18'로 설정하시오.

▶ 제목("최근 3년 소매점 매출 현황") : 기본 도형의 '배지'를 이용하여 입력하시오.
  - 도형 : 위치([B1:H1]), 도형 스타일(테마 스타일 - '보통 효과 - 주황, 강조 2')
  - 글꼴 : 궁서체, 32pt, 굵게
  - 도형 서식 : 도형 옵션 - 크기 및 속성(텍스트 상자(세로 맞춤 : 정가운데, 텍스트 방향 : 가로))

▶ 셀 서식을 아래 조건에 맞게 작성하시오.
  - [A2:I15] : 테두리(안쪽, 윤곽선 모두 실선, '검정, 텍스트 1'), 전체 가운데 맞춤
  - [A13:D13], [A14:D14], [A15:D15] : 각각 병합하고 가운데 맞춤
  - [A2:I2], [A13:D15] : 채우기 색('주황, 강조 2, 80% 더 밝게'), 글꼴(굵게)
  - [A3:A12] : 셀 서식의 표시 형식-사용자 지정을 이용하여 @"제과"자를 추가
  - [D3:F12] : 셀 서식의 표시 형식-숫자를 이용하여 1000 단위 구분 기호 표시
  - [G3:G12], [E13:G15] : 셀 서식의 표시 형식-사용자 지정을 이용하여 #,##0"만원"자를 추가
  - 조건부 서식[A3:I12] : '2023년'이 1800 이상인 경우 레코드 전체에 글꼴(진한 빨강, 굵게) 적용
  - 지시사항이 없는 경우는 주어진 문제 파일의 서식을 그대로 사용하시오.

▶ ① 순위[H3:H12] : '3년 평균'을 기준으로 큰 순으로 순위를 구하시오 (RANK.EQ 함수)

▶ ② 비고[I3:I12] : '2024년'이 1700 이상이면 "24년 우수", 그렇지 않으면 공백으로 구하시오. (IF 함수)

▶ ③ 최대값[E13:G13] : '분류'가 "스낵"인 '2023년'의 최대값을 구하시오. (DMAX 함수)

▶ ④ 최대값-최소값[E14:G14] : '2022년'의 최대값과 최소값의 차이를 구하시오. (MAX, MIN 함수)

▶ ⑤ 순위[E15:G15] : '2024년' 중 세 번째로 큰 값을 구하시오. (LARGE 함수)

디지털정보활용능력 **스프레드시트[엑셀] 2021** ― (시험시간 : 40분)

【문제 5】 "차트" 시트를 참조하여 다음 《 처리조건 》에 맞도록 작업하시오. (30점)

《 출력형태 》

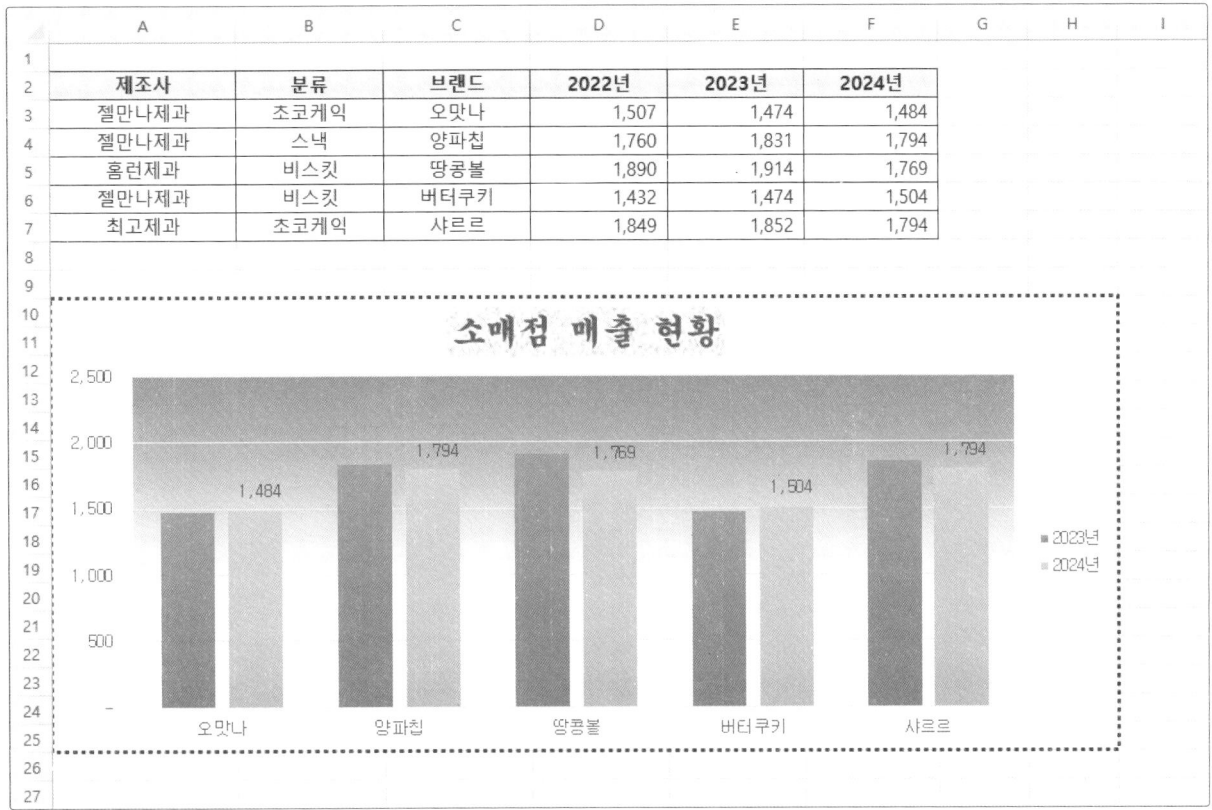

《 처리조건 》

▶ "차트" 시트에 수어진 표를 이용하여 '묶은 세로 막대형' 차트를 작성하시오.
- 데이터 범위 : 현재 시트 [C2:C7], [E2:F7]의 데이터를 이용하여 작성하고, 행/열 전환은 '열'로 지정
- 차트 제목("소매점 매출 현황")
- 차트 스타일 : 색 변경(색상형 - 다양한 색상표 3, 스타일 6)
- 차트 위치 : 현재 시트에 [A10:H25] 크기에 정확하게 맞추시오.
- 차트 영역 서식 : 글꼴(굴림체, 10pt), 테두리 색(실선, 색 : 진한 파랑),
  테두리 스타일(너비 : 2.5pt, 겹선 종류 : 단순형, 대시 종류 : 둥근 점선)
- 차트 제목 서식 : 글꼴(궁서체, 20pt, 굵게), 채우기(그림 또는 질감 채우기, 질감 : 신문 용지)
- 그림 영역 서식 : 채우기(그라데이션 채우기, 그라데이션 미리 설정 : 위쪽 스포트라이트 강조 2,
  종류 : 선형, 방향 : 선형 위쪽)
- 범례 위치 : 오른쪽
- 데이터 레이블 추가 : '2024년' 계열에 "값" 표시

▶ 지시사항이 없는 경우는 《 출력형태 》와 동일하게 작성하시오.

academysoft Ⓢ

【문제 2】 "부분합" 시트를 참조하여 다음 《 처리조건 》에 맞도록 작업하시오. (30점)

《 출력형태 》

제조사	분류	브랜드	2022년	2023년	2024년	3년 평균
젤만나제과	초코케익	오맛나	1,507	1,474	1,484	484
홈런제과	초코케익	달콤파이	1,421	1,572	1,516	516
최고제과	초코케익	샤르르	1,849	1,852	1,794	794
	초코케익 최소		1,421	1,474	1,484	
	초코케익 평균					598
홈런제과	스낵	문어깡	1,858	1,976	1,009	1,009
젤만나제과	스낵	양파칩	1,760	1,831	1,794	794
에이스제과	스낵	야채칩	1,339	1,486	1,586	586
최고제과	스낵	바사삭스낵	1,536	1,561	1,563	563
	스낵 최소		1,339	1,486	1,009	
	스낵 평균					738
홈런제과	비스킷	땅콩볼	1,890	1,914	1,769	769
에이스제과	비스킷	커피맛샌드	1,478	1,564	1,491	491
젤만나제과	비스킷	버터쿠키	1,432	1,474	1,504	504
	비스킷 최소		1,432	1,474	1,491	
	비스킷 평균					588
	전체 최소값		1,339	1,474	1,009	
	전체 평균					651

《 처리조건 》

▶ 데이터를 '분류' 기준으로 내림차순 정렬하시오.

▶ 아래 조건에 맞는 부분합을 작성하시오.
- '분류'로 그룹화하여 '3년 평균'의 평균을 구하는 부분합을 만드시오.
- '분류'로 그룹화하여 '2022년', '2023년', '2024년'의 최소를 구하는 부분합을 만드시오. (새로운 값으로 대치하지 말 것)
- [D3:G20] 영역에 셀 서식의 표시 형식-숫자를 이용하여 1000 단위 구분 기호를 표시하시오.

▶ D~F열을 선택하여 그룹을 설정하시오.

▶ 평균과 최소의 부분합 순서는 《 출력형태 》와 다를 수 있음

▶ 지시사항이 없는 경우는 기본값을 적용하시오.

디지털정보활용능력 스프레드시트[엑셀] 2021 (시험시간 : 40분)

【문제 3】 "필터"와 "시나리오" 시트를 참조하여 다음 《 처리조건 》에 맞도록 작업하시오. **(60점)**

(1) 필터

《 출력형태 》

	A	B	C	D	E	F	G
2	제조사	분류	브랜드	2022년	2023년	2024년	3년 평균
3	홈런제과	스낵	문어깡	1,858	1,976	1,009	1,009
4	젤만나제과	초코케익	오맛나	1,507	1,474	1,484	484
5	홈런제과	초코케익	달콤파이	1,421	1,572	1,516	516
6	젤만나제과	스낵	양파칩	1,760	1,831	1,794	794
7	에이스제과	스낵	야채칩	1,339	1,486	1,586	586
8	홈런제과	비스킷	땅콩볼	1,890	1,914	1,769	769
9	에이스제과	비스킷	커피맛샌드	1,478	1,564	1,491	491
10	최고제과	스낵	바사삭스낵	1,536	1,561	1,563	563
11	젤만나제과	비스킷	버터쿠키	1,432	1,474	1,504	504
12	최고제과	초코케익	샤르르	1,849	1,852	1,794	794
13							
14	조건						
15	FALSE						
16							
17							
18	제조사	브랜드	2022년	2023년	2024년		
19	젤만나제과	양파칩	1,760	1,831	1,794		
20	에이스제과	야채칩	1,339	1,486	1,586		
21	최고제과	바사삭스낵	1,536	1,561	1,563		

《 처리조건 》

▶ "필터" 시트의 [A2:G12]를 아래 조건에 맞게 고급 필터를 사용하여 작성하시오.
- '분류'가 "스낵"이고, '3년 평균'이 1000 이하인 데이터를 '제조사', '브랜드', '2022년', '2023년', '2024년'의 데이터만 필터링 하시오.
- 조건 위치 : 조건 함수는 [A15] 한 셀에 작성(AND 함수 이용)
- 결과 위치 : [A18]부터 출력

▶ 지시사항이 없는 경우는 《 출력형태 》와 동일하게 작성하시오.

(2) 시나리오

《 출력형태 》

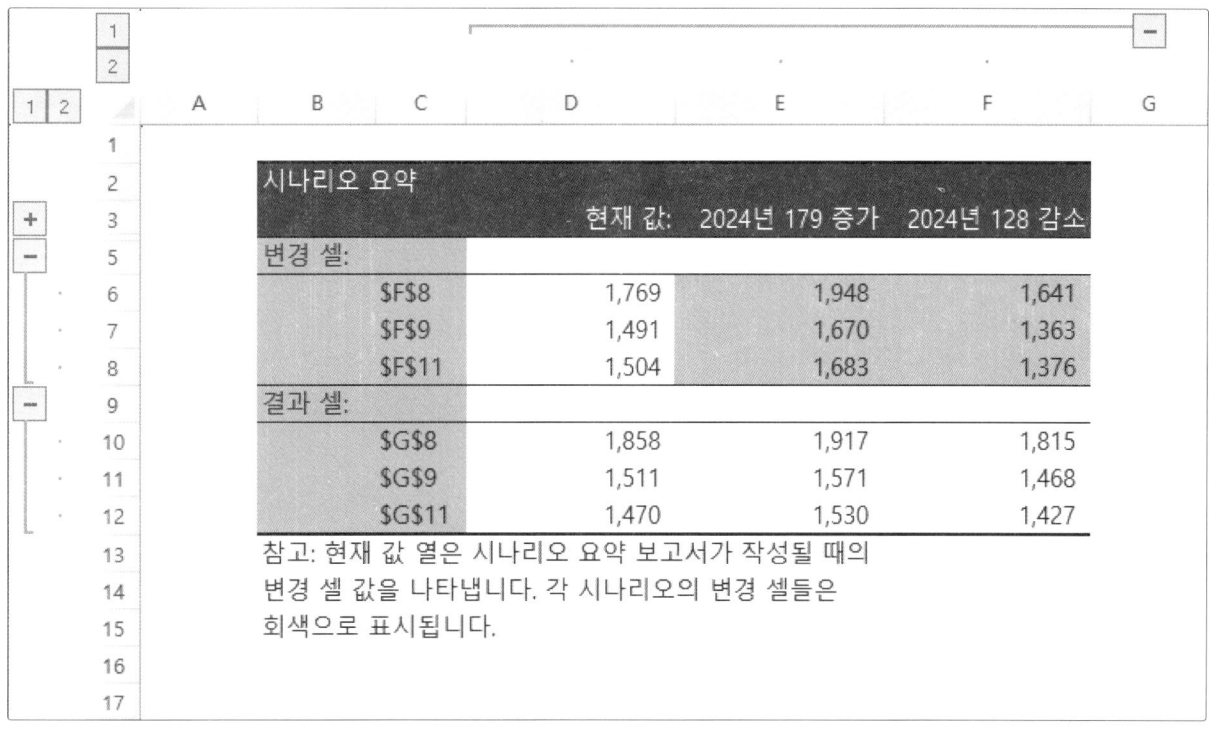

《 처리조건 》

▶ "시나리오" 시트의 [A2:G12]를 이용하여 '분류'가 "비스킷"인 경우, '2024년'이 변동할 때 '3년 평균'이 변동하는 가상분석(시나리오)을 작성하시오.
  - 시나리오1 : 시나리오 이름은 "2024년 179 증가", '2024년'에 179를 증가시킨 값 설정.
  - 시나리오2 : 시나리오 이름은 "2024년 128 감소", '2024년'에 128을 감소시킨 값 설정.
  - "시나리오 요약" 시트를 작성하시오.

▶ 지시사항이 없는 경우는 《 출력형태 》와 동일하게 작성하시오.

디지털정보활용능력 **스프레드시트[엑셀] 2021** ─── (시험시간 : 40분)

【문제 4】 "피벗테이블" 시트를 참조하여 다음 《 처리조건 》 에 맞도록 작업하시오. (30점)

《 출력형태 》

분류	값	제조사			총합계
		에이스제과	젤만나제과	최고제과	
비스킷	최소 : 2023년	1,564	1,474	**	1,474
	최소 : 2024년	1,491	1,504	**	1,491
스낵	최소 : 2023년	1,486	1,831	1,561	1,486
	최소 : 2024년	1,586	1,794	1,563	1,563
초코케익	최소 : 2023년	**	1,474	1,852	1,474
	최소 : 2024년	**	1,484	1,794	1,484

《 처리조건 》

- ▶ "피벗테이블" 시트의 [A2:G12]를 이용하여 새로운 시트에 《 출력형태 》와 같이 피벗테이블을 작성 후 시트명을 "피벗테이블 정답"으로 수정하시오.

- ▶ 분류(행)와 제조사(열)을 기준으로 하여 《 출력형태 》와 같이 구하시오.
  - '2023년', '2024년'의 최소를 구하시오.
  - 피벗 테이블 옵션을 이용하여 레이블이 있는 셀 병합 및 가운데 맞춤하고 빈 셀을 "**"로 표시한 후, 열의 총합계를 감추기 하시오.
  - 피벗 테이블 디자인에서 보고서 레이아웃은 '테이블 형식으로 표시', 피벗 테이블 스타일은 어둡게 - '연한 주황, 피벗 스타일 어둡게 3'으로 표시하시오.
  - 제조사(열)는 "에이스제과", "젤만나제과", "최고제과"만 출력되도록 표시하시오.
  - [C5:F10] 데이터는 셀 서식의 표시 형식-숫자를 이용하여 1000 단위 구분 기호를 표시하고, 가운데 맞춤하시오.

- ▶ 분류의 순서는 《 출력형태 》와 다를 수 있음

- ▶ 지시사항이 없는 경우는 《 출력형태 》와 동일하게 작성하시오.

MS Office 2021 버전용

디지털정보활용능력
(DIAT; Digital Information Ability Test)

- **시험과목** : 스프레드시트(엑셀)
- **시험일자** : 20XX. XX. XX.(X)
- **응시자 기재사항 및 감독 위원 확인**

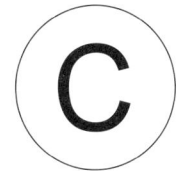

수 검 번 호	DIS - XXXX -	감독위원 확인
성 명		

응시자 유의사항

1. 응시자는 신분증을 지참하여야 시험에 응시할 수 있으며, 시험이 종료될 때까지 신분증을 제시하지 못 할 경우 해당 시험은 0점 처리됩니다.
2. 시스템(PC 작동 여부, 네트워크 상태 등)의 이상 여부를 반드시 확인하여야 하며, 시스템 이상이 있을 시 감독 위원에게 조치를 받으셔야 합니다.
3. 시험 중 부주의 또는 고의로 시스템을 파손한 경우는 응시자 부담으로 합니다.
4. 답안 전송 프로그램을 통해 다운로드 받은 파일을 이용하여 답안 파일을 작성하시기 바랍니다.
5. 작성한 답안 파일은 답안 전송 프로그램을 통하여 전송됩니다. 감독 위원의 지시에 따라 주시기바랍니다.
6. 다음 사항의 경우 실격(0점) 혹은 부정행위 처리됩니다.
    1) 답안 파일을 저장하지 않았거나, 저장한 파일이 손상되었을 경우
    2) 답안 파일을 지정된 폴더(바탕화면 - "KAIT" 폴더)에 저장하지 않았을 경우
        ※ 답안 전송 프로그램 로그인 시 바탕화면에 자동 생성됨
    3) 답안 파일을 다른 보조기억장치(USB) 혹은 네트워크(메신저, 게시판 등)로 전송할 경우
    4) 휴대용 전화기 등 통신기기를 사용할 경우
7. 시트는 반드시 순서대로 작성해야 하며, 순서가 다를 경우 "0"점 처리 됩니다.
8. 시험지에 제시된 글꼴이 응시 프로그램에 없는 경우, 반드시 감독 위원에게 해당 내용을 통보한 뒤 조치를 받아야 합니다.
9. 시험의 완료는 작성이 완료된 답안을 저장하고, 답안 전송이 완료된 상태를 확인한 것으로 합니다. 답안 전송 확인 후 문제지는 감독 위원에게 제출한 후 퇴실하여야 합니다.
10. 답안 전송이 완료한 경우는 수정 또는 정정이 불가능합니다.
11. 시험 시행 후 합격자 발표는 홈페이지(www.ihd.or.kr)에서 확인하시기 바랍니다.
    1) 문제 및 정답 공개 : 20XX. XX. XX. (X)
    2) 합격자 발표 : 20XX. XX. XX. (X)

디지털정보활용능력 스프레드시트[엑셀] 2021 ― (시험시간 : 40분)

【문제 1】 "판매실적" 시트를 참조하여 다음 《 처리조건 》에 맞도록 작업하시오. (50점)

《 출력형태 》

	A	B	C	D	E	F	G	H	I
1				지사별 자동차 판매 실적					
2	브랜드	연료 종류	지사명	2022년	2023년	2024년	3년 평균	순위	비고
3	벨로라	LPG	서울남부지사	3,179	4,897	5,514	4,530대	1	
4	비렐리	LPG	경기남부지사	834	698	844	792대	10	2024년 부진
5	Lunara	하이브리드	서울중부지사	2,538	2,951	3,370	2,953대	4	
6	비렐리	가솔린	천안지사	2,080	2,008	2,734	2,274대	5	
7	벨로라	LPG	남인천지사	1,655	1,290	1,300	1,415대	7	
8	Lunara	가솔린	남부산지사	2,324	2,080	2,007	2,137대	6	
9	비렐리	하이브리드	서울북부지사	2,380	3,549	4,490	3,473대	3	
10	벨로라	가솔린	경기북부지사	3,958	3,820	2,848	3,542대	2	
11	Lunara	LPG	광주지사	1,057	902	639	866대	9	2024년 부진
12	벨로라	가솔린	서인천지사	1,203	974	862	1,013대	8	2024년 부진
13	'2023년' 중 두 번째로 큰 값				3,820대				
14	'연료 종류'가 "LPG"인 2024년'의 합계				8,297대				
15	'2022년'의 최대값-최소값 차이				3,124대				

《 처리조건 》

▶ 1행의 행 높이를 '80'으로 설정하고, 2행~15행의 행 높이를 '18'로 설정하시오.

▶ 제목("지사별 자동차 판매 실적") : 블록 화살표의 '화살표: 오각형'을 이용하여 입력하시오.
 - 도형 : 위치([B1:H1]), 도형 스타일(테마 스타일 - '색 채우기 - 녹색, 강조 6')
 - 글꼴 : 궁서체, 32pt, 굵게
 - 도형 서식 : 도형 옵션 - 크기 및 속성(텍스트 상자(세로 맞춤 : 정가운데, 텍스트 방향 : 가로))

▶ 셀 서식을 아래 조건에 맞게 작성하시오.
 - [A2:I15] : 테두리(안쪽, 윤곽선 모두 실선, '검정, 텍스트 1'), 전체 가운데 맞춤
 - [A13:D13], [A14:D14], [A15:D15] : 각각 병합하고 가운데 맞춤
 - [A2:I2], [A13:D15] : 채우기 색('녹색, 강조 6, 60% 더 밝게'), 글꼴(굵게)
 - [C3:C12] : 셀 서식의 표시 형식-사용자 지정을 이용하여 @"지사"자를 추가
 - [D3:F12] : 셀 서식의 표시 형식-숫자를 이용하여 1000 단위 구분 기호 표시
 - [G3:G12], [E13:G15] : 셀 서식의 표시 형식-사용자 지정을 이용하여 #,##0"대"자를 추가
 - 조건부 서식[A3:I12] : '2024년'이 4000 이상인 경우 레코드 전체에 글꼴(자주, 굵은 기울임꼴) 적용
 - 지시사항이 없는 경우는 주어진 문제 파일의 서식을 그대로 사용하시오.

▶ ① 순위[H3:H12] : '3년 평균'을 기준으로 큰 순으로 순위를 구하시오. (RANK.EQ 함수)

▶ ② 비고[I3:I12] : '2024년'이 1000 이하이면 "2024년 부진", 그렇지 않으면 공백으로 구하시오. (IF 함수)

▶ ③ 순위[E13:G13] : '2023년' 중 두 번째로 큰 값을 구하시오. (LARGE 함수)

▶ ④ 합계[E14:G14] : '연료 종류'가 "LPG"인 '2024년'의 합계를 구하시오. (DSUM 함수)

▶ ⑤ 최대값-최소값[E15:G15] : '2022년'의 최대값과 최소값의 차이를 구하시오. (MAX, MIN 함수)

디지털정보활용능력 **스프레드시트[엑셀] 2021** (시험시간 : 40분)

【문제 5】 "차트" 시트를 참조하여 다음 《 처리조건 》에 맞도록 작업하시오. **(30점)**

《 출력형태 》

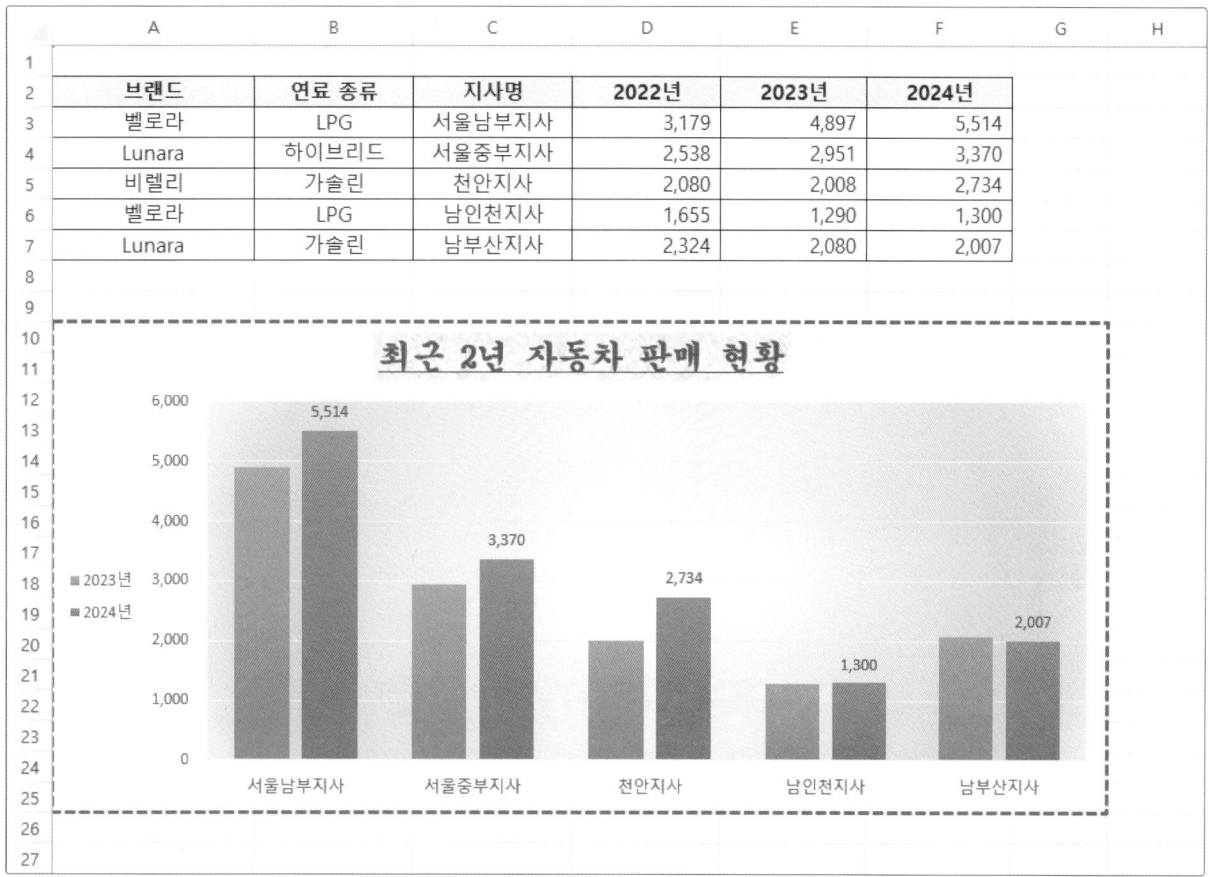

《 처리조건 》

▶ "차트" 시트에 주어진 표를 이용하여 '묶은 세로 막대형' 차트를 작성하시오.
- 데이터 범위 : 현재 시트 [C2:C7], [E2:F7]의 데이터를 이용하여 작성하고, 행/열 전환은 '열'로 지정
- 차트 제목("최근 2년 자동차 판매 현황")
- 차트 스타일 : 색 변경(색상형 - 다양한 색상표 4, 스타일 6)
- 차트 위치 : 현재 시트에 [A10:G25] 크기에 정확하게 맞추시오.
- 차트 영역 서식 : 글꼴(돋움체, 10pt), 테두리 색(실선, 색 : 파랑),
  테두리 스타일(너비 : 2pt, 겹선 종류 : 단순형, 대시 종류 : 사각 점선)
- 차트 제목 서식 : 글꼴(궁서체, 18pt, 밑줄), 채우기(그림 또는 질감 채우기, 질감 : 파랑 박엽지)
- 그림 영역 서식 : 채우기(그라데이션 채우기, 그라데이션 미리 설정 : 밝은 그라데이션 - 강조 6,
  종류 : 방사형, 방향 : 가운데에서)
- 범례 위치 : 왼쪽
- 데이터 레이블 추가 : '2024년' 계열에 "값" 표시

▶ 지시사항이 없는 경우는 《 출력형태 》와 동일하게 작성하시오.

academy*soft* ⓢ

디지털정보활용능력 스프레드시트[엑셀] 2021 (시험시간 : 40분)

【문제 2】 "부분합" 시트를 참조하여 다음 《 처리조건 》에 맞도록 작업하시오. **(30점)**

《 출력형태 》

브랜드	연료 종류	지사명	2022년	2023년	2024년	3년 평균
Lunara	하이브리드	서울중부	2,538	2,951	3,370	2,953
Lunara	가솔린	남부산	2,324	2,080	2,007	2,137
Lunara	LPG	광주	1,057	902	639	866
Lunara 요약						5,956
Lunara 최대			2,538	2,951	3,370	
벨로라	LPG	서울남부	3,179	4,897	5,514	4,530
벨로라	LPG	남인천	1,655	1,290	1,300	1,415
벨로라	가솔린	경기북부	3,958	3,820	2,848	3,542
벨로라	가솔린	서인천	1,203	974	862	1,013
벨로라 요약						10,500
벨로라 최대			3,958	4,897	5,514	
비렐리	LPG	경기남부	834	698	844	792
비렐리	가솔린	천안	2,080	2,008	2,734	2,274
비렐리	하이브리드	서울북부	2,380	3,549	4,490	3,473
비렐리 요약						6,539
비렐리 최대			2,380	3,549	4,490	
총합계						22,995
전체 최대값			3,958	4,897	5,514	

《 처리조건 》

▶ 데이터를 '브랜드' 기준으로 오름차순 정렬하시오

▶ 아래 조건에 맞는 부분합을 작성하시오.
  - '브랜드'로 그룹화하여 '2022년', '2023년', '2024년'의 최대를 구하는 부분합을 만드시오.
  - '브랜드'로 그룹화하여 '3년 평균'의 합계를 구하는 부분합을 만드시오.
    (새로운 값으로 대치하지 말 것)
  - [D3:G20] 영역에 셀 서식의 표시 형식-숫자를 이용하여 1000 단위 구분 기호를 표시하시오.

▶ D~F열을 선택하여 그룹을 설정하시오.

▶ 최대와 합계의 부분합 순서는 《 출력형태 》와 다를 수 있음

▶ 지시사항이 없는 경우는 기본값을 적용하시오.

디지털정보활용능력 스프레드시트[엑셀] 2021 (시험시간 : 40분)

【문제 3】 "필터"와 "시나리오" 시트를 참조하여 다음 《 처리조건 》에 맞도록 작업하시오. **(60점)**

(1) 필터

《 출력형태 》

	A	B	C	D	E	F	G	H
1								
2	브랜드	연료 종류	지사명	2022년	2023년	2024년	3년 평균	
3	벨로라	LPG	서울남부지사	3,179	4,897	5,514	4,530	
4	비렐리	LPG	경기남부지사	834	698	844	792	
5	Lunara	하이브리드	서울중부지사	2,538	2,951	3,370	2,953	
6	비렐리	가솔린	천안지사	2,080	2,008	2,734	2,274	
7	벨로라	LPG	남인천지사	1,655	1,290	1,300	1,415	
8	Lunara	가솔린	남부산지사	2,324	2,080	2,007	2,137	
9	비렐리	하이브리드	서울북부지사	2,380	3,549	4,490	3,473	
10	벨로라	가솔린	경기북부지사	3,958	3,820	2,848	3,542	
11	Lunara	LPG	광주지사	1,057	902	639	866	
12	벨로라	가솔린	서인천지사	1,203	974	862	1,013	
13								
14	조건							
15	TRUE							
16								
17								
18	브랜드	지사명	2022년	2023년	2024년			
19	벨로라	서울남부지사	3,179	4,897	5,514			
20	Lunara	서울중부지사	2,538	2,951	3,370			
21	비렐리	서울북부지사	2,380	3,549	4,490			
22	벨로라	경기북부지사	3,958	3,820	2,848			
23								
24								

《 처리조건 》

▶ "필터" 시트의 [A2:G12]를 아래 조건에 맞게 고급 필터를 사용하여 작성하시오.
- '연료 종류'가 "하이브리드"이거나, '3년 평균'이 3000 이상인 데이터를 '브랜드', '지사명', '2022년', '2023년', '2024년'의 데이터만 필터링 하시오.
- 조건 위치 : 조건 함수는 [A15] 한 셀에 작성(OR 함수 이용)
- 결과 위치 : [A18]부터 출력

▶ 지시사항이 없는 경우는 《 출력형태 》와 동일하게 작성하시오.

디지털정보활용능력 스프레드시트[엑셀] 2021 (시험시간 : 40분)

(2) 시나리오

《 출력형태 》

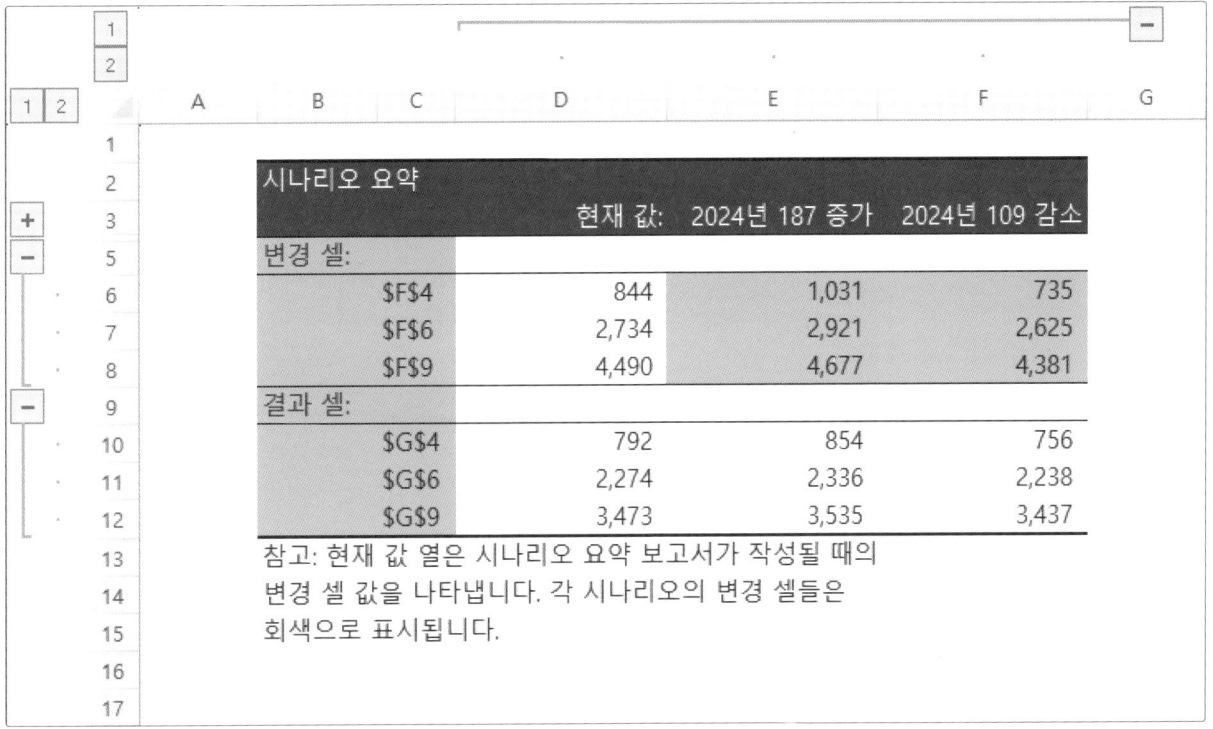

《 처리조건 》

▶ "시나리오" 시트의 [A2:G12]를 이용하여 '브랜드'가 "비렐리"인 경우, '2024년'이 변동할 때 '3년 평균'이 변동하는 가상분석(시나리오)을 작성하시오.
  - 시나리오1 : 시나리오 이름은 "2024년 187 증가", '2024년'에 187을 증가시킨 값 설정.
  - 시나리오2 : 시나리오 이름은 "2024년 109 감소", '2024년'에 109를 감소시킨 값 설정.
  - "시나리오 요약" 시트를 작성하시오.

▶ 지시사항이 없는 경우는 《 출력형태 》와 동일하게 작성하시오.

디지털정보활용능력 **스프레드시트[엑셀] 2021** ────── (시험시간 : 40분)

【문제 4】 "피벗테이블" 시트를 참조하여 다음 《 처리조건 》에 맞도록 작업하시오. **(30점)**

《 출력형태 》

	A	B	C	D	E	F
1						
2						
3			연료 종류 ▼			
4	브랜드 ▼	값	LPG	가솔린	하이브리드	
5	벨로라	최대 : 2023년	4,897	3,820	****	
6		최대 : 2024년	5,514	2,848	****	
7	비렐리	최대 : 2023년	698	2,008	3,549	
8		최대 : 2024년	844	2,734	4,490	
9	전체 최대 : 2023년		4,897	3,820	3,549	
10	전체 최대 : 2024년		5,514	2,848	4,490	
11						
12						

《 처리조건 》

▶ "피벗테이블" 시트의 [A2:G12]를 이용하여 새로운 시트에 《 출력형태 》와 같이 피벗테이블을 작성 후 시트명을 "피벗테이블 정답"으로 수정하시오.

▶ 브랜드(행)와 연료 종류(열)를 기준으로 하여 《 출력형태 》와 같이 구하시오.
  - '2023년', '2024년'의 최대를 구하시오.
  - 피벗 테이블 옵션을 이용하여 레이블이 있는 셀 병합 및 가운데 맞춤하고 빈 셀을 "****"로 표시한 후, 행의 총합계를 감추기 하시오.
  - 피벗 테이블 디자인에서 보고서 레이아웃은 '테이블 형식으로 표시', 피벗 테이블 스타일은 어둡게 - '진한 녹색, 피벗 스타일 어둡게 7'로 표시하시오.
  - 브랜드(행)는 "벨로라", "비렐리"만 출력되도록 표시하시오.
  - [C5:E10] 데이터는 셀 서식의 표시 형식-숫자를 이용하여 1000 단위 구분 기호를 표시하고, 가운데 맞춤하시오.

▶ 브랜드의 순서는 《 출력형태 》와 다를 수 있음

▶ 지시사항이 없는 경우는 《 출력형태 》와 동일하게 작성하시오.